I0832264

PAUL DE KOCK

UNE GAILLARDE

ÉDITION ILLUSTRÉE DE VIGNETTES SUR BOIS

Prix : 1 fr. 80 centimes

PARIS
VICTOR BENOIST ET Cie, EDITEURS, RUE GIT-LE-CŒUR, 10, A PARIS
Ancienne Maison CHARLIEU et HUILLERY

UNE GAILLARDE

Un dîner d'hommes chez Deffleux.

Une dame me disait un jour : — Monsieur Rochebrune, est-ce que vous pourriez aimer deux femmes à la fois?

Je lui répondis très-franchement : — Je vous certifie, madame, que je pourrais en aimer une demi-douzaine et peut-être davantage!... car il m'est arrivé assez souvent d'en aimer plus de deux en même temps. Ma réponse fit faire à cette dame un mouvement dans lequel il y avait presque de l'indignation, et puis elle dit d'un ton passablement moqueur : — Je vous assure, moi, monsieur, que je ne me contenterais pas d'une sixième place dans le cœur d'un homme que j'aurais distingué, et que si j'avais eu la folie d'éprouver pour lui le moindre penchant, j'aurais été bien vite guérie de ce sentiment en lui sachant un amour si banal. Eh bien, messieurs, vous ne sauriez croire combien ma franchise m'a fait du tort, je ne dirai pas seulement près de cette dame... je n'avais aucune intention sur elle, quoiqu'elle fût jeune et jolie; mais dans le monde, dans la société qu'elle fréquente et où je vais aussi, elle a répété ce que je lui avais dit, et beaucoup de dames, auxquelles j'aurais volontiers fait la cour, m'ont reçu si froidement aux premiers mots de galanterie, que j'ai fort bien vu qu'elles avaient mauvaise opinion de moi... tout cela parce qu'au lieu d'être hypocrite, dissimulé, j'ai dit tout bonnement le fond de ma pensée. Tenez, messieurs, décidément, c'est une faute dans le monde de dire tout ce que l'on pense. Oh! je me suis plus d'une fois repenti d'avoir laissé sortir de ma bouche de ces épanchements qu'il ne faut confier qu'à ceux qui nous connaissent assez pour nous bien juger; mais comme la société est toujours disposée à croire plutôt le mal que le bien, si nous avons un défaut, elle nous donne un vice; si nous confessons une faiblesse, elle nous suppose des passions dangereuses... Il vaut donc mieux mentir... et pourtant il me semble que si j'étais femme, je préférerais un amant qui m'avouerait franchement ses infidélités à celui qui chercherait à me tromper...

— Si j'étais femme, moi, j'aimerais mieux un homme qui n'aimerait que moi et me serait fidèle.

— Oh! parbleu! voilà qui est joli!... et encore il n'est pas bien sûr que toutes les femmes préféreraient cet homme-là... Il y a des amants fidèles qui sont si ennuyeux!

— Et des inconstants qui sont si aimables.

— Je vais plus loin, moi, je soutiens que du moment que l'on est fidèle... un peu longtemps, on devient embêtant, le mot est admis, messieurs. On assomme sa maîtresse de ses soupirs... de ses protestations d'amour... on la caresse trop... on est toujours à l'embrasser... Il n'y a rien dont les femmes se fatiguent comme d'être embrassées.

— Ah! tu crois cela, mon petit Balloquet. Cela prouverait seulement que tu embrasses fort mal ou qu'on ne t'aimait guère. Les femmes adorent les hommes caressants au contraire, et j'en sais quelque chose.

— Oh! est-il fat, ce Fouvenard!... Voyez-vous, messieurs, il veut nous faire croire que les femmes l'adorent!...

— Eh bien, pourquoi pas?...

— Tu as le nez trop retroussé; les femmes aiment les nez à la romaine... On ne peut jamais avoir l'air sentimental avec un nez en trompette.

— Et tu crois qu'il faut avoir un air langoureux, mélancolique pour faire des conquêtes... Balloquet, tu me fais de la peine.

— Fouvenard, je te rendrai des points à ce jeu-là quand tu voudras. Nous prendrons ces messieurs pour juges. Que le garçon fasse monter six femmes... n'importe de quelle condition et de quel quartier, et nous verrons auquel de nous deux elles donneront la préférence... Ça va-t-il?

La proposition du jeune Balloquet provoque un rire général, et un monsieur qui était à côté de moi me dit :

— Ces dames pourraient bien ne vouloir ni de l'un ni de l'autre. Qu'en pensez-vous?

— Je pense que celles qui consentiraient, sur la réquisition d'un garçon, à venir assister à notre dessert, ne pourraient être que d'une seule condition, et on ne fait pas la conquête de ces femmes-là, puisqu'elles se donnent à tout le monde.

— Parbleu, messieurs, nous sommes bien bons d'écouter le débat qui vient de s'élever entre Fouvenard et Balloquet pour savoir lequel des deux on trouverait le moins laid; moi je demande l'explication de ce que Rochebrune nous a dit tout à l'heure. Il a parlé longtemps... il a dû dire de fort jolies choses; mais comme je n'ai pas bien compris, je lui demande l'explication de la gravure ou le mot de la charade, si c'en est une...

— Ah! oui... oui... le mot; car je n'ai rien compris non plus...

— Si fait, moi, j'ai saisi son raisonnement... il dit qu'on peut aimer douze femmes à la fois...

— Oh! douze!... pourquoi pas trente-six... Quels Turcs vous faites, messieurs; Rochebrune n'a pas dit cela...

— Si... N'est-ce pas vrai?...

— Messieurs, je demande la parole.

— Tu parleras tout à l'heure, Montricourt... après Rochebrune...

— Messieurs, un toast auparavant...

— Ah! toujours... Quand l'amphitryon propose un toast, nous serions des malotrus si nous le refusions... Emplissez les coupes, garçon!...

— C'est gentil le champagne dans les coupes... ça rappelle les pas de l'antiquité... ces fameux festins de *Lucullus*, dans le salon *Apollon* ou dans le salon de *Mars*.

— Oui! voilà des gaillards qui savaient dîner... chaque souper coûtait à *Lucullus* environ trente-neuf mille francs de notre monnaie!...

— Oh! mon cher ami, ne me parlez pas de vos Romains; je ne prendrai jamais ces gens-là pour modèles. Ils dépensaient beaucoup d'argent pour un repas, cela ne prouve pas qu'ils savaient manger. D'abord ils se tenaient couchés sur des lits placés autour de leur table... Est-ce qu'on mange bien, couché? C'est comme ceux qui aiment à dîner sur l'herbe... on y est fort mal; les repas sur l'herbe ne sont agréables qu'entre amants, parce qu'on pense à tout autre chose qu'à manger... Quant à vos coupes, ce n'est pas laid, si vous voulez, mais pour boire c'est moins commode que les cornets; ensuite le champagne ne mousse pas aussi bien dans une coupe... et puis on n'a pas le plaisir de faire mousser une seconde fois en frappant avec la main sur son verre...

— Monsieur Rouffignard, vous avez beau dire, les Romains entendaient la vie, ils comprenaient l'existence...

— Parce qu'ils se couronnaient de roses dans leurs repas peut-être?

— Mais d'abord ce n'est pas déjà si désagréable d'avoir des fleurs sur la tête.

— Ah! laissez-moi tranquille, monsieur Dumouton, essayez donc de nous mettre à chacun ici une couronne de roses sur la tête, et vous verrez de quoi nous aurons l'air, de véritables mascarades, de chianlits, pas autre chose.

— Parce que notre costume ne se prête pas à cela, monsieur; notre costume est fort ingrat, il ne se prête à rien; mais avec la unique et le manteau élégamment drapé, la couronne sur la tête n'était pas ridicule. Et ces esclaves qui servaient l'ambroisie... dans un costume de tableau vivant... est-ce que ce n'était pas gracieux?

— Ah! oui, des esclaves des deux sexes!... c'était du raffiné en effet. Je vous dis que vos Romains étaient d'infâmes débauchés... qu'ils toléraient, qu'ils encensaient tous les vices... Eh! monsieur, que voulez-vous que l'on pense de sénateurs qui osèrent proposer un décret par lequel César, alors âgé de cinquante-sept ans, aurait le droit de jouir de toutes les femmes qui lui conviendraient!...

Ah! le joli droit! ah! le joli droit du seigneur!...

— Je voudrais bien savoir s'il en usait de ce droit-là?

— Fichtre! c'était un bien grand homme alors!

— Ne savez-vous pas ce qu'on disait de lui : qu'il était le mari de toutes les femmes...

— Oui, et nous savons le reste.

— Ohé! dites donc là-bas!... Avez-vous bientôt fini avec vos Romains!...

— Et le toast de notre amphitryon... Voyons, Dupréval, nous attendons; les pièces sont chargées, les mèches allumées...

— Silence donc au bout là-bas... Dupréval va parler... Dieu! que ces bouts de table sont bavards...

— Ce n'est pas nous, messieurs, c'est la musique que vous entendez... Tenez, écoutez... on danse... il y a au moins deux ou trois noces autour de nous!

— Qu'est-ce que cela a d'étonnant? est-ce qu'il n'y a pas toujours des repas de noces chez Deffieux?

— Moi, si j'étais restaurateur et que j'eusse une pareille clientèle, je prendrais pour enseigne : *A la pucelle d'Orléans!*

— Ah! ce serait fort maladroit. Beaucoup de mariées ne voudraient pas alors faire leur noce chez vous...

— Silence donc!... Dupréval se lève, il va parler!...

— Messieurs, vous savez que ce repas est le dernier de ma vie de garçon... puisque dans quinze jours je me marie. Mais avant de me ranger, avant de devenir raisonnable, j'ai voulu vous réunir; j'ai voulu goûter encore avec vous quelques-uns de ces moments de liberté et de folies qui ont... un peu trop souvent peut-être, marqué d'une raie blanche mes journées de garçon. Or donc, messieurs, comme il ne faut jamais être ingrat, comme il faut donner au moins un souvenir à celles qui nous ont rendus heureux, je bois à mes maîtresses, messieurs, auxquelles j'adresse aujourd'hui un dernier adieu!

— Aux maîtresses de Dupréval!..

— Aux nôtres, messieurs!

— Aux dames en général, et à celle que j'aime en particulier!

— Aux jolies jambes et aux petits pieds!...

— Aux yeux bleus et aux cheveux blonds!...

— Moi je préfère les brunes...

— Aux belles formes!...

— A la Vénus hottentote!

— A la destruction des cors aux pieds!..

— Ah! bon, voilà Balloquet qui commence ses bêtises!...

— Messieurs... pardon si je vous interromps; mais en vous proposant un toast à mes maîtresses, n'allez pas croire que j'ai voulu dire par là que j'en avais plusieurs... Je ne suis pas, à cet égard, de la force de Rochebrune : une à la fois me suffit, mais j'ai voulu seulement adresser un souvenir à celles que j'ai eues pendant toute ma vie de garçon. Et ce point éclairci, je rends maintenant la parole à notre ami, qui allait, je crois, répondre aux interpellations qui lui étaient adressées lorsque j'ai proposé un toast.

Toute la compagnie tourne en ce moment les yeux de mon côté; car vous avez compris, je pense, que c'est moi qui suis Rochebrune... Je ne ferais peut-être pas mal de vous dire tout de suite ce que je fais et avec qui je me trouve en ce moment chez Deffieux... Il y a même des gens qui auraient commencé par là, avant de vous faire assister à un repas dont tous les convives vous sont encore inconnus; mais j'aime à ne point suivre les routes battues... ce n'est pas par originalité, c'est par goût.

Ce que je suis... Oh! bien peu de chose!... Qu'est-ce en effet qu'un homme qui n'a pas une grande renommée, un grand talent, une illustre réputation ou une immense fortune? un niais, un Lilliputien, un atome perdu dans la foule... Mais vous direz que le monde se compose plutôt d'atomes que de géants, et que le principal n'est pas de tenir beaucoup de place, mais de se trouver bien dans celle qu'on occupe.

Malheureusement, je n'ai pas eu cette sagesse. Possesseur de bonne heure d'une assez jolie fortune, environ quinze mille francs de rente, mais n'ayant déjà plus ni mon père ni ma mère pour me guider, me conseiller, je me trouvai mon maître trop tôt peut-être; car si la raison mûrit vite dans l'adversité, c'est ordinairement le contraire au sein de l'opulence.

Forcés de travailler pour nourrir leurs familles, vous voyez des adolescents qui montrent déjà la raison et le courage d'un homme. Mais placez ces mêmes jeunes gens dans une situation fortunée, ils feront toutes les sottises qui leur passeront par la tête... Pourquoi?... C'est que, sans doute, il est dans la nature d'aimer le plaisir, et que quand nous sommes sages, c'est bien rarement à notre propre volonté qu'il faut en faire honneur, mais bien plutôt aux circonstances et surtout à l'adversité. Ce qui prouve que le malheur a aussi son bon côté. Mais, si vous voulez bien le permettre, nous allons revenir à moi.

Je me nomme Charles Rochebrune... Je ne suis plus un jeune homme, j'ai trente ans. Comme le temps vole!... c'est effrayant!... avoir trente ans et n'être pas plus avancé que je ne suis!... C'est-à-dire qu'au lieu d'avancer, je crois que j'ai reculé. Je possédais à vingt ans quinze mille francs de rente, je n'en ai plus que huit... Si je continue comme cela, dans quelques années je n'aurai plus rien. Mais au moins pour mon argent ai-je acquis de l'expérience, des talents? De l'expérience, je ne crois pas, puisque je retombe dans les fautes que je commettais autrefois; des talents... fort peu! parce que j'ai voulu les avoir tous, et que je n'ai su me fixer à aucun. J'avais de la vocation pour les arts, il s'ensuit que je les ai essayés tous, c'est-à-dire que je sais un peu de chacun, ce qui signifie que je ne fais rien de bien. Tour à tour peintre, statuaire, musicien, poëte, j'ai tout effleuré sans rien approfondir... O fâcheuse inconstance de goût... de caractère... à peine avais-je étudié pendant quelque temps une chose, que ce fatal penchant au changement, qui est ma seconde nature, me faisait porter mes désirs vers un autre but. Je me disais: Je me suis trompé, ce n'est pas la peinture qui m'électrise, qui m'enflamme, c'est la musique!... Et je quittais les pinceaux pour chanter, pour taper sur un piano, et quand j'avais bien crié pendant une heure, je me figurais que j'étais compositeur et que l'on pouvait me confier un opéra.

Il n'y a qu'un seul penchant qui, chez moi, n'a jamais varié, c'est mon amour pour les femmes; et encore prétend-on que j'ai conservé près d'elles mon goût pour le changement. Mais parce qu'on aime les fleurs, faut-il n'en jamais cueillir qu'une? J'aime les bouquets à la jardinière!...

Après cela, qui peut me prouver que je n'aurais pas été constant si j'avais trouvé une femme qui m'aimât bien, qui m'aimât toujours et quand même... le quand même veut dire bien des choses que les dames comprendront tout de suite... Mais j'ai un si grand défaut... un si affreux défaut près des dames... je ne vous le confie pas encore; vous le connaîtrez bien vite pour peu que vous fassiez ma connaissance...

Je vous disais donc que mes parents... c'est-à-dire mon père, m'avait laissé de la fortune. Quant à ma mère, elle avait eu deux maris. Moi, je suis né de son second mariage. Et comme elle n'avait rien en épousant mon père, c'est à celui-ci que j'ai dû la fortune que j'ai si mal employée jusqu'à présent.

Après tout, l'ai-je donc si mal employée cette fortune, si j'ai été heureux? Ah! c'est qu'au milieu de cette vie de plaisirs, de folies, de changements, de regrets et d'espérances, si souvent déçues, je ne suis pas bien certain d'avoir été véritablement heureux. J'ai voulu me ranger aussi, faire ce qu'on appelle une fin, ce qui veut dire se marier, quoique le mariage ne soit pas toujours la fin de nos folies et qu'il soit souvent le commencement de nos peines. J'aimais ma prétendue... je n'en étais pas amoureux comme un fou; mais elle me plaisait et je croyais en être aimé. Un événement imprévu a rompu mon mariage, et depuis ce temps j'ai entièrement renoncé à tous projets de ce genre, parce que le même événement pourrait le rompre encore. Quel événement? Ah! ceci est mon secret; je ne suis pas encore assez intime avec vous pour ne rien vous cacher.

Il me semble que voilà bien longtemps que je vous parle de moi; cela doit vous ennuyer. Je vais maintenant vous faire connaître la plupart de ces messieurs avec lesquels je me trouve en ce moment chez Deffieux; je dis la plupart, car nous sommes quinze à la table, et je ne les connais pas tous.

Commençons par l'amphitryon, Dupréval, celui qui nous donne ce dîner pour faire, comme il vient de nous le dire, ses adieux à la vie de garçon.

Dupréval est avoué, c'est un excellent garçon, ni beau ni laid, mais homme d'argent, homme de chiffres, de calculs; il se marie comme on fait une grande opération de commerce. Il tiendra parole, il renoncera aux folies de garçon, ou cela m'étonnera bien; c'est un homme qui fera son chemin; il a un but, c'est la fortune : il y marche et ne s'en écarte pas.

J'admire ces hommes fermes dans leurs résolutions et que rien ne fait dévier de la ligne de conduite qu'ils se sont tracée; je les admire, mais je ne les imiterai jamais. C'est une si jolie chose que le hasard et c'est si amusant d'y croire!...

Auprès de Dupréval est un gros jeune homme, replet, de taille moyenne, mais bâti en force, haut en couleur, ayant constamment sur les joues le brillant et l'éclat de la pomme d'api. Malheureusement cette perpétuelle fraîcheur est sa seule beauté, si toutefois vous admettez que de fortes couleurs soient une beauté. La figure de ce monsieur est gaie, elle annonce un boute-en-train; sa bouche est un gouffre et ses yeux sont infiniment petits; mais pour se venger de n'occuper qu'un petit espace, ils roulent sans cesse en jetant beaucoup de feu, en se donnant une expression qui est passablement hardie près des dames. Une forêt de cheveux blonds couvre cette tête-là. C'est M. Balloquet, étudiant en médecine, je crois même qu'il est médecin tout à fait; mais il exerce peu, ou plutôt il n'exerce pas; il ne songe qu'à s'amuser, comme beaucoup de docteurs de son âge. Je ne veux cependant pas dire du mal de Balloquet; car c'est un fort bon garçon, et nous sommes amis. Un peu plus loin est un jeune homme de taille ordinaire, fort maigre et fort jaune de peau. Une immense barbe, des moustaches et des favoris prennent tant de place sur son visage, que c'est à peine si l'on peut y apercevoir autre chose que son nez, qui est long et mince, et ses yeux qui sont renfoncés et qu'ombragent encore des sourcils qui menacent de s'étendre comme la barbe. Ce monsieur a l'air excessivement fatigué; c'est tout ce que l'on peut voir sous ces poils châtains qui envahissent sa figure. C'est M. Fouvenard. Je le crois dans le commerce; mais le commerce qu'il a fait paraît l'avoir exténué. Ce qui ne l'empêche pas de parler sans cesse de ses conquêtes passées et de ses bonnes fortunes courantes.

A côté de moi, à ma gauche, un gros papa tout rond, de bonne mine, à la face épanouie et rubiconde. C'est M. Rouffignard, huissier-priseur, qui n'est plus un jeune homme, mais qui tient fort bien sa place avec les jeunes gens. Il ne boude pas à table. J'ai dans l'idée qu'il ne boude nulle part.

Près de ce monsieur est un fort joli garçon qu'on appelle Montricourt; il a l'air pas mal suffisant, et quand on le connaît peu on le juge fat; mais en causant avec lui on le trouve beaucoup plus aimable que son costume prétentieux ne l'aurait fait supposer.

Vient ensuite un monsieur de trente-six à quarante ans, plus laid que bien, figure ronde, cheveux plats, des yeux en dessous, un sourire équivoque, parlant lentement et en ayant toujours l'air de chercher ce qu'il va dire; le ton mielleux, les manières excessivement polies. C'est un employé au trésor; on le nomme M. Faisandé. Quand on disait quelques mots un peu libres au commencement du repas, j'ai remarqué qu'il fronçait le sourcil et pinçait ses lèvres comme aurait pu le faire une dame qui se serait fourvoyée dans notre société. Depuis qu'il a bu de cinq ou six sortes de vins, il pince moins ses lèvres, mais à chaque polissonnerie qui nous échappe, et dans un repas d'hommes, qui n'a rien de diplomatique, il en échappe toujours, M. Faisandé fait entendre des :

— Hum!... hum!... oh! messieurs!... cela se gâte!... vous allez trop loin!...

Je ne sais si je me trompe, mais je gagerais que M. Faisandé est un hypocrite. Cette pudeur est au moins déplacée et presque malhonnête pour nous autres dont elle semble censurer les discours. Est-ce qu'en venant dîner entre hommes, la plupart jeunes et tous bons vivants, ce monsieur a cru qu'il n'entendrait pas de gaudrioles? Il n'y a rien d'ennuyeux dans une réunion comme ces gens qui semblent vouloir glacer votre gaieté par leur mine refrognée et leurs manières roides. Quand il s'en trouve comme cela dans une joyeuse société, on devrait fort poliment les mettre à la porte.

Que diriez-vous d'un médecin qui, dans un repas, s'écrierait à chaque instant :

— Ne mangez pas tant, vous vous ferez mal... ne prenez pas de ceci, c'est indigeste... ne buvez pas de ce vin, il est trop capiteux.

Mais, bien loin de là, à table le médecin disparaît, ou il vous permet tout; il n'y a personne de plus accommodant, même avec ses clients. Si les médecins se montrent si indulgents pour les fantaisies de mon estomac, de quel droit un pédant ou un tartufe voudra-t-il mettre mon esprit au régime et blâmer le dévergondage de ma conversation. Il y a un vieux proverbe qui dit : *Il faut rire avec les fous*. Or, si vous voulez : *Il faut hurler avec les loups*. De tout cela je conclus qu'il est au moins inconvenant, dans un repas comme celui-ci, de paraître offensé d'un mot libre, d'une grosse plaisanterie, et que la vertu de ce monsieur Faisandé ne m'en paraît pas moins fort douteuse.

Dans ma revue des convives, n'allons pas oublier M. Dumouton, quoique je ne le connaisse encore que pour m'être trouvé deux fois avec lui. C'est un personnage qui ne semble pas plaire à tout le monde; ce n'est pas que M. Dumouton soit d'un physique désagréable. Au contraire, c'est un grand homme, mince, plutôt bien que mal; sa figure est assez aimable, ses traits, fortement dessinés, ont du caractère; ses yeux noirs et vifs et le ton coloré de son visage annonceraient un homme du Midi, quoiqu'il n'y ait rien de méridional dans son parler. Mais ce pauvre M. Dumouton est toujours vêtu si singulièrement, qu'il est difficile, en voyant sa toilette, de ne pas concevoir de tristes appréhensions pour sa fortune.

Figurez-vous un habit râpé qui, du vert, commence à passer au jaune et qui est fait comme on les portait il y a douze ans, c'est-à-dire fort court par devant; à la vérité, il est aussi court des basques, qui sont étroites et cachent à peine le fond de son pantalon, lequel pantalon est olive, ne descend pas jusqu'à la cheville, et serre la cuisse et le genou comme un maillot de danseur de cordes. Les bottes sont toujours entièrement privées de cirage, mais en revanche elles sont souvent crottées. Ajoutez à cela un gilet écossais qui croise et ferme hermétiquement sur la poitrine, puis une cravate noire, roulée en corde; point de col de chemise, point de gants, une barbe qui a ordinairement plusieurs jours de date : telle est habituellement la toilette de M. Dumouton.

Vous penserez peut-être qu'il en a fait une autre pour dîner avec nous, vous seriez dans l'erreur; il paraît que ce monsieur n'aime pas le changement. Peut-être a-t-il des raisons pour cela. Aujourd'hui cependant, il a fait quelques frais : il a un faux col et une cravate de mousseline blanche, dont les bouts forment un gros nœud qui se détache avec vigueur sur le fond sale du gilet et de l'habit.

Je ne sais pourquoi il me semble que j'ai vu cette cravate-là à une fenêtre où elle servait de petit rideau; c'est sans doute une mauvaise pensée, et je ferai mes efforts pour la repousser; mais, vous le savez, les mauvaises pensées reviennent bien plus souvent que les bonnes, et toutes les fois que mes regards tombent sur les bouts de cette immense cravate, il me semble que je suis près d'une croisée.

Je dois vous dire maintenant quel est ce monsieur qui se met si mal; je vais bien vous étonner en vous apprenant que c'est un auteur, mais un auteur *pour de vrai*, comme disent les enfants; un homme qui fait lui-même ses pièces, d'autant plus qu'il n'aurait pas le moyen d'en acheter, et des pièces qui sont souvent jolies, que l'on a jouées, que l'on joue encore avec succès.

Cependant, me direz-vous, nous ne sommes plus au temps où les hommes de lettres, les auteurs dramatiques, gagnaient à peine de quoi se vêtir : aujourd'hui le théâtre mène quelquefois à la fortune; mais cela ne veut pas dire non plus que tous les nourrissons des Muses doivent y arriver. On peut avoir eu des malheurs, du désordre, de l'inconduite, et une fois dans le pétrin, il est difficile de s'en tirer, à moins d'une volonté ferme, inébranlable, d'un grand courage et d'un travail plus grand encore, et tout le monde n'a pas cela. Je ne sais pas ce que M. Dumouton a eu, quels revers il a éprouvés; je ne sais même pas quelle est au juste sa position, mais à la juger par son costume, il est impossible de ne point supposer qu'il a connu l'adversité; et puis, quelques mots qui ont échappé à Dupréval au sujet de cet homme de lettres me reviennent à la mémoire. Il dit toujours en parlant de Dumouton :

— Ce pauvre garçon! en voilà un qui tire le diable par la queue!... Il a pourtant de l'esprit, mais quelle conduite!...

De tout ceci je conclus que Dumouton est un auteur pauvre... Je ne dis point un pauvre auteur; je suis du reste charmé de me trouver avec lui, car il est gai, spirituel et nullement prétentieux; que m'importe à moi que son habit soit râpé!... Je vois autour de cette table plusieurs individus fort bien mis et si nuls sous leur belle toilette.

Je vous ai fait connaître les personnes qui ne me sont pas étrangères; quant aux autres convives, ma foi, s'ils disent quelque chose qui vaille la peine qu'on s'occupe d'eux, nous l'entendrons bien.

Le chapitre des confidences. — Trois sous.

Vous savez que les yeux étaient fixés sur moi et que l'on attendait ce que j'allais dire pour justifier ou amplifier ce que j'avais avancé au sujet des hommes qui aiment plusieurs femmes à la fois. Moi, je vous avoue qu'au lieu de songer à répondre à ces messieurs, j'étais occupé à examiner Dumouton, qui faisait disparaître tout ce qui était sur les assiettes de dessert placées à sa portée, et qui pourtant ne mangeait pas. Ne trouvant plus rien à prendre sur les assiettes voisines, il venait de s'attaquer à un de ces surtouts en carton que l'on couvre ordinairement de sucreries ou de petites pâtisseries auxquelles personne ne touche, parce que cela sert pendant plusieurs mois à parer un dessert. Je voyais un des garçons faire des yeux furibonds en s'apercevant que l'on dégarnissait un surtout, et je me disais : Est-ce que ce pauvre Dumouton serait dans la même position que *Frédérick Lemaître* dans *le Joueur*, quand il met du pain dans sa poche, en disant :

— *Pour ma famille!...*

— Eh bien, Rochebrune, est-ce pour aujourd'hui? me dit Dupréval.

— Quoi donc?

— Ce que tu dois dire.

— Ah! pardon, messieurs, mais tenez, je crois que les vins que nous avons bus m'ont brouillé la mémoire, et il me serait déjà difficile de me rappeler ce que je vous ai dit tout à l'heure. Et d'ailleurs, au lieu de faire des discours sur la bonne manière d'aimer, ce qui ne prouve jamais rien, parce que chacun aime à sa manière, qui est la bonne pour lui, il me semble qu'il serait bien plus amusant de nous conter chacun une de nos bonnes fortunes, ancienne ou nouvelle, comme on voudra, au choix du conteur... Qu'en dites-vous, messieurs?

Ma proposition est accueillie par de vifs applaudissements; il n'y a que M. Faisandé qui fait un peu la grimace, en murmurant :

— Diable, messieurs, conter ses bonnes fortunes!... mais vous allez attaquer un chapitre bien délicat... Ces choses-là... il me semble qu'ordinairement cela ne se dit pas. La discrétion, messieurs, c'est le devoir d'un galant homme, et surtout d'un homme galant.

— Eh! mon Dieu, monsieur Faisandé, quand on ne nomme personne, on ne fait pas d'indiscrétion, et puisqu'on a le droit de prendre dans son histoire ancienne, où diable voulez-vous qu'on aille reconnaître les masques?

— Ce monsieur Faisandé est bien sévère et bien pudique! murmure mon voisin, le gros Rouffignard. Il a bien tort de se commettre avec des mauvais sujets de notre force.

— D'autant plus tort, dit Montricourt, qu'il nous ennuie beaucoup, ce monsieur!

— Voyons, messieurs, la proposition de Rochebrune étant adoptée, qui est-ce qui commence?

— Parbleu, c'est vous, Dupréval; à vous les honneurs.

— Je le veux bien. Ensuite ce sera mon voisin de droite, et ainsi de suite en tournant.

Dupréval vide sa coupe, pour se mieux disposer à narrer. Moi j'examine Dumouton, qui a entièrement dévalisé un surtout et tient constamment ses mains cachées sous la table. Quelques conversations continuant encore, Dupréval frappe sur son verre avec son couteau, en criant : Silence, messieurs! On boit, on se tait et on écoute l'amphitryon, qui commence ainsi :

A cette époque-là, messieurs, j'étais clerc de troisième ordre chez un avoué, et je n'avais pas souvent les goussets garnis. Mon père me donnait six francs par semaine pour mes menus plaisirs; vous concevez qu'ils étaient fort menus en effet, et il m'arrivait souvent de dépenser le dimanche tout mon avoir; alors il me fallait dans la semaine me procurer des plaisirs gratis ou me mettre entièrement à la diète : je crois même que c'est désagréable à tout âge.

Un beau jour... ou plutôt un soir, je me trouvais au spectacle derrière deux grisettes fort gentilles... il y avait encore des grisettes alors, car vous savez que malheureusement elles disparaissent de la surface du globe comme les carlins et les melons maraîchers... Pour ma part, je les regrette beaucoup... pas les maraîchers ni les carlins, mais les grisettes; elles sont aujourd'hui remplacées par les lorettes, qui ne les valent pas à beaucoup près... Notre ami Dumouton a même fait sur les grisettes, les lorettes et les fillettes, un petit résumé fort amusant... que je le prierai de vous dire tout à l'heure et...

— A la question!...

— L'orateur s'éloigne de son sujet...

— Ah! c'est juste, messieurs! Excusez-moi. J'étais donc au spectacle derrière deux grisettes et je n'avais que trois sous dans ma poche... c'était tout ce qui me restait après avoir payé ma place... et nous étions au lundi... Voilà ma position. Cela ne m'empêchait pas de jouer de la prunelle avec une de ces demoiselles, dont le minois mutin me séduisait beaucoup. De son côté elle répondait assez ponctuellement à mes œillades; le feu était bien nourri des deux côtés, et cela semblait promettre une affaire très-chaude.

J'avais entamé la conversation, on avait répondu. Ces demoiselles n'étaient nullement bégueules; elles riaient beaucoup à chaque plaisanterie qui m'échappait, et il m'en échappait souvent; j'étais en fonds de ce côté-là... mais de ce côté-là seulement.

— C'était en été; il faisait très-chaud au spectacle. Plusieurs fois déjà mes grisettes s'étaient essuyé la figure en s'écriant :

— Dieu! qu'il fait chaud...

— Comme je boirais bien, moi!...

— C'est vrai, on prendrait bien quelque chose de rafraîchissant, n'importe quoi, pur ou avec de l'eau!

Quand ces demoiselles disaient cela, j'affectais de chanter entre mes dents, et je regardais dans la salle. Avec mes trois sous, j'aurais encore pu leur offrir à chacune un petit bâton de sucre d'orge, mais cela ne rafraîchit guère. Je me souviens qu'une marchande d'oranges, qui vendait dans la salle, s'étant obstinée à passer devant nous et à me présenter sa corbeille je lui marchai sur le pied d'une telle force que la pauvre femme en devint blême et s'éloigna en poussant de grands cris.

Enfin le spectacle finit; mes grisettes sortent; je les suis en continuant de causer, mais en ayant soin de rester en arrière quand nous passions devant un café. Ces demoiselles ne demeuraient point ensemble. Resté en tête à tête avec celle que je courtisais, j'obtins un rendez-vous pour le lendemain à la brune.

Le lendemain je n'étais pas plus riche, car mes camarades d'étude étaient, pour la plupart, aussi gueux que moi; je ne me rendis pas moins à mon rendez-vous, ayant toujours mes trois sous dans ma poche.

Ma belle fut exacte. Ce soir-là je la promenai pendant deux heures au moins dans les rues. Elle me disait bien de temps à autre qu'elle était lasse; mais alors, au lieu de lui répondre, je serrais fortement, avec passion, une de ses mains dans les miennes, et la chaleur de mon amour lui faisait oublier sa fatigue. Malheureusement ma belle demeurait chez une vieille parente... ou un vieux parent; ce qu'il y a de certain, c'est qu'il n'y avait pas moyen de monter chez elle, et il fallait la quitter à sa porte.

Le lendemain nous nous retrouvâmes encore à la brune. J'eus le talent d'entraîner ma belle hors barrière; le temps était superbe, nous nous promenâmes sur les boulevards neufs. Je voulais mener ma conquête dans la campagne; elle résista, sous prétexte qu'elle était lasse... Elle attendait sans doute que je lui offrisse un fiacre, mais je m'en serais bien gardé!

Le jour suivant, nouveau rendez-vous. Ma grisette veut aller au jardin des Plantes; nous arrivons devant le pont d'Austerlitz. Là, sur les trois sous que je possédais, il me faut en dépenser deux, et sans rien prendre; cela me semble cruel, mais il n'y avait pas moyen de faire autrement. Nous nous promenons assez longtemps dans ce jardin favorable aux amants, parce qu'il a toujours des allées solitaires; ma conquête était aimable et tendre, mais moi je répondais fort mal à ce qu'elle me disait, aux questions qu'elle m'adressait; j'étais poursuivi par une inquiétude secrète : je pensais à notre retour, au pont d'Austerlitz, qu'elle voudrait encore passer pour revenir chez elle, car c'était notre chemin, et je me disais : « Je ne possède plus que cinq centimes... Lui payerai-je son passage en la laissant aller seule... lui ferai-je prendre un autre chemin... me mettrai-je à courir sur le pont en bravant l'invalide!... Tout cela ne me promettait aucune suite heureuse... et vous concevez que mon esprit en était troublé, ce qui était cause que ma jeune fille me disait à chaque instant :

— A quoi pensez-vous donc, monsieur?... Vous ne répondez pas à ce que je vous dis... vous semblez occupé de toute autre chose que de moi... Vous êtes bien peu aimable ce soir...

Je m'efforçais de redevenir causeur, galant, empressé; mais, quelques instants après, je retombais dans ma préoccupation. Enfin ma grisette, impatientée de me voir ainsi, s'écrie qu'elle veut rentrer chez elle, que la promenade l'ennuie, que depuis quelques jours je la fais tant marcher qu'elle a les talons enflés comme lorsqu'elle possédait des engelures. Bref, elle m'entraîne vers la sortie : c'était le moment fatal. Je commence alors à parler d'un nouveau chemin que je connais et qui est beaucoup plus agréable que celui que nous avons pris pour venir. Mais, à son tour, ma grisette m'écoutait peu, et lorsque nous sommes sortis du jardin et que je veux l'entraîner à gauche, elle résiste, en s'écriant :

— Où donc allez-vous?

— Je vous assure qu'en prenant l'autre pont c'est bien plus gentil et plus court.

Vous plaisantez, je pense! revenir par les rues au lieu de suivre les boulevards... monsieur veut rire.

Il n'y avait pas moyen de la faire changer de résolution; elle m'avait quitté le bras et marchait droit au pont. Allons, me dis-je en soupirant, je n'ai plus que ce parti.

Je la suis. Quand elle est devant l'invalide, je jette mon dernier sou au bureau et je dis à ma belle :

— Allez toujours, je vous suis.

Ma grisette enfile le pont, persuadée qu'une cause naturelle me retenait sans doute un moment en arrière. Et moi, je me mets à regarder la rivière en me demandant si je nagerai jusqu'à l'autre rive. Mais je ne suis pas fort nageur et je ne me sentis pas le courage de Léandre, quoique la Seine soit moins large que l'Hellespont. Au lieu de nager je me mets à courir le long du quai jusqu'à ce que j'aie gagné le pont le plus voisin; j'y arrive n'ayant presque plus de respiration, ce qui ne m'empêche pas de traverser le pont en courant, puis je remonte les rives de la Seine pour regagner les abords du boulevard Bourdon; mais ce trajet était fort long, et quoique je l'eusse fait presque toujours en courant, cela m'avait pris beaucoup de temps. J'arrivai enfin, mais je cherchai en vain ma belle; je ne la trouvai plus. Lassée de m'attendre, piquée de ne pas me voir revenir, elle était retournée seule à sa demeure.

Le lendemain j'allai à notre lieu de rendez-vous ordinaire, elle n'y vint pas. Je l'attendis inutilement plusieurs jours, enfin je lui écrivis en sollicitant une réponse. Elle m'en fit une fort laconique : « Vous vous êtes moqué de moi, me disait-elle, et après m'avoir fatiguée pendant quatre jours comme un cheval d'omnibus, vous m'avez plantée là, au milieu d'un pont. J'en ai assez, monsieur, vous ne me promènerez plus. » Ainsi se termina cette intrigue, car je ne revis plus ma grisette, ce qui ne m'empêcha pas de garder le souvenir de cette aventure! Qu'elle vous serve de leçon, messieurs, si vous vous trouviez n'avoir par hasard que trois sous dans votre poche.

Colin-maillard. — Aux fenêtres. — En ballon.

Le récit de Dupréval a beaucoup amusé la compagnie; M. Dumouton qui, plus qu'un autre peut-être, comprend la situation dans laquelle notre ami s'est trouvé, s'écrie :

— Oh oui!... c'est fort dangereux de se risquer avec une dame quand on n'a pas d'argent dans sa poche!... c'est une chose que j'éviterai toujours!

C'était au tour du jeune Balloquet; le gros blondin ouvre son énorme bouche comme s'il allait chanter un grand air d'opéra et prend la parole.

— Messieurs, Dupréval vient de nous raconter une aventure qui n'est pas une bonne fortune, car elle n'a pas fini heureusement pour lui; moi, je vais vous narrer ce que l'on peut appeler une véritable bonne fortune premier numéro.

C'était à une fête champêtre que donnait un de mes amis dans sa jolie propriété aux environs de Sceaux...

— Ne nommez pas les lieux, dit M. Faisandé en interrompant Balloquet, c'est inutile, cela pourrait faire deviner les héros de votre histoire.

— Mon Dieu! monsieur Faisandé... vous avez bien peur qu'on ne devine... Est-ce que vous craignez qu'il soit question de madame votre épouse?

L'employé au Trésor devient coquelicot et s'écrie :

— Monsieur Balloquet, je ne sais pas pourquoi vous vous permettez ce genre de plaisanterie... c'est de très-mauvais goût, monsieur.

— Alors laissez-moi donc parler, monsieur, et ne venez pas toujours fourrer des bâtons dans nos discours, votre air pudibond ne m'impose pas du tout! Les gens qui affectent tant de décence, tant de sévérité dans leurs paroles, sont quelquefois plus libertins, plus débauchés, plus mauvais sujets enfin que ceux dont ils censurent les discours...

M. Faisandé passe du coquelicot au navet; mais il ne répond rien, il baisse même le nez sur son assiette, ce qui nous fait penser que Balloquet a frappé juste. Celui-ci reprend son discours :

— J'étais donc à une superbe fête champêtre. Il y avait là des femmes charmantes, et une, entre autres, dont j'étais très-amoureux depuis longtemps, mais à qui je n'avais pu encore glisser que des mots brûlants par-ci par-là, vu qu'elle avait pour mari un homme qui, sans être jaloux, était sans cesse près de sa femme. Ce cher monsieur était très-amoureux de sa femme, il l'assommait de ses caresses... Quelquefois il s'oubliait jusqu'à l'embrasser devant le monde, ce qui était de fort mauvais ton, et à force de tendresse et de caresses il était parvenu à se rendre insupportable à son épouse. Oui, messieurs, cela rentre dans ce que je disais tout à l'heure à Fouvenard : les femmes ne veulent pas qu'on les aime trop. *L'excès en tout est un défaut.* Et d'ailleurs rien ne rend bête comme un excès d'amour. Si bien qu'en jouant, en courant dans le jardin, M. Trois-Étoiles, je le nommerai Trois-Étoiles, j'espère que cela ne compromettra personne, M. Trois-Étoiles venait encore d'embrasser sa femme devant la société, et celle-ci, furieuse, avait fait une scène à son mari et lui avait défendu de l'approcher pendant le reste de la soirée. L'époux caressant était désolé et cherchait un moyen de se raccommoder avec sa femme. Après y avoir longtemps rêvé, il me prend le bras et me dit : « Mon cher monsieur Balloquet, je crois avoir trouvé ce que je cherche. » Moi je lui réponds : « Vous aviez donc perdu quelque chose? »

— Vous n'y êtes pas. Je cherche un moyen pour forcer ma femme à me laisser l'embrasser, ce qui est assez difficile, parce qu'elle me boude dans ce moment. Mais voici ce que j'ai imaginé : je vais proposer une partie de colin-maillard, et je demanderai à l'être avec la condition d'embrasser la personne quand je devinerai juste. Quand je saisirai ma femme, soyez assez aimable pour tousser, afin de me l'indiquer; de cette façon, je ne me tromperai pas, et il faudra bien qu'elle se laisse embrasser. J'approuvai fort le projet de M. Trois-Étoiles; son idée de colin-maillard me semblait plaisante. Il propose le jeu, on accepte, et on lui met le bandeau. Or, pendant que ce monsieur marche à tâtons, la compagnie trouve drôle de le laisser là et de se porter vers une autre partie du jardin. Moi, j'emmène madame Trois-Étoiles. Le jardin était fort grand, il y avait des grottes, des labyrinthes, des bosquets très-sombres; je ne vous dirai pas positivement où je menai cette dame; mais notre promenade fut assez longue, et quand nous revînmes à notre point de départ, le pauvre mari cherchait toujours avec son bandeau sur les yeux. En nous entendant approcher, il vint vite sur nous; je toussai... c'était bien le moins que je lui procurasse cette satisfaction... Il nomma sa femme et l'embrassa... Puis, enchanté de son idée, il remit le bandeau sur ses yeux en demandant à l'être encore. Nous nous rendîmes à ses désirs, et il le fut trois fois de suite. Voilà, messieurs, ce que j'appelle une bonne fortune.

— Votre récit est tout à fait dans le genre de Boccace! dit Montricourt en riant. Si cela continue, messieurs, nous pourrons faire une suite au *Décaméron*.

— C'est à Fouvenard à parler.

Le monsieur poilu passe sa main sur son front, en disant :

— Messieurs, je cherche dans mes souvenirs... J'ai tant d'aventures... mais je crains de mêler les unes dans les autres. Vous savez, c'est comme lorsqu'on demande une chanson à quelqu'un qui en a fait beaucoup, il n'en sait plus, parce qu'il en sait trop. Je vous prie de vouloir bien me garder pour la fin; pendant ce temps-là je me débrouillerai, et je tâcherai de vous choisir quelque chose de gentil, de régence.

— Soit. Fouvenard passe sa banque à M. Reffort. Parlez, Reffort.

Le personnage que l'on nomme Reffort est un individu qui n'a pas dit quatre mots pendant le dîner et s'est contenté de rire assez bêtement à ce que les autres ont dit. Ce monsieur, porteur d'une figure plus qu'insignifiante, devient très-rouge quand on lui dit de parler, il roule ses yeux sur le dessert, joue avec son couteau, et murmure enfin :

— Ma foi, messieurs, je suis très-embarrassé pour parler... parce que... il faut que je vous avoue... parole d'honneur, ça ne m'est jamais arrivé.

— Comment, Reffort, ça ne vous est pas arrivé... Qu'est-ce que vous entendez par là?... expliquez-vous.

— Est-ce que M. Reffort serait en homme ce qu'était *Jeanne d'Arc?* s'écrie Rouffignard. Alors je demande qu'on le moule, que l'on fasse sa statuette et qu'elle soit vendue au profit de la société de tempérance.

Les éclats de rire partent de tous côtés. M. Reffort y mêle les siens, quoique d'un air un peu vexé, et reprend enfin :

— Messieurs, vous allez trop loin, je n'ai pas voulu dire ce que vous pensez, mais seulement que je ne suis pas un homme à aventures... Je ne saurais pas m'y prendre... et ma foi alors, quand j'ai des idées sur l'amour... il y a des prêtresses de Vénus, et...

— Très-bien, monsieur Reffort, nous ne vous en demandons pas davantage; nous appellerons cela bonne fortune au comptant. Passons à un autre.

Le monsieur qui vient après dit d'une voix émue :

— Messieurs, le jour le plus beau de ma vie fut celui où j'enlevai une jarretière dans une noce aux Prés-Saint-Gervais... Je m'étais trompé de jambe... mais j'en avais vu une si jolie, que je l'avais prise pour celle de la mariée... Bref, je ne voulais plus sortir de dessous la table... Malheureusement cette jambe délicieuse appartenait à une dame de cinquante ans sonnés, mais elle eut la bonté de me faire présent de sa jarretière.

— Et vous la portez sur votre cœur depuis ce temps-là?

— Non; mais je l'ai mise sous un cylindre. Voilà ma seule bonne fortune.

— Moi, messieurs, dit un jeune homme qui vient ensuite, j'ai été enfermé pendant douze heures dans un placard contenant des bouteilles de liqueurs; quand ma maîtresse put enfin me tirer de là, j'étais complétement ivre; j'avais bu de tout pour passer mon temps. En me voyant dans cet état, ma dame fut obligée d'envoyer chercher un commissionnaire, qui me chargea sur son dos comme un ballot, et en descendant l'escalier, me laissa rouler tout un étage. Depuis ce temps, j'ai les bonnes fortunes en horreur.

— A votre tour, Raymond.

— Moi, je devins une fois amoureux d'une dame qui logeait en face de moi. Vous devinez que j'étais toujours pendu à ma fenêtre. Cette dame était fort gentille, mais elle ne répondait pas à mes œillades; souvent même elle quittait sa croisée quand je me mettais à la mienne. Tout cela ne me décourageait point. Je suivais cette dame partout, dans les rues, en omnibus, au spectacle; j'avais écrit vingt billets, mais on n'y répondait pas, et ma persistance semblait plutôt déplaire que toucher le cœur de ma voisine. Ne sachant plus quel moyen employer, je veux essayer un jour de lui donner de la jalousie. Je vais trouver une de ces demoiselles auxquelles s'adresse M. Reffort, et moyennant un prix convenu, elle vient chez moi une après-midi. Je la place sur mon balcon pour qu'elle soit bien en vue; je lui recommande une mine décente, et j'attends l'effet de mon expédient!

Ma voisine paraît à sa croisée! il était impossible qu'elle ne vît pas ma dame. J'étais enchanté; je me disais : « Elle voit que je suis avec une autre, elle doit être bien vexée. » D'autant plus que la personne que j'avais fait venir était jolie et pouvait passer pour une conquête fort agréable; elle avait, d'après mes ordres, revêtu un costume très-élégant. Mais que devins-je, lorsque la femme que j'avais louée se mit à fumer un énorme cigare, un véritable panatellas. Je voulus m'y opposer; elle me répondit que c'était très-bon genre. Je lui avais passé le cigare, lorsque tout à coup elle crie à un jeune homme qui passait dans la rue : « Monsieur Ernest, ne m'attendez pas demain pour poser en Vénus à votre atelier... Je pose ici, où l'on me paye le double, et je ne suis pas toute nue comme chez vous, où j'attrape toujours des rhumes de cerveau et autres endroits. »

Jugez de mon désespoir, ma voisine avait dû entendre; elle riait aux larmes. Vous pensez bien que je congédiai aussitôt ma poseuse. Mais voyez comme les femmes sont bizarres! les jours suivants j'étais si triste, si honteux, que je n'osais plus me montrer à ma fenêtre. Eh bien! c'est alors que ma voisine daigna enfin répondre à une de mes lettres, et que je devins le plus heureux des hommes.

— On pourrait nommer celle-ci l'intrigue aux fenêtres. A Roland.

M. Roland est un grand gaillard à favoris monstres, qui a tout l'aplomb, tout le *frou frou* d'un commis voyageur; il se cambre pour parler.

— Moi, messieurs, j'adorais une dame qui me résistait. Un jour, je parviens à monter avec elle en ballon. Une fois dans les airs, je lui dis : « Chère amie, si vous faites encore la cruelle, je crève le ballon et nous sommes fichus tous deux. » Madame cessa de me résister, et je vous assure, messieurs, que c'est bien agréable de faire l'amour dans les nuages.

— Je demande *bis* pour celle-ci!

— Moi, je demande si Roland a toujours un ballon tout gonflé à sa disposition pour triompher des femmes qui voudraient lui résister...

— Comment, messieurs, vous doutez de la véracité de mon récit?...

— Il est charmant, au contraire, dit Montricourt; seulement, je cherche ce que je pourrais trouver qui fût digne de servir de pendant à son ballon.

— Moi, messieurs, dit un grand monsieur qui porte des besicles à verres bleus, comme j'ai la vue très-basse, mes bonnes fortunes ont presque toujours eu des suites fâcheuses. Quand je faisais la cour à une demoiselle, si j'allais chez elle le lendemain, je me jetais aux genoux de sa mère et je lui disais les choses les plus tendres, croyant encore parler à la fille. Cependant, une dame que je cultivais avec ardeur consentit un jour à venir déjeuner avec moi. Vous comprenez ma joie. Seulement elle me dit : Par exemple, ne gardez pas vos besicles, car je vous trouve affreux avec cela; je déteste les besicles. Pour contenter ma conquête, le lendemain matin, après avoir fait venir un déjeuner friand et m'être costumé le plus galamment possible, j'ôte mes besicles et j'attends cette visite qui doit me rendre le plus fortuné des mortels. Enfin on frappe à ma porte. Je cours ouvrir en tenant mes bras en avant; car c'était à peine si je pouvais distinguer les objets, étant myope de la première force; mais c'est une femme qui entre, je m'en suis assuré à sa robe que j'ai tâtée. Je ne lui laisse pas le temps de me parler... j'étais si amoureux!... je la prends dans mes bras, je l'enlève, je l'emporte; elle veut crier, j'étouffe ses cris sous mes baisers. Enfin, je me couronne de myrte!... et, alors seulement, j'entends une voix qui me crie :

— Mon Dieu! monsieur, qu'est-ce que vous avez donc *à ce* matin? vous avez sans doute avalé une potion fulminante!

Frappé par les accents de cette voix, je cours à mes besicles; je les place sur mes yeux... Jugez de ma colère!... c'était ma portière que j'avais outragée!... la digne femme m'apportait une lettre de ma belle qui m'annonçait qu'il lui était impossible de venir. Depuis ce temps, je vous prie de croire que je ne fais plus l'amour sans besicles.

Ce récit a beaucoup fait rire tout le monde. Un gros monsieur nous raconte ensuite fort longuement que sa seule bonne fortune a été son épouse.

Nous bénissons tous ce monsieur qui mérite la croix et notre estime.

La clef perdue.

Le tour de M. Faisandé étant arrivé, il se recueille, prend un air grave et s'exprime ainsi :

— Messieurs, l'amour n'est pas une chose aussi récréative, aussi joyeuse, aussi folâtre que vous semblez tous le croire; la plupart d'entre vous ne cherchent à former une intrigue que pour s'amuser... mais les suites, messieurs, mais tous les événements qui peuvent résulter de la cohabitation entre un homme et une femme... du péché charnel... de...

— J'étais sûr que M. Faisandé serait plus indécent que nous autres quand il entamerait ce chapitre, dit Balloquet; il a une manière de faire de la morale qui ferait rougir une vivandière.

— Monsieur Balloquet, je voudrais bien savoir ce que vous avez trouvé d'insolite dans mes expressions?

— Vos expressions sont parfaitement choisies, elles sont techniques, mais vous me faites l'effet d'un livre de médecine; ce sont des ouvrages fort estimables en eux-mêmes, mais qu'il ne faudrait pas laisser lire à une demoiselle. Continuez donc, monsieur Faisandé; je suis désolé de vous avoir interrompu, vous commenciez si bien.

L'employé au Trésor se pince les lèvres et reprend, en pesant sur chacun de ses mots :

— Messieurs, je n'ai point eu de bonnes fortunes, moi; et ce n'est pas maintenant que je suis marié que je commencerai.

— Quel cafard!... murmura mon gros voisin. Je ne connais pas la femme de ce monsieur, mais je la plains; car je suis persuadé qu'elle a pour mari un fort vilain homme.

— Comment, monsieur Faisandé! pas une pauvre petite facétie à nous conter? dit Balloquet. Voyons... cherchez bien... il ne vous est rien arrivé dans le quartier de la Cité... dans la rue aux Fèves ou Saint-Eloy... ce sont pourtant des rues bien galamment habitées?

M. Faisandé devient verdâtre cette fois; il ne sait plus quelle contenance tenir, et balbutie quelques mots que l'on ne peut pas entendre. Dupréval s'apercevant du malaise que ce monsieur paraît éprouver, et désirant mettre fin à une scène qui menaçait de ne plus être comique, s'empressa de prier Montricourt de prendre la parole.

Le joli garçon caresse quelques instants la barbiche qui orne son menton, et, prenant un air sérieux, nous dit, en parlant à voix basse :

— Messieurs, ce que je vais vous conter vous semblera peut-être invraisemblable... Apprenez que je me suis fait faire des ailes... oui, messieurs, une paire d'ailes superbes comme celles d'un aigle. Je m'attache cela sous les bras, et ensuite vous concevez que je vais où je veux!... Quand une femme me plaît, j'entre chez elle par la fenêtre, lors même qu'elle demeurerait au cinquième; je l'enlève et j'en triomphe dans les airs!... C'est stupéfiant!

— Permettez, dit M. Roland d'un air moqueur : pendant que vous êtes l'amour dans les airs, vous ne pouvez pas faire aller vos ailes, vous tombez... Voyez plutôt les oiseaux, ils se posent toujours pour se becqueter.

— J'avais prévu votre objection, mon cher ami; mais aussi, avant de m'envoler, j'ai toujours soin de m'attacher sous votre ballon, c'est lui qui me soutient.

Cette plaisanterie met tous les rieurs du côté de Montricourt, et M. Roland lui-même se décide à s'avouer vaincu.

C'était au tour de M. Rouffignard, le bon vivant assis près de moi. Il vide sa coupe et s'écrie :

Messieurs, ce ne sera pas long; moi, je mène l'amour rondement, je n'aime pas les choses qui traînent en longueur. J'étais amoureux d'une dame assez laide... mais bien faite!... et je prise les formes, je fais grand cas des formes. Pour vous parler sans périphrase, je préfère le dessous au dessus... Je faisais donc la cour à une dame peu favorisée du côté de la figure; mais quelle superbe poitrine! quelles hanches bien accusées!... Je me disais : pour peu que tout cela ait seulement la fermeté d'un baba, ce sera encore assez gentil, car enfin, il ne faut pas espérer trouver du marbre, à moins de s'adresser à une statue. J'aurais bien voulu, par une légère caresse, plus ou moins innocente, pouvoir apprécier ce que j'admirais, mais ma belle n'entendait pas ce genre de plaisanterie; dès que je faisais mine de lui pincer seulement le genou, c'était des cris, des contorsions, des coups d'ongles.... je me disais : je ne triompherai jamais d'une vertu si farouche; et pourtant un beau jour, c'est-à-dire un soir, on m'accorde un rendez-vous. On me permet de me présenter entre dix et onze heures. Je ne manque pas d'être exact. Madame demeurait seule. Elle m'ouvre, me fait entrer chez elle, et je m'aperçois avec surprise qu'elle est sans lumière. Je présume que c'est un excès de pudeur, et que sa défaite lui sera plus douce dans les ténèbres, et j'avais d'autant plus lieu de penser cela, qu'on ne m'offrait plus qu'une bien faible résistance. Je commence à devenir audacieux; mais jugez de mon désappointement!... à la place de ce que j'espérais trouver, je ne rencontre que des cliquettes, autrement dit des os plus ou moins anguleux. Mon audace fait place à de l'effroi : je me rappelle le roman du Moine, l'histoire de la Nonne sanglante; je crains de me trouver en tête à tête avec un squelette, mais j'avais sur moi un de ces briquets phosphoriques avec lesquels nous autres fumeurs nous obtenons sur-le-champ du feu. J'allume sans prévenir ma belle; elle pousse un cri en voyant la lumière, et moi j'en pousse un autre en m'apercevant que je suis en tête à tête avec un échalas. Tout ce que j'avais admiré était faux. Je prétextai une indisposition subite et je disparus. Depuis ce temps, quand cette dame me rencontre, elle me fait des yeux foudroyants. J'en suis bien désolé, mais il ne faut pas se donner pour millionnaire quand on ne possède pas un seul pouce de terrain.

C'était à mon tour de conter mes aventures. J'en ai eu de gaies et de tristes; mais présumant que le sentimental serait mal venu en ce moment, je m'arrêtai à celle-ci :

— Messieurs, la scène se passe à la campagne, dans une charmante campagne tout à fait confortable, à cinq lieues de Paris environ. J'étais allé passer quinze jours chez un ami qui possède une maison par là. Mon ami est malade de la poitrine, il ne vit que de lait. Je vous laisse à penser si la maison des champs était gaie; mais il faut quelquefois savoir faire des sacrifices, à l'amitié. Ensuite il y avait dans le voisinage une maison habitée par plusieurs locataires, et entre autres par une jeune veuve charmante, que j'avais déjà rencontrée dans le monde à Paris; c'était une blonde aux yeux bleus et tendres, au sourire vaporeux, passablement coquette, par exemple! Vous me direz toutes les femmes le sont, mais il y a des nuances. Je renouai connaissance; à la campagne, comme on a beaucoup de temps à soi, l'amour fait plus vite ses affaires qu'à la ville; et puis ces doux ombrages, cette verdure, ces endroits retirés et charmants où l'on n'entend que les gazouillements des oiseaux, tout cela n'est-il pas fait pour porter à la tendresse, pour inviter aux amours?... douce invitation qu'il est si agréable de s'entendre faire. Bref, j'avançais si bien mes affaires près de ma belle veuve, qu'il ne s'agissait plus que d'obtenir un tête-à-tête; mais ce n'était pas encore si facile que vous pourriez le croire. La maison où logeait ma blonde était habitée par une foule de gens curieux, bavards, méchants, de gens enfin dont le plus grand bonheur était de s'occuper de ce que faisaient les autres... A la campagne, c'est la principale occupation des sots; ils se lèvent pour aller espionner leurs voisins, et ne sont pas heureux si en se couchant, ils n'ont pas fait et dit quelques petits cancans. On avait remarqué mes assiduités près de la jolie blonde; aussi on s'était donné le mot pour nous épier, nous moucharder; nous ne pouvions plus faire un pas, elle et moi, sans que tout le pays le sût... Tous ces bourgeois et campagnards de famille des cucurbitacées étaient dignes d'être gardiens de Paris, et je me promets de les recommander un jour à M. le préfet de police.

Il fallait donc agir avec mystère. La maison habitée par ma veuve avait un grand jardin. Tous les jardins ont une petite porte, et chaque locataire possédait une clef de cette petite porte par laquelle on se trouvait dans le milieu d'une belle prairie.

Plusieurs fois le soir, en causant avec ma belle, je l'avais suppliée de me confier cette clef avec laquelle on pouvait s'introduire dans le jardin, et, en ne m'y rendant qu'à minuit, j'étais certain de ne plus rencontrer aucun locataire : tous ces gens-là étaient ordinairement couchés à dix heures. Mon refrain continuel près de ma dame était : Confiez-moi la clef... ou venez m'ouvrir à minuit.

Un soir enfin que nous nous étions trouvés ensemble chez des voisines, en sortant, ma blonde s'approche de moi, me prend la main et me dit à l'oreille :

— Venez cette nuit.

Vous devinez ma joie, mon ivresse. Je m'éloigne bien vite de ma veuve, de crainte qu'elle ne change de résolution. Chacun rentre chez soi; je fais comme tout le monde... il me tardait tant de les voir tous endormis. Minuit sonne au vieux coucou de mon ami. Aussitôt, d'un pied léger, je quitte ma chambre, je sors de la maison sans faire de bruit, je me dirige vers la prairie, je vois le mur, la petite porte, je m'assieds à quelques pas sur l'herbe, attendant avec impatience que l'on m'ouvrît cette porte par où j'espérais arriver à la suprême félicité.

Une demi-heure s'écoule; la porte ne s'ouvre pas... Je me dis : quelqu'un dans son voisinage n'est pas encore couché sans doute, et elle craint de descendre, attendons. Une autre demi-heure s'écoule, et la porte reste close. Je me lève et je me dis : si elle avait laissé la porte tout contre pour que je puisse entrer... et aussitôt je cours m'assurer du fait; mais la porte était fermée en dedans. Je me promène, je me rassieds, les yeux toujours fixés sur cette porte qui ne s'ouvre pas. Je me dis tout ce qui a pu arrêter, retarder ma belle veuve; cependant le temps s'écoulait. Une heure avait sonné, puis la demie, puis deux heures. Elle s'est moquée de moi, me disais-je, elle ne viendra pas! et cependant dans quel but aurait-elle voulu me faire ainsi passer la nuit à l'attendre... Mon amour a-t-il donc mérité une si cruelle déception... Enfin, n'est-ce pas d'elle-même que ce soir elle m'a dit de venir!... Non, il n'est pas possible que de son plein gré elle me fasse passer des heures aussi cruelles.

Et je ne pouvais me résoudre à m'éloigner. Espérant encore, au moindre bruit que j'entendais, je me disais : elle vient... la voilà... Mais le bruit cessait! ce n'était pas elle; alors je faisais quelques pas pour m'éloigner, je revenais encore, je revenais toujours.

Le jour parut!... avec lui s'enfuit ma dernière espérance! car on se lève de fort bonne heure à la campagne, et, une fois le jour venu, je savais bien que cette dame ne s'exposerait pas à venir me trouver. Je rentrai chez mon ami le désespoir dans le cœur, en me promettant de ne plus lui parler, de ne plus la regarder, cette femme qui s'était ainsi jouée de moi.

— Je bois à mes maîtresses! — Page 2.

Cependant le lendemain, dans la journée, le hasard ou plutôt notre volonté, nous rapprocha tous deux. J'allais l'accabler de reproches; elle ne m'en laissa pas le temps, et jetant sur moi un regard courroucé, me dit d'une voix altérée par la colère :

— Votre conduite est indigne, monsieur : se moquer ainsi de moi... me faire passer une nuit en proie à la plus vive inquiétude... car j'avais la bonté de croire qu'il fallait qu'il vous fût arrivé quelque malheur... et je me trompais... Mais pourquoi solliciter une chose... qui ne vous plaisait plus?... C'est affreux, je vous déteste... et je vous défends de me parler jamais.

Vous jugez de mon étonnement à ce discours; au lieu de m'excuser, je me répands en plaintes, en reproches pour la nuit blanche que j'ai passée à la porte du jardin. La manière dont je m'exprimais était si vraie, si sincère, que ma jeune veuve m'interrompt, en s'écriant : — Comment! vous avez passé la nuit dans la campagne... et pourquoi n'êtes-vous pas entré, monsieur?...

— Entré... et avec quoi, madame?

— Mais avec la clef de la petite porte que je vous ai donnée moi-même...

— Vous m'avez donné la clef?

— Oui, monsieur, hier en vous parlant je vous l'ai mise dans la main.

Tout venait de s'expliquer! Je me rappelai bien qu'en me parlant à l'oreille elle m'avait pris la main, c'est alors qu'elle m'avait donné la clef... ou plutôt qu'elle avait cru que je l'avais reçue; mais, hélas! il n'en était rien, la clef était tombée sans bruit sur le gazon... sans que ni elle ni moi nous nous en fussions aperçus. Voyez, messieurs, à quoi tient le bonheur. Je demandai pardon, et je réclamai un autre rendez-vous; mais avec les femmes, une occasion perdue se retrouve rarement. Tâchez de retrouver la clef, me dit-on. Je courus à la place où la veille elle m'avait parlé bas. Hélas! je cherchai en vain, je grattai l'herbe, j'explorai jusqu'aux moindres touffes de verdure. Je ne retrouvai pas la clef. Peu de jours après, la jolie blonde quitta la campagne, et je ne la revis plus.

Fillettes, grisettes, et lorettes

J'avais accompli ma tâche; il ne restait plus à entendre que Dumouton et Fouvenard. Celui-ci ayant demandé à parler le dernier, l'homme de lettres à l'habit vert-jaune nous fait un salut gracieux et prend la parole.

— Messieurs, parler de ses bonnes fortunes, c'est parler des femmes; c'est, pour moi, parler de fillettes, de grisettes ou de lorettes... car, quant aux bourgeoises, aux grandes dames, mariées ou libres, je les ai toujours jugées trop vertueuses pour m'attaquer à elles... C'est mon opinion : les opinions sont libres. Permettez-moi donc une petite digression concernant les fillettes, les grisettes et les lorettes; je sais bien que mon collègue, *Alexandre Dumas*, a, lui aussi, traité ce sujet; mais il y a des sujets qui sont inépuisables, qui plaisent, qui intéressent toujours : les femmes et l'amour ont cet heureux privilége.

On a dit que Paris était le paradis des femmes. Ah! messieurs, pour affirmer cela, il ne faut point avoir visité les petites chambrettes, les cabinets, les mansardes, quelquefois même les greniers où ce sexe charmant manque trop souvent des premières nécessités de la vie, tantôt par sa faute, tantôt par celle du sort, ou plutôt par le fait de ces monstres d'hommes, qui jouent un si grand rôle dans l'histoire de ces demoiselles.

Les fillettes de Paris sont des enfants de bons bourgeois ou d'artisans, que les parents, trop occupés de leur travail ou des soins de leur commerce, placent, soit en apprentissage, soit dans un magasin, et le plus souvent laissent chez eux, les chargeant de veiller aux détails du ménage et de conduire la maison.

Voyez-vous une jeune fille de quatorze à seize ans que l'on retire de sa pension, et qui, tout d'un coup, parce que son père sera devenu veuf, ou parce que sa mère sera toute la journée dans un comptoir, se trouve, elle, chargée de tenir un ménage : on ne lui donne point de bonne pour l'aider, car si elle avait une bonne, ce serait une demoiselle et non plus une fillette. Les demoiselles ont reçu de l'éducation, on leur a donné des maîtres, on a tâché d'éclairer leur esprit, leur jugement, de former leur cœur, enfin elles doivent savoir une foule de choses; mais elles ont le droit de ne rien faire pendant tout le courant de la journée, toujours parce que ce sont des demoiselles.

Les fillettes, au contraire, doivent tout faire, et le plus souvent on ne leur a rien appris. Aussi il faut voir comme elles dirigent cette maison qui leur est tombée sur les bras, à elles enfants, qui, la veille encore, jouaient à la poupée. Ordinairement, elles commencent à balayer de bonne heure; mais le logement ne serait-il composé que d'une pièce et un cabinet, le ménage n'est jamais fini avant la fin de la journée... quand on le finit. Il est vrai que la fillette ne peut pas faire longtemps la même chose; à chaque instant il faut qu'elle change d'occupation; il est même assez rare qu'elle achève complétement sa toilette. La fillette est cette jeune personne que vous rencontrez de bon matin dans la rue, en savates, mal peignée, mal habillée, l'air honnête et les mains sales.

Elle vient de commencer à balayer, mais tout d'un coup elle lâche le balai qui tombe parfois dans un carreau qu'il brisera... c'est ce dont la jeune femme de ménage s'inquiète le moins. Elle veut défaire ses papillotes : elle en ôte une, elle en ôte deux... mais au moment d'ôter la troisième, elle se rappelle qu'elle n'a pas encore écumé le pot-au-feu; abandonnant sa coiffure, elle court chercher l'écumoire, et gesticule avec ce meuble de cuisine en fredonnant la romance de *Guido :*

Hélas ! il a fui comme une ombre !

Et pour donner plus de sensibilité à son chant, plus de charme à sa voix, souvent elle presse tendrement l'écumoire sur son cœur. Mais tout en chantant, ses regards se portent vers la cage de son serin; elle y court, car elle se rappelle qu'elle n'a pas donné à manger à son oiseau depuis deux jours. Cependant, au moment d'ouvrir la cage, elle pense qu'elle ferait bien de songer à son déjeuner; elle laisse là le serin pour visiter le buffet. Ce qu'elle y trouve ne lui plaît pas; elle descend chez la fruitière pour acheter des œufs frais.

Mais, en route, elle change d'idée, elle aime mieux les confitures, elle entre chez l'épicier; là, elle rencontre une jeune personne avec laquelle elle a été en pension. On cause, cela mène quelquefois fort loin.

La fillette est cette jeune personne que vous rencontrez de bon matin dans les rues, en savates, mal peignée, mal habillée, l'air honnête et les mains sales. — Page 9.

L'amie lui dit : — Venez donc un moment chez moi, je demeure à deux pas, je vous ferai voir une robe que mon prétendu m'a envoyée de Lyon.

— Ah ! vous avez un prétendu, vous allez donc vous marier?

— Oui, dans deux mois.

— Ah ! c'est drôle.

— Pourquoi est-ce drôle?

— C'est qu'on ne songe pas du tout à me marier, moi.

— Vous êtes trop jeune.

— Je n'ai qu'un an de moins que vous. Mais mes parents aiment mieux me garder à la maison pour que je fasse le ménage.

— Venez, je vous donnerai des dragées que j'ai reçues quand j'ai été marraine.

— Vous avez été marraine... Ah! êtes-vous heureuse! vous avez tous les bonheurs.

Il est bien difficile de résister aux invitations d'une amie qui nous offre des dragées. La fillette oublie son ménage, son pot-au-feu, son oiseau et même son déjeuner en bavardant avec sa camarade de pension, qui a été marraine et qui a un prétendu!

Enfin, lorsque la fillette revient à sa demeure, au moment de rentrer chez elle, elle est saluée et quelquefois accostée par un jeune homme qui a l'air très-honnête, mais qu'elle rencontre toujours quand elle sort. Je vous laisse à penser à quelle heure le ménage sera fait et le bouillon écumé.

Ce jeune homme n'est point encore un amant, mais il ressemble beaucoup à un amoureux, et si parfois il arrive malheur à la fillette, à qui la faute?... Est-ce elle qu'il faudrait accuser? ne seraient-ce pas plutôt les parents, qui laissent ainsi à l'abandon des êtres qui n'ont pour résister aux séductions du monde ni force, ni raison, ni expérience!

Messieurs, Paris fourmille de ces fillettes; quelques-unes restent sages, quoique vivant au milieu des périls; comme elles n'ont pas de fortune, elles ne trouvent point toujours à se marier, et passent ainsi de l'état de fillette à celui de vieille fille, sans pour cela savoir mieux tenir un ménage.

Quant au grisettes, c'est autre chose : la grisette aime le plaisir, elle en veut, il lui en faut. Elle a au moins un amant : quand elle n'en a qu'un, c'est une grisette fort recommandable. Du reste, ces demoiselles ne se donnent point pour meilleures qu'elles ne sont; elles n'affichent point une fausse vertu; elles ne sont ni prudes, ni bégueules, ni farouches; elles cultivent les étudiants, les acteurs, les artistes, les spectacles, les bals champêtres ou non, les promenades, les guinguettes, les traiteurs, et elles ne reculent pas devant le cabinet particulier.

Les grisettes sont gourmandes, elles ont presque toujours faim. Elles sont folles de truffes, mais elles se bourrent parfaitement avec des pommes de terre; elles adorent les meringues, mais elles pratiquent journellement la galette et la frangipane; elles monteraient à un mât de cocagne pour boire du champagne, mais elles ne refusent pas un verre de cidre.

Quand vous avez payé un joli dîner à une grisette, vous le savez comme moi, messieurs, il ne faut pas se figurer que son appétit est satisfait. En sortant de table, si vous êtes à la campagne, la grisette voudra tirer des macarons à la rouge ou à la noire, elle en avalera plusieurs douzaines, ensuite elle demandera à boire du lait et à tremper dedans une miche de pain bis; ensuite elle voudra des cerises, ensuite de la bière avec des croquets. A Paris, il lui faudra des bâtons de sucre d'orge, des bavaroises, du punch et du fromage d'Italie.

Rendons justice à la grisette de Paris: sa tournure est leste, fringante, pimpante, agaçante et provoquante. Elle n'est pas toujours jolie, mais elle a toujours un certain... je ne sais quoi, un petit *chic* qui trouve sur-le-champ des amateurs. Elle chiffonne les objets les plus simples de manière à s'en faire une petite toilette gentille; elle porte souvent un tablier et presque toujours un bonnet; il est rare qu'elle mette autre chose sur sa tête, elle a bien raison, car son minois qui séduit avec un bonnet perd beaucoup de son charme sous un chapeau; à moins cependant que ce ne soit un *bibi* dont la passe ne doit jamais dépasser le bout de son nez.

La grisette est modiste, ou lingère, ou couturière, ou brodeuse, ou brunisseuse, ou enfileuse de perles, ou n'importe... mais elle a un état. A la vérité elle l'exerce rarement. Qu'on lui propose une partie de campagne, une promenade à âne, un déjeuner de garçon, un dîner à la Chaumière, un billet de spectacle, et elle envoie promener la boutique ou le magasin, l'atelier ou le comptoir.

Tant que nous pourrons lui procurer de l'agrément elle ne songera qu'au plaisir, mais lorsque son amant n'a pas le sou, elle va se remettre à l'ouvrage tout aussi gaiement que si elle allait encore dîner chez *Passoir* ou pincer son petit cancan au Château-Rouge; car, ne vous y trompez pas, messieurs, la grisette est philosophe, elle prend le temps comme il vient, l'argent pour ce qu'il vaut, et les hommes pour ce qu'ils lui font. Elle aime avec ardeur pendant quinze jours; elle croit alors que cela durera toute sa vie, et propose à son amant d'aller habiter un désert, ou une île comme *Robinson*, d'y vivre de légumes crus et de coquillages. Comme elle aime beaucoup les radis et les huîtres, elle pense qu'elle pourra s'habituer à ce régime, mais au bout d'un moment elle oublie ce projet de solitude et s'écrie :

— Ah! que je mangerais bien du veau rôti et de la salade de laitue avec des œufs durs en guise de fourniture. Dodolphe, mène-moi à Asnières, nous ferons un dîner champêtre; moi, pendant ce temps-là, je cueillerai des pâquerettes, des marguerites, j'en effeuillerai et je connaîtrai tes sentiments, car la marguerite ne ment jamais. Si elle s'arrête à *passionnément*, je t'embrasserai sur l'œil gauche, si elle me dit que tu ne m'aimes *pas du tout*, je t'enfoncerai des épingles dans les mollets. J'espère qu'en voilà des preuves d'amour!

Mais Dodolphe se trouve quelquefois dans la débine.

— Tu n'as pas d'argent, s'écrie la grisette; ah! que c'est bête qu'il faille toujours de la monnaie ou de grosses pièces pour flânoter et se substanter!... Alors, attends : j'ai une robe de mérinos et un châle d'hiver; nous sommes en été, par conséquent je n'en ai pas besoin. Ces effets seront mieux chez *ma tante* que chez moi où j'ai des vers, on en aura plus soin, et avec ce qu'on me donnera nous irons *rigoler*.

La grisette exécute son projet : elle met ses effets au mont de piété, sans regret, sans tristesse. Si elle avait de l'argent, elle en offrirait à son amant. Comme elle lui mange souvent tout ce qu'il a, elle trouve naturel de dépenser avec lui tout ce qu'elle possède : elle n'est ni avare, ni économe, ni intéressée.

Le logement d'une grisette est une chose curieuse; mais elle n'a pas toujours un logement à elle; fort souvent elle perche à droite ou à gauche. Elle demeurera huit jours avec son amant, trois semaines chez une amie, le reste du temps chez sa fruitière ou son portier.

Quand, par hasard, elle possède un domicile et un mobilier à elle seule, la grisette en ressent une noble fierté, lors même que ce mobilier ne se compose que d'une couchette, d'un miroir et d'une chaise cassée. Alors elle se complaît à dire : « Ce soir, je resterai *chez moi*, » ou : « Demain je ne compte pas sortir de *chez moi*. J'ai idée de mettre ma *chambre* en couleur... c'est bien bon genre, surtout la couleur jaune; quand c'est frotté, ça fait plus d'effet que des meubles. »

C'est elle qui, lorsqu'elle sort, écrit sur sa porte avec du blanc Espagne :

Je cuis chez ma voisine au-dessous.

Mais la grisette n'est point obligée de savoir l'orthographe; si elle parlait purement sa langue, il est probable que sa conversation semblerait moins drôle; il y a tant de personnes qui plaisent par leur mauvais côté!

Quelquefois la grisette se permet de donner des soirées. Quand elle se met en train, elle invite jusqu'à sept personnes. Alors le lit sert de divan, les persiennes de banquettes, le fourneau de table et le quinquet de l'escalier est placé sur la cheminée pour tenir lieu de lampe Carcel. On fait du punch dans une soupière, du thé dans une marmite; on boit dans des coquetiers, on a une cuiller pour trois, et le tartan de la maîtresse de la maison sert de nappe et d'essuie-mains à toute la société, ce qui n'empêche pas la compagnie de rire et de s'amuser; car les plaisirs les plus vrais ne sont pas ceux qui ont coûté le plus cher. Cette maxime n'est pas neuve, mais elle est très-consolante pour ceux que la fortune n'a point favorisés.

En disant ces mots, Dumouton vient de laisser, en soupirant, tomber un regard sur lui-même. Mais flatté, sans doute, par la vue des bouts de sa cravate, par ce luxe de linge auquel il n'est pas habitué, il reprend bientôt son air riant et poursuit son discours :

J'arrive, messieurs, à la dernière partie de ma trilogie, aux lorettes, qui sont les grisettes du grand numéro, de *la haute!* En style chicard, la haute veut dire la société des lions, des dandys, du jockey-club, enfin de ces messieurs qui ont la fantaisie et les moyens de dépenser beaucoup d'argent avec les femmes.

Les lorettes habitent la Chaussée-d'Antin, la Nouvelle-Athènes, les Champs-Élysées, le quartier du *sport*, du *turf*, ou, si vous l'aimez mieux, des marchands de chevaux. Elles perchent aussi, assez ordinairement, dans les rues neuves. Quand une maison fashionable est terminée, c'est-à-dire lorsque l'escalier est posé et que l'on peut arriver aux divers étages, on fait essuyer les murs par des lorettes. Ces dames viennent louer un joli appartement fraîchement décoré; on sait très-bien qu'elles ne payeront pas leur terme, mais on leur loue parce qu'elles feront venir du monde dans la maison; elles attireront d'autres locataires; pas de bons bourgeois... fi donc! mais des jeunes gens à la mode, de vieux garçons riches, quelquefois des hommes à équipages.

Du reste, la lorette est à cet égard d'une extrême franchise. L'une de ces dames, visitant un bel appartement à louer dans la rue Mazagran, le concierge, peu au fait de son monde, probablement, eut la simplicité de lui en dire le prix, répétant plusieurs fois qu'on ne pouvait pas le donner à moins de quinze cents francs.

Ennuyée de la persévérance du concierge, la lorette le regarda comme une curiosité, en s'écriant : « Ah çà! mais, monsieur, à qui croyez-vous donc avoir affaire? Qu'est-ce que cela me fait le prix à moi, puisque je ne paye jamais? »

La lorette se met avec élégance et coquetterie; elle parfume les endroits où elle passe. Elle a des bouquets superbes, elle est gantée avec un soin extrême. De loin, on pourrait la prendre pour une dame du grand monde; mais il ne faut pas l'entendre parler, car l'illusion s'évanouirait bien vite, son langage étant infiniment moins pur que le vernis de ses bottines.

La lorette veut éclipser la grisette qu'elle affecte de dédaigner et que pourtant elle est loin de valoir. Elle n'a pas d'amant, elle a des entreteneurs. Ce n'est pourtant pas une femme entretenue, car celle-ci reste quelquefois longtemps avec le même *monsieur*, tandis que la lorette en change à chaque instant.

La grisette aime les jeunes gens; la lorette cultive de préférence les hommes mûrs.

L'Hippodrome et le Cirque des Champs-Élysées sont les endroits que les lorettes affectionnent particulièrement. Dans la journée, elles vont admirer les hardis écuyers franchissant des haies, ou les femmes conduisant des chars dans l'arène. Le public de l'Hippodrome étant en général élégant, coquet, fashionable (surtout dans la semaine), ces dames sont presque certaines de faire leurs frais.

Le soir elles vont admirer *Baucher*; elles sautent de plaisir sur leurs banquettes lorsque *Auriol* fait quelque nouveau saut périlleux. La lorette ne cesse point de répéter à son *époux* (c'est ainsi que ces dames nomment leur tenant) qu'elle ne connaît rien de plus beau qu'un cheval.

La lorette donne des soirées où il y a toujours beaucoup d'hommes et fort peu de femmes. On y joue depuis le loto jusqu'au lansquenet. Ces dames aiment le jeu avec fureur; mais en se mettant devant un tapis vert, elles vous déclarent qu'elles veulent gagner; c'est à vous de vous arranger en conséquence. Un jour, dans une partie de lansquenet où la banque était tenue par une jolie lorette, on s'aperçut que cette demoiselle trichait, et on lui en fit le reproche; loin de chercher à nier le fait, elle se mit à rire en répondant : « Eh! mon Dieu, qu'importe que je vous prenne votre argent comme cela ou autrement? »

La lorette ne connaît que l'argent; ne vous présentez plus chez elle lorsque votre bourse est vide, son amour aura suivi vos écus.

n'est pas elle qui mettrait ses effets en gage pour faire une partie plaisir avec vous.

La lorette est élégamment meublée, mais elle ne paye pas plus ses fournisseurs que son propriétaire. Si vous la menez dîner chez un traiteur, elle commencera par faire la bégueule. Elle n'aura pas faim; elle n'aime ni ceci ni cela; telle chose lui fait mal, telle autre lui répugne. Au total, elle finit par se donner une pointe et une indigestion.

Il faut, je le crois du moins, prendre une lorette pour un jour, une grisette pour un mois et une fillette pour la vie, quand on en a rencontré une qui, dans sa journée, a trouvé le temps de s'habiller et de se coiffer, de faire son ménage, de déjeuner, de veiller à son pot-au-feu et d'attacher ses brodequins; car alors on a découvert un phénix ou la huitième merveille du monde.

Au résumé, la fillette veut du sentiment, la grisette du plaisir et la lorette de l'argent.

J'ose espérer, messieurs, que vous voudrez bien accepter cette légère étude de femmes à la place d'une bonne fortune; d'autant plus que depuis longtemps la fortune n'ayant pas été bonne pour moi, et ne m'ayant malheureusement pas laissé le loisir de m'occuper de galanterie, je ne pourrais rien vous conter qui fût digne de figurer après ce que j'ai eu le plaisir d'entendre.

La bonne fortune de M. Fouvenard. — La marchande de pain d'épice.

Dumouton a terminé son esquisse de femmes. Tout le monde l'a écouté avec plaisir. Il n'y a que M. Faisandé qui, sans rien dire, s'est levé et a disparu pendant que l'auteur contait. La disparition de l'employé au Trésor ne nous cause pas une vive affliction, elle ne nous empêchera pas de boire, de rire et de dire tout ce qui nous viendra à la tête. Mais comme Balloquet paraît connaître certaines particularités sur le pudibond personnage, je me promets de le questionner à ce sujet; car je veux savoir si je ne me suis pas trompé dans mes conjectures, ou si je dois une réparation à ce monsieur, pour les mauvaises pensées qu'il fait naître dans mon esprit.

Fouvenard était le seul de la compagnie qui n'eût point encore conté sa petite aventure. Dupréval, notre amphitryon, se tourne vers le monsieur dont les traits, excepté le nez, sont perdus sous la barbe, les moustaches, les favoris et les sourcils qui envahissent sa figure et menacent d'en faire une perruque.

M. Fouvenard passe sa main sur son front et l'enfonce dans sa crinière, en disant :

— Depuis que je cherche dans mon catalogue, je n'ai encore rien débrouillé. Ma foi, messieurs, je vais tout bonnement vous raconter ma dernière amourette... C'est encore tout nouveau; ce n'est pas ma dernière bonne fortune, mais c'est celle qui, parmi les récentes, offre, je crois, le plus de piquant; vous en jugerez.

Il y a quelques mois, me trouvant désœuvré un dimanche, et ne pouvant supporter le séjour de Paris, qui, vous le savez tous, messieurs, n'est pas tenable ce jour-là, surtout quand il fait beau temps; car alors les rues, les boulevards, les promenades sont envahis par une foule de gens à figures hétéroclites qui se tiennent bras dessus, bras dessous, par quatre, par cinq, par six quelquefois, et rendent la circulation aussi ennuyeuse que difficile; bref, je me jette au hasard dans le premier chemin de fer qui m'offre ses voitures et ses rails, je ne m'inquiète même pas où il me mènera. Je crois que je me serais laissé emmener fort loin... j'aurais été jusqu'en Belgique peut-être, tant j'étais, ce dimanche-là, fatigué de Paris! Mais le chemin de fer sur lequel je me trouvais n'allait pas si loin; mon voyage fut fort court, et je me trouvai tout simplement au joli village de Sceaux... Je dis village, je me trompe, car Sceaux est une petite ville; mais du moment que je vois des arbres, des champs, de la verdure, je ne me crois plus dans une ville.

Je sors de mon wagon ou de ma diligence... je ne sais pas trop dans quoi j'étais; je me promène au hasard. Le bal de Sceaux, autrefois si brillant, si fréquenté, a beaucoup perdu de sa vogue... Tout passe!... messieurs!... les bals champêtres comme les grands empires, comme la beauté!... Les *Vendanges de Bourgogne* n'existent plus!... ce gai restaurant où se donnèrent tant de repas de corps et de bals *ultra chicards*, où l'on dansait en costume de *tableaux vivants*, et dont les pieds de mouton avaient commencé la fortune, il a fermé ses portes... espérons qu'il les rouvrira. Et le *Méridien* lui-même!... le *Méridien*... Je ne vous ferai pas l'injure de vous demander si vous y avez été!... Quel est l'homme, tant soit peu galant, qui n'a pas été au *Méridien!*... dont les cabinets particuliers étaient si bien disposés pour les parties fines!... Eh bien! messieurs, ce gentil petit restaurant, situé ici près, vous le savez, vient aussi de fermer ses portes. Enfin, il n'est pas jusqu'au *Cadran bleu* qu'on n'ait démoli... Cette maison, jadis si fameuse, a disparu aussi de la surface du boulevard du Temple. En vérité, c'est navrant! Où donc irons-nous dîner maintenant, quand nous aurons une jolie femme à traiter!... Je le dis avec peine, messieurs, les bons endroits deviennent fort rares à Paris, il faut aller *extra muros* pour trouver encore le silence, le mystère et tout ce confortable qui fait le charme d'un tête-à-tête, et l'on n'a pas toujours le temps de sortir de Paris.

Mais, pardon de m'être laissé aller à ces réflexions, je reviens à mon sujet. Je me promenais depuis quelque temps dans Sceaux, et je remarquais que les paysannes mises coquettement, parées de leurs beaux atours, celles enfin qui semblaient avoir l'intention de se divertir et de danser, quittaient le pays et se dirigeaient du côté de Fontenay-aux-Roses.

Aussitôt, je m'informe à une bonne femme qui vendait du pain d'épice, et qui semblait voir d'un œil consterné la désertion presque générale de la population. Moyennant un grand bonhomme de quatre sous que j'achète, et que je paye comptant, en faisant l'éloge de sa luisant, je me rends la marchande très-favorable.

— Où vont donc toutes ces jeunes filles si bien endimanchées, dis-je en mangeant bravement le bout du pied de mon bonhomme.

— Eh! mon Dieu, monsieur, est-ce qu'il faut le demander!... Pardine!... elles vont à Fontenay... sous prétexte qu'il y a fête aujourd'hui, et qu'il y aura une petite foire... et un homme qui fera des sauts, des tours, des bêtises enfin!... Comme si ça n'était pas cent fois plus joli par ici!... Comme si le bal n'était pas cent fois plus beau. Mais ils ont tous le diable au corps, ils s'entraînent les uns les autres... Pas moyen de les arrêter... Aussi c'est vous qui m'étrennez... Je n'avais pas vendu pour deux liards de la journée.

— Mais, alors, pourquoi ne faites-vous pas comme tout le monde? Qui vous empêche de transporter votre boutique et vos pains d'épice à Fontenay-aux-Roses?

— Oh! monsieur, je ne changeons pas de place comme ça, nous autres. On a l'habitude de me trouver ici, à ce même endroit, depuis trente ans, et si on ne m'y voyait plus, surtout un dimanche! on se dirait : « Mais, où donc qu'est la mère Giroux... Faut qu'elle soit malade ou défunte... » et ça me ferait du tort si on croyait ça; parce que, voyez-vous, monsieur, j'avons des pratiques, sans que ça paraisse. Des gens de Paris, qui ont l'habitude de m'acheter pour leurs bambins, quand ils viennent à Sceaux. Et faut pas risquer de mettre ses pratiques dans l'embarras... pour gagner quelques sous de plus un jour, faut pas perdre ses habitués, ses chalands quand on en a, et j'en ai.

J'allais m'éloigner de la mère Giroux, qui me paraissait si fière d'avoir des pratiques, lorsque je vis arriver trois jeunes filles qui se tenaient sous le bras, et sautillaient plutôt qu'elles ne marchaient. Il y en avait deux qui avaient bien le costume et la tournure des paysannes de l'endroit; elles étaient mises fort coquettement, robes blanches, tabliers de soie, petits bonnets garnis de dentelles et de nœuds de rubans, jusqu'à des gants, messieurs, oui, dans les environs de Paris, il n'est pas rare maintenant, les jours de fêtes, de voir des paysannes gantées... Elles ne sont pas encore ambrées, par exemple, mais, avec le temps et les chemins de fer, j'aime à croire que bientôt les femmes de la nature se parfumeront comme les femmes policées; et, franchement, elles feront d'autant mieux qu'elles n'ont pas l'habitude d'embaumer. J'en demande bien pardon à la nature, mais c'est comme cela.

Mes deux paysannes étaient donc soigneusement attifées; mais malgré cela, sous leur belle parure, ce n'étaient toujours que des femmes très-rustiques. Cela se voyait aux bras, aux pieds, aux manières, à leur gros rire et aux taches de rousseur dont leur visage était couvert. Ensuite, ces visages qui n'étaient pas mal, n'avaient cependant rien de bien attrayant, si ce n'est une extrême fraîcheur. Aussi, n'arrêtai-je pas longtemps mes regards sur ces demoiselles mais bien sur la personne qui était avec elles, et dont la mise était cependant à peu près pareille à celle de ses compagnes.

C'est que ce n'est pas le bonnet qui rend une jeune fille jolie, c'est la manière dont elle le pose, dont elle le porte; et il en est de même de ses autres atours. Celle qui attirait mes regards pouvait avoir dix-huit ans à peu près; elle était d'une taille au-dessus de la moyenne, svelte, élancée, bien flexible, car vous savez que cela se voit aux moindres mouvements, de même que la grâce se décèle dans les actions les plus simples. Ses traits n'avaient en particulier rien de merveilleux, mais leur ensemble plaisait sur-le-champ. C'était une blonde aux yeux bleus, aux lèvres roses; sa bouche avait en riant une expression charmante, où la candeur se mélangeait à la malice; ses dents étaient bien rangées, et sans être tout à fait des *perles enchassées dans des feuilles de roses!* comme il est d'usage de dépeindre la bouche d'une jolie femme, elle était irréprochable; ses cheveux, d'un blond légèrement cendré, étaient frisés en petites boucles, ce que l'on appelle je crois à la neige. Ceci était une notable différence avec la coiffure de ses deux compagnes, qui se composait simplement de petits accroche-cœurs bien plaqués, bien collés sur les tempes. Enfin, que vous dirais-je, il y avait dans cette jeune fille un je ne sais quoi qui annonçait autre chose que le séjour habituel des champs. Paris devait avoir passé par là, car ce n'est pas en restant toujours au village qu'une femme prendra ces manières, cette tournure, cette aisance, qui tranchent sur-le-champ avec les lourdes gentillesses de la campagne.

Ma jolie blonde avait une robe rayée de lilas et de blanc. Elle portait aussi un tablier de soie; mais le sien était d'un gris lilas qui s'harmonisait parfaitement avec sa robe. Son bonnet était simple, mais il était de bien meilleur goût, et placé si gentiment sur le sommet de sa tête, qu'il semblait à peine la toucher. Ses souliers étaient noirs aussi, mais le pied qu'ils renfermaient était petit, étroit et bien cambré; enfin, la jambe était mignonne sans être grêle, et promettait des contours bien fournis! Vous concevez, messieurs, que tout cela méritait bien d'attirer mes regards.

Les trois jeunes filles allaient passer devant la mère Giroux. Celle-ci les arrêta, en leur criant :

— Eh bien! où donc que vous allez, vous autres, que vous v'là si pimpantes, et que vous passez toutes les trois fières comme *ortolan*, et sans même me dire bonjour?

Les jeunes filles s'arrêtèrent alors, et dirent bonjour à la marchande de pain d'épice.

— Bonjour, mère Giroux!

— C'est que nous sommes pressées; nous allons à Fontenay-aux-Roses...

— Nous allons danser...

— Nous allons voir les spectacles, les animaux, les singes!...

— Mon Dieu! on voit de tout ça ici!... Ce n'est pas la peine de se déranger pour des singes!...

— Laissez donc! la fête sera très-belle à Fontenay... Vous voyez bien que tout le monde y court.

— Tout le monde est si bête; quand il y en a un qui fait une boulette, les autres se pendraient s'ils ne la faisaient pas aussi.

— Ah! est-elle méchante la mère Giroux...

— Dites donc, les Dargenette, vos parents vous laissent donc courir comme ça sans eux?

— Pardi, on ne nous enlèvera pas... D'ailleurs, Mignonne est avec nous!...

— Tiens, v'là-t-il pas un beau porte-respect que Mignonne... Elle est plus jeune que vous!... et elle tourne de l'œil, dès qu'on la regarde, comme si ça lui donnait des crampes d'estomac.

Mignonne était la jolie blonde du milieu, car elle répondit sur-le-champ avec un petit sourire tout coquet et en me regardant du coin de l'œil, vu que pendant cette conversation j'étais toujours debout, près de la boutique de pain d'épice où je continuais d'attaquer mon bonhomme de quatre sous.

— Madame Giroux, si je suis jeune, cela n'empêche pas que je saurai veiller sur ces demoiselles... parce que moi j'ai été à Paris, et je ne me laisse pas attraper.

— Toi, Mignonne! laisse donc!... tu seras plus vite pincée que les autres, je le parierais... Tu fais trop ta sucrée... tu fondras!...

— Eh d'ailleurs! s'écrièrent les deux autres paysannes, est-ce que nous avons peur des hommes, nous autres!... Tiens! c'est pas effrayant du tout!...

— Si ça poussait, je m'en planterais un champ, moi!

Et là-dessus de gros éclats de rire partirent; mais la jolie Mignonne prit point part et elle entraîna ses compagnes en criant :

— Au revoir, mère Giroux! au revoir.

— Eh bien, vous ne m'achetez pas tant seulement un sucre d'orge pour sucer en route?

— Tantôt, en revenant!... pour nous rafraîchir.

Les jeunes filles étaient parties. La marchande se lamentait de plus belle sur les ennuis des fêtes voisines. Moi, j'avais déjà résolu de revoir la blonde que l'on appelait Mignonne, mais je voulais auparavant tâcher de me procurer des renseignements. Je commençai par acheter un grand carré de pain d'épice lardé d'amandes, en faisant un pompeux éloge de celui que je mangeais. La mère Giroux, flattée jusqu'à l'attendrissement, me contemplait d'un air qui voulait dire :

Ah! si tous les jeunes gens qui viennent à Sceaux aimaient le pain d'épice comme ce monsieur-là!...

— Mère Giroux, dis-je en serrant avec soin mon nouvel achat dans ma poche, il me paraît que vous connaissez ces jeunes filles qui viennent de passer.

— Pardi! je connais tout le pays et les environs, moi!

— Ce sont des... des filles de cultivateur?

— Oui, les deux brunes, les Dargenette. Oh! ce sont de bonnes filles avec leur air de s'en moquer; si on batifolait trop dru avec elles, je réponds bien qu'elles sauraient jouer des pieds, des poings et des ongles... ça aime à rire, mais c'est honnête!... Et puis, c'est que leur père n'entendrait pas la plaisanterie. Le vieux Dargenette est un jardinier qui n'est pas doux tous les jours... Il caressait sa femme avec son râteau quand elle ne marchait pas droit!... et je crois bien qu'il en ferait autant à ses filles si elles se dérangeaient. Les femmes de la campagne, voyez-vous, monsieur, ça dit quelquefois des paroles un peu crues, mais faut pas juger le monde là-dessus.

— Et cette autre jeune fille qui était avec elles et que vous appelez Mignonne... elle a une tournure qui annoncerait qu'elle a habité Paris.

— Oui, monsieur, c'est ben vrai, Mignonne est la fille de bons laboureurs de cet endroit; mais elle perdit de bonne heure son père et sa mère. Et puis une dame de Paris l'ayant trouvée gentille, l'emmena avec elle, en disant qu'elle lui ferait donner de l'éducation. Mignonne Landernoy n'avait plus qu'une vieille tante. La mère Landernoy n'est pas trop riche. Elle laissa emmener sa nièce qui avait alors douze ans. La petite resta trois ans à Paris. Je ne sais pas trop ce qu'on lui apprit... à lire, à écrire... à broder... à tapisser des canevas... des bêtises enfin! qui rendent une fille des champs propre à rien... Aussi quand elle est revenue près de sa tante, impossible de la faire retourner travailler aux champs!... Ouiche! elle disait que cela lui faisait mal dans le dos!... pourquoi pas mal aux cheveux tout de suite!

— Mais pourquoi cette petite est-elle revenue ici? Pourquoi a-t-elle quitté cette dame qui l'avait emmenée à Paris?...

— Parce que la dame est morte, et qu'alors, vous comprenez bien, les héritiers n'ont pas voulu garder la petite fille de Sceaux!... Ils ont commencé par la mettre à la porte, et Mignonne a été bien heureuse de revenir chez sa vieille tante.

— Depuis ce temps, cette jeune fille n'est pas retournée à Paris?

— Non, mais je crois que ce n'est pas faute d'envie. Vous comprenez bien que de son séjour avec les gens de la ville, il lui est resté des manières... un genre... des phrases... Ah! dame! c'est pas du tout une paysanne! Aussi mamzelle donne les modes ici... Quand les autres jeunes filles veulent se faire un bonnet, un tablier, un fichu, elles disent : Je vas aller demander à Mignonne si ça m'ira bien... comment que ça se porte!... et puis Mignonne par-ci! Mignonne par-là! Il semblerait que c'est un oracle, ni plus ni moins. Quand Mignonne a dit : Faut pas mettre ça... faut pas se dandiner comme ça... faut pas danser sur c'te jambe-là! oh! gnia pas de danger que les autres le fassent!... et puis comme mamzelle Mignonne sait lire dans les romans, vous comprenez qu'elle sait une foule d'histoires, d'aventures!... Ça fait que quand elle parle, les paysannes dressent leurs oreilles comme mon âne quand il fait du vent. Tenez, v'là les Dargenette qui sont toutes fières parce que Mignonne a bien voulu aller avec elles à Fontenay-aux-Roses.

— Mais enfin, à quoi s'occupe cette jeune fille ici, puisqu'elle ne travaille pas aux champs?

— Dame! elle arrange des chiffons... elle fait des bonnets aux autres... c'est la *modisse* de l'endroit, mais sa pauvre tante n'a que ben juste pour elles deux. Et ce que je ne pardonne pas à cette jeune fille, c'est d'avoir refusé Claude Flaquard, un bon parti qui voulait l'épouser, quoiqu'elle n'ait pas le sou... Claude Flaquard en était toqué... vous comprenez, cette jeunesse est gentille... et puis ses manières mijaurées... ça tourne la tête aux imbéciles.

— Et elle a refusé ce parti?

— Oui, monsieur!... Refuser un homme qui a un champ, des vignes, trois vaches, deux veaux, des lapins, des oies!... Mais qu'est-ce qu'elle veut donc, alors qu'est-ce qu'elle veut... un milord! un potentat!...

— Et quelle raison a-t-elle donnée pour refuser un si beau parti?

— Des raisons!... elle s'en fiche bien!... il ne lui plaisait pas.. v'là toutes ses raisons... Elle a prétendu que c'était un lourdeau et qu'il boitait... Comme si un homme qui a des vaches et des veaux pouvait aller de travers!...

— Et sa tante ne l'a pas grondée?...

— Sa tante est trop bonne... trop bête plutôt!.. Claude Flaquart s'est vengé, il en a épousé une autre, qui a la tête de plus que Mignonne, et il a bien fait... voilà ce que c'est que d'envoyer les jeunes filles à Paris quand elles n'ont pas de fortune pour s'y établir. Mignonne fera queuque sottise avec un beau mirliflore de Paris... Je le gagerais!... et plus tard elle regrettera la maisonnette de Claude Flaquard.

— Madame Giroux, je suis enchanté de vous avoir acheté du pain d'épice, il est excellent. Quand je reviendrai à Sceaux, vous aurez ma visite.

— Vous êtes bien honnête, monsieur; alors vous voilà au nombre de mes pratiques... ça m'augmente mon fonds... faudra m'en acheter au citron, vous verrez, monsieur, on croirait manger des oranges!

— Ce sera pour la première fois.

J'en savais assez. Je m'éloignai et me dirigeai à mon tour du côté de Fontenay-aux-Roses, qui n'est qu'à un quart de lieue de Sceaux.

Mademoiselle Mignonne.

M. Fouvenard a bu un verre de champagne pour reprendre haleine; puis nous attendons qu'il continue son récit, qui, pour ma part, m'intéresse vivement; je ne sais pourquoi je tremble de voir cette jolie Mignonne céder aux séductions de ce jeune homme, qui ne me semble pourtant pas bien séduisant. Mais je ne suis pas femme, et il est possible que cette barbe de capucin ait un attrait que je ne devine pas.

Fouvenard reprend la parole.

Je ne tardai pas à me trouver à Fontenay; je n'avais qu'à suivre le monde qui se dirigeait du côté de la fête. Une fois là, je me dis : Je serai bien malheureux si je ne revois pas Mignonne.

Je me promenais depuis quelque temps devant les boutiques improvisées sur une espèce de place, lorsque j'aperçus mes trois jeunes filles qui se donnaient toujours le bras, s'arrêtaient devant toutes les curiosités, devant les jeux, les spectacles en plein vent, et se livraient à la gaieté de leur âge augmentée encore par les réflexions moqueuses de Mignonne.

La plupart des jeunes garçons du pays saluaient les jeunes filles et leur adressaient quelques plaisanteries presque toujours assez grossières, assez libres, comme c'est l'usage des gens de la campagne, dont l'innocence m'a toujours semblé apocryphe. Les deux Dargenette répondaient sur le même ton; mais lorsque Mignonne disait quelque chose, les paysans ne répliquaient plus; ils s'éloignaient tout confus et je les entendais souvent se dire entre eux :

— Oh! quand mamzelle Mignonne s'en mêle, je ne sommes plus assez malin pour lui tenir tête... elle est trop futée, celle-là! On voit ben qu'elle a habité Paris.

Je m'approchai des trois amies, je m'arrêtai aux boutiques, aux spectacles où elles s'arrêtaient. Mignonne m'aperçut, et il me sembla qu'elle rougissait. Une des Dargenette dit en me regardant : — Tiens, v'là ce jeune homme qui mangeait du pain d'épice de la mère Giroux! C'est drôle qu'un monsieur de Paris et qui a de la barbe, mange du pain d'épice comme ça...

Je vis Mignonne pousser celle qui parlait. Probablement, elle lui disait de se taire, car je n'entendis plus rien.

J'avais déjà essayé d'échanger quelques paroles, mais on avait l'air de ne pas m'entendre, on ne me répondait pas. Cependant je voyais bien que l'on chuchotait tout bas et que de temps à autre on lançait un regard de côté pour voir si j'étais encore là. Enfin, on s'arrêta à la danse. C'était là où j'attendais mes jeunes filles. La *danse* n'est pas positivement *ce que j'aime;* mais quand il s'agit de séduire la fille de *Nicolas* ou d'un autre, alors je deviens un danseur intrépide. Quant aux jeunes filles, elles aiment presque toutes la danse, il y en a même chez lesquelles ce goût est une passion; mais si elles dansaient sans hommes, soyez persuadés que leur amour de la danse passerait bien vite. J'en conclus que le plaisir de sauter n'est là que fort secondaire. Mais la danse est une occasion de montrer sa légèreté et ses grâces, de faire la coquette, de s'entendre dire de douces paroles, souvent même de tendres aveux, accompagnés de serrements de mains au nez des jaloux qui vous regardent, et qui n'y voient rien, parce que c'est dans la figure!... Étonnez-vous donc que presque toutes les femmes aient une passion innée pour le bal.

Je me hâtai d'engager mademoiselle Mignonne pour la contredanse; car la polka n'a pas encore envahi les fêtes du village. Elle accepta d'un air fort content mon invitation. Aussitôt je prends sa main, je l'emmène; nous laissons là ses amies et nous allons nous placer. Je répète encore que l'on n'a rien inventé de mieux pour les amants ou les amoureux. J'entamai bien vite l'entretien avec ma jeune fille. Je me gardai bien d'aller trop vite et de débuter comme un imbécile par lui dire que je l'adorais; elle m'aurait ri au nez. Mais je lui laissai voir mon étonnement de ses manières, de sa tournure, de son langage; je lui dis qu'il était impossible qu'elle fût née au village. Elle me conta alors ce que je savais déjà; mais je feignis de l'entendre pour la première fois. Je ne lui serrai pas la main, mais je lui témoignai le plus vif intérêt, puis je l'engageai pour la contredanse suivante. D'abord elle fit quelques difficultés; mais j'insistai et elle accepta. Je vis bien qu'elle était flattée de danser avec un monsieur de la ville.

Quand nous rejoignîmes ses compagnes, celles-ci, qui avaient dansé aussi, étaient tout en nage et avaient les joues violettes; mais leurs cavaliers les avaient laissées ainsi sans leur rien offrir. Moi, je m'empressai d'appeler un garçon qui vendait de la bière ou du vin, seuls rafraîchissements des fêtes champêtres... Ah! si, il y a encore les marchands de coco ambulants! La bière apportée, les deux Dargenette ne se firent pas prier pour en accepter, et Mignonne vit bien qu'il serait inutile de faire des façons.

Je me trouvai alors être de la compagnie de ces demoiselles. Mais je me conduisais avec une décence, une réserve qui auraient édifié M. Faisandé. A la seconde contredanse, mademoiselle Mignonne causa davantage encore, et je m'aperçus que cette jeune fille n'avait rapporté de Paris que ces manières gentilles, ce langage plus élégant, qui lui donnaient tant d'avantages sur les villageoises; mais, dans le fond, elle avait conservé cette candeur, cette naïveté, que l'on ne trouve pas chez les demoiselles de la ville, même chez celles que l'on a élevées avec le plus de sévérité.

Mignonne était un singulier mélange d'innocence et de savoir, de franchise et de coquetterie, de simplicité et d'exaltation. Son séjour à Paris, le monde qu'elle y avait vu, les lectures dont elle avait fatigué sa mémoire, lui avaient donné le dégoût des champs, quoique cependant son cœur et son esprit eussent encore toute la fraîcheur d'une nature vierge. Messieurs, convenez que c'était une charmante conquête à faire que celle de cette petite!...

— Il n'y avait ma foi pas grand mérite à la faire! s'écrie Balloquet. Cette jeune fille ne voulait pas d'un paysan... elle devait tomber dans les filets que le premier homme de la ville lui tendrait... et puis ta barbe a dû considérablement te servir à triompher de mademoiselle Mignonne.

— Pourquoi cela?

— Parbleu, parce qu'elle cache en partie ton visage.

Fouvenard hausse les épaules, lance une boulette de mie de pain au gros Balloquet et reprend son récit.

Après la seconde contredanse, Mignonne dit qu'elle voulait se promener dans la fête. Je demandai à ces demoiselles la permission de les accompagner. J'avais été si poli qu'on ne pouvait pas me refuser. Je crois d'ailleurs qu'on n'en avait guère envie : les Dargenette parce qu'elles aimaient à être régalées, et Mignonne parce qu'elle était flattée d'avoir pour cavalier un jeune homme de Paris.

On avait refusé mon bras; mais je marchais près de Mignonne qui ne se tenait plus au milieu de ses amies. Je payais à ces demoiselles l'entrée de tous ces spectacles sous toile qui viennent s'établir dans une fête champêtre. D'abord, Mignonne voulait refuser, mais les deux paysannes se hâtaient d'entrer dans les théâtres ambulants, et la jolie blonde était bien obligée de les y suivre pour ne point rester seule avec moi.

Vers la fin de la soirée, nous étions ensemble comme d'anciennes connaissances. J'avais régalé de tout ce que l'on pouvait prendre à la fête, et j'avais fait danser même les amies de Mignonne.

Nous partîmes ensemble. Il était nuit, et cette fois on accepta mon bras. Je tenais ma jeune fille d'un côté et une des paysannes de l'autre; la seconde donnait le bras à sa sœur, et nous marchions ainsi tous quatre de front : c'est le plaisir des gens de la campagne, et cela me rappelait assez désagréablement les promeneurs de Paris le dimanche. J'aurais bien préféré aller seul avec Mignonne, mais il n'y avait pas moyen.

Le trajet me parut court. Les deux Dargenette chantaient cependant tout le long de la route, en faussant, de la façon la plus épouvantable, des airs qu'elles défiguraient. Mais Mignonne ne chantait pas, et je commençais à presser assez tendrement le bras qui était passé sous le mien.

Le hasard voulut que les paysannes fussent chez elles avant Mignonne. Elles se dirent adieu, s'embrassèrent en riant; j'entendis quelques mots que l'on se glissait à l'oreille. Il était question de moi.

Les Dargenette disaient : « Tu as fait la conquête du barbu !... prends garde qu'il ne t'enlève ! » et autres choses de ce genre.

Un expédient.

Je me trouvai enfin seul avec cette jolie fille. Vous sentez bien, messieurs, que je devins tendre, éloquent, pressant. Mademoiselle Mignonne riait de tout ce que je disais; mais cela lui faisait plaisir. D'abord, règle générale, quand cela ne lui fait pas plaisir, une femme n'écoute pas l'homme qui lui dit des douceurs. Du moment qu'on nous écoute, nous pouvons être certains de triompher. Je demandai un rendez-vous. On me refusa. Mais je déclarai que je viendrais tous les jours me promener à Sceaux. Alors, elle me répondit qu'elle ne pourrait pas m'empêcher de la rencontrer.

En effet, messieurs, je rencontrai Mignonne le lendemain, puis le jour suivant, puis toute la semaine. Je dépensais beaucoup d'argent en chemins de fer; mais il faut savoir semer pour recueillir.

Au bout de douze jours, j'avais tourné la tête à la petite, et je la décidai à me suivre à Paris où je lui promis un sort brillant, des plaisirs en masse et surtout un amour éternel !... Oh ! mademoiselle Mignonne tenait beaucoup à cela. Cette jeune fille était romanesque. Mais vous savez que cela ne nous coûte rien à promettre, à nous autres hommes ! Je ne sais même pas si je ne parlai point de mariage, je n'en suis pas bien sûr; je ne crois pas cependant.

Tout cela se réduisit à une petite chambre au cinquième, dans les mansardes d'une maison de la rue de Ménilmontant. J'y mis le nécessaire, rien de plus, avec du papier à douze sous le rouleau. Mais je dois avouer que ma belle n'était pas exigeante; elle ne désirait ni palais, ni cachemire, ni voiture... ma présence, voilà tout ce qu'il lui fallait pour la satisfaire.

Cela dura comme cela quelques mois. Au bout de ce temps, j'aurais bien voulu être débarrassé de ma conquête, j'en avais assez. Si elle avait été raisonnable, je lui aurais dit franchement :

Ma chère amie, je vous ai aimée, je ne vous aime plus. Un peu plus tôt, un peu plus tard, les liaisons comme les nôtres ne sont jamais de bien longue durée; que nous en finissions à présent ou dans six mois, cela ne fait rien du tout. Faites une autre connaissance ou retournez à Sceaux, c'est à votre choix; moi, j'ai bien l'honneur de vous saluer.

Mais, je vous le répète, j'avais affaire à une jeune fille qui n'avait pas bien compris Paris et ses habitants, qui les avait vus au travers d'un prisme merveilleux; et puis, il y avait chez cette Mignonne un certain fonds de caractère dont j'étais étonné, elle croyait tout bonnement que je ne la quitterais jamais. Vous me direz, peut-être, qu'il ne tenait qu'à moi de ne plus aller la voir; mais, malheureusement, dans le commencement de notre liaison, j'avais fait la sottise de la mener chez moi, dans mon logement, de lui montrer le magasin dans lequel je suis associé; si j'avais été un jour ou deux sans me rendre chez Mignonne, qu'en serait-il arrivé? Qu'elle serait venue me demander chez moi ou à mon magasin, ce qui eût amené des scènes fort ennuyeuses, d'autant plus que j'ai un associé presque aussi ridicule que M. Faisandé et qui me croit un Caton.

Il fallait donc rompre avec ma jeune fille, de façon à lui ôter même l'envie de venir me relancer chez moi. Une confidence que me fit Mignonne augmenta encore l'envie que j'éprouvais de terminer cette liaison; ma belle m'apprit qu'elle portait dans son sein un tendre fruit de nos amours. Me voyez-vous avec une femme et un enfant sur les bras?... Fichtre ! messieurs, mettez-vous à ma place.

M. Fouvenard interrompt son récit pour nous regarder tous. Mais personne ne lui répond, et il continue, tout en paraissant assez étonné du profond silence et de l'air presque sévère de ses auditeurs.

— Je cherchais donc une occasion pour rompre; il me fallait une scène forte, violente, car une querelle d'Allemand n'aurait pas suffi pour me séparer de Mignonne. J'avais alors, et j'ai même encore pour ami un luron qui est très-entreprenant près du sexe et presque aussi séduisant que moi... C'est peut-être beaucoup dire, mais c'est pourtant vrai; vous devez en avoir entendu parler : c'est Rambertin, un commis voyageur, qui a laissé des *Arianes* dans toutes les villes où il a passé. Plusieurs fois, Rambertin m'avait rencontré lorsque, dans les commencements de ma liaison avec Mignonne, je promenais mes amours chez Mabille ou au Château-Rouge. Il avait trouvé ma demoiselle de Sceaux fort à son gré. Un jour il me voit me promenant seul et assez tristement, il me demande ce que j'ai fait de ma blondinette. — Parbleu ! lui dis-je, je voudrais bien n'en plus rien faire ! et si tu pouvais m'en débarrasser, tu me rendrais un grand service.

— Parles-tu sincèrement? s'écrie Rambertin.

— Très-sérieusement.

— Alors, c'est une affaire conclue.

— Mais tu ne sais donc pas que Mignonne m'adore, il faudrait m'amener à pouvoir rompre avec elle. Rambertin se mit à rire, se frotta les mains et me dit : — Il me paraît que je suis plus fort que toi, car lorsqu'il s'agit de rompre une liaison j'ai toujours dix moyens pour un. Tu vas quand tu veux chez ta belle sans doute, et probablement tu as une clef de chez elle pour y entrer lorsqu'elle est déjà couchée?

— En effet.

— Donne-moi ta clef. Demain, j'en posséderai une semblable, et cela ira tout seul.

Le lendemain, en effet, Rambertin possédait une clef semblable à celle que je lui avais prêtée et qu'il me rendit en me disant : « Je sais où demeure ta belle. C'est une maison où il y a une portière qui a cinq chats; mais je suis de ta taille, je m'envelopperai la figure dans mon manteau, et, cette nuit, j'irai coucher chez Mignonne. J'aime à croire qu'elle dort sans lumière... Je me conduirai avec assez de prudence pour qu'elle ne se doute pas qu'un autre tient ta place. Toi, viens-y demain matin de très-bonne heure; tu as ta clef, tu entreras et tu me surprendras reposant encore près de ta jeune fille, il me semble que tu auras alors bien le droit de te fâcher, de l'appeler infidèle et de la planter là.

Je trouvai ce plan magnifique. Il fut mis en exécution. Rambertin est d'une audace que rien n'égale... Tout réussit comme nous l'espérions. Je me rendis chez Mignonne le lendemain matin de très-bonne heure. Elle dormait encore près de mon remplaçant, elle ne se doutait de rien. Et Rambertin feignait de reposer aussi. Mais à peine entré dans la chambre, je poussai de grands cris. Je fis un bruit épouvantable, j'appelai Mignonne infidèle, parjure... Oh ! messieurs, si vous aviez pu voir l'étonnement, le saisissement de cette jeune fille !... c'était, je vous le jure, un tableau très-dramatique. Elle s'écriait qu'elle n'était point coupable... qu'elle était victime d'une odieuse trahison... Elle voulait se jeter à mes pieds, me forcer à l'entendre. Mais comme je n'avais nullement envie qu'elle se justifiât, je partis, en m'écriant que tout était fini entre nous.

Je vous avoue que je craignais pourtant que Mignonne ne voulût me revoir, ne se plaçât sur mon passage, pour essayer de me convaincre encore de son innocence; mais plusieurs jours s'écoulèrent et je n'entendis point parler d'elle. Enfin, je rencontrai Rambertin. « Eh bien ! lui dis-je, il me paraît que la blondinette s'est vite consolée et que tu n'as pas eu de peine à lui faire entendre raison. — Tu te trompes diablement, me dit Rambertin, ta Mignonne est au contraire une fille qui ne veut pas s'apprivoiser. D'abord, persuadée que tu la croyais coupable, elle était bien décidée à aller te trouver, à s'attacher à tes pas, à te forcer à l'entendre. Ma foi, mon cher ami, quand j'ai vu qu'il en était ainsi, je lui ai tout bonnement avoué notre petite ruse pour amener une rupture entre vous deux. L'effet de cet aveu a été extraordinaire. Cette jeune fille refusait d'abord de me croire, mais je lui ai prouvé que je ne mentais pas; j'avais un petit bout de lettre de toi où tu me disais à quel café je te trouverais pour te rapporter ta clef de chez Mignonne. Je lui montrai cette lettre. Elle ne pouvait plus douter. Elle ne prononça qu'un mot : L'infâme ! Mais alors elle ne parla plus d'aller te retrouver. Maintenant, me dis-je, la voilà bien brouillée avec lui, tâchons d'obtenir mon pardon, et j'essayai de lui faire entendre que je l'aimais depuis longtemps, et que l'excès de ma passion avait pu seul m'engager à te seconder dans cette affaire. Mais sans me répondre un seul mot, mademoiselle Mignonne me montra sa porte en me disant : — Sortez, monsieur, et ne reparaissez jamais devant moi, ou je vais chez le commissaire lui apprendre votre indigne conduite. J'eus beau vouloir lui faire entendre que la nuit que nous avions passée ensemble me donnait quelques droits sur elle, la belle Mignonne fut inébranlable. J'essayai de lui prendre un baiser, elle poussa un cri tel que plusieurs voisins parurent aux fenêtres. Ma foi, je m'éloignai; mais elle aura beau faire, j'attendrai, je saisirai une occasion favorable, et nous n'en resterons pas là. »

Voilà, messieurs, quel fut le récit de Rambertin, et c'est ainsi que je rompis ma liaison avec la jeune fille de Sceaux. Ne trouvez-vous pas que le moyen que j'employai est très-ingénieux? je parie que vous vous en souviendrez, pour vous en servir dans l'occasion.

M. Fouvenard nous regardait tous, il semblait attendre des compliments et des félicitations; mais au lieu de cela chacun se tait, la plupart des figures ont pris une expression sérieuse. Il y en a même où ce monsieur pourrait voir quelque chose de plus, car fort heureusement son récit ne pouvait trouver de sympathie parmi nous.

Quant à moi, je m'étais toujours senti une espèce de répulsion pour ce jeune homme, répulsion dont on ne se rend pas compte, mais que bien souvent on éprouve dans le monde pour tel ou tel individu. Maintenant je me sens satisfait d'avoir eu de l'éloignement pour un homme capable de se conduire aussi lâchement, aussi bassement qu'il se vante de l'avoir fait avec cette jeune fille de Sceaux. Le portrait qu'il m'a tracé de Mignonne m'a intéressé, ému, et en ce moment il me semble que je voudrais connaître cette pauvre fille et la venger des infamies dont elle a été victime.

Dupréval, qui s'aperçoit de la fâcheuse impression produite par le récit du monsieur à longue barbe, et qui n'est sans doute pas flatté d'avoir ce personnage pour convive, prend le premier la parole et dit à Fouvenard d'un ton presque sévère :

— Vous avez été bien longtemps, Fouvenard, pour nous forger l'anecdote que vous venez de raconter; mais, franchement, vous auriez aussi bien fait de garder le silence, que de nous débiter cette histoire de séduction, dont le dénoûment est peut-être digne de la Régence, mais ne sied plus du tout à nos mœurs; car maintenant, pour quitter une maîtresse, il n'est plus nécessaire de l'avilir, de la jeter dans les bras de son ami. Ce sont de vieux moyens que vous avez lus dans quelques recueils du temps du cardinal Dubois; mais, je vous le répète, vous n'avez pas été heureux dans le choix des événements.

— Comment! de vieux moyens!... s'écrie M. Fouvenard en passant sa main dans sa crinière, geste qui lui était familier, surtout lorsqu'il voulait se poser, se donner de l'importance, et qui, en effet, le grandissait de quelques lignes en faisant pour un moment relever ses cheveux. Je n'ai rien inventé, messieurs .. J'ai conté la chose telle qu'elle s'est passée... Celui qui en douterait n'a qu'à aller trouver mademoiselle Mignonne, rue de Ménilmontant, 80... si toutefois elle demeure encore là, et il est probable qu'elle lui donnera une foule de détails que j'ai oubliés sur son perfide Ernest... C'est mon petit nom, messieurs, et elle m'appelait toujours ainsi. Je ne sais pas si mon histoire vous choque!... mais, en tout cas, cela m'est parfaitement égal... je m'en fiche... Vous me faites rire, avec vos airs renfrognés!... Je ne prends de leçons de personne... celui qui voudrait m'en donner n'a qu'à parler... je suis prêt à lui répondre...

— Oh! messieurs, prenons garde! dit Balloquet en riant. Je vous préviens que Fouvenard a le vin excessivement querelleur... Encore trois ou quatre verres de champagne, et il est homme à nous défier tous!...

— Balloquet, je te prie de ne point me railler...

— Oh! voilà le sanglier qui se hérisse.

— Monsieur, dis-je à mon tour, impatienté par les manières et le ton de ce Fouvenard, si vous tirez vanité de votre aventure avec cette jeune villageoise de Sceaux, il me semble que nous sommes bien libres, nous, de la blâmer; que cela vous soit égal, c'est possible... Quant à moi, je déclare que j'ai trompé bien des femmes, mais jamais, pour les quitter, je n'aurais employé des moyens semblables aux vôtres.

— Parbleu, monsieur, vous n'aviez peut-être pas besoin de vous donner beaucoup de peine pour que vos maîtresses vous quittassent.

— Franchement, je préférerais cela à vos expédients; celui qui est trompé est souvent plus intéressant que le trompeur.

— Et vous avez été souvent intéressant?

Dupréval met fin à notre discussion en se levant.

— Messieurs, dit-il, je vous prie de recevoir de nouveau mes adieux de garçon...

Chacun se lève pour aller serrer la main de l'amphitryon. Je m'aperçois alors que Dumouton prend le chemin le plus long, car il fait le tour de la table. Mais, depuis longtemps, il lorgnait de superbes poires auxquelles on n'avait pas touché, et en passant près d'elles il en saisit deux qu'il parvient, non sans peine, à faire entrer dans ses poches, lesquelles faisaient sur ses hanches l'effet de deux ballons, et, en s'écartant, montraient un fond de pantalon qui n'était pas de la même couleur que le devant.

On se dit adieu; chacun prend son chapeau et se dispose à quitter le restaurant. Mais la musique continuait toujours à se faire entendre, elle jouait alors une valse entraînante, et qui invitait à aller engager une dame.

La noce sur le devant.

Nous étions restés les derniers dans la salle où avait eu lieu notre festin, Balloquet et moi, et tout en prenant nos chapeaux, nous nous regardions, nous nous dandinions en mesure, et je crois que nous allions faire ensemble quelques tours de valse, lorsqu'une polka se fit entendre plus près de nous et vint contrarier l'autre musique.

— Tiens! il y a donc plusieurs bals, dit Balloquet à un garçon qui nous regardait en souriant.

— Oui, messieurs, il y a deux noces : une ici dessous, au premier, et l'autre au même étage, mais dans les salons sur le derrière.

— Ah! on se marie aussi sur le derrière...

— Certainement, monsieur.

— Quelle heure est-il maintenant?...

— Onze heures et demie passées, monsieur.

— Les deux noces doivent être dans tout leur éclat... y a-t-il beaucoup de monde?

— Beaucoup, monsieur... C'est à peine s'ils peuvent danser, tant ils sont pressés... foulés...

— Quelle est la noce la plus brillante?

— Elles sont bien toutes deux. Cependant celle du devant l'emporte sur l'autre... C'est meilleur genre...

— J'entends. Le derrière a plus de laisser-aller. On doit y cancanner sur le derrière... Sapristi... et il n'est que minuit!... Aller se coucher quand d'autres vont passer la nuit à s'amuser... quand on entend un orchestre vigoureux, bien conduit, qui joue des airs qui vous mettent des fourmis dans les jambes... Est-ce que cela vous va, Rochebrune?... est-ce que vous n'avez pas envie, comme moi, d'aller à un de ces bals où l'on se trémousse ici dessous?

— Si fait. J'irais volontiers... Cette musique me met tout en danse...

— Voulez-vous gager que je vais à une de ces noces?...

— Vraiment?... Sans connaître personne, vous oseriez?...

— Pourquoi pas? Je vais vous faire comprendre comment ce serait facile. Il y a deux bals. J'entre dans l'un... si par hasard quelque malappris s'avise de demander qui je suis... qui je connais... alors j'ai ma réponse toute prête... J'allais à l'autre noce, en face... je me suis trompé de bal, voilà tout.

— Au fait, c'est une excuse. Vous me donnez envie de faire comme vous.

— Bravo!... C'est décidé, nous allons tous deux au bal.

— Ensuite, nous autres, qui connaissons tant de monde! ce serait bien le diable si, dans une nombreuse réunion, nous ne trouvions pas quelques figures de connaissance. Alors, on lui dit tout bas : C'est vous qui m'avez amené... et la personne ne demande pas mieux. D'ailleurs, nous danserons, et des danseurs sont des êtres précieux dans un bal, on finira par les payer... On sera trop heureux de nous avoir. Voyons, quel bal choisissez-vous?... cela m'est égal à moi!...

— Et à moi aussi.

— Tenez, je suis bon enfant : le devant est plus élégant, je vous le cède et je prends le derrière. D'autant plus que je me sens disposé à danser un cancan tant soit peu *chicardini!*... Cela vous convient-il?

— Parfaitement...

— Nous sommes en bottes vernies, nous avons des gants frais... C'est magnifique. Garçon, un petit coup de serviette dessus nos bottes... c'est cela, et nous voilà brillants comme des soleils; les bottes vernies sont une heureuse invention. Maintenant, en avant... Je ne sais pas si je me trompe, mais j'ai dans l'idée que je ferai mes frais à cette noce; et vous?

— Moi... je n'ai pas autant d'assurance que vous... Mais, bah!... après tout, nous ne sommes pas de ces gens qui n'ont ni feu ni lieu. Et puis, comme vous dites, on peut se tromper de noces... En avant!...

— C'est cela, *en avant marchons, contre leurs canons!*...

Nous descendons un étage : Balloquet en sautillant, en fredonnant; moi un peu ému, mais cependant décidé à m'amuser. Nous sommes arrivés entre les deux noces. Nous entendons les deux orchestres

— Bonne chance! me dit Balloquet, et il entre à droite, tandis que moi je me dirige vers la noce à gauche.

J'entre dans le salon où l'on danse. Un quadrille allait commencer.

— Un quatrième ici... un vis-à-vis... crie un monsieur tout près de moi. Puis il me regarde en me disant :

— Voulez-vous nous faire vis-à-vis?

— Volontiers, dis-je à ce monsieur; et jetant les yeux autour de moi, j'aperçois sur une banquette une dame qui n'est pas encore prise. Je cours faire mon invitation. Elle accepte. Nous nous plaçons en face de ce monsieur qui n'avait point de vis-à-vis; l'orchestre part, nous en faisons autant, et me voilà en train de danser, avant d'avoir eu le temps de regarder autour de moi et de faire connaissance avec cette société dans laquelle je viens si hardiment de me faufiler.

Mais quelqu'un qui danse ne paraît pas suspect; on ne le remarque pas, on ne fait point attention à lui. Il me semble que j'ai pris le meilleur moyen pour faire connaissance.

Après la première figure, je commence par examiner ma danseuse, que j'ai prise pour ainsi dire au hasard.

Le hasard m'a très-bien servi. J'ai pour danseuse une brune fort jolie; ses grands yeux bleus sont à la fois tendres et spirituels, et je les crois capables de beaucoup de choses quand ils veulent s'en donner la peine; un nez légèrement aquilin, une bouche agréable, des dents charmantes, que l'on montre souvent parce qu'on rit facilement; des cheveux noirs qui tombent en longues boucles sur les côtés, coiffure que j'ai toujours affectionnée, tout cela forme un ensemble fort séduisant, et voilà ce que je trouve dans ma danseuse, qui est légère, svelte, bien faite, et fort gracieuse dans tous ses mouvements.

Je jette ensuite les yeux autour de moi. A la tournure des dames, à la tenue des hommes, à la danse de chacun, je vois que je suis dans une réunion distinguée... pas le moindre petit pas qui sente le cancan... Mais en revanche, une odeur d'ambre, de patchouli... Je ne sais pas si l'on s'amuse beaucoup ici, mais en tout cas, on s'y ennuie avec infiniment de grâce.

Je vois beaucoup de femmes laides; car dans une nombreuse réunion, il est bien rare que la laideur ne soit pas en majorité; étonnez-vous donc, après cela, de toutes ces conquêtes que fait une jolie femme! si la nature en créait plus souvent, la beauté recevrait moins d'hommages; mais comme elle ne se montre que de loin en loin, on la remarque davantage.

Je vois cependant quelques femmes qui sont bien; d'autres qui sont gentilles, quelques-unes, et c'est toujours l'ordinaire, qui ont seulement leur jeunesse pour attrait. Mais j'ai beau chercher, je ne vois rien qui vaille ma danseuse. Essayons de causer; si par cette dame je pouvais obtenir quelques renseignements sur les mariés, savoir un peu avec qui je suis... ce ne serait pas inutile dans ma position.

Je tenais ma jeune fille d'un côté et une des paysannes de l'autre; la seconde donnait le bras à sa sœur.
Page 13.

— Je suis bien heureux, madame, d'être arrivé à temps pour vous trouver libre... Cela doit être rare, et le hasard m'a favorisé.

— Mais, vous voyez, monsieur, que je suis moins recherchée que vous ne semblez le croire... vous n'avez eu qu'à vous présenter. Est-ce que vous arrivez seulement, monsieur? il me semble que je ne vous ai point encore aperçu dans le bal.

— Oui, madame... oui... il n'y a pas longtemps que je suis ici.

— Comment trouvez-vous la jeune mariée... Fort gentille, n'est-ce pas?

Je jette les yeux autour de moi d'un air embarrassé; je ne vois rien qui m'annonce une mariée. Ma danseuse, qui sans doute s'aperçoit de mon hésitation, reprend : — Est-ce que vous n'avez pas encore vu la mariée par hasard?

— Ma foi non, madame... j'arrivais... et je n'ai pas encore eu le temps de la chercher...

— Tenez... là-bas, au fond, assise près de l'orchestre...

J'aperçois une jeune femme dans le costume de rigueur. Bouquet blanc, fleurs d'oranger.

— La voyez-vous?

— Oui, madame... Mais pourquoi donc ne danse-t-elle pas?

— Parce que ce gros lourdaud d'Archibald vient de lui marcher sur le pied, tout à l'heure, de manière à le lui écraser... Quel maladroit que cet homme!... Anna est obligée de se reposer au moins pendant deux quadrilles.

Je sais que la mariée se nomme Anna. C'est déjà quelque chose.

— Ce pauvre Adolphe était désolé. Il voulait battre M. Archibald!...

Adolphe, ce doit être le nom de baptême du marié. Je m'empresse de répondre : — Je comprends très-bien cela... à la place d'Adolphe, j'aurais été furieux aussi, parce qu'enfin un jour de noces...

— Il aime tant sa cousine... Mais, après tout, on ne peut pas chercher querelle au frère de la mariée.

Ah! diable. Je crois que j'allais faire une boulette. La cousine... le frère... je m'y perds... Alors ce n'est pas lui qui est le marié. Je marche sur un terrain extrêmement glissant, il faut me tenir ferme.

Ma danseuse, qui aime à causer, reprend bientôt :

— Quant à M. Dablémar, je crois que cela lui est bien égal... Vous savez comme il est?...

Cette question me gêne beaucoup. Je me demande ce que c'est que M. Dablémar, et je réponds en tergiversant :

— Oh! certainement... cela doit lui être... à peu près égal à... M. Dablémar... C'est bien aussi ce que je pensais... surtout le connaissant... comme je le connaissais.

— Vous êtes fort lié avec lui, monsieur?

— Fort lié... pas précisément, madame, mais assez pourtant... pour avoir de lui une opinion... arrêtée.

— Croyez-vous qu'il la rendra heureuse, monsieur?...

— Qui cela, madame ?

Ma jolie danseuse me regarde d'un air étonné, en s'écriant :

— Comment, qui cela !... mais sa femme, cette bonne Anna !...

M. Dablémar est le marié, cette fois, il n'y a point de doute. Je réponds bien vite :

— Oh ! pardon, madame !... Je voulais dire, elle le sera, madame, elle sera très-heureuse... C'est du moins ma sincère opinion.

— J'aime à penser que vous ne vous trompez pas. J'ai connu Anna en pension... je sais qu'elle a un caractère excellent... et il faudrait qu'un mari fût bien peu sociable pour qu'elle se plaignît jamais de son sort. Mais après cela, franchement, l'autre était plus jolie...

Me voilà encore fort embarrassé. De quelle autre cette dame veut-elle me parler ? Je tourne, je regarde d'un autre côté. Mais ma danseuse y tient, elle reprend :

— Et, cependant, on assure qu'il ne l'adorait pas... qu'il la négligeait beaucoup... Vous l'avez connue probablement, monsieur, puisque vous êtes un ami de M. Dablémar ?

— Qui donc, madame ?

Cette fois, ma danseuse me regarde d'une drôle de façon ; je suis persuadé qu'elle pense avoir affaire à un imbécile. Elle se contente de me dire en souriant :

— Vous êtes distrait, n'est-ce pas, monsieur ?

— Il ne doit pas être permis de l'être près de vous, madame.

Ce compliment change les idées de ma jolie brune et lui rend son air tout aimable. Oh ! la flatterie !... C'est comme la calomnie, il en reste toujours quelque chose.

— Monsieur, votre galanterie ne m'empêchera point de penser que vous êtes distrait... Après cela, vous avez peut-être vos raisons pour ne pas vouloir me répondre sur ce que je demandais...

— Eh bien, madame, c'est vrai... j'avais des raisons... de très-fortes raisons même...

— Je comprends.

Sapristi ! elle est bien heureuse de comprendre ; moi, j'avoue que cette conversation me rend plus malheureux que je ne croyais : c'est que je tiendrais beaucoup à ne point passer pour un imbécile près de cette dame, qui à chaque instant me semble plus jolie. Il y a des personnes qui gagnent beaucoup à être regardées de près ; c'est assez rare, mais ma danseuse est de ce nombre. Et j'ai grand'peur que l'embarras de mes réponses ne lui donne de moi une fort triste idée.

Ma jolie brune reprend au bout d'un moment :

Mais, presque aussitôt, ma valseuse pousse un cri de joie, et m'entraîne vers la porte d'entrée de la salle, en me disant tout bas : — Venez... venez... vous êtes sauvé, voilà Frédérique. — Page 20.

— Voilà M. Archibald qui va encore écraser quelque pied en dansant... il est effrayant avec sa manière de sauter... je ne me mettrai jamais près de lui.

Je ne sais pas où cette dame prend M. Archibald, et je souris sans lever les yeux.

— Vous connaissez, sans doute, la dame avec laquelle il danse en ce moment ?

— Non, madame, non ; je ne la connais pas.

— Mais il me semble que vous n'avez pas regardé de son côté...

— Pardonnez-moi.

— Ah ! ah ! ah !

Ma danseuse se livre à une gaieté qui m'inquiète. Lorsqu'elle a cessé de rire, elle dit :

— Mon Dieu, monsieur, excusez-moi... je suis bien folle de rire ainsi...

— Pourquoi donc, madame ? le rire vous sied très-bien.

— Mais il m'a passé par la tête une idée si drôle... qu'il m'a été impossible de garder mon sérieux.

— Si vous vouliez me communiquer votre idée... je serais bien heureux d'être votre confident.

— Oh ! je n'oserai jamais... car c'est vous, monsieur, qui avez provoqué mon envie de rire.

— Tant mieux, madame, j'en suis enchanté.

— Tenez, je ne sais pourquoi il me semble que vous avez quelque chose qui vous préoccupe beaucoup.

— Depuis que j'ai le plaisir de danser avec vous, madame, cela n'aurait rien de surprenant.

— Oh ! monsieur, vous êtes fort galant à ce que je vois... mais permettez-moi de vous dire que votre préoccupation n'a rien qui me concerne !...

— Vous croyez, madame ?...

— Savez-vous ce qui m'était venu à l'esprit ?...

— Non... mais si vous vouliez me le dire...

— Vous allez me trouver bien enfant... Ah ! ah ! ah !...

— Eh bien ! madame...

— Eh bien, monsieur, je me suis figuré que vous aviez oublié votre mouchoir !...

Je ne puis m'empêcher de rire avec cette dame. Ah ! j'ai l'air de quelqu'un qui a oublié son mouchoir. Au fait, les personnes qui sont privées de ce meuble intime ont en général un air très-malheureux, très-inquiet ; oui, cette dame a parfaitement trouvé ce qui pouvait s'adapter aux mines que j'ai dû faire pendant qu'elle me parlait.

Mais pour lui faire voir qu'elle s'est trompée, je tire mon mouchoir de ma poche et je me mouche quoique je n'en aie pas envie.

Ma danseuse fait une petite moue toute gracieuse, en me disant :

— J'espère, monsieur, que vous ne m'en voudrez pas pour cette plaisanterie.

— Bien loin de là, madame; elle me prouve, du reste, que vous sez fort bien sur les physionomies...

— Ah! monsieur, c'est méchant ce que vous me dites là!...

— Non, madame, car vous avez deviné que j'étais fort préoccupé, et vous ne vous êtes point trompée; mais la cause est bien plus grave que vous ne le pensiez...

— Vraiment... et voulez-vous me la dire?... si toutefois ce n'est pas indiscret de vous demander cela...

— Oh!... j'ai bien envie de vous la confier... mais je n'ose pas...

— Pourquoi donc?...

— C'est que je crains d'être blâmé par vous... et je serais si fâché d'encourir votre disgrâce...

— Dépêchez-vous, voilà le quadrille qui va finir...

— C'est que... ce n'est pas facile à dire... Valsez-vous, madame?

— Oui, monsieur.

— Voulez-vous m'accepter pour la première valse?

— Je suis engagée.

— Ah! quel malheur!... Si vous saviez, madame, dans quelle position cela me met...

— Vous m'auriez conté votre secret en valsant?

— Certainement...

— Vous allez dire que les femmes sont bien curieuses!... Eh bien! j'accepte. J'étais engagée par un petit jeune homme que je ne connais pas; je lui dirai que je m'étais trompée et que c'est pour l'autre.

— Ah! que vous êtes bonne, madame!

Le quadrille finit. Je reconduis ma danseuse à la place où je l'ai prise. Il s'agit maintenant de faire bonne contenance au milieu de tout ce monde. J'ai beau regarder autour de moi, je n'aperçois pas un visage de connaissance. La société paraît assez choisie. Ce n'est point une de ces noces où l'on crie, où l'on fait beaucoup de bruit pour se persuader que l'on est gai; les hommes se promènent tranquillement, ou causent avec les dames, sans que cela amène de ces éclats de rire, de ces mouvements tumultueux qui donnent quelquefois à une nombreuse réunion l'aspect d'une mer agitée. Diable!... je crois que l'on m'a remarqué... Voilà un gros jeune homme qui m'a déjà examiné deux fois en passant près de moi. Je ne me sens pas à mon aise; cette assurance, suite de mon dîner et des différents vins que j'avais bus, m'a déjà abandonné; ma conversation avec ma danseuse, en faisant naître dans mon âme le plus ardent désir de former avec cette dame une connaissance plus intime, a sur-le-champ dissipé cette pointe de gaieté qui m'avait poussé à faire cette folie. Je réfléchis maintenant, et cela doit me donner l'air extrêmement gauche... Ah! voilà un monsieur qui est arrêté près de moi et qui sort de sa poche sa tabatière... Il a une de ces figures qui s'éloignent de l'aigle pour se rapprocher du dindon, une tête qui serait peut-être vénérable, sans un nez immense qui envahit une grande partie de son visage. Si je pouvais causer avec ce personnage, cela me poserait un peu mieux.

Une prise de tabac. — Tableau de famille.

Je m'avance vers ce monsieur, et quoique je ne prenne jamais de tabac, je dirige mes doigts vers sa tabatière en lui disant :

— Voulez-vous bien permettre?...

Le monsieur, qui allait refermer sa boîte, s'empresse de la rouvrir, en me disant d'un air dans lequel il veut mettre beaucoup d'intention :

— Goûtez-moi cela... vous m'en direz des nouvelles.

Je vois que ce monsieur attache de l'importance à la qualité de son tabac. Au fait, lorsqu'on a un nez de cette dimension, il est assez naturel que l'on se soit occupé du tabac. Je prends une énorme prise, et je me résigne à l'aspirer avec force.

Le tabac me va à la fois dans le nez, dans la gorge et dans les yeux. J'étrangle, mais je tâche de dissimuler ma maladresse, et m'efforce de paraître bien content.

Le monsieur secoue la tête d'un air capable en reprenant :

— Eh bien!... qu'en pensez-vous?

— Délicieux... excellent... je n'en ai jamais pris d'aussi bon...

— Parbleu, je le crois bien! le reconnaissez-vous?

— Non, franchement, je ne le reconnais pas... Cependant... en cherchant bien, peut-être... attendez...

Je fais ce que je peux pour prolonger la conversation, car je suis très-décidé à ne pas lâcher ce monsieur avant que l'orchestre n'ait joué la première mesure de la valse; malheureusement, je ne suis pas fort sur les tabacs.

— Vous chercherez en vain, reprend mon homme à la tabatière. C'est un mélange que je fais moi-même. Il y a là dedans du robillard, du belge et du caporal!...

— Ah! je me disais aussi : il y a du caporal... je l'avais reconnu.

— Oh! il y en a fort peu... ensuite, quand la mixture est parfaite, j'ajoute deux ou trois gouttes d'eau de mélisse, pas plus...

— Ah! c'est donc cela... je me disais... il me semble que je reconnais ce goût-là...

— Ça se sent à peine, mais cela mitige la force du robillard... qui fait mal quelquefois...

— Fichtre! je le crois bien... le robillard est capable de... surtout avant dîner... J'ai connu des personnes qui... ensuite, cela dépend de l'habitude...

Je me trouve tellement bête en ce moment, que j'ai presque envie de me rire au nez. Heureusement, j'ai affaire à un monsieur qui me fait l'effet d'être de la même force. Il ferme sa tabatière en me disant :

— Monsieur, ceci est le résultat de longues études... je n'ai jamais étudié la chimie cependant!

— Vous m'étonnez... je vous aurais cru chimiste, rien que sur votre tabac!

— C'est ce que beaucoup de personnes m'ont dit également; mais aussi, il faut vous dire que je prends du tabac depuis l'âge de treize ans...

— Vous en êtes bien capable!

— On m'en avait ordonné l'usage pour un mal d'yeux... que cela n'a pas guéri... J'ai voulu en faire prendre à Anna pour un mal d'oreille qu'elle a eu à sept ans... mais impossible d'y parvenir. Vous ne pouvez pas vous figurer, monsieur, toutes les inventions de cette petite pour ne point prendre de tabac... D'abord, elle me cachait ma tabatière, plus d'une fois même elle l'a jetée par la fenêtre; ensuite, elle fourrait dedans des choses... désagréables... je ne veux pas dire ce que c'était... mais enfin elle me gâtait mon tabac, elle voulait m'en dégoûter aussi... Oh! quelle espiègle!... qu'est-ce qui croirait cela maintenant... hein?

Je ne réponds rien, car le nom d'Anna, prononcé par ce monsieur, m'a rappelé que ma danseuse avait ainsi nommé la mariée. Me serais-je adressé à quelque proche parent des nouveaux époux? Cette idée me trouble; je tâche de ramener la conversation sur le tabac et j'avance mes doigts en murmurant :

— Si j'osais vous demander encore une prise... il est si bon... et puis, maintenant que je sais de quoi il se compose, je le goûterai mieux.

Mon monsieur ressort gravement sa tabatière de sa poche et il va l'ouvrir, lorsqu'une jeune fille de quatorze à quinze ans, fort laide, accourt vers lui, en s'écriant:

— Mon oncle Guillardin, vous n'avez pas oublié que vous dansez avec moi la première... c'est que je veux danser, moi, et en voilà trois que je manque...

— Oui, oui, sois tranquille... Joliette... je te ferai danser... puisque c'est convenu...

— Mais la première...

— Oui, la première...

— C'est que mon cousin Archibald m'avait aussi invitée deux fois, et puis il n'est pas venu me chercher... c'est bien vilain cela... je lui ai dit que je me plaindrais à vous. Il m'a répondu: Va polker et laisse-moi tranquille... C'est d'autant plus méchant qu'il sait que je ne polke pas.

M. Guillardin (car je sais maintenant le nom de mon priseur) ouvre sa tabatière qu'il me présente, et, sans paraître s'occuper davantage de la jeune fille qui reste là, me dit :

— Un jour, monsieur, que j'avais insisté plus longtemps que de coutume près d'Anna pour lui faire aspirer quelques prises, elle s'imagina, au moment où je lui présentais ma tabatière, de souffler dedans de toute sa force... Vous devinez l'effet : le tabac vola dans mes yeux... elle avait eu la précaution de fermer les siens. J'eus d'horribles picotements, je fus deux jours sans y voir. Mais, depuis ce temps, je cessai de lui offrir du tabac... Prenez donc.

Je me dévoue pour la seconde prise. Je ne sais comment je l'aspire, cette fois, mais je sais que les yeux me cuisent et que j'éprouve comme un besoin de pleurer.

Mademoiselle Joliette, la jeune fille si mal nommée, et qui est restée à côté de nous, se met à partir d'un éclat de rire, en disant :

— Il me semble que monsieur veut être comme vous, mon oncle, quand ma cousine Anna avait soufflé dans la tabatière.

— Comment, tu es encore là, Joliette!... va donc près de ma fille... tu sais bien que tu es sa demoiselle d'honneur... Va donc, ton poste est à côte de la mariée.

Mais mademoiselle Joliette se met à sourire d'une singulière façon, et qui fait alors remonter ses sourcils, déjà placés trop haut, et donne à sa figure l'effet d'un masque. La jeune fille avait les regards attachés sur moi, elle paraissait avoir quelque chose à dire, et ne pas oser s'expliquer : ma présence semblait la gêner; de mon côté, bien certain, maintenant, que ce monsieur à l'immense nez est le père de la mariée, je suis très-fâché de m'être adressé à lui, et je porte à chaque instant des regards vers l'orchestre, dans l'espoir de voir les musiciens prendre leurs instruments.

M. Guillardin venait lui-même de s'infuser du tabac dans les narines; cette opération lui prenait du temps, car il devait en tenir une demi-once dans chacune, lorsque tout à coup mademoiselle Joliette fait un léger mouvement de tête, en s'écriant :

— Ah bien, tant pis!... Tenez, mon oncle... je vais vous dire pourquoi je reste là... C'est que tout à l'heure mon cousin Archibald, qui lorgnait monsieur, m'a dit : — Joliette, va donc demander à mon père quel est le monsieur auquel il vient de donner du tabac et avec lequel il cause en ce moment... Je ne le connais pas, ce monsieur-là, et il me semble qu'il n'y a pas longtemps qu'il est dans le bal... Je veux savoir qui c'est... parce que, quelquefois, il y a des farceurs qui s'introduisent dans des noces où ils ne sont pas invités, pour se bourrer de gâteaux et de glaces... Mais je n'entends pas qu'on nous fasse de ces tours-là... Voilà ce que mon cousin m'a chargée de vous demander.

Jugez de ma position, de la figure que je fais pendant que cette horrible petite Joliette dit tout cela. Je suis certain que j'ai changé plusieurs fois de couleur. Cependant, je prends le meilleur parti, je m'efforce de rire, de paraître trouver la question fort plaisante. Me voyant rire, le respectable monsieur au grand nez juge convenable de faire comme moi, en murmurant :

— Ah! ah!... C'est fort bon... je reconnais bien là mon fils Archibald... Oh! oh!... il est si mauvaise tête... Ah! ah! ah!... quelqu'un qui se serait introduit dans notre société sans en être... mais il l'éreinterait... il commencerait par monter dessus comme un bouledogue... Oh! oh!... il est très-amusant... Ma chère amie, tu vas lui dire que monsieur est... que monsieur se nomme... que je suis avec...

M. Guillardin traînait ses mots en me regardant. Il commençait à comprendre aussi qu'il ne me connaissait pas, et attendait ma réponse en ouvrant des narines plus grandes que ses yeux.

Je ne saurais dire ce que j'éprouve... je sens des gouttes de sueur perler sur mon front... j'ai la bouche sèche... Ce n'est pas la colère du gros Archibald qui m'effraye, mais être traité comme un homme suspect, comme un impertinent, qui vient là pour prendre des glaces et du punch... Oh! cette idée me bouleverse, et je sens maintenant toute l'inconvenance de ma conduite. Je voudrais disparaître dans une trappe, comme les démons de théâtre, quitte à me casser quelque chose dans le troisième dessous... En ce moment, l'orchestre donne le signal; c'est la valse!... O bienheureuse musique! jamais tu ne me semblas si douce, si mélodieuse, si entraînante. Je fais un salut au père de la mariée, en lui disant :

— Pardon, mais j'ai invité une dame!... Et je me sauve, et je cours vers cette jolie brune qui est mon dernier espoir, mon ancre de salut.

Probablement ma physionomie laissait voir une partie des tourments, des angoisses que je venais d'éprouver, car cette dame se lève vivement et s'empresse de passer son bras autour de moi. Je l'entraîne, nous valsons, mais, tout en tournant, elle entame elle-même la conversation.

— Qu'avez-vous donc, monsieur? vous me semblez moins gai que tout à l'heure... et ce secret que vous devez me confier...

— Oh! je vais tout vous dire, madame, trop heureux si vous daignez être indulgente pour moi... et comprendre que ceci n'est qu'une étourderie... blâmable, sans doute... mais qui pourtant ne mérite pas... Mon Dieu... je ne sais plus ce que je dis...

— Mais parlez donc... expliquez-vous...

— C'est vrai... je crois que je vous marche sur le pied à présent.

— Cela ne fait rien...

— Madame, je dois vous dire d'abord que je me nomme Charles Rochebrune, que je suis né à Paris... de parents honorables... il me serait facile de prouver ce que j'avance...

— Mais, mon Dieu, est-ce que vous me prenez pour un juge d'instruction?... Pourquoi donc me dire tout cela?...

— Pour que vous sachiez que je ne suis pas un homme sans aveu... J'avais de la fortune... j'ai encore huit mille francs de rente environ.

— Est-ce que vous voulez m'épouser, monsieur? mais je dois vous prévenir que je suis mariée.

— Non, madame, non, ce n'est pas pour vous demander votre main que je vous dis tout cela; mais c'est pour que vous sachiez que je ne suis pas un homme de rien... un vagabond...

— Ah! monsieur, je vous assure que vous n'en avez pas l'air...

— Oui, mais l'air est si trompeur que quelquefois... Mon Dieu! voilà que je perds la mesure...

— Cela ne fait rien, achevez donc...

— Eh bien, sachez, madame, que je dînais aujourd'hui chez ce traiteur avec beaucoup d'autres personnes... tous des hommes... Le dîner était donné par Dupréval... C'est un avoué... qui va se marier... Nous avons fêté ses adieux à la vie de garçon et son prochain hymen; c'est vous dire, madame, que le champagne n'a pas été ménagé... Le dîner s'est prolongé fort tard... nous entendions la musique de ce bal et de la noce à côté... car il y a une autre noce à côté...

— Je le sais, monsieur, ensuite...

— Nous allions partir, moi et un autre jeune homme... nous étions restés les derniers, lorsque le son des instruments... le charmant quadrille que l'on jouait nous fit naître l'idée la plus folle...

— Ah! je crois deviner!

— Un peu animé par le champagne... séduit par la mélodie des orchestres... enfin, madame, Balloquet m'a dit (Balloquet, c'est le nom de mon ami) : Il faut aller à la noce... quoique sans y être invités... Entrez dans l'une, moi j'entrerai dans l'autre... Si l'on nous remarque, si on nous questionne, nous dirons que nous nous sommes trompés de noce... Je me suis laissé entraîner par l'exemple de Balloquet... il est dans l'autre bal... et moi... je suis entré ici.

Au lieu de se fâcher comme je le craignais, ma valseuse part d'un éclat de rire que le bruit de la valse peut à peine couvrir. Je la laisse rire quelques instants, puis je reprends :

— Vous me pardonnez donc, madame?

— Oh! tout à fait, monsieur! Ce que vous avez fait là ne me semble pas bien criminel. C'est un peu audacieux, peut-être, mais c'est si drôle...

— Mais, madame, il faudrait maintenant que quelqu'un voulût bien me servir de patron... car le frère de la mariée, M. Archibald, m'a remarqué, et tout à l'heure, pendant que je causais, sans le savoir, avec un énorme nez, qui se trouve être le père de la mariée...

— Avec M. Guillardin?

— Justement: eh bien, une jeune personne envoyée par ce gros M. Archibald est venue lui demander qui j'étais... Il paraît que M. Archibald n'est pas toujours aimable et qu'il prendrait mal cette plaisanterie... Quant à moi, madame, je sens bien que j'ai eu tort, que j'ai commis une grande étourderie... mais, si ce M. Archibald me le dit en termes inconvenants, je vous jure que je ne suis pas d'humeur à le supporter.

Ma jolie brune ne rit plus; elle murmure :

— En effet... le frère d'Anna est un garçon qui ne comprend guère les plaisanteries... C'est un sot, et, comme tel, il est extrêmement susceptible; il se fâche... il se querelle pour un mot... Il paraît qu'il est très-fort; cela lui donne beaucoup d'aplomb.

— Cela m'est fort égal, que ce monsieur soit fort! je ne tire pas la savate, et je ne me bats pas comme les crocheteurs, moi.

— Mon Dieu! comment donc faire!...

— Si vous voulez, madame, avoir la bonté de dire que je suis de votre connaissance... que vous m'aviez engagé à venir ici... me présenter, enfin.

— Je ne demanderais pas mieux, si j'étais seule ici; mais mon mari y est avec moi... mon mari qui sait tout... qui voit tout... c'est pis que *le Solitaire*... Oh! il me demanderait sur-le-champ d'où je vous connais.

— Voyez, madame, comme on me regarde déjà... Tenez... quand nous passons devant M. Archibald... il me désigne à plusieurs messieurs qui l'entourent... il leur dit sans doute : Connaissez-vous ce monsieur, et tous répondent que non...

— O mon Dieu, monsieur, mais vous me faites frémir...

— Gare à moi, quand la valse va finir... et je crois que cela s'approche...

— Mais je ne veux pourtant pas que l'on vous renvoie d'ici... vous valsez si bien... en vérité, ce serait dommage...

— Vous êtes trop bonne, madame; cependant, si quelqu'un ne me prend pas sous sa protection, cela va mal tourner pour moi...

— Mon Dieu!... si Frédérique était là... Oh! elle vous tirerait d'embarras sur-le-champ, elle...

— Comment!... c'est une dame qui s'appelle *Frédéric?*

— Oui, monsieur... Frédéri...que.

— Ah! je comprends, le féminin de Frédéric... et cette dame...

— Elle devait venir à la noce d'Anna... elle me l'avait bien promis... et elle n'est pas venue...

— On presse la mesure... encore quelques tours, et je serai honteusement expulsé d'ici! Ce que j'y regretterai surtout, madame, c'est vous... qui vous êtes montrée si indulgente pour moi... vous, que l'on ne peut voir un moment sans désirer ardemment de revoir encore...

— Ah! monsieur...

— C'est égal, si M. Archibald est malhonnête, s'il ne veut pas se contenter d'excuses convenables, je vous certifie que je lui ferai voir qu'il n'a point affaire à un lâche...

— Oh! ne dites pas tout cela... vous me faites trembler... Si j'apercevais mon mari... je...

Ma jolie dame n'achève pas : la musique s'arrête, la valse vient de finir. Mais, presque aussitôt, ma valseuse pousse un cri de joie et m'entraîne vers la porte d'entrée de la salle, en me disant tout bas : — Venez... venez... vous êtes sauvé, voilà Frédérique.

Madame Frédérique.

Je n'ai pas besoin de dire si je me laisse conduire par ma jolie brune; nous fendons la foule, quitte à écraser quelques pieds qui se trouvent sur notre passage : ma valseuse me tenait par la main, et de mon côté je serrais cette main protectrice de manière qu'elle ne pût m'échapper.

Nous sommes arrivés à la porte de la salle du bal au moment où une dame qui arrivait seulement se disposait à y entrer. Ma conductrice s'élance au-devant de cette dame, et l'entraînant dans la pièce qui précède le salon où l'on danse, et toujours sans me quitter la main, la mène dans une encoignure, loin des personnes qui se promènent, et lui dit, en lui prenant le bras :

— Frédérique! tu arrives bien à propos pour rendre un grand service à monsieur, que voilà... et à moi qui... m'intéresse à monsieur.

— Que faut-il faire pour cela?... parle, ma chère Armantine... Je suis toute prête...

— Écoute : c'est toi qui connais monsieur... qui le présentes... c'est toi enfin qui lui as dit de venir à cette noce... où il devait te demander... mais comme tu n'étais pas arrivée quand monsieur est venu, il ne savait de qui se réclamer... Maintenant que te voilà, tu vas présenter monsieur... Comprends-tu?...

— Parfaitement! c'est la chose du monde la plus simple!... Monsieur, vous allez m'offrir la main, s'il vous plaît; car, puisque je vous présente, il faut que vous soyez mon chevalier, pour quelques moments, du moins.

— Avec grand plaisir, madame!...

— Comme c'est heureux que je sois venue sans cavalier et que mon mari ait la pituite!... On a bien raison de dire : « Un bonheur ne vient jamais sans un autre... »

— Vous daignerez donc, madame...

— Puisque c'est convenu... je suis enchantée de faire quelque chose qui soit agréable à Armantine... Ah! votre nom, s'il vous plaît, monsieur, car, pour vous présenter, encore faut-il que je vous nomme...

— Charles Rochebrune.

— Très-bien... avocat, sans doute? Tous les jeunes gens sont avocats.

— Je n'exerce pas... mais j'ai aussi étudié pour l'être...

— C'est très-suffisant... Maintenant, entrons dans le bal.

Cette dame a passé son bras sous le mien et s'appuie dessus comme si nous étions d'anciennes connaissances. Je me sens maintenant tout à fait rassuré, je marche la tête haute, la sérénité a reparu sur mon visage et je ne crains plus de regarder devant moi.

Ma valseuse nous a quittés au moment où nous faisons notre entrée dans le bal, et la dame à laquelle je donne le bras me dit à demi-voix :

— Savez-vous mon nom?...

— Je ne sais que celui que... l'on vient de vous donner tout à l'heure...

— Je suis madame Dauberny, mariée depuis huit ans... j'en ai vingt-sept... mon époux en a quarante-quatre, il a de la fortune et ne fait rien... il n'aime pas le monde, les bals... mais j'y vais sans lui... Je suis née à Bordeaux... et mes parents étaient du même pays... J'espère que vous voilà assez instruit... dans le cas où l'on vous parlerait de moi.

— Oui, madame, merci mille fois!...

Ce que j'admire, c'est l'aisance, c'est la facilité avec laquelle cette dame me dit tout cela en traversant la foule; à la voir me parler, je suis certain que l'on ne se douterait pas qu'elle me voit ce soir pour la première fois. Mais M. Guillardin et la mariée sont venus au-devant de ma conductrice, et j'aperçois aussi le gros Archibald qui marche derrière sa sœur, et, tout en saluant madame Dauberny, m'examine toujours avec curiosité.

— Comme vous venez tard! s'écrie la mariée en prenant la main de ma protectrice.

— Nous désespérions! dit le respectable grand nez; il est minuit et demi... nous disions... Madame Dauberny ne viendra pas... et pourtant elle nous avait bien promis...

— Aussi vous voyez que me voilà... je ne manque jamais à mes promesses... Oh! ce que je dis là fait rire M. Archibald; c'est pourtant très-vrai, monsieur...

— Madame... je ne riais que de plaisir... en vous voyant...

— Vous êtes trop galant, monsieur. Mais je suis d'autant plus coupable d'être venue tard, que j'ai mis dans un grand embarras un pauvre jeune homme... auquel j'avais dit que je serais arrivée ici à onze heures et qu'il n'avait qu'à venir à moi pour que je le présentasse... C'est monsieur, que voici... qui me cherche dans votre bal depuis près d'une heure, à ce qu'il vient de me dire... et qui, ne m'apercevant pas, ne savait de qui se réclamer... Permettez-moi de vous présenter M. Charles Rochebrune... avocat distingué... et danseur intrépide... J'ai pensé que vous voudriez bien accueillir un de mes amis d'enfance...

Ici je fais un salut profond à la mariée, à son père et au gros Archibald, qui, cette fois, daigne aussi me sourire, et M. Guillardin s'écrie :

— Tous vos amis sont les bienvenus, belle dame, j'espère que vous n'en sauriez douter. Mais j'ai déjà eu le plaisir de faire connaissance avec monsieur, qui apprécie mon tabac... Seulement, j'avoue que je ne savais pas avec qui je causais, et j'allais le demander à monsieur, lorsqu'il m'a quitté pour aller valser. Du reste, s'il nous eût dit qu'il venait sous votre patronage, cela eût suffi pour qu'il fût bien accueilli.

— Vous êtes trop aimable, monsieur Guillardin, mais M. Rochebrune aime autant que je sois arrivée... n'est-ce pas, monsieur?

Je réponds : « Oui, madame, » avec une expression qui fait sourire madame Dauberny, et il me semble que cela fait faire une espèce de grimace à M. Archibald.

— Mais où donc est M. Dablémar?... je ne l'aperçois pas...

Madame Dauberny venait à peine d'achever ce mot, lorsqu'un petit monsieur, d'assez bonne façon, mais tout mince, tout frétillant, accourt vers nous en s'écriant :

— Ah! voilà cette dame tant désirée, et que nous désespérions de posséder... Je danse avec vous... je vous retiens pour la première... si vous voulez bien, toutefois, m'accorder cette faveur...

— Nous verrons... plus tard! Je ne danse pas comme cela tout de suite, laissez-moi donc le temps de me reconnaître!...

— Ma pauvre Anna a été obligée de se reposer un peu... son frère lui a marché sur le pied... Il a bien fait, c'est dans son intérêt, elle dansait trop... elle ne...

Ce monsieur, dans lequel je n'ai pas eu de peine à deviner le marié, s'arrête alors en m'apercevant probablement pour la première fois. Mon introductrice, qui avait un moment abandonné mon bras, me prend aussitôt la main, en disant au marié :

— Monsieur Charles Rochebrune, un de mes bons amis, que je prends la liberté de vous présenter.

M. Dablémar me salue, comme cela se fait en pareille circonstance. Maintenant, me voilà bien et dûment présenté aux mariés et aux parents; je suis de la noce et je puis sans crainte circuler dans les salons.

A présent que je ne crains plus rien pour moi, mon premier plaisir est de considérer à mon aise cette femme qui vient si bravement de me servir de bouclier, cette femme qui, sans me connaître, sans m'avoir jamais vu, a bien voulu prendre mon bras et me présenter devant une nombreuse réunion comme une personne qu'elle connaîtrait particulièrement. Je sais bien qu'elle a fait cela à la sollicitation d'une de ses amies à laquelle probablement elle a cru rendre aussi un grand service; mais il n'y a pas moins dans cette action quelque chose de hardi qui me plaît, qui me charme. Est-ce dévouement à l'amitié, est-ce étourderie de caractère, est-ce bizarrerie, originalité?... Je ne sais pas encore, mais je dois à cette dame une grande reconnaissance, car elle m'a tiré d'un assez mauvais pas.

Dans les premiers moments de ma présentation, j'étais trop ému, trop préoccupé pour songer à examiner la personne qui me présentait : tout ce que je puis dire, c'est que, au premier abord, cette dame m'avait semblé avoir en elle quelque chose d'original qui lui allait bien. Maintenant que rien ne me gêne et que madame Dauberny cause avec la mariée, je puis bien me permettre de l'examiner.

Celle que ma jolie valseuse a nommée Frédérique est une personne d'une taille un peu au-dessus de la moyenne, plutôt maigre que grasse, mais fort bien faite, et donnant à son maintien, à sa démarche, quelque chose de leste, de cavalier, qui lui sied à ravir; son pied, sans être très-petit, est bien cambré; elle porte la tête haute et un peu en arrière, et appuie souvent une de ses mains sur sa hanche, ainsi que le fait un homme.

Madame Dauberny n'est pas précisément une jolie femme, on pourra même passer près d'elle sans la remarquer; mais plus on la regarde, plus on la détaille, et plus elle doit gagner à cet examen, parce qu'il y a beaucoup d'expression dans sa physionomie, qui est très-mobile. C'est une brune dans toute l'acception du mot; ses cheveux sont d'un si beau noir qu'ils approchent du bleu... Ceci n'est point une plaisanterie : les cheveux extrêmement noirs et brillants ont quelquefois un reflet bleu; mais on rencontre rarement de ces beaux cheveux-là.

Cette dame a les yeux bleu foncé, bien fendus, bien frangés; elle les fixe sans hésitation sur la personne à laquelle elle parle; ces yeux-là semblent vous défier de les faire se baisser, s'humilier devant qui que ce soit... Ils annoncent une femme de caractère... une femme énergique. Dirai-je une femme à passion?... je crois que j'aurais tort : les grands caractères savent dompter leurs passions au lieu de se laisser dominer par elles. Achevons mon portrait.

Des sourcils bien arqués, bien fournis, sans être trop épais pourtant, surmontent ces yeux si expressifs; le nez, un peu fort, est droit, et les narines légèrement accusées ne s'ouvrent que modérément aux impressions du sourire. La bouche est grande, les lèvres un peu minces, mais les dents sont fort blanches et bien rangées. Cette bouche-là exprime fort bien la raillerie, le persiflage, elle doit avoir aussi une grande expression pour rendre le dédain et la colère.

Madame Dauberny est pâle, et quoique nous soyons aux lumières, je serais étonné si elle avait la peau blanche. Un menton ovale, un front haut : voilà pour les traits; mais tout ceci ne vous rendra que bien imparfaitement l'ensemble de cette tête originale. Il faut voir cette dame pour la comprendre, et encore faut-il, je crois, la voir plusieurs fois, car depuis le peu de temps que je l'examine, elle vient de changer trois ou quatre fois de physionomie.

Ce qui m'a beaucoup plu dans cette dame, c'est son parler, dans lequel perce un léger accent du Midi, que je trouve ravissant chez une femme. Madame Dauberny a la voix bien timbrée, comme presque toutes les personnes nées sur les bords de la Garonne; sa voix n'est pas douce, mais l'accent lui ôte ce qu'elle pourrait avoir de dur. Et puis, cette voix m'a rappelé une charmante Bordelaise que j'aimais beaucoup et que j'ai connue si peu!... Au total, je suis très-flatté de passer pour un ami de madame Dauberny. Mais cela ne me fait pas oublier mon aimable valseuse, à laquelle je dois aussi de la reconnaissance. Je voudrais bien avoir quelques détails sur cette jolie brune... Si j'osais, je les demanderais à son amie Frédérique.

Justement celle-ci revient vers moi et me dit tout bas, en me prenant le bras :

— Voulez-vous encore être mon cavalier?

— Ah! madame, je suis trop heureux que vous vouliez bien m'accepter pour tel.

— Faisons quelques tours dans la salle. J'achèverai de vous mettre au fait, de vous donner des renseignements sur la société; ensuite, vous serez libre de retourner près d'Armantine...

— Armantine... Ah! c'est cette dame... qui vous a parlé pour moi?

— Sans doute. Je pense que vous la connaissez, celle-là?

— Mais, pas du tout... Je la voyais pour la première fois... Seulement, j'avais dansé et valsé avec elle...

— Voilà qui est un peu fort... Et ce vif intérêt qu'elle vous porte...

— C'est que je lui avais confié une étourderie que je venais de faire... et que je vais vous dire aussi, si vous le permettez.

— Non-seulement je le permets, mais je le veux; car, enfin, il faut bien que je connaisse un peu mon ami d'enfance.

Je fais à madame Dauberny le récit que j'ai déjà fait à son amie. Elle m'écoute avec attention, elle ne sourcille point. Son impassibilité m'effraye; cependant, quand j'ai cessé de parler, elle secoue la tête et sourit légèrement, en murmurant :

— C'est un peu risqué!... Alors votre ami est dans le bal à côté?

— Oui, madame.

— Et vous appelez votre ami?

— Balloquet.

— Que fait-il?

— Il est médecin.

— Tout cela n'est point un grand crime, pourvu que vous soyez véritablement un homme honorable comme vous le dites...

— Ah! madame... ce soupçon...

— Il me semble qu'il est bien permis... car enfin, monsieur, vous pourriez être un très-mauvais sujet... un de ces jeunes gens... que l'on ne peut point recevoir dans une bonne société... et vous être dit : Je vais m'amuser aux dépens de tout ce monde-là... Qu'est-ce qu'il y aurait d'étonnant à cela?... Oh! quelle moue vous faites!... Prenez garde, on va croire que je vous fais une scène... et quand une femme fait une scène à un homme, c'est qu'elle a des droits sur lui.. Vous voyez bien que votre mine allongée me compromet...

Je suis horriblement contrarié; certainement cette dame a le droit de me soupçonner... Mais le ton railleur qu'elle a pris, son air... qui ne semble pas persuadé, enfin, la manière dont elle me dit tout cela, augmente mon dépit, et je ne sais plus que répondre : comment prouverai-je que je n'ai point menti?

En ce moment, un monsieur d'une quarantaine d'années, tournure élégante, assez bien de figure, mais porteur d'un regard vague et indécis, s'arrête devant nous pour échanger quelques compliments avec l'incrédule Frédérique. Je regarde ce monsieur, dont la figure ne m'est pas inconnue; il en fait autant et me salue d'un air fort aimable. Je ne saurais dire quel plaisir me fait éprouver ce salut, quoique je ne sache pas bien encore par qui il m'est adressé.

— Ah! vous connaissez M. Rochebrune? dit madame Dauberny à la personne qui vient de s'arrêter devant nous.

— Oui, madame, j'ai eu plusieurs fois l'occasion de me trouver dans le monde avec monsieur... notamment chez le général Traunitz... puis aux soirées de madame de Saint-Albert...

— En effet, dis-je à mon tour, en rassemblant mes souvenirs, je me rappelle aussi avoir eu le plaisir de voir monsieur dans ces réunions...

— Au reste, reprend madame Dauberny, j'aurais été bien étonnée si M. Sordeville ne vous avait pas connu... lui qui connaît tout Paris... et qui sait tout ce que l'on y fait, tout ce qui s'y passe!...

— Oh! madame, vous m'accordez beaucoup plus de science que je n'en ai, répond ce monsieur en souriant d'un air où il veut mettre de la bonhomie, ce qui ne va guère à l'air de sa figure. Vous arrivez bien tard, madame; Armantine se désolait de ne point vous voir... ce qui pourtant ne l'empêchait pas de danser et de valser... Mais M. de Rochebrune en sait quelque chose, car je l'ai vu qui valsait avec ma femme, et fort bien, je vous assure.

— Quoi, monsieur, c'est madame votre épouse avec qui j'ai eu le plaisir de valser?

— Oui, monsieur...

— Mais quels singuliers personnages êtes-vous donc tous deux! s'écrie madame Dauberny en nous regardant, ce monsieur et moi, d'un air moqueur... Comment! vous vous connaissez... et monsieur ne sait pas que c'est avec madame Sordeville qu'il a valsé?

— Qu'y a-t-il donc là d'étonnant, madame? j'ai rencontré M. Rochebrune dans des réunions où ma femme ne m'avait point accompagné; ces choses-là peuvent arriver tous les jours... Parce qu'on est marié, ce n'est pas une raison pour que l'on ne soit pas quelquefois sans sa moitié... et il me semble que, ce soir, vous-même nous en fournissez la preuve!...

M. Sordeville a dit ces mots avec une certaine affectation. Maintenant que je sais que ce monsieur est le mari de ma jolie danseuse, je le regarde avec plus d'attention. Il est fort bien, ce monsieur : ses traits sont réguliers, et sa figure assez distinguée; mais je n'aime pas cette figure-là.

Cependant, madame Dauberny n'est pas restée à court devant le petit trait que M. Sordeville lui a lancé; mais je n'ai pas entendu sa réponse, parce que ma charmante danseuse s'approchait et qu'elle est venue prendre le bras de son mari au moment où son amie lui parlait.

— Ma chère Armantine, dit mon introductrice, tu ne sais pas?... ton mari connaît M. Rochebrune, que je me suis permis d'amener à cette noce... C'est un homme terrible que ton mari; si pourtant j'avais voulu introduire ici quelqu'un sous un nom supposé... il aurait découvert toute l'intrigue!...

La jolie brune sourit en rougissant un peu; puis elle passe son bras sous celui de son amie et l'entraîne, mais non pas cependant avant que je n'aie dit à l'oreille de madame Dauberny :

— Eh bien, êtes-vous persuadée maintenant que je ne vous ai pas menti?

— Elle me répond, en me serrant la main comme le ferait un homme :

— Je n'ai jamais cru que vous mentiez.

M. Sordeville est resté près de moi. Il semble vouloir entamer la conversation; moi je ne demande pas mieux que de faire plus ample connaissance avec le mari d'une dame qui me plaît beaucoup. Car si ce monsieur a une physionomie qui ne me charme pas, on est libre en lui parlant de penser à sa femme.

— C'est une personne extrêmement aimable que madame Dauberny! dit M. Sordeville en entamant le premier l'entretien.

— Oui... elle est fort aimable... elle paraît avoir beaucoup d'esprit...

— Est-ce que vous n'avez pas encore été à même d'en juger?

Je me mords les lèvres; je viens de dire une bêtise; je me hâte de reprendre d'un ton dégagé :

— Je voulais dire, au contraire, qu'elle a encore plus d'esprit qu'elle n'en laisse paraître...

— Ah! vous trouvez... mais il me semble à moi qu'elle ne cache pas l'esprit qu'elle a.

J'aurai de la peine à sortir de là; lorsqu'on s'est fourvoyé dans un mauvais chemin, c'est le diable pour se remettre dans la bonne voie. Et puis, ce M. Sordeville a une manière de vous faire parler qui embarrasse. Le frère de la mariée se trouve en ce moment être tout près de nous; il s'arrête, en disant à M. Sordeville :

— De qui parlez-vous?

— De madame Dauberny...

— Ah! madame Dauberny... Oh! c'est une gaillarde que celle-là!...

M. Sordeville fait un léger mouvement de tête en répondant : — Hum! le mot est peut-être un peu hasardé!...

— Pourquoi donc?... J'entends par gaillarde un caractère décidé, qui ne plie jamais, qui ne fait que ses volontés... qui se met au-dessus d'une foule de préjugés, qui se moque du qu'en dira-t-on. Au reste, madame Frédérique... vous savez qu'elle préfère qu'on la nomme ainsi, elle déteste le nom de son mari... madame Frédérique, dis-je, ne se cache pas pour avouer qu'elle ne fait que ce qui lui plaît, et qu'elle veut faire tout ce qui lui plaît... Quand une femme dit cela, il me semble qu'on peut bien l'appeler une gaillarde!...

M. Sordeville se contente de sourire, en murmurant :

— On dit tant de choses que l'on ne fait pas... Quelquefois, c'est pour se donner une réputation d'originalité.

— Au reste, reprend le gros Archibald en s'adressant à moi : vous, monsieur, qui êtes un ami d'enfance de madame Frédérique, est-ce que vous ne partagez pas l'opinion que je viens d'émettre sur elle?

Je m'aperçois que M. Sordeville me regarde à la dérobée. Je réponds en pesant sur mes paroles :

— Monsieur, depuis que j'ai l'avantage de connaître madame Dauberny, je lui ai toujours trouvé des qualités précieuses... un esprit fin... un peu railleur peut-être... mais quant à des défauts, je ne lui en connais pas. Après cela, les gens spirituels deviennent si rares, qu'ils peuvent bien passer pour des originaux.

Ces messieurs se taisent. M. Sordeville balance sa tête; M. Archibald pince sa bouche. L'orchestre joue le prélude d'un quadrille. Je veux faire une belle action qui me mette bien avec la famille de la mariée : je cours inviter mademoiselle Joliette à danser.

La vilaine petite fille accepte avec un air ravi. Pendant que nous dansons, j'aperçois madame Dauberny qui me regarde en souriant comme pour me dire :

— Ce que vous faites là n'est pas maladroit.

Quant à moi, j'espère bien que je me dédommagerai à l'autre quadrille, en allant inviter la charmante Armantine.

Mais au moment où nous faisons la dernière figure de la contredanse, un grand bruit se fait entendre; il semble partir du dehors : c'est dans le corridor que l'on crie, que l'on se dispute; je crois reconnaître la voix de Balloquet... Il n'aura pas été aussi heureux que moi, ou bien il aura commis quelque imprudence. Je cours du côté d'où partent les cris.

La noce sur le derrière.

Au moment où j'arrive dans le vestibule qui séparait les deux bals, la dispute semblait s'animer; parmi les voix d'hommes, je distinguais parfaitement celle de Balloquet qui criait :

— Encore une fois, messieurs, c'est une erreur, une simple erreur... Que diable! on peut se tromper... J'ai pris une noce pour l'autre... En général, les noces se ressemblent beaucoup, surtout au moment où l'on danse... Dans tout cela il n'y a pas de quoi fouetter un chat...

Les garçons du restaurant s'efforçaient de rétablir la paix, en attestant que Balloquet avait dîné au-dessus avec des personnes très-honorables.

Je parviens à percer la foule. J'aperçois des têtes grotesques, des faces qui figureraient très-bien dans les charges du *Charivari*. La plupart de ces messieurs ont conservé sous leur grande toilette cet air commun ou empêtré que le plus bel habit ne saurait cacher. Ils sont tous fort animés après ce pauvre Balloquet, qui est rouge comme une cerise et se démène au milieu d'eux comme un possédé. Un gros homme d'une cinquantaine d'années, qui a l'air d'avoir des yeux de verre, tant ils sont fixes et saillants, tient Balloquet par le bras, en répétant à chaque instant :

— Ça ne peut pas se passer comme ça... bigre!... Ça y est ou ça n'y est pas, voilà... Des preuves!... des preuves!... je veux des preuves!...

Un grand jeune homme blond, figure fade et bête, dont les cheveux plats et lisses descendent jusque sur les sourcils, semble menacer Balloquet et dit :

— D'ailleurs, ce que vous avez fait à mon épouse... voyons... l'avez-vous fait, oui ou non?... Pétronille n'est pas susceptible d'en imposer... elle m'a dit que vous le lui aviez pincé... C'est gentil... pincer le derrière de la mariée... et sans être de la noce!... Si au moins vous étiez de la noce... encore ça ne serait pas une raison...

— Monsieur le marié, je dansais... ma main a pu s'égarer... Si j'ai pincé n'importe quoi, j'ai cru que c'était dans la figure...

— Oh! en voilà une bonne... il a pris la lune de Pétronille pour une figure... ce n'est pas vraisemblable!

— Mais, monsieur, vous ne comprenez pas...

Le gros homme aux yeux de verre se remet à crier :

— Ça ne peut pas se passer comme ça... bigre!... Des preuves! des preuves! des preuves!...

En ce moment, pour augmenter le tumulte, une grosse maman d'une soixantaine d'années au moins, ayant un nez épaté et bourré de tabac, et la figure encadrée dans un tour blond, dont les boucles artistement groupées par étages lui font presque des favoris, et surchargée de fleurs, de rubans, de dentelles et de bijoux faux, paraît au milieu de ces messieurs, en s'écriant d'une voix glapissante :

— Je ne veux pas que Pamphile se batte!... Je lui défends de se battre!... Qu'est-ce que c'est que cela!... Pamphile, tu ne te battras pas... Je me battrais plutôt à la place de mon fils. O mon fils, je suis sa mère ou je ne la suis pas. Monsieur est un malotru, un drôle, un polisson... Fichez-le à la porte... Allez chercher la garde...

— Non, madame, je ne suis point un drôle! dit Balloquet en lançant des regards furibonds sur la vieille dame, enharnachée comme un cheval de l'Hippodrome, et je le prouverai.

— Madame Girie, rentrez donc dans le bal... votre place n'est point ici; nous n'avons pas besoin de femmes pour terminer cette affaire...

— Je vous dis que je ne veux pas que mon fils se batte... Pamphile, viens... rentre avec moi... ne te mêle pas de tout cela.

— Mais, maman, laissez-moi donc tranquille, je vous en prie... Retournez donc avec les dames...

— Non! non!... je ne veux pas que tu te battes... parce que monsieur a pincé ta femme... Eh! mon Dieu! belle affaire... D'abord Pétronille n'avait pas besoin de te dire cela... Ah Dieu! si feu M. Girie s'était battu toutes les fois qu'on m'a pincée!... Mais je ne le disais pas!... je me serais bien gardée de m'en plaindre! j'aimais trop mon mari pour cela... et lui!... aimait-il sa belle blonde!... Il faut faire emmener monsieur par la garde... A la garde! à la garde!...

Et madame Girie s'obstinait à crier : A la garde! s'agitant, se démenant, donnant des coups à tout le monde et achevant de mettre le désordre à son comble, tout en voulant rétablir la paix.

C'est alors que je parviens à arriver jusqu'à Balloquet, que je délivre du monsieur aux yeux vitrés, en m'écriant :

— Qu'y a-t-il donc, messieurs?... Que vous est-il arrivé, mon cher Balloquet? d'où vient que tout le monde s'acharne après vous?...

Balloquet pousse un cri de joie en m'apercevant et regarde fièrement tous ses adversaires, en disant :

— Vous voyez bien que je ne vous ai point menti, messieurs, voilà mon ami qui est de l'autre noce et qui vient me réclamer... N'est-ce pas, Rochebrune, que vous venez me réclamer, et que je suis bien Arthur Balloquet, docteur médecin praticien... et que je ne suis pas de ces gens qu'on met à la porte?

— Des preuves! des preuves! des preuves!

— Je ne veux pas que mon fils se batte!... Pamphile, écoute ta mère...

— Vous avez pincé Pétronille, je ne sors pas de là...

— Puisque je me trompais!...

— A la garde!...

— Mais, au nom de Dieu, madame Girie, faites-nous le plaisir de vous taire.

Un petit homme, que l'on n'avait point encore aperçu, parce qu'il était caché par tout le monde, parvient alors à passer sa tête blonde et parfaitement frisée sous les pendants d'oreilles de madame Girie; puis, en faisant des mines dans le genre d'un polichinelle, ce personnage, qui ressemble beaucoup à une marionnette, dit :

— Permettez!... permettez!... il faudrait tâcher de s'expliquer... Monsieur dit qu'il s'est fourvoyé dans la noce de mon cousin Pamphile Girie... mais on ne se trompe point pendant une heure... et il y a plus d'une heure que monsieur est avec nous... J'ai bien remarqué monsieur, il buvait du punch à chaque instant... il faisait plus de bruit que tout le monde... car je me disais : c'est un boute-en-train! voilà un fameux boute-en-train!... Mais monsieur devait bien s'apercevoir qu'il ne nous connaissait pas... que les mariés n'étaient pas ceux qui l'avaient invité... hein! Il me semble que je raisonne... c'est conséquent! je suis conséquent!

La petite marionnette n'était point aussi bête qu'on aurait pu le croire au premier abord. Balloquet ne savait que répondre à ce qu'on venait de lui dire. Je me hâte de prendre la parole.

— Messieurs, mon ami Arthur Balloquet ne vous a pas trompés; c'est un médecin fort estimable et incapable d'avoir eu l'intention de vous offenser... Il s'est trompé de salon... voilà tout; il ne faut pas voir là dedans plus de mal qu'il n'y en a réellement.

— Et je me trouvais si bien où j'étais, dit Balloquet, que je ne pouvais pas me décider à aller ailleurs.

Ce compliment adoucit la férocité du monsieur aux gros yeux. Cependant il va encore demander des preuves, lorsqu'en tournant la tête il aperçoit M. Guillardin qui est venu savoir la cause du tumulte, accompagné de madame Dauberny; celle-ci s'approche de moi et me dit à l'oreille :

— C'est probablement votre ami Balloquet qui a fait des siennes!

Je lui lance un coup d'œil affirmatif; mais au même instant un cri de surprise se fait entendre : — Tiens! c'est M. Guillardin... mon propriétaire!

— Moi-même, monsieur Bocal. Que faites-vous donc ici?

— Ce que j'y fais? mais je marie ma fille Pétronille à M. Girie, que voilà... Avancez donc, Girie... venez donc saluer mon propriétaire... auquel j'avais envoyé un billet de faire part, j'en suis bien persuadé.

Le grand blond s'avance avec l'air bête qui ne le quittait jamais, et salue niaisement M. Guillardin. Cet incident a produit une heureuse diversion; on ne s'occupe plus de Balloquet, quoique madame Girie murmure encore :

— Oh! si mon fils se battait... j'en ferais trois maladies... mais il n'ira pas sur le terrain, ou je l'y suivrai!... Je suis capable de tout quand il s'agit de Pamphile : quand il n'est pas rentré à onze heures, minuit, je me mets à la fenêtre... j'y passe la nuit... j'y reste jusqu'à ce qu'il revienne... Quand j'entends un cheval, je dis : Voilà mon fils... Quelquefois, je n'ai sur moi que trois camisoles et deux chemises!... cela m'est égal... je me moque pas mal de m'enrhumer...

Mais on n'écoute plus madame Girie, et M. Guillardin, après avoir reçu les salutations du grand Pamphile et de M. Bocal, dit à ce dernier : — Ma foi, mon cher monsieur, il y a coïncidence dans mon fait... Je suis ici pour le même motif que vous...

— Je ne saisis pas?

— J'ai aussi marié ma fille aujourd'hui et nous célébrons la noce... tout à côté de vous.

— Il se pourrait!... il serait possible!... c'est votre noce!... je veux dire, c'est mademoiselle votre fille que vous épousez... non... que vous mariez?

— Oui, monsieur, dit à son tour madame Dauberny, et j'attendais depuis longtemps M. Balloquet pour qu'il me fît danser... Je lui avais dit que je serais à la noce de mademoiselle Guillardin.

Balloquet regarde avec étonnement cette dame qu'il ne connaît pas et qui vient de l'appeler par son nom; mais il s'empresse de lui répondre :

— Madame, je suis à vos ordres... mais c'est que... je m'expliquais avec ces messieurs, et...

— Oh! c'est fini! qu'il ne soit plus question de tout cela! s'écrie le gros Bocal, en tapant dans la main de Balloquet. Si j'avais pu deviner que vous étiez de la noce de mon propriétaire... Madame, messieurs, nous serons bien flattés si vous voulez nous honorer de votre présence... si vous daignez venir à notre bal... Ah! monsieur Guillardin, je vous en prie... faites-moi cet honneur-là... Que je vous présente Pétronille... Pamphile, appelez donc Pétronille... Madame, messieurs, venez, de grâce, faire un tour dans notre bal... Cousin Ravinet, faites donc ranger le monde, qu'on fasse de la place à mon propriétaire.

Le cousin Ravinet est le petit homme haut comme deux bottes, et qui parle comme un polichinelle; il se précipite dans la salle où se célèbre la noce de M. Girie, en s'écriant :

— Voilà le propriétaire de mon cousin... je vous l'annonce... il vient à notre noce... Bocal nous l'amène... Un peu de musique, s'il vous plaît!... Eh là-bas!... l'orchestre!

Les musiciens croient que l'on demande la musique pour danser, ils se mettent à jouer une polka, et M. Guillardin, entraîné presque de force par son locataire, M. Bocal, se trouve bientôt dans la noce qui a lieu sur le derrière; nous le suivons, madame Dauberny et moi. Balloquet en fait autant, il est ramené presque en triomphe par le marié, qui a passé son bras sous le sien, en lui disant : — Il fallait donc tout de suite nous dire que vous étiez un ami... un ami des amis... on ne se serait pas querellé!... du moment que vous êtes de la noce du propriétaire de mon beau-père Bocal... Touchez là! je veux que vous dansiez la première avec Pétronille.

Ça ne peut pas se passer comme ça... bigre!... Ça y est ou ça n'y est pas, voilà... — Page 23.

— Vous êtes trop aimable, monsieur Girie... Et quant à la méprise que j'ai commise en pinçant madame votre épouse...

— Allons donc! ne parlons plus de ça, c'était pour rire!... histoire de rire!... Tenez, si vous étiez gentil, vous resteriez avec nous... puisque vous vous y amusez... A présent qu'on se connaît, on va faire des farces... on va *rigoler!*... Bah! c'est convenu! vous restez avec nous... et au souper je vous soignerai ferme...

— Comment, vous avez un souper?

— Parbleu! je crois bien! est-ce qu'il y a de bonnes fêtes sans souper!... Vous en êtes, c'est dit!

— Ma foi, monsieur Pamphile, vous êtes si aimable... votre société est si gaie... J'ai bien envie de lâcher la noce du propriétaire!...

Nous marchions derrière ces messieurs, madame Dauberny et moi, et nous entendions parfaitement la conversation. Madame Dauberny, qui m'avait repris le bras, comme si nous étions déjà de vieilles connaissances, me dit tout bas :

— Ce sera fort heureux si votre ami Balloquet reste à cette noce, car je le crois un peu en train, et s'il venait au bal d'Anna, il pourrait dire des choses qui nous compromettraient en faisant découvrir notre petite supercherie.

— Vous avez parfaitement raison, madame; mais soyez sans inquiétude. Balloquet restera ici, on lui a parlé d'un souper, et il est du nombre de ces personnes qui ne refusent jamais un repas, lors même qu'elles en auraient fait déjà quatre dans la journée.

— Je gage qu'ils sont attachés à l'Opéra.

Madame Dauberny a entendu. Elle rit tout en dansant, ce qui ne l'empêche pas de passer sa revue du salon et de me dire à chaque instant :

— Voyez donc ce couple là-bas... Voilà dix minutes qu'ils sont à la même place... ils veulent polker, ils ne peuvent ni avancer ni reculer... Vous remarquerez une grande femme en rose, dans ce coin à gauche... elle a une couronne de feuillage sur la tête; elle s'est posée en cariatide, et semble avoir envie de pleurer!... Et ces deux dames ou demoiselles qui polkent ensemble... et qui se jettent dans tout le monde... Et ce petit nain qui saute avec une grande femme...

— C'est le cousin Ravinet.

— Oh! il y a de bien bonnes caricatures ici... Voilà quelques jeunes filles assez gentilles... mais des tournures de grisettes... Ce n'est probablement que cela... Je suis bien curieuse de savoir ce que fait M. Bocal.

La polka est terminée. Il faisait une chaleur étouffante dans la noce sur la derrière.

— J'en ai assez, me dit madame Dauberny. D'ailleurs, je crois que M. Guillaume est retourné près de sa fille. Ramenez-moi dans l'autre bal; ensuite vous reviendrez ici, si cela vous fait plaisir.

— Je vous prie de croire, madame, que je préfère aussi la réunion dont vous faites partie.

— Je vous crois, je serais fâchée pour vous qu'il en fût autrement. Cependant, il faudra revenir pour parler à votre ami Balloquet... Oh! Balloquet, vous conviendrez que c'est un drôle de nom pour un médecin... Si j'étais malade, je ne me laisserais jamais soigner par un docteur qui s'appellerait Balloquet!...

— Vous croyez donc que le nom fait quelque chose, madame?

— Beaucoup, monsieur : si vous vous étiez appelé Balloquet, je n'aurais jamais pu me résoudre à dire que vous étiez mon ami d'enfance...

— Cela fait honneur à son estomac... Eh, mon Dieu! regardez donc, je crois qu'on nous fait danser maintenant. M. Bocal veut faire polker son propriétaire... Il faut que cet homme-là soit à la fin de son bail et ait bien envie de le renouveler.

La musique avait en effet monté la tête à M. Bocal, qui croit devoir marcher en mesure, et présente, presque en polkant, son propriétaire à sa fille Pétronille, qui est une grosse dondon, bien joufflue, bien fraîche, bien rouge, n'ayant pour elle que ce qu'on appelle la beauté du diable.

M. Girardin tire sa tabatière; il offre une prise à la mariée, qui se contente de murmurer : — Du tabac! le plus souvent! pour que j'éternue en dansant... Avec ça, que je n'ai pas de mouchoir sur moi.

— Polkez-vous? me dit madame Frédérique.

— Oui, madame.

— Eh bien! lançons-nous, alors. J'aime autant faire mon entrée dans cette noce en polkant, ce sera plus drôle... Avec cela, je vois déjà des figures qui me donnent envie de rire... Allons, monsieur, on dit que vous valsez bien, voyons si vous polkez de même.

Louis Duveau L. DEGHOUY

Je lève les yeux et je reconnais madame Girie. — Page 28.

Nous voilà partis. Je joue de bonheur ce soir : après une excellente valseuse, je trouve une dame qui polke à ravir. Nous allons en avant, en arrière, nous tournons dans tous les sens; il paraît que notre manière de valser fait l'admiration de la noce Bocal, car j'entends dire sur notre passage :

— Oh! en voilà qui vont bien!

— Regardez donc ces deux-là... comme ils font de jolies choses en polkant.

— Qu'est-ce que c'est donc que ces personnes-là?...

— Ils sont de la noce à côté... de la noce du propriétaire de M. Bocal, qui les a invités.

— Ils polkent supérieurement; ce doivent être au moins des danseurs.

Tout en causant, nous sommes revenus à la noce dont maintenant je fais partie. Mais comme un quadrille est commencé au moment où nous rentrons dans la salle, madame Dauberny s'assied contre l'entrée, et je me place près d'elle, heureux de pouvoir continuer la conversation avec l'aimable Frédérique... car je trouve cette dame fort aimable, et si je n'étais pas déjà amoureux de son amie Armantine... Mais c'est si gentil d'être amoureux, même quand cela ne rapporte rien, à plus forte raison quand cela doit rapporter quelque chose. J'ignore encore ce qu'il en sera de mes nouvelles amours, mais il est toujours permis d'espérer.

— Je vous ai beaucoup d'obligation, madame, pour ce que vous avez fait pour moi cette nuit...

— Mon Dieu, monsieur, vous m'avez déjà exprimé votre reconnaissance... J'aime à croire que maintenant c'est une affaire terminée...

— Vous savez, madame, que je me suis trouvé quelquefois en société avec M. Sordeville, mais ce n'est pas encore assez pour moi... J'aurais voulu être entièrement connu de vous... et si vous vouliez me permettre d'aller vous présenter mes hommages...

Madame Dauberny me regarde un moment d'une singulière façon; je voudrais bien pouvoir deviner ce qui se passe dans son âme, mais elle ne tarde pas à me répondre avec son air délibéré :

— Non, monsieur, non, je ne vous permettrai pas de venir chez moi... et d'ailleurs, pourquoi y viendriez-vous?

— Mais, pour avoir le plaisir de me trouver avec vous, madame, parce que j'ai le désir de me faire mieux connaître... et que...

— Non... je vous répète que c'est inutile... Maintenant, monsieur, je suis parfaitement convaincue de votre bonne foi dans tout ce que vous m'avez dit; que pouvez-vous désirer de plus?

— Rien de ce côté-là... Mais quand on a eu le plaisir d'être votre chevalier pendant une soirée, il est pénible, madame, de penser que peut-être on ne vous reverra jamais.

— Oh! jamais!... Voilà un mot qui devrait bien être effacé du dictionnaire, n'est-ce pas, monsieur?

— Je suis de votre avis, madame, car c'est un mot fort triste.

— Et qui est très-faux les trois quarts du temps. Au reste, si vous désirez, en effet, vous trouver avec moi, soyez tranquille, vous me reverrez...

— Où donc cela, madame?

— Chez Armantine.

— Chez madame Sordeville!... mais je ne la connais pas plus que vous!

— Mais son mari vous connaît... Causez encore un peu avec lui, et je gage qu'il vous engage à aller le voir.

— Vous croyez, madame...

— Essayez, vous verrez... Ah! voilà le terrible Archibald qui vient vers nous... Prenez garde, vous allez vous en faire un ennemi!

— Pourquoi donc cela?

— C'est que je suis sûre qu'il croit que vous me faites la cour... il est capable de croire plus même... et vous saurez que ce monsieur m'a fait une déclaration...

— Mais je présume que l'on doit vous en faire souvent.

— C'est assez vrai.

— Monsieur Archibald n'a fait que suivre une route que beaucoup de gens sont tentés de prendre.

— Tenez, monsieur, je veux bien que l'on fasse une déclaration d'amour à une dame sans que cela tire à conséquence; c'est la chose du monde la plus commune, et pour peu qu'une femme soit coquette et gentille, elle peut parier hardiment de se faire faire une déclaration d'amour par tous les hommes de sa connaissance... Il n'y a donc pas grand mérite à cela. Mais parce qu'une femme est moins bégueule qu'une autre, parce qu'elle exprime franchement sa pensée, parce qu'elle ne fait pas la prude et ne craint pas de rire d'un mot gai, enfin parce que dans ses manières on trouve du laisser-aller, de l'originalité, du caractère, de la hardiesse même... aller se figurer alors que la conquête de cette femme-là doit être facile, qu'il n'y a enfin qu'à se... vous devinez ce que je ne dis pas... eh bien, monsieur, c'est une grande erreur, c'est de la sottise ou de la fatuité.

Est-ce pour moi que cette dame dit cela? Je ne sais... Cependant, je ne lui ai fait aucune déclaration... et si je lui ai témoigné le désir de la revoir, de la remercier encore, il me semble que c'était bien naturel, après le service qu'elle m'a rendu. Non, c'est tout simplement un avis qu'elle m'a donné en passant... Mais alors, elle est donc persuadée que je voulais lui faire la cour?... Elle est dans l'erreur, je ne pense qu'à ma charmante valseuse, qu'à madame Sordeville.

Le quadrille est fini. J'ai quitté ma place. Retournons un moment à la noce sur le derrière. Allons nous assurer si Balloquet ne viendra pas me retrouver ici, et tâchons de savoir ce qu'il a fait au bal de M. Bocal. D'après le peu que j'ai vu de l'autre salon, je crois qu'il doit s'y passer des choses plaisantes et que l'amour doit s'y traiter d'une tout autre façon que dans celui-ci.

Les mariés et leurs parents.

A la noce de mademoiselle Bocal, on faisait à chaque instant circuler du punch, du vin chaud, du bischoff, et les dames se livraient à ce genre de rafraîchissement tout aussi souvent que les hommes. D'après cela, on doit comprendre qu'au bal sur le derrière il y avait un entrain qui menaçait de tourner au bacchanal. La plupart des dames étaient couleur betterave; il y en avait qui riaient toujours; quelques-unes, ayant probablement le vin chaud fort tendre, roulaient des yeux d'un langoureux qui vous mettait au pied du mur; d'autres, ayant le punch triste, poussaient de gros soupirs et avaient les yeux humides.

Quant aux hommes, ils étaient presque tous criards, braillards, je crois même que je pourrais dire *pochards*.

En entrant de nouveau dans la salle, je cherche des yeux Balloquet; je l'aperçois assis près d'une brunette qui est couronnée de roses pompons et dont les joues ont un éclat, un luisant qui efface la couleur de sa couronne. L'entretien est tellement animé que le jeune docteur en herbe... car Balloquet peut être rangé dans cette classe, le jeune docteur ne m'aperçoit pas, quoique je me sois planté juste devant lui.

Je me décide à lui frapper sur l'épaule.

— Monsieur Balloquet, je voudrais bien vous dire deux mots, si c'est possible.

— Ce n'est pas possible en ce moment, je suis occupé... J'explique à mademoiselle la véritable manière de poser des sangsues...

Et Balloquet me lance un coup d'œil significatif. Je comprends que son entretien est très-intéressant, et je vais m'éloigner, lorsque je me sens saisir par le bras. C'est le petit polichinelle qu'on nomme Ravinet qui cherche à s'agriper après moi, en me criant, car tout le monde crie au lieu de parler :

— Ah! vous êtes de la noce du propriétaire... je vous reconnais... C'est vous qui polkez si bien!... Ah! c'est gentil de revenir avec nous... Vous allez encore polker, n'est-ce pas?... Si vous voulez faire plaisir à la tante Chalumeau, vous l'inviterez; cette pauvre chère femme, elle n'a jamais polké de sa vie, et elle en meurt d'envie... Son coiffeur lui a dit qu'elle avait des dispositions.

Je ne me soucie pas du tout d'essayer les dispositions de la tante Chalumeau, et je réponds au cousin Ravinet, qui me fait l'effet d'être très-allumé, et s'obstine à se pendre à mon bras :

— Je vous avouerai que je ne polkerai pas de quelque temps; je me sens très-fatigué.

— Ah! c'est dommage... Est-ce que vous êtes de l'Opéra?

— Moi? pas du tout.

— Vous êtes parent du propriétaire de mon cousin?...

— Non... je suis un ami...

— Et cette dame qui sautait avec vous n'est pas de l'Opéra?

— Nullement.

— Nous l'avons tous cru. Vous gigotiez si bien...

— Monsieur Ravinet...

— Ah! vous savez mon nom...

— J'ai cet honneur. Faites-moi donc le plaisir de me dire quelle est la profession de M. Bocal.

— Comment, vous ne connaissez pas mon cousin?

— Je sais que c'est le père de la mariée et qu'il est locataire de M. Guillardin; mais voilà tout.

— Comment, vous ne connaissez pas la boutique de Bocal, distillateur, rue Montmartre... un des plus gros distillateurs de Paris?...

— Ah! c'est un distillateur?

— Mais tout le monde le connaît!

— Je vous dirai que j'ai fort rarement affaire chez les distillateurs...

— C'est de lui le sirop de punch... aussi c'est fameux... en avez-vous bu?

— Non, mais je n'y tiens pas...

— Oh! vous allez en boire... il faut que vous en jugiez... Ohé! vite donc, cousin Bocal!... ohé! voilà un monsieur de la noce de votre propriétaire, il n'a pas encore goûté votre punch...

Le gros homme aux yeux de verre s'est arrêté à la voix du petit Ravinet; puis il vient à moi et m'empoigne l'autre bras, en me disant avec une expansion qui me brûle le visage, parce que ce monsieur a la malheureuse habitude de vous parler sous le nez :

— Ah! monsieur... vous êtes de la noce de mon propriétaire... Certainement vous ne me ferez pas l'affront de venir parmi nous sans prendre quelque chose... Holà! garçon!...

— Vous êtes trop bon, monsieur Bocal, mais...

— Le punch est fait avec mon sirop... c'est parfumé, ça vous embaume la bouche!

— C'est ce que je disais à monsieur, cousin...

— Holà! garçon!

— Holà! garçon! du punch! mon cousin vous appelle!...

Le cousin Ravinet s'est mis à faire sa partie. Ces deux messieurs me tiennent de manière à ne point me lâcher. Un garçon arrive avec un plateau. Je comprends que je me ferais une très-mauvaise affaire si je refusais... ce serait capable d'attirer sur moi la colère de madame Girie, que j'aperçois très-occupée à chuchoter dans un coin avec d'autres dames. J'avale le verre de punch, et j'espère qu'on va me rendre ma liberté, mais il n'en est pas ainsi.

M. Bocal m'entraîne près de sa fille Pétronille en me disant :

— Vous allez danser avec la mariée...

— C'est beaucoup d'honneur... mais...

— Oh! vous y danserez... Mon propriétaire n'a pas voulu danser, mais c'est un homme d'âge... Vous qui êtes un fameux, un zéphire, vous ne pouvez pas nous refuser...

Je ne sais comment faire pour éviter les honneurs dont on m'accable; déjà M. Bocal a dit à sa fille :

— Pétronille, tu vas danser avec monsieur... l'ami de mon propriétaire.

— Mais, papa, je danse avec Freluchon...

— Je me fiche pas mal de Freluchon; je te dis, Pétronille, que tu danses avec monsieur... et tu vas voir comme il danse... tu n'as qu'à bien te tenir...

— Mais ce pauvre Freluchon à qui j'ai promis depuis deux heures... et qui est allé exprès se laver les mains parce qu'il a perdu ses gants, il sera vexé!...

— Mon Dieu, monsieur Bocal, dis-je, ne dérangeons rien... je anserai plus tard avec madame la mariée... je ne voudrais faire de a peine à personne...

— Monsieur, cela me fera beaucoup de plaisir, au contraire... Je me moque pas mal que Freluchon soit vexé ou non!... A-t-on amais vu... on va se gêner pour lui, peut-être. Oh! vous danserez celle-ci avec la mariée... Tenez, l'orchestre part!... vite en place...

Il n'y avait pas moyen de l'échapper. Où diable me suis-je fourré! ces gens-là sont entêtés comme des mulets, mon refus les fâcherait; les gens de peu d'éducation sont toujours très-susceptibles avec les gens du monde, car ils sentent leur infériorité, ils craignent qu'on ne se moque d'eux, alors même qu'on y pense le moins.

J'ai pris mon parti, je vais me mettre en place avec la mariée, qui n'a pas l'air enchantée de danser avec moi et qui probablement regrette Freluchon.

— Qui est-ce qui fait vis-à-vis à la mariée? crie M. Bocal d'une voix de stentor.

— Voilà!... voilà! on y est.

Nous voyons arriver un grand vieux sec et chauve qui tient par la main une petite fille de sept à huit ans. Voilà un vis-à-vis qui ne me donnera pas de distraction. J'entends murmurer derrière moi, puis des gémissements, puis la voix de M. Bocal qui domine tout cela. C'est probablement ce pauvre Freluchon qui est en colère de s'être lavé les mains pour rien.

Cependant le quadrille commence. La mariée y va de tout cœur : c'est une grosse fille qui s'est dit qu'elle s'en donnerait le jour de ses noces et qui tient à faire ce qu'elle s'est promis. Pourvu que je ne rencontre pas ses pieds, je serai très-heureux. Le grand vieux sec, qui lui fait vis-à-vis, danse avec un zèle digne des plus grands éloges; il s'obstine à faire de petits pas et essaye même des entrechats; la sueur coule de son front après la seconde figure, mais il n'en fait point un pas de moins. C'est un danseur consciencieux et qui, sous l'empire, doit avoir été très-recherché. La petite fille saute à tort et à travers et embrouille tout; elle se trouve toujours derrière moi quand elle devrait être en face; mais je n'y tiens pas, je la laisse vagabonder à son aise.

Je gagerais que le cousin Ravinet a été dire de tous côtés que j'étais un fameux danseur, car on se presse, il y a foule autour de notre quadrille, et ces braves gens doivent être fort désappointés parce que je ne fais que marcher. J'entends même quelques voix qui murmurent :

— Tiens, ce n'était pas la peine de se déranger... je danse mieux que ça... Ravinet avait la berlue apparemment; il ne sait pas seulement faire un pas de basque!

Il faut que j'essaye de causer avec la mariée.

— Vous devez être fatiguée, madame?

— Moi? pourquoi ça?

— C'est que probablement vous dansez depuis longtemps.

— Dame, si la mariée ne dansait pas, ce serait du joli!... Il faut bien qu'on me fasse danser... on a invité ces messieurs pour ça.

Je me mords un peu les lèvres, et je reprends :

— C'est un bien beau jour que celui-ci, n'est-ce pas, madame?

— Un beau jour... Oh! c'est-à-dire que c'est amusant à présent seulement! mais toute la journée j'ai trouvé cela bien bête!

— Ah! vous avez trouvé cela... Cependant il est probable que vous aimez celui que vous épousez...

— Oh! oui... assez, comme ça... pas trop... Ça viendra, mon père m'a dit que ça viendrait.

— Serais-je indiscret en vous demandant ce que fait monsieur votre époux?

— Mon mari? il vent des éponges... en gros... nous aurons une boutique d'éponges...

— Ce doit être un bon commerce...

— Dame, je ne sais pas... Ça ne m'amusera pas beaucoup d'être toujours dans les éponges! mais nous n'aurons pas de chien, par exemple... Oh! ç'a été une des premières conditions de mon mariage...

— Ah! vous ne voulez pas de chien, vous détestez ces animaux-là, apparemment...

— Mon Dieu, non! j'aime toutes les bêtes, moi! mais c'est à cause de la chanson.

— Ah! il y a une chanson sur les chiens?

— Sur le *Chien du marchand d'éponges*... Comment, vous ne la connaissez pas!

— Non; je vous avoue que cette chanson m'est totalement inconnue.

— C'est une chanson farce... ça finit toujours par : C'est le *chien du marchand d'éponges*... Tout le monde sait ce refrain-là, et mon père a dit à Pamphile : Si vous aviez un chien, on chanterait sans cesse ce refrain en le voyant,.. ça pourrait vous faire du tort dans le commerce... Alors Pamphile a dit : Je n'en aurai jamais, j'en fais serment, et je l'ai épousé. Mon père a bien fait, n'est-ce pas?

— J'admire la prévoyance de M. Bocal.

— Il a exigé aussi que ma belle-mère ne demeurât pas avec nous.

— Quant à ceci, je l'approuve; car il est rare que les belles-mères s'accordent avec leurs brus.

— D'autant plus que madame Girie... Allez!... en voilà une qui ferait battre des montagnes si elle le pouvait, et tout en disant qu'elle adore ses enfants, c'est étonnant comme ils étaient heureux avec elle. Le frère de Pamphile, le cadet, était très-délicat, à ce qu'elle disait; elle voulait sans cesse qu'il se purgeât, qu'il prît des tisanes... des lavements... Quand il rentrait le soir après avoir dîné en ville, madame Girie l'attendait sur l'escalier avec une seringue. Comme il refusait le lavement, elle le poursuivait dans toutes les chambres avec sa seringue : le lendemain elle le purgeait sans le lui dire, elle mêlait de la manne à son café... Enfin, elle a tellement obsédé le pauvre garçon avec ce qu'elle appelait ses petits soins, qu'un beau matin il est parti, il s'est engagé, il s'est fait dragon; il a préféré cela à être seringué.

— Ma foi, je crois qu'à sa place j'en aurais fait autant.

— Madame Girie a dit que c'était un ingrat. Elle voulait que son autre fils, Pamphile, ne se mariât pas pour rester avec elle. Vous concevez que cela ne l'a pas tenté, d'autant plus que madame Girie voulait diriger la maison et qu'elle trouvait moyen de se disputer avec toutes les pratiques. Un jour elle refusait à un monsieur de lui vendre des éponges, sous prétexte qu'il ne l'avait pas saluée en entrant; une autre fois, c'était une dame qui lui avait parlé comme à une bonne. Bref, si elle était restée encore quelque temps avec Pamphile, sa maison de commerce était flambée, on ne voulait plus venir lui acheter. Enfin, nous voilà mariés.... on fait une pension à madame Girie; mais vous verrez que cela ne lui suffira pas... elle n'a jamais eu pour deux liards d'ordre, elle mange tout!... Ah! c'est à nous, monsieur... c'est la poule!...

Quand la figure de la poule est terminée, la mariée me dit d'un air moqueur :

— Il me semble que je n'ai pas besoin de si bien me tenir pour danser avec vous... on vous disait si fort...

— Madame, le cousin Ravinet s'est trompé en disant que je dansais bien...

— Oh! après ça... si vous dansiez avec votre dame de tout à l'heure, vous sauteriez peut-être plus haut!

— Je vous prie de croire qu'aucune danseuse ne me ferait sauter plus haut.

— Freluchon danse joliment, lui... et il rebondit comme une balle élastique.

— C'est un don de la nature, et je ne jouterais pas avec ce monsieur. C'est un de vos parents?

— Freluchon?... non, c'est le premier garçon de boutique de papa!... il a pleuré quand il a su que j'allais me marier!...

— Ah diable! Était-ce de plaisir?

— Ah ouiche!... c'était d'autre chose... mais je l'ai consolé; je lui ai dit que toute la vie je serais son amie et qu'il pourrait m'embrasser les dimanches.

— Je conçois, madame, qu'un tel avenir ait séché ses larmes.

— A nous!... à nous!...

Enfin le quadrille finit. Je reconduis la mariée et je me dérobe aux verres de vin chaud qui circulent de tous côtés. Quelqu'un me prend le bras; j'ai fait un mouvement d'effroi, craignant que ce ne fût encore M. Bocal ou le petit Ravinet...

Mais c'est Balloquet qui m'entraîne dans un coin de la salle; nous nous asseyons sur une banquette inoccupée. M. le docteur me semble bien gai. Il rit même avant de me parler.

— Eh bien! mon cher Rochebrune, j'espère que nous avons réussi dans nos entreprises, hein! quelle bonne idée j'ai eue en vous proposant d'aller à ces noces?

— Oui, mais dites donc, si je n'étais pas arrivé avec le propriétaire de M. Bocal... il me semble que vous alliez passer un mauvais quart d'heure... Que diable aviez-vous donc fait?

— Rien... une farce... C'est la petite femme avec qui je causais tout à l'heure qui m'avait monté la tête... et puis on boit ici, que c'en est effrayant... Ma foi, en dansant avec la mariée, ma main s'est égarée... Cet imbécile de M. Pamphile ne faisait que nous dire. J'épouse un gland!... ma femme en a la fermeté!... Moi, j'ai voulu m'en assurer. Je vous certifie qu'il se flattait! Mais maintenant c'est fini, tout est arrangé; le marié m'adore!... Comment trouvez-vous cette noce-ci?

— J'aime mieux celle où je suis.

— Et comment vous en êtes-vous tiré, vous, là-bas?

— J'étais fort embarrassé, mais deux dames charmantes m'ont pris sous leur protection... ensuite, j'y ai trouvé un monsieur qui me connaît. Malgré cela, mon cher Balloquet, ne faites pas l'imprudence de venir dans l'autre bal. C'est un monde tout différent de celui-ci... on pourrait vous questionner, et...

— Soyez tranquille! je me trouve bien ici, et j'y reste. D'abord, il y aura un souper, et j'ai toujours eu un faible pour ce genre de divertissement. Ensuite, j'ai mon affaire... je chauffe une brunette... celle avec qui je colloquais tout à l'heure... ça me va beaucoup; je lui donnerai ma pratique. Madame Satiné, boulevard des Italiens... beau quartier... on y vend les gants fort cher... Elle se dit veuve... tous les agréments à la fois. Ce n'est pas une nymphe légère, mais c'est une femme solide au poste... et pas bégueule du tout. Nous dînons demain ensemble, c'est déjà convenu.

— Je vous fais mon compliment, vous menez les affaires rondement.

— Et vous, faites-vous vos frais là-bas?

— J'ai ébauché la connaissance d'une dame charmante... mais je ne sais pas encore si cela ira plus loin.

— Est-ce elle avec qui vous êtes entré ici?

— Non... celle-là est ma seconde protectrice...

— Savez-vous quelle a un air tout... militaire celle-là... Bigre! elle m'a fait des yeux!

— Oui, il y a quelque chose de décidé dans ses manières... elle a de l'esprit, de l'organité; mais ce n'est pas elle que je courtise...

— Ah çà! mais quelle est donc cette vieille dame qui reste là devant nous faisant des mines?...

Je lève les yeux et je reconnais madame Girie qui s'était arrêtée devant Balloquet et moi et ne cessait de nous regarder, faisant des mines, nous souriant et se livrant enfin à une pantomime qui avait certainement pour but de nous obliger à lui parler.

Il n'y avait pas moyen de l'échapper; car aussitôt que j'ai levé les yeux sur elle, madame Girie me fait une révérence de menuet et s'approche en me disant d'un air où l'on voit que la maîtresse de la maison veut se faire reconnaître :

— Monsieur, vous a-t-on offert du punch... du bischoff?... avez-vous pris quelque chose?...

— Oui, madame, je vous suis infiniment obligé, j'ai pris beaucoup de choses...

— C'est que M. Bocal est si étourdi!... il crie beaucoup... il fait du bruit... il a l'air de vouloir tout mener... mais au total il ne fait rien... et si je n'étais pas là pour tout ordonner... Je suis la mère du marié, monsieur...

— Vous en êtes bien susceptible, madame, dit Balloquet en se levant et en saluant madame Girie; puis il s'éloigne et me laisse là. Je voudrais bien en faire autant que Balloquet, mais madame Girie a pris sa place, elle s'est assise à côté de moi et elle a l'air de s'y installer. Je sens une sueur froide qui me parcourt. La mère du marié s'est tournée vers moi et continue la conversation.

— Oui, monsieur, je suis la mère du marié... ce superbe garçon est mon fils; il me ressemble, n'est-ce pas, monsieur?

— Oui, madame, il a votre air.

— De mon air... c'est cela même, vous avez trouvé le mot. Il a voulu se marier... Je voulais lui tenir lieu de tout!... je lui disais : Reste avec ta mère!... tu seras bien plus heureux! Que te faut-il de plus?...

— Mais, madame, il me semble qu'une mère ne saurait remplacer une épouse... et je croyais que le plus grand bonheur d'une mère était de se voir revivre dans ses petits-enfants?

Madame Girie tire un mouchoir qui empeste le tabac, et me répond :

— Oh! monsieur... certainement, on peut se marier... mais alors il faudrait bien choisir!... et c'est si difficile!...

— Est-ce que vous ne seriez pas satisfaite du choix qu'a fait monsieur votre fils?

— Hum!... hum!... monsieur, je ne veux pas dire de mal de ma belle-fille!... j'en suis incapable... mais si on était méchant!... D'abord, elle est bête comme un pot, cette pauvre Pétronille... au reste, vous avez dansé avec elle, vous avez dû vous en apercevoir.

— Mais, non, madame... je l'ai trouvée naïve... naturelle...

— Ah! ah! ah! oui, très-niaise, n'est-ce pas? vous y mettez de l'honnêteté... Enfin, Pamphile en était coiffé, et je ne sais pas pourquoi, car elle n'est pas jolie...

— Elle a beaucoup de fraîcheur...

— Dame! si on n'était pas fraîche à son âge... mais elle tourne au lard... je ne lui donne pas trois ans pour être affreuse... Ensuite, on a élevé cela si singulièrement! n'ayant plus de mère, vous concevez, cela a fait tout ce que cela a voulu... Toute la journée seule avec les garçons de boutique... des jeunes... gens... je crois même qu'elle allait à la cave avec eux!... Fi! quelles mœurs! le plus souvent que j'aurais choisi cette femme-là pour épouse à mon fils!... mais il n'a pas voulu m'écouter quand je lui ai dit : Tu t'en repentiras!... Monsieur, vous verrez d'ici à quelque temps... Il y a un certain Freluchon... un garçon de boutique de M. Bocal... qui était très-amoureux de Pétronille! tout le monde sait cela... elle-même ne s'en cachait pas, elle en riait!... une demoiselle honnête ne rit pas de ces choses-là... Ce Freluchon lui a appris à nager... comprenez-vous, monsieur... à nager... dans la rivière... elle a fait des pleine-eau avec lui!... c'est gentil!... et Pamphile trouve cela tout simple. Je lui ai pourtant dit : Prends garde à ce que tu fais! Ah! monsieur! que les hommes sont bêtes quand ils sont amoureux!...

— Ceci est une grande vérité, madame! mais elle ne fait pas honneur à votre sexe : si les femmes étaient en effet telles que les hommes le supposent lorsqu'ils en sont épris, ceux-ci ne seraient plus aussi bêtes de les adorer.

Madame Girie se pince les lèvres, secoue la tête et sourit en murmurant : — Grâce au ciel! toutes les femmes ne sont pas des Pétronille!...

— Et toutes les belles-mères ne vous ressemblent pas, madame!

Je ne sais si madame Girie prend cela pour un compliment, mais elle me fait une profonde inclination de tête. Quant à moi, qui ai bien assez des histoires de cette dame, je me lève et je quitte la noce sur le derrière, où l'odeur du vin chaud et du punch commence à devenir insupportable.

Un jeune lion. — Un mari charmant.

En rentrant dans la noce Dablémar, je respire avec bonheur; ici une douce odeur de patchouli, de mousseline, remplace celle du vin chaud, qui, là-bas, était fortifiée par une foule d'autres émanations; ici, enfin, la température est supportable et les figures ne sont pas ruisselantes d'ivresse, de mouvement et de chaleur, ce qui donne aux physionomies un vernis qui ne les embellit pas.

Mon premier soin est de chercher madame Sordeville. J'aperçois la jolie Armantine, mais elle cause avec son amie Frédérique, et près d'elles est un jeune homme que je n'avais pas encore aperçu dans le bal.

Ce nouveau personnage, qui peut avoir vingt-huit à trente ans, est mis avec une extrême élégance; c'est un brun, dont les cheveux artistement séparés et frisés ont un brillant admirable. Une figure longue, pâle; des traits réguliers, des yeux noirs passablement rentrés, une bouche fine et serrée, de petites moustaches bien régulièrement coupées font de ce monsieur un assez joli garçon; mais un air de suffisance, de fatuité, qui va presque jusqu'à l'impertinence, voilà ce que je remarque aussi dans la tenue et les manières de ce monsieur, qui, dès le premier abord et sans que je puisse dire pourquoi, me déplaît souverainement.

Nous éprouvons souvent ainsi des sympathies ou des antipathies pour des personnes que nous ne connaissons pas encore; mais lorsque nous sommes à même de faire plus ample connaissance avec ces mêmes personnes, il est bien rare que les prévisions de notre cœur ne soient pas justifiées. Il y a donc en nous une seconde vue, celle de l'âme, qui nous avertit quand nous sommes devant un ami ou un ennemi.

Ce monsieur cause avec ces deux dames, et il leur parle avec un sans-façon qui semble dénoter une grande intimité. Ce doit être l'amant de l'une ou de l'autre... S'il l'était de toutes les deux... cela s'est vu!... Ce qu'il y a de certain, c'est que ce monsieur n'a rien d'un amoureux discret.

Vous allez trouver que j'ai bien mauvaise opinion des femmes. Ce n'est pas positivement des femmes, c'est du monde en général que j'ai une triste opinion. Ce n'est pas ma faute, pourquoi m'a-t-il donné si souvent l'occasion de mal penser de lui?

Je ne m'approche pas, car la présence de ce beau monsieur me contrarie, mais j'examine... Je serais bien maladroit si je ne devinais pas avec laquelle de ces dames ce monsieur est au mieux. Il y a des petits riens par lesquels on se trahit toujours, à moins d'être parfaitement sur ses gardes... et encore!...

Ah! me voilà fixé!... Une main qui s'est appuyée un peu trop familièrement sur le genou de ce monsieur, un long regard qui disait de ces choses qu'on ne se dit pas devant le monde, m'ont appris que ce joli garçon doit être intimement lié avec madame Dauberny. J'en éprouve un sentiment de joie, car j'avais craint un moment que ce ne fût avec ma charmante danseuse; franchement, cela m'aurait fait de la peine. Je suis donc décidément amoureux de celle-ci.

Je m'approche, et j'adresse la parole à madame Sordeville, qui me répond avec son amabilité accoutumée. Mais pendant que je cause avec cette dame, je m'aperçois que le beau monsieur à moustaches me toise, m'examine d'une façon presque impertinente!... Est-ce que nous n'allons pas en finir?...

Il y a dans le monde de ces gens dont les regards impertinents vous forcent à une représaille qui est alors une espèce de défi, et qui signifie clairement :

— Avez-vous quelque chose à me dire... J'attends... et je suis tout prêt à vous répondre.

Comme ce superbe lion n'en finissait pas de me *douaner*, je l'ai regardé ainsi que je viens de vous le dire. Le lion a baissé les yeux et retourné la tête. C'est bien heureux. Mais vous pouvez être certain que dès ce moment ce monsieur et moi nous ne pouvons pas nous sentir.

Comme cela paraissait contrarier ce monsieur de me voir causer et rire avec la jolie Armantine, je n'en mets que plus de feu dans ma conversation, et comme cette dame rit très-facilement, je provoque de nouveau sa gaieté.

Madame Dauberny parle à l'oreille de ce jeune homme; je m'aperçois qu'il fronce légèrement les sourcils et pince fortement ses lèvres. Lui conterait-elle ce qu'elle a fait pour me tirer d'embarras?... Que m'importe, après tout, que cela plaise ou non à ce monsieur. Madame Frédérique ne me semble plus si bien que tout à l'heure; décidément, cette femme-là n'est pas jolie... Et puis, ce qu'elle m'a dit dans notre dernier entretien m'a considérablement refroidi pour elle.

Madame Sordeville était invitée pour la contredanse, mais elle me promet la suivante. On vient la chercher pour le quadrille. La superbe Frédérique est allée se placer avec son beau brun. Que vais-je faire, pendant cette contredanse? On s'ennuie à quarante francs par tête quand on ne danse pas dans un bal du grand monde où l'on ne connaît personne.

Ah! cherchons monsieur Sordeville, et rappelons-nous le conseil que cette dame m'a donné avant l'arrivée de son sigisbé.

J'aperçois le mari d'Armantine dans un salon voisin, près d'un groupe d'hommes dont la plupart sont décorés; il ne cause pas, mais il écoute causer. Je m'approche de lui; il vient de lui-même à moi.

— Vous ne dansez plus, monsieur Rochebrune?

— Je me repose...

— Je gage que ma femme ne se repose pas... elle est infatigable.

— Madame votre épouse danse, en effet, et madame Dauberny aussi... avec un jeune homme... que je n'avais pas encore vu dans le bal... un brun, à moustaches...

— Ah! Saint-Bergame ... Oui, il est arrivé fort tard; selon son habitude... on fait plus d'effet... on se fait désirer. Eh! eh! parbleu, vous devez le connaître, d'ailleurs, si vous êtes un ami d'enfance de madame Dauberny... Vous avez dû le rencontrer souvent chez elle.

Le sourire de M. Sordeville est encore railleur. Je réponds sans me troubler cette fois :

— Pendant assez longtemps, j'avais cessé de... voir madame Dauberny...

— Alors, c'est pendant ce temps qu'elle a fait la connaissance de Saint-Bergame... leur liaison ne date guère que de six mois... Mais il n'en est pas moins sur un très-bon pied chez elle... du reste, c'est facile à voir.

La manière dont M. Sordeville vient de me dire cela, ne me laisse pas douter qu'il n'ait la même opinion que moi sur les relations qui existent entre cette dame et ce monsieur. S'il pense cela, je m'étonne qu'il souffre cette grande intimité qui semble régner entre sa femme et madame Dauberny; ne doit-il pas craindre que le mauvais exemple ne soit contagieux; ou bien la conduite de M. Dauberny rend-elle celle de son épouse excusable... ou bien encore, M. Sordeville est-il de ces maris philosophes qui traitent toutes ces choses-là comme des bagatelles qui ne méritent pas leur attention? Je suis tenté de croire que ma dernière conjecture est la plus juste.

— Quel est ce monsieur Saint-Bergame? dis-je au bout d'un moment.

— Hum!... je ne sais pas trop... Cependant il se donne comme journaliste... mais vous savez que maintenant on est journaliste comme on est avocat!... Tout le monde travaille dans les journaux, ou du moins tout le monde veut le faire croire.

— Je sais que le métier de journaliste est honorable, quand on l'exerce sans passion, quand on écrit avec impartialité... Je n'ajouterai pas avec esprit, avec goût, ceci devrait être le *sine quâ non* de l'admission dans cette partie. Malheureusement, il n'en est pas toujours ainsi. Depuis que les journaux pullulent, tous les poëtes incompris, tous les auteurs refusés se font journalistes. Ces messieurs n'ayant pu parvenir à faire jouer leurs pièces, tombent avec fureur sur les auteurs qui réussissent. Heureusement, le véritable public fait justice de tout cela; souvent même l'excès des injures auxquelles un homme de talent est en butte ne fait qu'augmenter l'intérêt qu'on lui porte. Et, après tout, c'est, il me semble, une bien triste chose que de passer sa vie à déchirer ceux qui produisent... C'est toujours et sans cesse le bouc du sérail : *Il ne fait rien, et nuit à qui veut faire!*

— Vous ne me paraissez pas aimer les journalistes.

— J'en fais grand cas, lorsqu'ils ont de l'esprit et que leur critique est décente... J'ai connu un homme de lettres, fort populaire, qui riait aux larmes des attaques furibondes que les journalistes dirigeaient contre ses ouvrages. Si je n'avais pas de succès, me disait-il, ces gens-là ne m'honoreraient pas de leur haine... Ils ne parleraient pas de moi, ou bien ils m'adresseraient quelques bénévoles compliments... Ah! mon cher, félicitez-moi! n'a pas des ennemis qui veut!... Mais revenons à M. de Saint-Bergame : dans quel journal travaille-t-il?

— Ma foi, je ne saurais vous dire... dans une nouvelle feuille... dans plusieurs peut-être... il a la réputation d'être très-méchant, il en tire vanité...

— Il n'y a pas de quoi. Rien n'est si facile que de dire du mal : voyez, c'est toujours là le fond de la conversation des cuisinières et des portiers.

— Je crois aussi que Saint-Bergame a une grande pièce en vers reçue à l'Odéon... ou aux Français... à moins que ce ne soit au théâtre-Historique. Mais il y a bien longtemps qu'il parle de cette pièce-là, et il n'y a que lui qui en parle.

— Et voilà les seuls titres de ce monsieur à l'admiration de ses contemporains?

— Je ne lui en connais pas d'autres. Du reste, il est joli garçon, se met avec élégance, suit toutes les modes... c'est un beau cavalier; ne vous étonnez donc pas si les dames briguent l'honneur de sa conquête!...

— Oh! je ne m'étonne plus de rien...

— Mais, ne cultivez-vous pas les arts, monsieur Rochebrune? Il me semble que j'ai entendu des romances, des chansonnettes, dont vous étiez doublement l'auteur, car vous avez fait les paroles et la musique.

— Oui, monsieur, en effet. Mais parce qu'on sait faire une chanson, on n'est pas plus homme de lettres que l'on n'est compositeur parce qu'on a écrit un air et cousu dessus un accompagnement de piano.

— Modestie de votre part, monsieur; vous ne me ferez pas croire que l'on compose un air sans être musicien.

— On peut l'être comme Jean-Jacques, qui n'avait pas la moindre notion sur le contre-point.

— Je ne sais pas si Rousseau était savant en musique, mais je voudrais bien que l'on nous fît encore des *Devin du Village*.

— Quant à cela, monsieur, je suis de votre avis, lors même que l'on devrait y ajouter une orchestration nouvelle.

— Ma femme est assez forte sur le piano... elle a de la voix... on fait de la musique chez moi... le jeudi, nos amateurs se rassemblent... Si cela pouvait vous être agréable et de les entendre et de vous joindre à eux...

— Vous êtes trop bon, monsieur, ce sera pour moi un grand plaisir... Je ferais de la musique pendant douze heures sans me lasser!...

— Alors, monsieur, nous compterons sur vous... le jeudi particulièrement... au reste, vous serez toujours le bienvenu. Vous savez notre adresse?

— Nullement...

— Voici une de mes cartes.

M. Sordeville s'est éloigné, après m'avoir remis sa carte. D'honneur! ce mari-là est charmant... il va au-devant de mes vœux. Cependant il n'a pas l'air d'un niais. Oh! non, ce ne saurait être un de ces époux qui ne voient rien de ce qui se passe chez eux. Madame Frédérique avait bien deviné qu'il m'inviterait. Tout ceci m'intrigue; mais je ne vois rien là dedans de fâcheux pour moi. Madame Sordeville est très-jolie, très-séduisante. Je sens que je l'aimerai beaucoup! je ne sais pas si elle suit l'exemple de son amie Frédérique, mais j'ai la permission de me présenter chez elle, c'est déjà quelque chose.

Dès que le quadrille est fini, je m'approche de la place que ces dames ont adoptée. M. Saint-Bergame est toujours avec elles... mais ce monsieur ne me fait pas peur... il m'ennuie, voilà tout.

Je ne sais si l'invitation que je viens de recevoir a donné à ma physionomie quelque chose de triomphant, mais en m'apercevant, madame Sordeville sourit et échange un regard avec son amie. Je donnerais... je ne sais quoi pour savoir ce que signifiait ce regard-là.

M. Saint-Bergame se pince les lèvres en disant à madame Dauberny, avec une familiarité affectée :

— Est-ce que vous comptez rester encore longtemps?...

— Pourquoi pas... rien ne me presse... je suis tranquille, M. Dauberny ne veille pas pour m'attendre...

— Cette noce me semble assommante!...

— Vous êtes aimable! moi, je m'y amuse beaucoup!...

— Oh! mais vous... madame, vous vous amusez partout!...

— En tout cas, cela ferait l'éloge de mon caractère!...

— Il y a ici des têtes... des figures... ce n'est pas homogène!...

— Eh bien! tâchez de faire un article drôle là-dessus, ce sera une bonne fortune pour vous.

— En vérité, vous êtes bien piquante ce soir!...

— Je croyais que vous y étiez habitué.

— Vous savez, madame, que c'est la première contredanse avec moi? dis-je à madame Sordeville.

— Oui, monsieur, certainement, je ne l'ai pas oublié.

Elle m'a répondu cela d'une façon charmante. Les femmes ont une manière de dire les moindres choses qui leur donne pour nous une grande valeur. Cela dépend beaucoup aussi de la disposition où l'on se trouve.

L'orchestre part : c'est une polka. Je regarde tristement ma jolie danseuse en lui disant :

— Polkez-vous?

— Non. Je valse, mais je ne polke pas.

— Mais je polke, moi, me dit madame Dauberny en me tendant la main. Et vous savez comme nous allons bien nous deux. Voulez-vous voir si nous aurons autant de succès ici que chez M. Bocal?

Drôle de femme! elle me dit cela comme si nous nous connaissions depuis dix ans... Je la trouve fort jolie en ce moment... je m'empresse de prendre sa main, et nous nous mettons à polker. Cela m'amuse d'autant plus que j'ai remarqué la moue horrible que fait le Saint-Bergame.

Nous polkons quelque temps sans parler, et, sans vanité, je crois que nous allons fort bien. Au bout de deux tours de salle, je n'y puis plus tenir, et je murmure:

— Ce monsieur qui était près de vous ne polke donc pas?

— J'étais sûre que vous me diriez cela!...

Et elle se met à rire. En effet, ma question est fort bête. Mais je dis très-facilement de ces choses-là. Je m'en aperçois après... c'est un peu tard. De peur de dire encore quelque sottise, je ne souffle plus mot. C'est alors ma danseuse qui me dit:

— Avez-vous reparlé avec M. Sordeville?

— Oui, madame.

— Et il vous a engagé à aller chez lui?

— Oui, madame.

— Que vous avais-je dit?... Nous avons deviné cela tout à l'heure à votre air radieux.

Je sais alors ce que signifiait leur regard quand je me suis approché d'elles. Mais je n'aime point ce *nous avons deviné cela;* cette communauté de pensées et de sentiments me sourit peu. J'ai toujours remarqué que ces dames qui entre elles se disaient tout, se faisaient les confidences les plus intimes, se communiquaient les plus secrets mouvements de leur cœur, j'ai remarqué que ces dames-là n'ont plus de confidences à faire à leur amant. Avec lui elles agissent, mais elles ne s'épanchent plus. L'amitié nuit presque toujours à l'amour. Ce n'est pas comme cela que je comprends un sentiment profond, un attachement réel... mais à quoi vais-je penser!

J'ai ramené l'infatigable Frédérique près de son amie. Le beau lion n'est plus là. J'entends madame Sordeville dire à demi-voix:

— Il est parti. Il a dit qu'il s'en allait, il était furieux.

— Vraiment!... oh! cela m'est bien égal!

Mais ce monsieur n'est point parti. Je le vois qui se promène plus loin. S'il est jaloux de moi, il a bien tort: je ne songe maintenant qu'à madame Sordeville, et j'attends avec impatience le quadrille pour lui parler plus librement.

Ce moment est arrivé enfin. Je suis près de ma dame; chaque cavalier s'occupe de la sienne: heureux moment! et quelle belle invention que la danse!

Il faut mettre le temps à profit; je dis à cette dame que son mari a bien voulu m'engager à aller chez lui. Elle sourit et ne me répond rien; je ne puis pas me contenter de cela.

— Serais-je assez heureux, madame, pour que vous daigniez ratifier l'invitation que j'ai reçue?

— Tout ce que mon mari fait est bien, monsieur... et je ne puis que l'approuver.

Cette réponse est polie; mais c'est tout. On dirait que cette dame est préoccupée... C'est toujours peu flatteur lorsque la personne à qui nous parlons semble distraite; et quand cette personne est une femme dont nous sommes amoureux, c'est bien plus mortifiant. J'allais faire une déclaration d'amour... mais elle reste sur le bord de mes lèvres... Cette jolie dame ne serait-elle qu'une coquette qui s'est amusée à mes dépens?... Allons! j'oublie déjà tout ce qu'elle a fait pour moi ce soir... l'amour-propre blessé nous rend bien injuste. Attendons, n'allons pas si vite, ni dans nos jugements, ni dans notre amour.

La danse finit; déjà beaucoup de personnes se disposent à partir. Madame Sordeville rejoint son amie qui paraît aussi se disposer à se retirer. Que ferais-je encore dans ce bal... j'ai la permission de me présenter chez la charmante Armantine c'est tout ce que je pouvais désirer cette nuit.

Je pars. En passant devant la salle où se célèbre la noce Bocal, j'entends encore beaucoup de bruit... est-ce de la joie ou des querelles?... Ma foi, que Balloquet s'arrange, je vais me coucher.

Un chenapan.

Le lendemain de cette journée et de cette nuit que j'ai si bien employée, il est plus de midi quand je m'éveille. Je repasse dans ma mémoire les événements de la veille. Lorsqu'on a fait tant de choses et entendu autant d'histoires, il est bien permis de s'embrouiller un peu.

La jolie figure de madame Sordeville me revient bien vite à l'esprit. Maintenant que je n'ai plus l'illusion, l'entourage du bal, les sons de la musique pour me monter la tête, je cherche à deviner quelle espèce de femme ce peut être, et s'il y a espoir de réussir en lui faisant la cour.

Elle est jolie, bien faite, gracieuse, aimable, spirituelle même... du moins elle possède cet esprit qui donne du saillant à une conversation... je ne saurais dire encore s'il y a un grand fonds là-dessous. De ce côté-là, les femmes trompent beaucoup plus que les hommes; personne mieux qu'elles ne jette de la poudre aux yeux. Trop souvent, ce flux de paroles et de saillies n'est qu'une crème fouettée qui ne saurait tenir à l'épreuve du temps.

Madame Sordeville est nécessairement coquette... On a souvent dit que toutes les femmes le sont; mais il y a des nuances, des gradations: il y a de ces coquettes aimables qui donnent du piquant à l'amour; il y en a d'autres qui ne laissent pas un moment de repos, de calme à un amant; et franchement, c'est une triste connaissance que celle d'une femme qui se plaît à nous tourmenter... mais je n'en suis pas là!... Cette dame ne sera peut-être jamais rien pour moi... son mari paraît cependant fort peu jaloux!...

Les historiettes qui ont été contées hier à notre dîner d'hommes me reviennent à la mémoire; il y en a une surtout qui m'avait vivement impressionné, et je m'étonne d'avoir si longtemps perdu le souvenir de cette jeune fille de Sceaux... cette pauvre Mignonne, avec laquelle ce Fouvenard s'est conduit si indignement. Ce n'était pas assez de l'abandonner après l'avoir rendue mère... la jeter malgré elle dans les bras d'un autre... C'est une horreur que ce trait-là... oh punit des hommes qui n'en ont pas fait autant que ce Fouvenard... et tout cela parce qu'elle l'aimait!... Malheureuse fille... et elle est sur le point d'être mère... Il faut absolument que je la voie... que je tâche d'adoucir ses souffrances... elle est peut-être dans la plus profonde misère!... Il nous a dit, je crois, rue Ménilmontant, 80. J'irai... mais j'espère encore que ce monsieur nous a menti, que cette Mignonne n'existe pas... tout cela serait trop odieux si cela était vrai.

J'ai sonné mon domestique. Il entre. C'est un garçon assez simple, mais que je crois fidèle; cette qualité étant la plus rare dans toutes les positions sociales, je garde Pomponne à mon service, quoiqu'il me fasse bien souvent des gaucheries et des maladresses, et qu'il soit d'une curiosité pour laquelle je suis souvent obligé de le gronder.

Pomponne me donne tout ce qu'il me faut pour m'habiller; mais tout en tournant autour de moi, je remarque un redoublement dans son air bête, ce qui m'annonce toujours qu'il a quelque chose à me dire et ne sait comment s'y prendre. Alors, il faut que ce soit moi qui aille au-devant de la nouvelle.

— Est-ce que tu as fait quelque sottise depuis hier, Pomponne?

— Moi, monsieur, pourquoi donc cela... vous ne m'aviez pas commandé d'en faire!

— Mais ordinairement tu n'attends pas ma permission pour cela... Tu n'as pas de lettres pour moi?

— Non, monsieur.

— Il ne m'est pas venu de visites pendant que je dormais?...

— Des visites...

— Oui, des visites...

— Je ne crois pas, monsieur...

— Tu ne crois pas? tu n'en es donc pas sûr?

— Oh! si fait... j'en suis sûr...

— Que diable alors as-tu donc ce matin pour paraître encore plus bête qu'à ton ordinaire?...

— Il me semble pourtant que je suis comme de coutume...

— Voyons, coiffe-moi, et dépêchons... il est tard...

Vous saurez que M. Pomponne coiffe très-bien; ceci et sa fidélité en font, vous le voyez, un sujet assez distingué. Il avait étudié quelque temps pour être coiffeur; il a quitté, m'a-t-il dit, parce qu'ayant beaucoup de cheveux, on se servait continuellement de sa tête pour faire faire des études de crêpés aux commençants et que cela devenait fatiguant pour son cuir chevelu.

— Et les amours, Pomponne, comment vont-elles?

Mon domestique rougit; vous voyez que ce n'est point un libertin.

— Oh! monsieur... je n'ai pas d'amours, moi!

— Ah! tu veux donc faire le discret avec moi... et la bonne de ce vieux monsieur en face, vous ne la courtisiez pas, mauvais sujet!

— Oh! monsieur... je riais un peu avec elle... histoire de plaisanter, voilà tout...

— On sait bien pourquoi on rit avec les bonnes...

— Du reste, je crois que je vais la perdre... cette pauvre mademoiselle Rosalie!...

— Est-ce qu'elle est malade?

— Non, monsieur... mais je veux dire qu'elle va probablement quitter la maison... Elle renvoie son maître.

— Comment, elle renvoie son maître... tu veux dire que son maître la renvoie, sans doute...

— Non, monsieur, je vous assure qu'elle m'a dit : « Je ne veux plus de mon maître... je lui donne son compte... » Elle a même ajouté : « Je lui dis *z'ut!* »

— Diable! il me paraît que mademoiselle Rosalie a un langage assez décolleté!... et pourquoi quitte-t-elle son maître... elle était pourtant chez un homme riche et veuf... c'est une bonne condition cela, surtout pour cela, surtout pour une demoiselle qui dit *z'ut!*

— Il paraîtrait, monsieur, que son maître ne veut pas la payer...

— Allons donc! ce n'est pas possible!... mon vieux voisin est connu pour payer fort bien et n'avoir point de dettes!

— Permettez, monsieur... ils ont eu une discussion... C'est qu'il faut vous dire que mademoiselle Rosalie a une drôle d'habitude... elle se fait tout payer à part...

— Je ne comprends pas. Elle n'a donc point de gages?

— Si, monsieur! elle a cent écus de fixe.

— Eh bien!

— Eh bien! c'est égal. Quand elle fait une commission... quand son maître l'envoie, par exemple, porter une lettre chez un de ses amis... ou ailleurs, eh bien, c'est quinze sous... elle compte quinze sous de commission. Quand on lui fait laver les carreaux des fenêtres, c'est vingt sous. Quand elle frotte, c'est vingt-cinq sous... vous comprenez?

— Parfaitement. Alors c'est comme si ce monsieur n'avait pas de domestique : c'est très-agréable!

— Elle appelle cela mettre les maîtres sur un bon pied...

— Essaye donc de me mettre sur ce pied-là... je te chasse aussitôt.

— Il paraît pourtant que le maître de Rosalie ne disait trop rien sur tout ça; mais, l'autre soir, comme il lui avait fait bassiner son lit et que le lendemain elle lui a compté douze sous pour cela, il paraît que c'est ce qui l'a fâché... Moi, je lui ai dit : Il me semble cependant, mam'selle, que vous pouviez bien bassiner le lit de votre bourgeois pour rien! mais elle s'est écriée : Le plus souvent! il en prendrait l'habitude!

— Peste! c'est une bonne qui fera ses affaires...

— Elle les fait, monsieur... elle m'a dit qu'elle portait tous les mois trente-six francs à la caisse d'épargne!

— Et elle n'en gagne que vingt-cinq de gages!... c'est une fille qui a bien de l'économie.

Tout en causant avec Pomponne, je sens comme une odeur qui ne règne jamais chez moi

— Pomponne! dis-je tout d'un coup, est-ce que tu as fumé ce matin?...

— Moi, monsieur, vous savez bien que je ne fume jamais...

— Cependant, cela sent le tabac ici... pas le cigare... cela sent la pipe, le mauvais tabac même...

Mon domestique sourit d'un air qu'il veut rendre fin, et se penche vers moi en me disant à demi-voix :

— Je sais ce que c'est... c'est l'autre...

— Quel autre?...

— Le particulier qui attend là-bas... dans l'antichambre...

— Comment, il y a là quelqu'un qui m'attend et tu ne me le disais pas...

— Oh! c'est que... il a dit qu'il n'était pas pressé!...

— Et tu me dis qu'il n'est pas venu de visites...

— C'est pas une visite! Je vous ai entendu dire une fois : Quand cette personne-là reviendra me demander, si j'ai du monde, appelle-moi sur-le-champ, ne la fais pas entrer...

Je tremble de deviner qui est là, et je balbutie :

— Est-ce que ce serait...

— Oui, monsieur... c'est le particulier qui se nomme Ballangier... qui est si sans façon... qui se met si à son aise ici... qui agit comme s'il était chez lui...

J'ai senti un poids se placer sur ma poitrine. En un moment toutes mes pensées riantes se sont évanouies. Un sentiment de tristesse les remplace. Le nom... la présence de Ballangier produisent toujours cet effet-là sur moi.

— Y a-t-il longtemps que... ce monsieur est là?...

— Ma foi, monsieur, il y avait déjà au moins trois quarts d'heure quand vous m'avez sonné.

— Tu ne lui avais donc pas dit que j'étais allé au bal, que je pourrais dormir fort tard...

— Si, monsieur... j'avais dit tout ça. Mais il m'a répondu en s'asseyant : Ça m'est... attendez donc... comment a-t-il dit... ah! ça m'est *synagogue!*... J'ai du temps de reste... et puis il a allumé une pipe qu'il a tirée de sa poche; j'ai eu beau lui dire : On ne fume pas ici... mon maître n'aime pas cette odeur-là... il m'a alors répondu en criant : Moi je fume partout... d'ailleurs vous ouvrirez les fenêtres et vous brûlerez de la *castonnade!*...

— Faites entrer... ce monsieur... et laissez-nous. Et s'il me venait du monde tant qu'il sera ici... songez, Pomponne, que je n'y suis pour personne...

— Oui, monsieur... comme à l'ordinaire.

Mon domestique sort, et presque aussitôt celui qui attendait entre dans ma chambre.

Ballangier a trente-quatre ans; il en paraît davantage, parce que depuis longtemps il a abusé de tout : les excès, la débauche font vieillir avant le temps.

Figurez-vous un homme d'une taille assez élevée et qui serait bien fait s'il n'avait pas déjà contracté l'habitude de se tenir voûté. Une figure fine et régulière, un nez aquilin, petite bouche en cœur et des yeux très-noirs surmontés d'épais sourcils; beaucoup de cheveux qui ont été noirs aussi, mais qui sont déjà devenus gris. Tout cela formerait un ensemble agréable, si cela n'était pas gâté par un air profondément canaille. Un regard impudent ou hébété par l'ivresse, et des manières souvent brutales; de plus, un costume toujours sale, quelquefois déguenillé, et une démarche de tambour. Voilà ce qui peut vous donner une idée du personnage.

Aujourd'hui il porte une redingote brune qui n'est ni trouée ni déchirée. Il ne manque que deux boutons par-devant; mais elle a des taches de tous les côtés. Son pantalon noir est horriblement crotté, ainsi que sa chaussure. Quant à son linge, on ne lui en voit pas. Un mauvais col noir entoure son cou, et il tient à sa mai chapeau rond qui a l'air d'avoir reçu bien des renfoncements.

En entrant dans ma chambre, Ballangier a ôté sa pipe de sa bouche. Il s'avance en se dandinant sur ses hanches, me salue de la tête en souriant, et va s'étaler dans un fauteuil, en disant :

— C'est moi... comment ça va-t-il, Charles?

— Bien, je vous remercie...

— Il paraît que tu as fait un peu la noce hier, et tu *pionçais* 'Terme ce matin. T'as raison de t'amuser... c'est si bon de nocer!... je voudrais ne faire que ça, moi!...

— Mais il me semble que jusqu'à présent vous n'avez guère fait autre chose...

— Ah! ouiche... des navets!... pour bambochiner il faut de ce scélérat de *cuibus*... Tout est si cher aujourd'hui!... Ces gredins de marchands de vins et de gargotiers ne veulent plus faire crédit!

— Ils ont raison.

— Pourquoi donc ça qu'ils ont raison?

— Parce que déjà plusieurs fois vous avez fait des dettes qui n'auraient jamais été payées si je ne les avais pas soldées, moi.

— Qui est-ce qui dit que je n'aurais pas payé mes dettes? mais on donne le temps aux gens! Pourquoi sont-ils si pressés?...

— Ballangier, vous me faites pitié! est-ce à moi que vous devriez tenir de semblables discours?...

— Eh bien, quoi donc!... est-ce que je ne peux pas parler, à présent?...

— Vous pourriez vous dispenser de me mentir, à moi... qui vous connais trop bien!... et qui sais quelle est votre conduite... Quand un homme qui ne possède aucun revenu veut faire honneur à ses engagements, il se dit : Je travaillerai pour gagner de l'argent; car je vous l'ai répété assez souvent, il n'y a pas d'autres moyens pour se faire une position honnête dans le monde. Vous ne voulez pas comprendre que tout le monde travaille ici-bas, depuis les plus petits jusqu'aux plus grands, depuis les plus modestes employés jusqu'aux plus hauts fonctionnaires, depuis l'ouvrier jusqu'à l'artiste... Ces riches mêmes dont vous enviez le sort... car les paresseux, les gens qui ne font rien, envient naturellement le sort des riches; eh bien, ceux qui ont de la fortune doivent s'occuper de la faire valoir, de la diriger, de surveiller la conduite de tous ceux qu'ils emploient... de mettre de l'ordre dans leur dépense, et s'ils veulent conserver leur fortune, croyez bien qu'ils ne passent point toute leur vie à s'amuser.

Ballangier se dandine dans son fauteuil, secoue les cendres de sa pipe, et me regarde d'un air goguenard, en s'écriant:

— Est-ce que tu as travaillé, toi... qui fais de si belle morale... Dans quoi que t'es employé... je ne le connais pas ton état... je ne le crois pas fatigant.

Je ne suis pas maître d'un mouvement d'indignation, car l'ingratitude de cet homme me révolte; il me doit tout!... mais je me calme bientôt; il y a un souvenir devant lequel s'évanouit ma colère, et je lui réponds fort tranquillement :

— D'abord, j'avais le droit de ne point prendre un état, puisque mon père m'avait laissé quinze mille francs de rente...

— Je ne te dis pas que tu as mal fait... je ne te blâme pas, cher ami; mais alors je n'avais donc pas si tort tout à l'heure.

— Permettez... Veuillez m'écouter. Quoique ayant de la fortune, j'ai d'abord commencé à faire mon droit pour être avocat. Quelque temps après, adorant les arts, j'étudiai tour à tour la musique, la peinture, la sculpture... puis je fis des vers, j'écrivis un poëme... mauvais, c'est possible, mais auquel je ne consacrai pas moins mes veilles. Vous voyez donc bien que j'ai fait quelque chose; et si je perdais maintenant ce qui me reste de fortune, avec le peu de talents que j'ai acquis, je pourrais encore vivre honorablement et sans avoir recours à personne. En est-il de même de vous qui ne possédez rien, qui n'avez dans l'avenir aucune espérance, et qui pourtant n'avez jamais voulu rien faire, rien apprendre?... qui, au lieu de vous tenir dans la sphère où vous étiez né, vous êtes jeté dans un monde vicieux, avez pris les goûts, les habitudes, les manières de ces gens que repousse toute société honnête!...

— De quoi!... de quoi! je suis ébéniste! est-ce que c'est pas un état propre... On croirait, à t'entendre, que je travaille la nuit... dans les tinettes!

— Eh monsieur! je ne méprise aucun état!... J'estime tout homme qui se conduit avec honneur. L'ouvrier, l'artisan, le laboureur, tous ont des droits à mon estime, à ma considération, quand ils sont probes et honnêtes... Je vous le répète, il n'y a point de sot état; ce sont les gens vicieux, les fainéants, les paresseux, les débauchés, qui, n'importe dans quelle classe ils se trouvent, doivent être pour nous des objets de honte et de mépris. Vous vous dites ouvrier, mais vous mentez. Vous n'êtes rien, pas plus ébéniste qu'autre chose, parce que vous ne voulez rien faire, parce que le travail vous déplaît, vous ennuie... parce que vous avez pris l'habitude de passer votre temps dans les estaminets, chez les marchands de vin... ou dans des repaires de débauches... où vous vous êtes lié avec ces misérables qui sont le rebut de la société... Et c'est à trente-quatre ans que vous vous conduisez ainsi. Ah! je le vois bien!... vous êtes incorrigible!...

Ballangier jette avec colère sa pipe sur le parquet en s'écriant :

Ballangier jette avec colère sa pipe sur le parquet en s'écriant : — Ah! sacré nom, tu m embêtes à la fin! Page 33.

— Ah! sacré nom, tu m'embêtes à la fin!... et si je suis incorrigible, je ne vois pas trop pourquoi tu me fais ce sermon-là!...

— J'ai le droit de vous le faire... Si vous aviez suivi mes conseils, écouté mes prières, vous n'en seriez pas maintenant où je vous vois. Et d'ailleurs, si mes sermons vous ennuient, pourquoi venez-vous chez moi... je vous l'avais défendu. Est-ce que je ne vous fais point remettre régulièrement tous les trois mois la pension que je veux bien vous faire, quoique je n'y sois nullement obligé, vous le savez... Il n'y a que quinze jours que j'ai été moi-même remettre votre trimestre à votre portier...

— Justement, voilà ce que je ne veux pas!... il m'en a gardé la moitié, le cancre...

— Gardé... vous disiez vous-même que c'était un honnête homme... et il aurait gardé de l'argent à vous...

— Il a prétendu que je lui devais des avances... de la charcuterie... des ports de lettres... des bêtises!

— Si vous lui deviez, il fallait bien le payer...

— Je l'aurais payé plus tard, il n'avait pas le droit de se payer par ses mains... Oh! mais! on connait les lois... pas vrai... Tu dois savoir cela, toi qui as étudié l'avocasserie...

— Enfin, que me voulez-vous aujourd'hui... pourquoi êtes-vous venu ici?

— Je voulais te dire que je vais déménager!... je ne reste pas dans une maison où les portiers ne sont pas délicats!... Dis donc, tu n'as pas un petit verre de la moindre des choses à m'offrir... je suis sorti à jeun, ce matin... j'ai fait beaucoup de courses et ça creuse... Voyons, Charlot, sois gentil!... Ne faisons pas la mine à Fanfinet!... Tu sais bien que suis un ami!...

Je ne réponds rien, mais j'ouvre une armoire dans laquelle sont quelques bouteilles de liqueurs. J'en prends une et un petit verre, que je pose devant Ballangier. Il court aussitôt à la bouteille et il se verse à plein bord, en me disant :

— Tu ne trinques pas avec moi?

— Non... je ne bois jamais de liqueurs le matin.

— A ton aise; il ne faut pas gêner les tempéraments. Tu es délicat, toi; moi, je boirais une chope de rhum sans sourciller... C'est de l'anisette, ceci... c'est de la liqueur de femmes!... c'est doux comme un mouton... C'est égal, c'est pas mauvais.

— Que faites-vous, maintenant, Ballangier? travaillez-vous quelque part?... Voyons, parlez-moi donc franchement.

— Je vas te dire ce qui en est. Est-ce que j'ai quelque chose de caché pour toi? Je dépose toujours mes peines dans ton sein...

— Pourquoi êtes-vous venu aujourd'hui?

— Je vas te conter la circonstance... Mais est-ce que tu n'aurais pas quelque chose de plus roide à me donner?... Ton anisette ça m'écœure... Dis-moi où c'est, ne te dérange pas...

— Je n'ai pas autre chose à vous donner... je ne veux pas d'ailleurs vous donner autre chose. Si je vous écoutais, vous viendriez vous griser ici... C'est déjà trop que vous vous soyez permis d'y fumer... Vous savez bien cependant que cela me déplaît.

— On fume dans les meilleures sociétés!

— Finissons-en, monsieur... pourquoi êtes-vous venu chez moi malgré ma défense...

— Oh! monsieur... ce ton!... nous sommes de bien mauvaise humeur aujourd'hui, monseigneur!... heureusement que je suis bon cheval de trompette!...

Je m'efforce de calmer mon irritation; je me place devant ma glace et j'arrange ma cravate, puis j'achève de m'habiller. M. Ballangier, voyant que je ne fais plus attention à lui, se verse un autre verre d'anisette; puis, essayant de prendre un ton piteux, murmure :

— Je sais bien que je ne vaux pas grand'chose... que j'ai fait souvent des sottises... C'est vrai!... mais enfin! il faut que jeunesse se passe... la mienne est un peu longue... à qui la faute?... Et ce n'est pas au moment où je veux me corriger, me ranger... devenir raisonnable, enfin, qu'on doit me traiter comme un chien!

Ballangier s'arrête et me regarde. Je ne souffle pas mot, il reprend :

— Oui, cette fois, j'ai réfléchi sérieusement... Comme tu le disais tout à l'heure, je ne suis plus tout jeune, il faut que je songe à mon avenir, et il se présente une entreprise... une affaire qui me chausserait joliment... Je t'ai déjà parlé de Morillot... un bon garçon qui est dans la partie de l'ébénisterie; c'est pas un mauvais sujet... c'est un travailleur, et je conviens que si je l'avais écouté... je serais plus calé que je ne le suis... Or, Morillot s'est retiré à Besançon, sa patrie... Il m'avait toujours dit : Quand j'aurai une place pour toi, je t'écrirai et tu viendras... Eh bien! il vient de m'écrire... et il me dit que si je veux venir, il a mon affaire, et que si je suis sage, je pourrai bientôt m'établir à Besançon... C'est pour te dire cela que je suis venu.

J'ai écouté Ballangier sans l'interrompre. Je ne sais si je dois le croire, il m'a si souvent trompé; lire dans sa physionomie n'est pas facile, il prend toutes les mines qu'il veut; il pleure même quand il croit que cela peut servir ses projets.

— Si, en effet, ce Morillot vous a fait cette proposition, pourquoi ne partez-vous pas? dis-je enfin.

— Ah! tu es bon, toi!... C'est facile à dire!... mais je ne peux pas aller à Besançon vêtu comme me voilà, tout en amadou... cela donnerait tout de suite mauvaise opinion de moi... Quand on n'a pas une *pelure* un peu propre... tu sais comme le monde est bête... Ensuite, le voyage; et puis, je ne vais pas être payé tout de suite en arrivant... Bref, je n'ai pas le sou... puisque ce manant de portier m'a retenu presque tout ce que tu lui avais remis pour moi... D'autant plus que cinquante francs par mois!... c'est pas gras!... on ne va pas loin avec ça!...

— Avec cela, on peut vivre, et si vous vouliez travailler, vous ne manqueriez de rien. Combien de pauvres femmes qui passent leur journée à coudre... qui veillent encore une partie de la nuit, pour ajouter quelques sous à leur journée, ne gagnent cependant point cette somme qui vous semble trop modique! Mais oubliez-vous tout ce que j'ai fait pour vous... j'ai essayé tous les moyens pour vous ramener à une conduite honnête... Plus je vous donnais d'argent, plus vous en dépensiez dans ces bouges infects où vous passez votre vie... Je me suis lassé, enfin, de nourrir vos vices... et je fais encore trop pour vous.

— Allons!... allons!... calmons-nous!... c'est pas la peine de parler du passé. Ce qui est fini, est brossé!... Aujourd'hui, pour remonter ma garde-robe, pour payer mon voyage... et les faux frais... pour avoir là-bas de quoi attendre le prix de ce que je ferai... il me faudrait... dame, il me faudrait bien... quatre cents francs... Oh! je sais bien que c'est une dent à arracher... et que je te coûte déjà beaucoup d'argent... Mais cette fois, ce serait la dernière... et tu n'entendrais plus parler de moi.. Je me fixerais à Besançon; on dit que la Franche-Comté est un bon pays. D'ailleurs, moi, je vis bien partout.

Je réfléchis; Ballangier me regarde avec une espèce d'inquiétude. Cet homme m'a si souvent menti que je n'ose ajouter foi à ses paroles.

— Qui me prouvera la vérité de ce que vous venez de me dire?...

— Oh! je me doutais bien que tu ne te fierais pas à mes paroles, mais on a des preuves de la chose.

Et Ballangier, fouillant à sa poche d'un air triomphant, en tire une lettre qu'il me présente. Elle vient de Besançon, elle est signée Morillot, et contient en effet ce qu'il m'a dit. J'ai déjà donné de l'argent à cet homme, mais si je pouvais enfin être débarrassé de lui, ne plus craindre à chaque instant de le rencontrer dans Paris... cet espoir me décide.

J'ouvre mon secrétaire, j'y prends en or les quatre cents francs que Ballangier me demande, et je les lui remets, en lui disant :

— Tenez... puissiez-vous enfin faire un bon usage de l'argent que je vous donne!

Ballangier devient pourpre de plaisir en recevant les pièces d'or; il fait un mouvement comme pour me sauter au cou, mais je fais un pas en arrière, et il s'arrête en s'écriant :

— C'est juste!... je ne suis pas digne... mais ce sera pour une autre fois... Je veux devenir un modèle de sagesse... enfin... sacrebleu... je veux que tu sois content de moi... J'y mettrai de l'amour-propre!... Au revoir, Charlot... non, je veux dire adieu, tu aime mieux ça, et tu as raison.

Il ne m'en dit pas davantage... Il part lestement. Et moi, je respire plus à mon aise lorsqu'il n'est plus là.

Madame Landernoy.

J'ai besoin de me distraire pour oublier la visite que je viens de recevoir. Allons à la recherche de la jeune fille de Sceaux.

Ma toilette est finie. Pomponne, s'apercevant que je m'apprête à sortir, se place devant moi comme un soldat qui attend sa consigne et me dit :

— Monsieur sort?

— Comme tu vois.

— Monsieur n'a pas d'ordres à me donner?...

— Aucun.

— Monsieur rentrera-t-il dîner?

— Ah çà! monsieur Pomponne, est-ce que vous devenez entièrement imbécile?

— Je ne crois pas, monsieur!

— Alors, pourquoi me faites-vous cette question? vous savez bien que je ne dîne jamais chez moi, puisque je mange habituellement à une table d'hôte.

— C'est vrai, monsieur; mais cependant, quelquefois vous dînez chez vous... quand vous recevez du monde, par exemple... eh! eh!

M. Pomponne croit devoir ricaner et prendre un air malin; car vous saurez que je ne dîne chez moi que lorsque j'y traite une dame qui craindrait de se compromettre en entrant chez un traiteur. Nous avons des dames qui ne veulent pas aller chez les restaurateurs, et qui vont parfaitement chez un monsieur. Je suis loin de les blâmer, chacun agit comme il lui plaît.

Mais il y a très-longtemps que je n'ai traité chez moi, mes dernières connaissances n'ayant eu aucune répugnance pour les restaurants. Je me contente donc de répondre à Pomponne qu'il n'est qu'une buse et je sors.

De la rue Bleue où je demeure, jusqu'à la rue Ménilmontant, il y a fort loin, mais l'air et la marche me feront du bien. Je pense à ma charmante valseuse, l'image de la séduisante Armantine revient sans cesse à ma pensée, et lorsque sur mon chemin je vois une dame qui a sa taille, sa tournure, je double le pas pour l'attendre et m'assurer si c'est elle. J'en suis toujours pour mes pas redoublés, ce qui ne m'empêche point de recommencer au bout de quelques minutes. J'ai remarqué que l'amour donnait toujours autant d'occupation aux jambes qu'à l'esprit.

Mes idées amoureuses se calment un peu en arrivant à la hauteur de la rue Ménilmontant, rue qui, par parenthèse, peut bien passer pour un faubourg. Dans ce quartier, je ne rencontre plus de dames qui aient la tournure d'Armantine... Je me dis : Armantine, c'est un peu libre en parlant de quelqu'un que je ne connais que d'hier, et qui ne m'a donné aucun droit à cette intimité. Mais lorsqu'il se parle à lui-même, un amoureux n'est-il pas libre de donner les noms les plus tendres à l'objet de son culte, de le tutoyer même dans le délire de ses illusions? Cela ne fait de mal à personne, et cela nous fait tant de plaisir. On l'a dit souvent et toujours avec raison : Les hommes sont de grands enfants qui caressent sans cesse un jouet. Pour les uns, c'est l'ambition, les honneurs; pour les autres, la fortune; pour quelques-uns, c'est la paix, le repos, mais pour le plus grand nombre, c'est l'amour. A ces derniers, l'image de la femme aimée est la pensée incessante qui dirige toutes leurs actions.

Le numéro que Fouvenard a indiqué est assez avant dans la rue où je suis entré. Je ne suis plus fort loin de la barrière. Par ici, on se croirait déjà à la campagne. Je présume que les logements ne doivent pas y être très-chers. Ah! voilà le numéro que je cherchais. C'est une fort grande maison. Au moment d'entrer, je commence à me demander ce que je vais dire à cette jeune fille que je ne connais pas, et quel sera le prétexte de ma visite. Sachons d'abord si elle demeure bien là. Je trouve une portière presque entièrement cachée sous deux chats et un chien qui se sont établis sur son individu, et lui masquent le visage, ne laissant voir que le bout de son nez. Je demande mademoiselle Mignonne.

La portière parvient à se faire jour à travers ses chats et me répond :

— Mademoiselle Mignonne... connais pas...

— Vous ne la connaissez pas...

— Ma foi non... qu'est-ce qu'elle fait?

— Ce qu'elle fait... mais elle travaille... elle coud, elle brode, je crois.

— Nous n'avons pas cela dans la maison, monsieur.

Ce Fouvenard nous a trompés, sa Mignonne est une création de son imagination... J'en étais sûr; j'aime bien mieux qu'il nous ait menti, que de savoir que cette pauvre fille existe en effet. Je suis déjà sorti de la maison, mais à quelques pas je m'arrête; je me rappelle que cette jeune fille portait aussi un autre nom, celui de sa famille; peut-être est-ce sous ce nom-là qu'elle a loué un logement à Paris. Je retourne sur mes pas; je retrouve la portière mêlée avec ses animaux, et je lui dis :

— La personne que je cherche s'appelle aussi Landernoy, car Mignonne n'est que son petit nom de fille...

— Ah! Landernoy... c'est bien différent; si vous aviez demandé ce nom-là tout de suite, vous n'auriez pas eu la peine de revenir!...

— Vous la connaissez donc?...

— Pardi, certainement, puisqu'elle reste dans la maison... mam'selle Landernoy... c'est-à-dire madame, parce que, voyez-vous, on l'appelle madame à présent... c'est plus convenable, vu sa position... Je ne sais si vous comprenez ce que je veux dire?

— Oui... oui... très-bien... et, en effet, j'aurais dû dire madame...

— Oh! ce n'est pas que... nous savons bien nous autres qu'elle n'a été qu'à la mairie du treizième!... Enfin! que voulez-vous! c'est encore une pauvre jeunesse qui a glissé!... mais c'est pas une raison pour lui jeter la pierre. Le bon Dieu a dit qu'il ne fallait jeter la pierre à personne... et surtout aux pauvres femmes qui ont eu des faiblesses, n'est-ce pas, monsieur?

Les paroles que vient de prononcer la portière me font lui pardonner ses chats, et je lui serrerais volontiers la main si je ne craignais d'être griffé.

— Madame, dis-je, vous avez des sentiments qui vous font honneur.

— Dame, je dis ce que je pense, v'là tout. Ensuite cette jeune femme a l'air si malheureux... Ce n'est pas qu'elle se plaigne au moins!... oh! non, elle est fière dans sa pauvreté!... Mais d'abord elle ne peut pas être contente, puisque son séducteur l'a entièrement abandonnée... du moins, je le présume, car il ne lui vient plus personne... pas un chat... ah! excepté les miens pourtant, qui vont quelquefois lui dire bonjour. Ensuite, elle occupait en entrant dans cette maison une chambre bien modeste au cinquième; eh bien, elle a quitté sa chambre pour en prendre une autre... tout à fait sous le toit... où la fenêtre est une tabatière... où il n'y a pas de cheminée... enfin, ça ne peut guère s'appeler une chambre... c'est tout au plus un cabinet. Mais, dame!... ça ne coûte que soixante-dix francs de loyer, et la chambre coûtait presque le double; et quand on n'a pour vivre que son travail... et une femme gagne si peu... et sur le point d'être mère avec ça!... Eh bien, c'est égal, comme je vous le disais, elle ne se plaint pas; elle fait la layette de son enfant... Quand j'entre chez elle, lui dire bonjour, elle me montre toujours soit un petit bonnet, soit une petite chemise, en me disant :

— Voyez-vous... ce sera pour lui... et elle sourit alors... Pauvre femme, elle ne sourit que quand elle parle de son enfant!...

— Mais de quoi donc vit-elle alors cette jeune fille?

— Oh! elle travaille, elle fait du linge... elle coud fort bien; et puis elle a tout plein de goût pour attifer les bonnets, les coiffures; je suis certaine que si elle l'avait voulu, elle aurait pu garder son premier logement; mais elle se sera dit: Je vais être mère, il faut que j'économise, que je mette quelque argent de côté pour être en mesure quand viendra l'enfant. Aussi, je vous dis qu'elle lui fait une layette tout à fait gentille... je suis sûre qu'il y a déjà une douzaine de petits béguins...

Je me sens tout ému par ce que je viens d'entendre. Je me fais indiquer l'escalier qui conduit chez Mignonne, mais la portière me dit :

— Est-ce que vous venez pour lui commander de l'ouvrage, à cette pauvre femme?...

— Oui... c'est mon intention.

— C'est que je vas vous dire, monsieur; depuis qu'elle ne reçoit plus la visite de son... amant... un barbu que je ne trouvais pas bien beau, madame Landernoy... vous savez, nous disons madame...

eh bien, elle est devenue très-sauvage, on dirait même qu'elle a peur. Elle m'a dit : S'il venait des messieurs pour me parler, vous aurez la bonté de dire toujours que je n'y suis pas... que je suis sortie; vous ne les laisserez pas monter... Comme il n'en est pas venu un seul depuis longtemps, j'ai pas eu la peine de rien dire... mais à présent, voilà que je pense à sa consigne... et pourtant, si c'est de l'ouvrage que vous voulez lui procurer... ça ne peut pas lui faire de peine.

— Rassurez-vous, madame, loin de faire de la peine à votre intéressante locataire, mon seul désir, au contraire, est de pouvoir lui être utile.

— En ce cas, montez... tout en haut, tant que vous trouverez des marches; et puis la porte en face de vous. D'ailleurs, il n'y a que madame Landernoy qu'on trouve là-haut dans la journée; les deux autres cabinets appartiennent à des bonnes de la maison qui ne montent que le soir pour se coucher.

Je comprends pourquoi cette jeune fille ne veut point recevoir d'homme. Après l'attentat dont elle a été victime, elle aura conservé contre eux un sentiment d'aversion, elle doit les voir tous avec défiance; je ne serai pas bien reçu alors, et que vais-je dire?... je n'en sais rien... mais, tant pis! je suis décidé à voir Mignonne et à braver même sa colère.

Je monte l'escalier, qui, d'abord assez large, devient fort étroit au cinquième étage. Arrivé là, je m'arrête pour reprendre haleine; devant moi est une espèce d'escalier de meunier... c'est par là qu'on arrive aux greniers que beaucoup de propriétaires osent appeler des chambres... Je sais bien que *Béranger* a dit :

Dans un grenier qu'on est bien à vingt ans!...

Oui, on peut y être bien pour faire l'amour! mais on doit y être fort mal quand l'amour nous y abandonne! Montons.

Me voici dans un petit couloir bas, étroit et obscur; cependant je distingue une porte devant moi... c'est là qu'elle demeure. Le cœur me bat comme si j'allais commettre une mauvaise action... Pourquoi donc sommes-nous émus pour faire le bien, comme pour faire le mal... J'aime à croire au moins que la sensation est différente.

Je m'approche, je vais frapper, lorsque j'entends parler... écoutons :

— Oui... tu seras bien entortillé avec cela, cher enfant... encore une petite brassière... ça lui en fait six... Oh! c'est que je ne veux pas que tu manques de rien, toi... tu seras ma compagnie... ma petite société... tu ne me quitteras jamais... je ne serai plus seule alors, je serai bien heureuse... je t'embrasserai tant que je voudrai... toute la journée... car c'est moi qui te nourrirai... Il y a des gens qui ont l'air de me plaindre parce que je vais être mère!... Ah! ils ne comprennent pas toutes les jouissances, toutes les espérances qui se rattachent à ce titre... mais, sans mon enfant, je serais morte... Oh! oui, j'aurais voulu mourir... Si c'est une fille, je l'appellerai Marie... ma mère se nommait comme cela... Si c'est un garçon... je... je ne sais pas encore...

Édouard... c'est gentil... ou bien Léon... Oh! mais, pas Ernest surtout!... oh! quel affreux nom!...

Ces derniers mots ont été prononcés d'une voix altérée, puis je n'entends plus rien. Je frappe deux petits coups contre la porte. On s'écrie:

— Qui est là?... est-ce vous, madame Potrelle? Attendez... je vais ouvrir.

On a ouvert. C'est bien Mignonne, telle qu'il nous l'a dépeinte... c'est la jeune fille blonde et blanche, aux yeux bleus doux et tendres; mais la bouche n'est plus rosée, le teint n'est plus fleuri; les chagrins, les veilles, dans un état de grossesse déjà avancé, ont flétri, pâli, maigri ce jeune visage, sur lequel une expression de tristesse est maintenant habituelle.

Mignonne est restée comme saisie d'étonnement à mon aspect. J'ai ôté mon chapeau, je la salue avec respect; je voudrais bien lui inspirer de la confiance; mais comme je ne sais que lui dire, et qu'elle-même semble attendre que je parle, nous restons ainsi quelques minutes à nous regarder sans rien dire.

— Monsieur... vous vous trompez sans doute... balbutie enfin Mignonne d'une voix émue. Ce n'est pas chez moi que vous vouliez venir... vous avez monté trop haut.

— Non, mademoi... non, madame, je ne pense pas me tromper. Je demande madame Landernoy... n'est-ce pas vous?

— Oui, monsieur... c'est moi... Que me voulez-vous, alors?

Mignonne m'a dit cela d'un ton bref et sec qui me prouve que ma visite ne lui est pas agréable. Je suis toujours sur la porte, elle ne m'engage pas à entrer. Peut-être est-ce pour me cacher le triste réduit qu'elle habite, et, en effet, ce que j'en vois me saigne le cœur... et, sans entrer, il est facile de voir tout le logement : c'est une petite pièce plus longue que large, ne recevant du jour que par le haut; et cette seule fenêtre étant trop élevée pour qu'on y puisse atteindre, c'est au moyen d'une barre de fer qui dépasse la lucarne que l'on peut ouvrir ou fermer le châssis qui clôt cette ouverture. Ainsi, aucune vue, que celle du ciel lorsqu'on lève les yeux et qu'on regarde à travers ce carreau. Dans cette pièce, point de cheminée, mais un petit calorifère. Un lit, une commode, une table, un petit buffet, une fontaine et six chaises, voilà le ménage de la jeune fille de Sceaux. Mais tout cela est bien rangé et entretenu avec une extrême propreté.

Sans doute, en faisant l'inspection de la chambre, j'ai oublié de répondre à la question qui m'a été adressée, car Mignonne me répète d'un ton plus impératif :

— Je vous ai demandé ce que vous me vouliez, monsieur... car je ne vous connais pas, moi.

— Ah! pardon, madame... Je venais pour vous prier... on m'a dit que vous saviez fort bien travailler en linge et je voulais... j'aurais eu de l'ouvrage à vous donner à faire... si toutefois vous vouliez bien vous en charger...

— Qui est-ce qui vous a dit que je travaillais en linge, monsieur?

— Mais... une dame... pour qui vous avez travaillé.

— Comment se nomme cette dame?

Me voilà fort embarrassé. Je balbutie, je cherche... enfin je réponds :

— Ma foi... je ne sais plus... c'est-à-dire... cette dame l'a dit à une autre dame de ses amies qui me l'a redit... parce qu'elle savait que j'ai... des chemises à faire faire... Est-ce que vous ne faites pas des chemises d'homme?

— Je ne suis pas bien habile, monsieur... et il ne faut pas que l'on soit bien difficile.

— Oh! je ne suis pas difficile du tout, madame; ce seraient des chemises... pour mettre à la campagne... Si vous aviez... le modèle le plus simple à me montrer...

J'ai fait quelques pas en avant. Mignonne m'a laissé pénétrer dans son réduit; elle semble avoir perdu de sa défiance. J'en éprouve une secrète joie; pendant qu'elle cherche dans un tiroir de sa commode, je m'assieds en disant :

— Pardon, madame, si je m'assieds; mais j'ai monté vite... et l'escalier est un peu roide...

— Reposez-vous, monsieur, c'est moi qui aurais dû vous l'offrir; mais... ma chambre n'est pas gaie, et je ne pense jamais à en faire les honneurs... Mon Dieu... je ne trouve plus aucun modèle... Je me rappelle à présent que j'ai rendu avant-hier les dernières chemises que j'avais à faire; mais vous m'apportez sans doute un modèle...

— Non, je n'y ai pas pensé.

— C'est indispensable pourtant...

— Alors... je vous en apporterai un...

— Si vous vouliez, monsieur, le remettre chez cette dame qui vous a donné mon adresse, avec la toile que vous avez achetée, j'irai y prendre tout cela; car je ne pense pas que vous m'apporteriez vous-même ce paquet.

Elle tient à savoir qui m'a donné son adresse. Dans mon vif désir de lui inspirer quelque confiance, je m'écrie :

— Mon Dieu, j'avais cru que vous voudriez bien vous charger vous-même de m'acheter la toile... ou la percale... ou la batiste d'Écosse... moi, je ne m'y connais guère... les dames achètent mieux que nous. Je puis bien vous apporter un modèle... je roulerai cela dans ma poche... et vous n'aurez pas besoin de vous déranger... et vu votre position, madame, on doit autant que possible vous éviter des fatigues...

— Mais, monsieur, si je sors pour vous acheter de la toile, il ne m'en coûtera pas plus d'aller chez cette dame que je remercierai en même temps d'avoir bien voulu s'occuper de moi...

— Oh!... c'est tout naturel... elle a su que vous pouviez... que vous aviez plus que toute autre droit à son intérêt... Elle m'a dit : Mademoiselle Mignonne... c'est-à-dire madame Landernoy, mérite toute votre confiance et... je vous la recommande.

Depuis que j'ai prononcé le nom de Mignonne, celle-ci, qui venait de s'asseoir, s'est levée brusquement; son front s'est assombri, son regard se baisse vers la terre; un tremblement nerveux la saisit et elle murmure :

— Qui vous a dit, monsieur, que je m'appelais Mignonne... Les personnes pour lesquelles j'ai travaillé jusqu'à présent ne m'ont jamais connue que sous le nom de Landernoy...

— Mon Dieu, madame... je ne me rappelle plus... Il faut bien qu'on me l'ait dit cependant... sans doute cette dame l'aura su par hasard...

Mignonne fait un léger mouvement d'épaules dont la traduction ne me semble pas flatteuse pour moi. Il est vrai que depuis un moment je m'embrouille, je patauge, je ne sais plus ce que je dis. En l'appelant Mignonne, je m'aperçois que j'ai fait une énorme bévue!

Probablement tout le monde ne sait pas son prénom; pour que je le sache, moi, elle pense peut-être que je suis un ami de cet homme qui l'a si indignement trompée; elle peut se figurer que c'est encore Fouvenard qui m'envoie près d'elle... Ah! cette pensée me désespère. Parbleu, j'ai fait là une belle chose... Comment faire renaître sa confiance?

Je sors deux cents francs de ma poche et je les lui présente en lui disant :

— Madame, voici pour l'achat de la toile... si vous voulez bien vous en charger... Si ce n'est pas assez, vous voudrez bien me le dire...

Mignonne repousse cette somme que je lui présente, en me disant d'un ton sévère :

— Il est inutile que vous me donniez cet argent, monsieur, je n'ai pas l'habitude de faire moi-même ces achats... et d'ailleurs, en ce moment, je ne pourrais me charger de l'ouvrage que vous me proposez... Je n'ai pas le temps de le faire... j'en ai d'autre plus pressé.

Je remets tristement l'argent dans ma poche, en murmurant :

— Mais, madame... je n'étais pas pressé de ces chemises... Vous les eussiez faites... quand vous auriez voulu.

— Non, monsieur, je n'accepte de l'ouvrage que lorsque j'ai le temps de le faire... Adieu, monsieur.

Elle a ouvert sa porte toute grande, elle se tient de côté et semble m'inviter à sortir. Elle me congédie... elle a hâte de me voir partir. Allons... rester dans ce moment, ne ferait que l'irriter encore... Je me lève, je la salue profondément, mais je m'arrête sur sa porte pour lui dire :

— J'ose espérer, madame, qu'une autre fois je serai plus heureux... et que vous voudrez bien alors consentir à travailler pour moi...

— Oui, monsieur, une autre fois...

Et elle me referme sa porte presque sur le nez. Ah!... je suis furieux contre moi... si je ne l'avais pas appelée Mignonne, elle se chargerait de cet ouvrage que je lui offrais... Maintenant, elle me voit avec défiance, avec horreur, peut-être, car elle me croit un ami de Fouvenard, et elle se rappelle comment ses amis se conduisent avec elle, et pourquoi il les envoie chez elle.

Je parierais que désormais elle défendra à la portière de me laisser monter chez elle. Je l'ai deviné à la manière dont elle vient de me répondre : *Oui, monsieur, une autre fois !*

Ainsi, me voilà renvoyé, me voilà consigné à la porte de cette jeune fille près de laquelle je ne m'étais rendu que dans les vues les plus pures, les plus honnêtes!... Lui être utile, soulager sa misère, la venger s'il se peut des infamies dont elle a été victime; voilà pourquoi je m'étais rendu près d'elle... et quoiqu'elle soit jolie, cette jeune fille, jamais, même depuis que j'ai été à même de juger de sa beauté, non, jamais, une arrière-pensée n'a surgi dans mon âme. Il me semble que Mignonne ne pourrait être pour moi qu'une amie, qu'une sœur, tout autre sentiment ne m'est venu ni à l'esprit ni au cœur.

Mais elle a beau faire. Je me suis promis de lui être utile, et lorsque j'ai résolu quelque chose, ce ne sont pas les obstacles qui me rebutent.

Je descends rapidement l'escalier, je passe sans m'arrêter devant la portière et ses chats. Je marche très-vite, jusqu'à ce que je rencontre un cabriolet; alors je monte dedans et je me fais conduire dans un magasin où l'on vend des toiles, des batistes, des étoffes pour chemises, enfin.

J'achète la première chose qu'on m'offre, je crois que c'est de la batiste d'Écosse; j'en prends pour faire une douzaine de chemises. Je remonte en cabriolet et je me fais conduire chez moi, car je me rappelle qu'il lui faut un modèle. Je prends une chemise, une qui me semble des plus simples pour la façon. Je vais repartir... mais si, comme je le crains, elle ne veut plus me revoir... écrivons-lui... quelques lignes seulement, pour tâcher de regagner sa confiance... et signons : quand on ne craint pas de se nommer, c'est ordinairement la preuve que l'on n'a pas de méchants desseins.

Je me place à mon bureau et j'écris :

« Madame,

» Quoique vous ayez refusé l'ouvrage que je vous ai proposé, je me permets de le remettre chez vous. Vous ferez ce travail à vos moments perdus, il ne faut pas que cela vous gêne aucunement. Si je suis assez malheureux, madame, pour vous inspirer quelque défiance, si vous ne voulez pas me recevoir, enfin, vous remettrez chez votre concierge l'ouvrage que vous aurez fait, ainsi que la note de ce que je vous dois, et c'est là que j'irai l'acquitter. Mais croyez bien, madame, que l'intérêt que vous devez inspirer à tous les gens honnêtes me conduisait seul près de vous, et que le but qui me fait agir est de ceux que l'on peut avouer hautement.

» CHARLES ROCHEBRUNE. »

Je ferme cette lettre; je vais reprendre mon cabriolet, et je me fais conduire de nouveau chez Mignonne.

Toutes ces courses ont pris du temps. Lorsque je m'arrête de nouveau devant la demeure de Mignonne, il y avait près de deux heures que j'en étais sorti. Je vais droit à la portière, tenant sous mon bras mon paquet de toile. Avant que j'aie prononcé le nom de la jeune fille, la portière s'écrie :

— Elle n'y est pas, monsieur; cette jeune dame est sortie... vous ne pouvez pas monter. D'ailleurs elle ne veut plus qu'on monte chez elle... elle m'a grondée de ce que je vous ai laissé y aller.

— Je me doutais que vous auriez reçu cette consigne, madame, aussi je n'insiste pas pour voir madame Landernoy; mais voici une lettre pour elle et un paquet que je vous prie de vouloir bien lui remettre...

— Un paquet... mais je ne sais pas si je dois m'en changer...

— Vous ne pouvez refuser de le recevoir, madame. D'ailleurs, je vous le répète, mes intentions sont honnêtes... et cette jeune femme a grand tort de se méfier de moi. J'espère que plus tard elle me rendra justice... Je repasserai... dans une quinzaine de jours.

En achevant ces mots, je jette paquet et lettre sur les genoux de la portière, au risque d'écraser un de ses chats, et je m'éloigne sans écouter ce qu'elle murmure encore.

Madame Sordeville et sa soirée.

J'ai fait tout ce que je pouvais, tout ce qu'il m'était possible de faire en ce moment pour Mignonne, je me sens plus content de moi. Maintenant oublions pour quelque temps cette jeune femme et songeons à mes nouvelles amours.

J'irai jeudi chez M. Sordeville. Il faut attendre jusque-là pour revoir la charmante Armantine. C'est dans quatre jours, ils me sembleront longs à passer. Il y a des hommes qui tuent le temps, qui abrégent l'absence en parlant de celle qu'ils aiment à leurs amis; mais je n'ai jamais eu de confidents : un véritable amour est toujours mieux au fond de notre cœur que dans la mémoire des gens indifférents, qui n'y portent aucun intérêt, ou ne se le rappelleront que pour nous railler si on nous trompe, nous trouver ridicule si nous sommes constants, nous envier si nous sommes heureux. Et d'ailleurs, est-ce que nous avons des amis?... Quant à moi, je ne m'en connais pas; dans le commencement de ma vie, j'ai cru à l'amitié de quelques jeunes gens avec lesquels je me trouvais souvent en relations de plaisir; alors, plein de confiance, je ne demandais qu'à m'épancher, qu'à me dévouer sincèrement à ceux qui me serraient la main; j'ai été fort mal récompensé de ma franchise, de ma bonhomie... J'ai été trop vite désillusionné, et je me suis éloigné des hommes pour me rapprocher des femmes; je ne m'en suis pas repenti, car en amitié les femmes valent infiniment mieux que les hommes.

Je n'appelle point amis ces gens que je vois par hasard, quand une réunion, une partie de plaisir nous rassemble, comme Balloquet et Dupréval. Ce sont des connaissances et voilà tout.

Le jeudi est arrivé et je me rends chez M. Sordeville, qui demeure rue Neuve-Saint-Augustin : belle maison, bel escalier, bel appartement, un domestique pour annoncer, tous les dehors qui annoncent l'opulence, le confortable. Je pénètre dans un fort grand salon dans lequel il y a déjà beaucoup de monde, je passe rapidement au milieu de gens que je ne connais pas; M. Sordeville quitte un groupe d'hommes avec lesquels il causait pour venir à moi et me serrer la main, comme si nous étions d'anciens amis. Je ne puis m'empêcher de rire en moi-même de cette prodigieuse dépense de serrements de mains qui se fait dans la société, et entre gens qui, comme moi et M. Sordeville, se connaissent fort peu, et souvent ne s'aiment pas du tout.

C'est dommage! ce serait si bon de se sentir presser la main si c'était une véritable assurance de dévouement et d'amitié. Mais les hommes ont tout gâté, et les meilleures choses, les expressions les plus intimes, ne signifient plus rien par l'abus qu'on en a fait.

M. Sordeville, en me tenant et en me serrant toujours la main, me conduit à sa femme et lui dit :

— Ma chère amie, voilà M. Rochebrune qui a bien voulu se rendre à notre invitation.

La charmante Armantine a une toilette ravissante, et qu'elle porte avec infiniment de grâce et de coquetterie. Je ne retrouve pas en elle le laisser-aller de la valseuse, ni l'abandon de la danseuse qui était à la noce de madame Guillardin; aujourd'hui c'est une petite-maîtresse un peu minaudière, un peu cérémonieuse même. Mais c'est toujours une femme fort séduisante. D'ailleurs, chez elle, il est assez naturel que cette dame n'ait point la même désinvolture que dans un bal de noce. Pour recevoir son monde, il lui semble sans doute convenable de se donner ce maintien plus sévère; une maîtresse de maison n'est plus la même qu'une personne qui est en soirée et qui n'a pas à représenter.

C'est dommage... elle était si gentille au bal; elle riait si facilement... elle semblait vous inviter à rire avec elle. Du reste, elle fait très-bien les honneurs de son salon; elle m'accueille avec un gracieux sourire, me remercie comme son mari l'a fait de m'être rappelé leur invitation. Je ne sais trop ce que je lui réponds, mes yeux doivent lui en dire plus que ma bouche. Je voudrais surprendre dans les siens un regard qui me dirait au moins qu'on me comprend, qu'on me devine; mais je n'y vois que cette expression gracieuse avec laquelle elle reçoit tous les hommages des hommes qui viennent la saluer.

On est toujours assez embarrassé de sa personne dans une réunion où l'on se trouve pour la première fois et où l'on n'aperçoit aucun visage de connaissance. Je me suis éloigné de madame Sordeville, devant laquelle je ne pouvais pas rester en contemplation, ce qui m'aurait donné l'air d'un imbécile et n'aurait nullement avancé mes affaires. Avec les femmes auxquelles on veut plaire, il faut surtout prendre garde d'avoir l'air bête : il est vrai que cela ne dépend pas toujours de soi.

Je cherche des yeux madame Dauberny; je m'étais flatté de trouver à cette soirée celle qui m'a paru intimement liée avec la maîtresse de la maison. Je ne la vois pas. Les hommes sont en grande majorité chez M. Sordeville; pourquoi les femmes sont-elles plus rares, et pourquoi surtout en vois-je si peu de jolies? Est-ce calcul de la part de la maîtresse de la maison? elle est cependant assez jolie pour ne point craindre la concurrence.

Tous ces gens-là causent par groupes dans différents coins du salon. Il y a là un piano, mais jusqu'à présent je ne vois pas qu'il soit question de musique. Je passe dans une autre pièce où deux parties de whist sont établies. Ici il y a moins de monde. Si elle y venait, je pourrais plus librement y causer avec elle; mais elle est trop occupée à recevoir sa société, à écouter les hommages qu'on lui adresse... je la crois très-coquette, cette dame... On a dit souvent que toutes les femmes l'étaient... le désir de plaire est si naturel! Est-ce que les hommes ne sont pas coquets aussi? tous veulent briller : celui qui est laid veut plaire par son esprit; celui-ci par son luxe, celui-là par sa générosité, cet autre par ses prévenances, ses petits soins, ses servilités, ses flatteries, mais le but est toujours le même. Ne blâmons donc point les femmes d'être coquettes; la nature, en leur accordant la beauté, les grâces, la gentillesse, semble leur avoir indiqué l'usage qu'elles pourraient faire de tous ces avantages. Ce que je n'aime point, par exemple, c'est une femme capricieuse : est-il rien de plus insupportable que de se voir faire la mine, ou accueilli froidement sans savoir pourquoi, sans avoir rien fait pour cela?

Certainement je n'ai pas le droit de me plaindre de madame Sordeville; pourtant, après la manière amicale dont elle m'avait traité à cette noce, après l'espèce d'intimité que ma confidence avait sur-le-champ établie entre nous, je me flattais qu'elle me recevrait avec moins de cérémonieux. Attendons.

M. Sordeville vient à moi. Il me demande si j'aime le whist.

— J'aime tous les jeux.

Un vieux monsieur, qui ferme les yeux en parlant comme s'il voulait s'endormir, vient se joindre à nous, je ne sais pas ce qu'il dit. En ce moment la charmante Armantine est entrée dans la pièce où nous sommes, et je la suis des yeux. Un beau jeune homme blond marche derrière elle et lui parle à demi-voix, à ce qu'il me semble du moins; la jolie femme rit beaucoup en faisant de ces petites mines capables de faire rendre les armes à un régiment. Je suis vexé, j'ai peut-être tort, mais je ne voudrais pas que cette dame écoutât ainsi ce monsieur; j'ai bien envie d'aller me mêler de leur conversation... Il n'y a pas moyen : le monsieur qui parle les yeux fermés me dit des choses qui doivent être fort intéressantes, d'après la manière dont il pèse sur ses moindres syllabes.

Mon Dieu! qu'il y a des gens ennuyeux dans le monde! Mais parmi les différentes espèces, la plus insupportable, à mon avis, est celle dont les discours n'ont jamais de fin, et qui, enchevêtrant ce qu'ils vous racontent dans une autre histoire qui s'entortille dans une troisième, et ainsi de suite, comme les contes des *Mille et une Nuits*, sont capables de tenir leur auditeur pendant toute une soirée dans le coin du salon, sans jamais lui laisser l'occasion de s'échapper, à moins qu'il ne se décide bravement à les abandonner au milieu d'un de leurs récits.

Je ne sais pas comment ma conversation avec ces messieurs s'est tournée vers la politique, moi qui l'ai en horreur!... Je m'aperçois avec étonnement que M. Sordeville est en plein gouvernement et fait déjà de l'opposition; tout ceci ne m'amuse pas. J'ai envie de fermer les yeux comme le vieux monsieur, je serai plus libre de penser à autre chose. Heureusement, les accords du piano se font entendre; ceci me fournit un prétexte pour quitter mes hommes politiques.

Je retourne dans le salon. Je m'approche de la maîtresse de la maison, je veux lui dire quelque chose d'aimable... je ne sais pas entamer l'entretien... Je finis par lui demander si elle va chanter.

— Non, je ne chante pas, mais j'accompagnerai si on a besoin de moi.

— Vous touchez du piano?

— Oui, monsieur, et vous?

— Un peu.

— Chantez-vous?

— Je ne chante que chez moi, quand je suis tout seul.

— Ah! ah!... C'est de l'égoïsme.

— C'est plutôt de la prudence.

— Et vous ne voudrez pas, ce soir, vous départir un peu de vos habitudes, et chanter en société?

— Oh non!... Ce n'est pas devant vous que j'oserais.

— Pourquoi cela? Je vous fais donc peur?

— Vous me faites bien autre chose encore...

Elle sourit comme au bal. Ah! qu'elle est gentille en ce moment!

Mais on vient lui parler, me voilà encore séparé d'elle. Quelqu'un va chanter, il faut faire silence; je vais m'asseoir derrière deux dames parfaitement laides, elles ne me donneront pas de distractions.

C'est un monsieur qui va chanter : un gros jeune homme bien fort, bien carré, et qui se pose comme M. *Keller* quand il fait Hercule. Je m'attends à une voix qui fera vibrer les vitres et tinter nos oreilles, il ne saurait sortir autre chose de ce colosse. En effet, dès les premières notes, tout le monde a frémi. Quel organe!... je ne sais pas si on peut appeler cela une voix; moi je trouve que cela ressemble au mugissement du taureau. Mais il y a des personnes qui trouvent cela magnifique. Ce monsieur chante un air de *Robert le Diable*. Les deux dames qui sont devant moi poussent des oh! et des ah!... qui me font croire qu'elles sont de mon avis et que ce monsieur leur écorche les oreilles. D'autant plus que, non content de nous assourdir, ce rude chanteur attaque presque toujours à côté du ton; il fausse avec une assurance imperturbable. Il y a des moments où il donne tant de voix, que je me demande si les gens qui passent dans la rue ne doivent point croire qu'il se commet un crime dans cette maison.

Enfin, ce monsieur a fini. Les deux dames se sont retournées de mon côté en souriant et je ne puis m'empêcher de dire : Je préfère un orchestre avec quarante tambours... Je ne sais plus si j'ai des oreilles!... je crois qu'elles sont fendues.

J'ai à peine achevé ces mots, que l'énorme chanteur traverse le salon et vient justement s'arrêter devant ces deux dames en leur disant :

— Je n'étais pas bien en voix ce soir... Il me semble que mes sons ne sortaient pas... Qu'en dites-vous, ma mère?

— Mais si fait, mon ami, je t'assure que tu as chanté supérieurement...

— Oui, mon frère, oui, tu as très-bien chanté, et tu as fait beaucoup d'effet... Tu peux t'en rapporter à nous; tu sais bien que nous nous y connaissons... Il y a des personnes qui veulent se mêler de juger et qui ne comprennent rien à la musique... Tant pis pour elles... Tu as chanté avec un goût parfait... je suis sûre que tu as fait bien des envieux!

Je m'étais bien adressé, moi : c'est la mère et la sœur du chanteur qui étaient devant moi. Les oh! et les ah! qui leur échappaient étaient alors des marques d'admiration, et je vais leur dire que j'aime mieux entendre des tambours!... nouvelle preuve qu'il faut bien prendre garde à ce qu'on dit lorsqu'on ne sait pas à qui l'on parle.

Je m'aperçois que la sœur du chanteur me lance des regards furibonds; je prends le parti de m'éloigner et de me placer à l'autre bout du salon. Voilà des ennemis que je me suis faits; une autre fois, je serai plus prudent.

Après les hurlements de ce monsieur, on avait besoin de quelque chose de doux pour remettre ses nerfs auditifs. Une dame est au piano, elle chante un grand air à roulades. Quel malheur d'avoir l'idée de chanter en société, lorsqu'on ne possède qu'une voix aigre et criarde! Mais cette fois je ne me permettrai pas de rien dire, ni de témoigner mon opinion d'une façon quelconque. Un jeune homme placé derrière moi se gêne moins, il murmure : « On appelle cela chanter avec un citron à la clef. »

Si cela continue ainsi, ce n'est pas pour la musique que l'on vient chez M. Sordeville. Mais la maîtresse de la maison nous dédommage en exécutant avec beaucoup d'aplomb et de brillant un air varié qui a le mérite de n'être pas trop long. Ensuite, le jeune homme blond que j'ai vu parler avec Armantine vient chanter des romances. Il a une jolie voix, il chante avec goût. Cela me vexe encore, car je suis persuadé que ce monsieur fait la cour à cette dame. Mais je lui rends justice, il chante bien.

Pendant qu'on exécute un morceau pour piano et violon, je passe dans l'autre pièce; j'avoue que je m'amuse peu. La maîtresse de la maison est tellement entourée de courtisans, d'adorateurs, qu'il n'y a pas moyen de causer un instant avec elle. D'ailleurs elle ne cherche point à m'en fournir l'occasion... Ah! quelle différence avec la nuit du bal de noce... Il y a des moments où je me figure que ce n'est plus la même femme.

Je me mets à une table de bacarat que l'on vient de former, je suis très-content de jouer; j'ai toujours trouvé que le jeu était ce que l'on avait inventé de mieux pour occuper les gens du monde.

Il y a déjà quelque temps que je joue, lorsque je me retourne, et j'aperçois madame Frédérique. Jamais rencontre ne me fut plus agréable. Elle me sourit, en me disant :

— Bonsoir; êtes-vous heureux?

— Pas jusqu'à présent.

— Voulez-vous m'associer à votre jeu, je vous porterai bonheur?

— Volontiers.

— Tenez, voilà mon enjeu.

Elle me jette une bourse remplie de napoléons, et s'éloigne san me laisser le temps de lui demander ce qu'elle veut jouer. Drôle d femme! Mais, au moins, je la retrouve telle que je l'avais vue l'autr soir; ce n'est pas comme son amie.

Il paraît qu'en effet mon association m'a porté bonheur, car la chance tourne et je gagne. Je cherche des yeux mon associée pour lui demander si elle veut continuer, mais je ne l'aperçois pas; je continue de jouer et je gagne encore. Je n'ose plus quitter; mais le thé que l'on sert fait suspendre le jeu. J'aperçois à quelques pas de moi M. Archibald, le fils de M. Guillardin : je salue ce monsieur; il en fait autant, mais froidement, et comme quelqu'un qui ne se soucie pas de renouer connaissance. Que ce monsieur soit tranquille, je ne tiens nullement à me lier avec lui; je me rappelle la manière dont il me regardait à la noce de sa sœur. Je crois que celui-ci est amoureux de madame Dauberny et qu'il me croit un rival. Que de fausses conjectures on fait dans le monde!

Décidément je m'amuse fort peu dans cette maison; madame Sordeville rit avec tout le monde, excepté avec moi. Je me suis bien trompé quand j'ai cru, l'autre soir, qu'elle me voyait avec bienveillance, qu'elle éprouvait quelque chose pour moi. Oh! les femmes!... est-ce qu'on sait jamais sur quoi compter avec elles... C'est-à-dire, si, pourtant, il y a toujours une chose sur laquelle on peut compter; je ne juge pas nécessaire de vous la nommer.

J'ai bien envie de m'en aller, mais il me faut auparavant rendre mes comptes à mon associée, et madame Dauberny est en ce moment en conversation réglée avec un monsieur, orné d'une superbe paire de moustaches rouges, sous lesquelles pend une barbiche de la même couleur. Ce monsieur parle avec feu, il joint même de la pantomime à ses paroles; je me tromperais bien, ou il fait en ce moment une déclaration d'amour à madame Frédérique.

Vous allez dire que je vois des intrigues d'amour partout. C'est que, en général, c'est ce qu'il y a de plus commun dans le monde. Et si nous en voyons beaucoup, soyez persuadé qu'il en existe bien plus que nous ne devinons pas. Madame Frédérique écoute ce monsieur, comme s'il lui racontait *Télémaque*. J'attendrai qu'ils aient fini. Je vais m'asseoir dans un coin du salon, où j'ai l'air d'écouter un monsieur qui pianote depuis fort longtemps sans que l'on puisse deviner ce qu'il joue; heureusement pour lui, personne n'a l'air d'y faire attention.

Au milieu de ce monde qui m'est à peu près inconnu, j'éprouve un vide, une tristesse dont je ne suis nullement étonné. Il n'y a personne ici qui s'intéresse à moi! Pourquoi m'intéresserais-je à eux? J'y étais venu pour une femme qui m'avait charmé, que j'aimais déjà, que j'aurais adorée... mais le froid accueil qu'elle m'a fait, et sa coquetterie avec tous les hommes, ont refoulé tout au fond de mon âme les sentiments qu'elle m'avait inspirés. Je suis fâché de l'avoir aimée, je ne veux plus m'occuper d'elle. Balloquet est plus heureux que moi; il ne prend jamais l'amour au sérieux, il fait une connaissance comme il se ferait faire un habit neuf; quand l'habit cesse de lui plaire, il le quitte, souvent même avant qu'il soit usé; il a raison, c'est le moyen d'être toujours bien mis. Moi, j'ai toujours éprouvé un sentiment profond pour les femmes qui ont été mes maîtresses... Je ne parle pas ici de celles que j'ai connues quelques jours seulement; on n'appelle pas celles-là des maîtresses. Vous croirez difficilement que l'on aime vraiment, lorsqu'on avoue que l'on a eu plusieurs maîtresses en même temps. Mais avez-vous bien connu le cœur humain... La nature a des bizarreries et des secrets que nous ne saurons jamais.

Il est probable que mes réflexions n'ont pas répandu de gaieté sur ma physionomie; elles m'absorbent tellement, que je n'ai pas aperçu la superbe Frédérique qui est arrêtée devant moi et me dit d'un ton railleur :

— Mon Dieu! comme vous avez l'air de vous amuser, monsieur Rochebrune!...

— Oh! non!... et sans vous je serais parti depuis longtemps. Nous avons gagné vingt-huit napoléons, j'ai mis votre bénéfice dans votre bourse; la voici, madame.

— C'est très-bien, vous voyez que je vous ai porté bonheur.

— Oui, mais c'est le seul bonheur que j'aie eu ce soir

— Je comprends!... pauvre garçon... on n'a pas été pour lui ce qu'il espérait...

Je me contente de faire un léger mouvement de tête. Frédérique reprend :

— J'ai bien envie de vous distraire. Voulez-vous venir souper avec moi?

Je lève les yeux sur madame Dauberny; elle devine que je prends ce qu'elle vient de me proposer pour une plaisanterie, car elle ajoute aussitôt :

— Que voyez-vous donc là dedans de si extraordinaire? j'ai l'habitude de souper, moi; je vous invite, et si vous acceptez, j'inviterai alors un autre monsieur qui vient de me faire la déclaration d'amour la plus bouffonne... mais c'est un Prussien et il ne possède pas très-bien notre langue...

— C'est ce monsieur à moustaches rouges?

— Justement, le baron Brunzbrack... Hein! en voilà un nom... J'ai tourné la tête à ce monsieur, je vous certifie bien que c'est sans l'avoir cherché...Voyons, décidez-vous donc... acceptez-vous?

— Avec grand plaisir; mais il m'avait semblé que la nuit où j'ai eu le bonheur de faire votre connaissance, vous m'aviez refusé la faveur d'aller vous voir.

— C'est possible : c'est que cette nuit-là j'avais cru un moment que vous vouliez me faire la cour... J'étais une sotte! vous n'êtes amoureux que d'Armantine, et comme ce soir vous vous êtes aperçu que bien d'autres que vous en sont amoureux, cela vous rend triste, maussade, désespéré... Ah! ah! ah! ai-je deviné? Allons, venez, monsieur, donnez-moi la main... en vous emmenant, je sers bien plus vos amours que vous ne le faites avec vos airs languissants : toutes les femmes sont jalouses de leur conquête, et Armantine va croire que je veux lui enlever la sienne... vous allez nous brouiller, mais ce ne sera qu'un nuage que le moindre zéphyr dissipera.

Elle me jette une bourse remplie de napoléons, et s'éloigne sans me laisser le temps de lui demander ce qu'elle veut jouer. — Page 39.

L'espoir de causer quelque dépit à madame Sordeville me rend radieux. Je prends avec joie ce bras que l'on m'offre. Déjà, une grande partie de la société était partie. Madame Dauberny dit deux mots à l'oreille de son baron prussien, qui se tenait comme un piquet au milieu du salon. Les deux mots font un effet magique; M. de Brunzbrack fait un bond en arrière, où il écrase les pieds de ce monsieur qui tient toujours ses yeux fermés en parlant; cette fois, pourtant, celui-ci les ouvre très-grands, en s'écriant :

— Ah! monsieur! mais vous m'estropiez!... Qu'est-ce qui vous prend donc?...

M. de Brunzbrack se confond en excuses; mais en ce moment il se sent tellement joyeux par l'invitation que madame Dauberny vient de lui faire, qu'en adressant des excuses au personnage dont il a écrasé les pieds, il marche sur la robe d'une dame qui est à côté de lui, puis renverse une chaise, et en voulant la ramasser accroche avec les boutons de son habit le mantelet de dentelle d'une dame qui venait de le mettre pour partir. Le pauvre Prussien perd la tête, il ne sait plus où il en est, il n'ose plus ni avancer ni reculer. Frédérique le tire de ce mauvais pas; elle lui prend le bras et l'entraîne vivement en lui disant :

— Mais venez donc, baron, nous vous attendons.

Nous quittons le salon tous trois; je jette un regard sur madame Sordeville, elle semble toute saisie de me voir partir avec madame Dauberny, qui, tout en poussant le baron devant elle, m'a déjà pris le bras avec la plus grande familiarité.

J'éprouve un sentiment de joie, de contentement, qui me dédommage de tous les ennuis de cette soirée. Frédérique avait raison; en m'emmenant avec elle, elle a plus servi mes amours que tous les regards brûlants que j'ai adressés à la séduisante Armantine. Les femmes ne se trompent jamais sur ce qu'il faut faire pour que le trait arrive au but.

Le baron de Brunzbrack.

La voiture du baron, qui était à la porte, nous a conduits en peu de temps chez madame Dauberny, boulevard Montmartre.

Pendant le trajet, nous avons peu parlé; le baron est encore tout étourdi par les gaucheries qu'il vient de commettre et la joie qu'il éprouve d'être invité à souper chez la belle Frédérique; ensuite je crois que ma présence l'embarrasse : il ne sait pas sur quel pied je suis avec cette dame, mais il voit bien que je vais aussi souper chez elle, et je crois que cela le préoccupe beaucoup.

Notre original amphitryon semble aussi réfléchir; moi, je pense au regard que madame Sordeville a jeté sur moi quand je suis parti.

Mais, arrivée chez elle, madame Dauberny a repris son humeur enjouée, et elle ne songe plus qu'à nous faire les honneurs de sa maison, où je suis bien certain que nous ne rencontrerons pas son mari; je suis persuadé d'avance qu'il n'est jamais de ses petits soupers.

— Trois couverts, dit Frédérique à un domestique qui est dans l'antichambre. Et un grand feu surtout, car on mange mal lorsqu'on a froid. Y a-t-il du feu au salon?

— Non, madame... mais il y en a chez vous...

— Eh bien, messieurs, passons chez moi, alors; vous voulez bien me permettre de vous recevoir dans ma chambre à coucher, n'est-ce pas? à une heure du matin on peut bien se moquer un peu de l'étiquette.

— Ah! madame, dis-je en m'inclinant, ceci est une faveur dont nous vous remercions.

— Ah! montame! dit à son tour le baron en saluant profondédément, c'être touchours pien choli par toute le chambre avec fous.

Sans écouter nos remercîments, madame Dauberny a déjà passé devant nous. Une femme de chambre nous éclaire. Nous arrivons dans la chambre à coucher de celle que M. Archibald appelle une *gaillarde* : c'est un séjour délicieux, meublé, drapé avec un goût exquis; un globe d'albâtre suspendu au plafond jette une lumière tendre sur les objets; des fleurs à profusion dans de beaux vases de la Chine, répandent un parfum qui vous enivre. C'est l'asile d'une petite-maîtresse, rien n'y annonce la gaillarde. Je m'attendais à trouver ici des fleurets, des pipes et des statuettes; je n'y vois que des fleurs, je n'y respire que parfums.

A peine étions-nous introduits dans sa chambre, que la gracieuse Frédérique nous a quittés en nous disant :

— Messieurs, je vous demande la permission d'aller me mettre à mon aise.

Je suis resté seul avec ce baron prussien; je l'examine plus à loisir, pendant qu'il regarde amoureusement le lit qui est au fond de la chambre. M. de Brunzbrack doit être un homme de quarante ans environ. Il est grand, fort bien bâti; ce doit être parmi des hommes de cette stature que le grand Frédéric recrutait un régiment de grenadiers. Le baron est d'un blond un peu vif, cependant ses cheveux taillés en brosse sont moins rouges que ses moustaches; il a de grands yeux bleus à fleur de tête qu'il tient toujours bien ouverts et qui n'ont pas une expression spirituelle; mais en revanche on y trouve de la franchise et une espèce de bonhomie qui cependant fait bientôt place à la colère, si on a l'air de vouloir se moquer de lui. Au total, M. de Brunzbrack a ce que l'on est convenu d'appeler une bonne figure. Il rit très-facilement, et alors il ouvre une bouche énorme; mais il reprend si vite son sérieux qu'on est tout surpris de l'avoir entendu rire.

Ensuite, comme ce monsieur parle difficilement le français, il juge convenable d'accompagner ses paroles d'une pantomime qu'il croit sans doute très-expressive, mais qui est souvent plus grotesque qu'intelligible.

Je ne sais si ce monsieur se donne aussi la peine de faire mon portrait, mais je m'aperçois que de temps à autre il me regarde à la dérobée.

J'essaye d'entamer la conversation : — Cette chambre est décorée avec un goût ravissant!

— Oh! foui... la chambre il être bien gentille.

— Cette étagère fourmille d'objets curieux et bien choisis.

— Foui, c'est un tas de petits chouchoux!... bour les enfants.

— Mais les dames les aiment aussi.

— Oh! foui!... les tames ils ont des enfants bour les chouchoux.

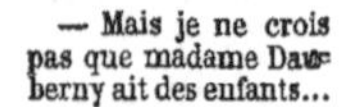

— Mais je ne crois pas que madame Dauberny ait des enfants...

— Oh! foui... tout blein... et aussi sur la cheminée.

Je ne comprends pas ce monsieur. Je regarde les fleurs qui ornent les vases, en disant :

— Il n'y a rien de plus joli, de plus coquet que les fleurs... Quel dommage que ce soit un poison dans un appartement!

Le baron ouvre ses yeux encore plus, et regarde de tous les côtés dans la chambre; je crois même qu'il se penche afin d'apercevoir un peu sous le lit. Puis il me répond :

— Che voyais pas le poisson dans le appartement.

Heureusement le retour de madame Dauberny met fin à cet entretien, dans lequel je trouve peu de charme.

En apercevant Frédérique, un cri d'admiration nous échappe au baron et à moi. Cette dame a revêtu une large robe de chambre en cachemire bleu, qui est retenue autour de sa taille par une ceinture en soie orange. Cette robe, agrafée jusqu'au cou, laisse cependant voir une petite cravate de soie blanche nouée négligemment. Le pied est enfermé dans de ravissantes babouches oranges, semées de perles d'acier; enfin, sur les cheveux, qui ont été relevés à la hâte, et qui forment d'un côté le bandeau et de l'autre de longues boucles, on a posé une petite toque en velours bleu, ornée d'un immense gland d'argent dont les tresses, retombant du même côté que les boucles de cheveux, semblent encore ajouter à leur éclat.

A force de chanter entre ses dents, M. de Brunzbrack s'est endormi. — Page 47.

On ne saurait croire combien ce négligé donne de charmes à celle qui le porte. La jolie taille de madame Dauberny se développe si bien sous les plis du cachemire, sa coiffure originale donne tant d'expression à sa physionomie, que nous sommes encore sous le charme, le baron et moi, et ne pouvons nous lasser de la contempler.

— Me voilà, dit Frédérique en nous souriant. Vous le voyez, je me permets de souper en robe de chambre.

— Ah! que fous il être pien gomme ça! murmure le baron, en

tout en parlant passe sa main droite sur son visage, le caresse, et envoie des baisers au plafond.

— C'est bien! c'est bien, mon cher baron!... je vous ai déjà dit que je vous comprenais sans pantomime, c'est donc une dépense de gestes que vous pouvez vous épargner. Messieurs, chauffons-nous, en attendant le souper.

En disant cela, Frédérique va se placer dans une grande causeuse qui est contre la cheminée; nous prenons des fauteuils, nous nous asseyons contre elle, et nous voilà tous les trois les pieds sur les chenets.

— Maintenant, dit Frédérique, quelques mots qui serviront de prologue à mon souper. Vous, monsieur le baron de Brunzbrack, je ne vous connais que depuis deux mois, pour vous avoir rencontré dans le monde, mais je sais que vous êtes un galant homme. Ce soir vous m'avez fait une déclaration d'amour dans toutes les formes... Vous pensez peut-être que c'est pour cela que je vous ai invité à venir souper chez moi. Il est de mon devoir de vous détromper. Je ne vous aime pas, mon cher baron, je n'aurai jamais le plus petit battement de cœur pour vous. C'est pour vous dire cela, et pour vous offrir en même temps une franche amitié au lieu d'amour, que je vous ai prié de venir souper avec moi... J'espère que vous êtes content de cette manière d'agir et que vous me prouverez que vous étiez digne de mon amitié.

Le baron roule ses yeux d'une façon singulière; il fait une drôle de mine; il ne sait s'il doit se montrer mécontent ou satisfait; il baisse le nez vers la terre, pousse un soupir et va se livrer à la pantomime, mais Frédérique lui prend le bras en lui disant :

— Tenez-vous tranquille, et laissez-moi continuer. Je vous présente maintenant M. Charles Rochebrune; il n'y a que cinq jours que je le connais... c'est bien plus récent que vous, mais je sais qui je reçois... Je connais maintenant monsieur comme si nous avions été élevés ensemble. Eh bien! baron, savez-vous pourquoi j'ai aussi invité monsieur à venir partager mon souper?

C'est parce que je sais qu'il ne pense pas à m'aimer, à me faire la cour, et que son cœur est tout occupé d'une fort jolie femme qui l'a cruellement tourmenté ce soir, mais qui sera sans doute plus aimable une autre fois.

A peine le baron a-t-il entendu ce qui me concerne que je vois son visage s'épanouir. Le brave Allemand m'avait probablement pris pour un rival, et sans doute un rival heureux; mais dès qu'il sait qu'il n'en est rien et que je ne suis point amoureux de madame Dauberny, il se tourne vers moi, et me tend la main en s'écriant :

— Ah! fous, il être bas rival de moi... Touchè là, alors... nous pons amis, nous entendre pien... fous confitent... dire nous, tout ce qu'il affre sur le cœur.

Et M. de Brunzbrack porte une de ses mains sur sa poitrine, secoue la tête avec véhémence, tape du pied comme un cheval qui veut quitter l'écurie... Je lui donne vivement ma main, qu'il serre de façon à me faire mal, en répétant encore :

— Nous, pons amis... Montame bas blaire à fous, titout?...

— N'allons pas si loin, monsieur le baron; je vous prie de croire que je rends justice à l'esprit, aux grâces, aux charmes dont madame est pourvue.

— Oh! assez! assez! s'écrie Frédérique, vous allez l'inquiéter... Dites-lui donc tout simplement que vous n'êtes nullement amoureux de moi, que vous ne le serez jamais.

Je ne sais pas pourquoi j'ai de la répugnance à dire cela; je regarde les jolis plis que forme la robe de chambre de Frédérique et je ne réponds pas; notre aimable hôtesse continue, en s'adressant au baron :

— Après cela, mon cher monsieur de Brunzbrack, j'ai bien voulu vous dire que monsieur ne m'aimait pas; que son cœur était tout occupé d'une autre, enfin, que vous ne deviez pas voir en lui un rival, parce que je vous voyais déjà regarder M. Rochebrune avec vos gros yeux, qui sont très-méchants, quand ils ne sont pas très-bons, et qu'il m'est plus agréable de voir l'union, l'harmonie, s'établir entre mes convives. Mais n'allez pas croire, pour cela, que d'autres ne me font point la cour et que je n'aime personne... Je vous ai dit que vous ne seriez jamais mon amant, vous n'avez donc aucun droit sur moi, et quand il me plaira, même devant vous, de me laisser faire la cour, songez bien que vous n'aurez pas le plus petit mot à dire à cela. Sinon, c'est fini, je vous retire mon amitié, et je ne vous vois plus.

Le baron pousse un soupir qui me rappelle le point d'orgue du gros chanteur que j'ai entendu ce soir. Il se frappe le front, regarde le plafond, puis me prend encore la main qu'il secoue de façon à me démancher l'épaule, en murmurant :

— Ah! mon pon ami, montame il être pien méchante... pien... Che sais bas gomment dire... Enfin, c'être égal, il faut pien se conformer... Mais j'aimerai touchours... je serai touchours amoureuse folle...

— Quant à cela, reprend Frédérique, vous ferez ce que vous voudrez, cela ne me regarde plus! mais je suis bien tranquille sur votre repos à venir. Quand les hommes voient qu'ils ne doivent conserver aucune espérance, ils ont bientôt cessé d'aimer.

— Bas le Brussien!... Au gontraire... tant plus qu'il est *malreux* tant plus qu'il est gonstant.

— Alors, tant pis pour le Prussien, il n'a qu'à prendre les modes françaises. Mais c'est assez parler d'amour et dévoiler les secrets de notre cœur; vous devez comprendre, baron, que ce sujet de conversation deviendrait monotone pour nous tous. J'entends qu'à souper il ne soit plus question de tout cela.

— Madame est servie, vient dire un valet.

— Bravo!... Allons, messieurs, donnez-moi la main tous les deux... C'est moi qui veux vous conduire... Songez que je commande ici et qu'il faut m'obéir.

— Ici et partout, madame.

— Oui, dit à son tour le baron, bartout et ailleurs!

Le petit souper.

Frédérique nous fait traverser un étroit couloir, au bout duquel nous entrons dans une petite pièce bien tapissée, bien chaude; dans chaque encoignure, et entre les croisées, sont des caisses avec des fleurs naturelles. Ce séjour est trop élégant pour être une salle à manger, et pas assez pour un boudoir. Là, une table est servie avec tout ce confortable qui double le charme d'un repas.

— Messieurs, vous êtes ici dans ce que j'appelle mon petit Trianon... ou mes petits appartements enfin, dans le séjour où je reçois mes amis... je n'ai pas besoin de vous dire que mon mari n'est jamais admis ici... Je pense que ce n'est pas pour le voir que vous êtes venus chez moi... Nous sommes comme le soleil et la lune, on ne nous voit jamais ensemble, à moins qu'il n'y ait quelque chose de dérangé dans le cours des astres. Mais comme nous sommes convenus d'avoir chacun liberté entière, nous en usons.

— Alors, c'être apsolument comme si fous il être bas mariée... Eh! eh!...

— Oh! ce n'est pas tout à fait la même chose... A table, messieurs.

Nous nous plaçons; naturellement Frédérique est entre nous. La manière aimable dont elle agit met sur-le-champ ses convives à leur aise. Le baron est radieux, il roule les yeux autour de lui, et ne cesse de répéter :

— Ch'aime beaucoup votre bétit *Trille-ânon*.

— Partout des fleurs! dis-je en regardant celles dont la table ornée, et les caisses qui nous entourent.

— Oui... Je les adore... il m'en faut toujours...

— Qui se ressemble, s'assemble...

— Ah! mon cher Rochebrune, ne me mettez pas au régime des fadeurs! je les déteste. Je préfère le volnay... Allons, messieurs, buvez donc... Préférez-vous du chambertin... du pomard... vous n'avez qu'à dire...

— Che feux bien poire de tous le trois.

— Et vous avez raison... Vive la diversité! C'est charmant, n'est-ce pas, messieurs?

— Mais c'est gentil, en fait de vins.

— C'est gentil en tout! convenez-en donc, hypocrite!...

— Je suis trop honnête pour vous démentir.

— A la bonne heure... O mes fleurs, voyez qu'elles sont belles... les roses... ces camélias... ces jacinthes... ces cactus!... Si je n'avais que des roses, est-ce que le bouquet serait aussi joli?

— Décidément, les fleurs sont votre passion.

— Ma foi, oui, et je crois que c'est la seule que j'aie eue jusqu'à présent... C'est peut-être pour cela que j'ai été légère... volage...

— Che foudrais pien, alors, être un tulipe, murmure le baron.

— Vous choisissez mal, baron; la tulipe a fort peu de charme pour moi, je prise peu les fleurs inodores.

— Alors che foudrais être... le pifoine...

— Ah! ah! ah! vous n'êtes pas heureux en fleurs... Eh bien! messieurs, que dites-vous de la soirée de M. Sordeville... le concert était-il bien?... Moi, je suis arrivée fort tard...

— Ma foi, c'est heureux pour vos oreilles; car il y a un monsieur et une dame qui nous ont mis à de rudes épreuves!... Ah!... pourtant... un jeune homme blond a chanté des romances assez bien... Quel est donc ce jeune homme-là?... il causait souvent avec madame Sordeville...

— Oh! je vous comprends... c'est Mondival... il est gentil... mais il est bête... c'est un fat... je déteste les fats, moi!... je préfère les hommes laids... et spirituels... ce n'est pas pour vous que je dis cela, messieurs!...

Et la belle Frédérique se met à rire aux éclats. Le baron croit devoir en faire autant. Je ne dis rien, je pense à Armantine. Ma voisine, qui me voit garder mon sérieux, me pousse le genou en s'écriant :

— Eh bien! il ne dit rien... est-ce que je vous ai fâché... mais non... il n'y avait rien là à votre adresse...

— Moi, fâché... et pourquoi donc?...

— Il ne sait pas seulement ce que j'ai dit... j'en étais sûre, il ne songe qu'à son Armantine... Vous l'aimez donc bien... mais là ce qui s'appelle du fond du cœur?...

— Oui... c'est-à-dire... je l'aimais...

— Et c'est passé déjà... parce qu'on a fait la coquette...

— On ne s'est pas plus occupé de moi que si j'avais été un étranger...

— Mais on ne vous connaît pas encore depuis si longtemps. Ensuite, je vous préviens qu'elle est excessivement capricieuse!

— Oh! je m'en suis aperçu; c'est un vilain défaut.

— C'est assez commun aux petites-maîtresses... moi, je ne le suis pas... il est vrai que je ne suis point petite-maîtresse... Buvez donc, messieurs... vous n'allez pas... vous n'êtes donc point de rudes soupeurs? Regardez-moi! je vous donne l'exemple.

Frédérique vide son verre d'un trait. Le baron veut en faire autant, mais il avale de travers; il se lève pour tousser et taper du pied. On apporte du champagne, du malvoisie, la chère est excellente, je commence à être moins triste, l'exemple de madame Dauberny m'entraîne, je fais honneur au souper.

Le baron, qui ne tousse plus, s'est remis à table; ses joues commencent à tourner au pourpre.

— Tout à l'heure, nous dit Frédérique, je vais renvoyer le domestique, alors nous mettrons nos coudes sur la table... et nous dirons des bêtises!...

— O foui... les pêtises, je foulais pien... et les pieds sur la table, c'être amusant.

— Pas les pieds... ce serait gênant... j'ai dit les coudes...

— Foui!... les genoux...

— Vivent les parties impromptues... il n'y a que celles-là de gaies... certainement, je ne pensais pas du tout ce matin que je vous aurais ce soir ou plutôt cette nuit à souper, messieurs, et vous ne vous attendiez pas non plus à venir chez moi.

— Nous ne devinions pas notre bonheur...

— Ah! Rochebrune, vous êtes assommant avec vos compliments.. J'aime à croire que vous dites autre chose aux femmes que vous aimez... Il y en a pourtant qui aiment ce genre de conversation; Armantine ne hait point les compliments.

— Je vous assure, madame, que je n'ai pas eu l'intention de vous en faire... Mais on ne peut donc plus dire ce qu'on pense... Oui, ce souper est pour moi un bonheur... j'étais triste, vous me rendez gai... j'avais renoncé à tout espoir... vous m'en avez rendu... enfin, je ne puis pas vous dire pourquoi je me sens si heureux maintenant... Vous voulez bien qu'on dise tout ce qu'on pense, n'est-ce pas?

— Oh! oui... car je le dis, moi.

— Eh bien!... vous avez une coiffure qui fait mon bonheur... si vous saviez comme cela vous va bien!... N'est-ce pas, baron, que madame est coiffée à ravir?

Le baron commence par me tendre la main; il faut absolument que je lui donne la mienne, il se met à la secouer, en s'écriant :

— Fous êtes bas amoureux d'elle?... n'est-ce bas?... fous l'afez bromis avant le souper.

Je ne puis m'empêcher de rire de la sollicitude du baron relativement à l'état de mon cœur.

La séduisante Frédérique fait un petit mouvement d'épaules, en disant d'un air d'impatience.

— Mais non, mille fois non, il ne songe pas à moi... est-ce qu'on ne peut pas dire à une dame que sa coiffure lui va bien, qu'on aime cette coiffure-là, sans être amoureux d'elle? Monsieur le Prussien, si vous revenez sur ce chapitre, je lève la séance.

— Je suis mouette.

— Parlez, mais parlez d'autre chose... Ah! vivat!... nous voilà libres enfin...

Le domestique est parti après avoir servi le dessert. Frédérique remplit nos coupes, puis se lève et tire une sonnette en s'écriant :

— Ah! j'oubliais le plus gentil.

Le domestique revient :

— Jean, apportez des pipes, des cigares, des cigarettes et du tabac. Allez!

Le baron fait presque un jurement d'admiration, en s'écriant :

— Ah! sapré tarteff!... est-ce que nous allons fumer?... est-ce que il bermettrait?...

— Non-seulement je permets, mais je donne l'exemple... pas toujours cependant; mais cette nuit, nous sommes tout à fait en petit comité... et puis je suis comme Rochebrune, je suis satisfaite de mon souper...

— Ah! vous fumez, madame?

— Cela vous étonne?...

— Rien ne m'étonne de votre part.

— Vraiment! Je ne sais pas si je dois prendre cela pour un compliment... Oui, n'est-ce pas, il faut voir les choses du bon côté?

— Est-ce que je puis avoir la pensée de vous critiquer, vous qui avez été et qui êtes encore si bonne pour moi?...

— Vraiment! vous me trouvez bonne? Ah! voici ce que j'ai demandé.

Le domestique pose sur un guéridon, qu'il approche de la table, un assortiment complet de pipes, de cigares et plusieurs sortes de tabac. Chacun choisit ce qui lui convient; j'ai cru que Frédérique s'en tiendrait à la cigarette; mais elle prend une fort belle pipe turque et bourre son narguilé avec un tabac qui vient du même pays. Puis, elle s'étend dans son fauteuil, vide une coupe de malvoisie et fume avec l'abandon d'un mahométan.

Le baron frappe dans ses mains, en murmurant :

— Très-pon, très-pon... vous il avré toutes les qualités pour plaire.

— Parce que je fume... mais, mon cher Brunzbrack, beaucoup de gens nommeraient défaut ce que vous appelez qualité!

Oh que si!... che dis que fous il être tout à fait à le mode... fous il être une ourse.

— Une ourse!... ah! ah! ça ne peut pas être cela que vous voulez dire...

— Bermettez... comme on disait... un animal du désert... le femelle du roi des animaux?

— Une lionne... voilà ce que vous voulez dire.

Foui... fous il être le lionne de la mode; c'est toujours le même chose.

J'ai pris un cigare, le baron une pipe ordinaire; nous voilà fumant à qui mieux mieux. M. de Brunzbrack, que la pipe altère probablement, vide très-fréquemment son verre en faisant l'éloge du champagne; de mon côté, je trouve le malvoisie délicieux, et puis je me sens si bien devant cette table, près de cette femme originale qui est avec nous comme un garçon!...

— Messieurs, dit Frédérique en lançant au plafond une bouffée de fumée, l'existence a des moments fort agréables.

— Je la trouve délicieuse en ce moment...

— Elle jutte un peu... mais bourtant elle est bonne...

— Comment, baron, votre existence jutte un peu?...

— J'afais bas compris... che barlais de mon pipe...

— Ah! à la bonne heure!... c'est dommage qu'il y ait de mauvais jours, de tristes pensées qui s'emparent de nous!...

— Les tristes pensées ne viennent qu'à la suite des déceptions du cœur!...

— Oui, vous avez raison, Rochebrune... c'est pour cela que vous aviez de si tristes pensées, ce soir, n'est-ce pas... le beau Mondival vous a distancé... c'est lui qui a eu la corde ce soir. Ah! ah! comme je traite l'amour... et qu'allez-vous penser de moi?... que je suis un bien mauvais sujet, n'est-ce pas?

— Nous serions trop heureux si cela était!...

— Ah! foui... comme il dit mon ami *Rochebrun*... si cela était... sapremann, elle jutte encore!

— Changez donc de pipe, baron; il me semble que vous avez là de quoi choisir...

Une pensée qui m'est déjà venue plusieurs fois à l'esprit pendant le souper me préoccupe encore. Je ne sais si Frédérique lit dans mes yeux; mais, après m'avoir fixé un moment, elle me dit :

— A quoi pensez-vous? allons, dites... parlez... voilà déjà plusieurs fois que cela vient jusqu'à vos lèvres, et vous retenez vos paroles. C'est donc quelque chose de bien méchant, pour que vous craigniez de le dire?

— Non... c'est une réflexion fort naturelle... mais que je ne dois pas me permettre, peut-être.

— Il me paraît cependant que vous vous la permettez... Je n'aime pas qu'on garde les choses en dedans, c'est plus dangereux...

— A fotre santé, matâme, au plaisir que j'ébrouve en fumant ce pipe dans votre compagnie...

— Merci, baron, merci.

— Foulez-vous trinquer?...

— Certainement que je le veux.

Tout en répondant au toast de M. de Brunzbrack, les yeux de Frédérique me regardent toujours, et ils me disent positivement de parler.

— Eh bien, madame... dis-je en hésitant un peu.

— Pourquoi m'appelez-vous encore madame, je vous appelle bien Rochebrune, moi.

— Mais alors... comment me permettez-vous de vous appeler?

— Je vous ai dit de me regarder comme votre ami, votre camarade. Si j'étais un homme, vous me diriez Frédérique, comme je vous dis, moi, Rochebrune; appelez-moi donc Frédérique.

— Je n'oserai jamais.

— Pourquoi cela, puisque je vous le permets?

— C'est que vous ne me faites pas du tout l'effet d'un homme.

Elle sourit drôlement, passe sa main sur sa tête, ôte sa petite toque, la jette au hasard dans la chambre, passe ses doigts dans ses cheveux qui sont en boucles, défait ceux qui sont en bandeau pour les mettre en boucles aussi, et tout en variant sa coiffure, reprend :

— Monsieur Charles Rochebrune ne veut donc pas me dire ce qu'il a eu plusieurs fois sur le bord des lèvres?

— Pardonnez-moi, madame, je pensais... j'étais surpris... de ne point trouver ici... une autre personne.

Frédérique pince ses lèvres et fronce légèrement le sourcil, en murmurant :

— C'est de M. Saint-Bergame que vous voulez parler...

— Oui...

— En effet... il y a trois jours encore... je n'aurais point soupé ici sans lui... Mais nous sommes brouillés.

— Ah! vous êtes fâchés.

— Oui...

— Pas pour longtemps, sans doute...

— Peut-être... quand on a pu être deux jours sans chercher à se voir, on peut être une semaine; lorsqu'on est une semaine, il n'y a pas de raison pour qu'on ne soit pas un mois... et ainsi de suite... Il a fait quelque chose... qui m'a déplu... je le lui ai dit... Au lieu de s'excuser, il a cru devoir me faire une scène... cela lui a très-mal réussi!... Il devait venir dès le lendemain, dès le soir même, me demander excuse, il ne l'a point fait, maintenant je crois qu'il serait trop tard... Tenez, mon ami... je veux vous appeler mon ami, me le permettez-vous, monsieur? je crois que je me passerai de Saint-Bergame beaucoup mieux que je ne le pensais...

Elle me dit cela en me tendant la main et d'une façon si gentille que je suis tenté de lui sauter au cou et de l'embrasser. Je me contente de prendre sa main et de la porter à mes lèvres. Elle la retire vivement, en s'écriant :

— Eh bien! qu'est-ce qu'il fait donc... est-ce qu'un homme baise la main de son ami; par exemple, voilà du nouveau!

Entre la pipe et le champagne.

Le baron, que la pipe et le vin commencent à alourdir et dont les yeux sont beaucoup moins ouverts qu'au commencement du souper, s'aperçoit cependant que je viens de baiser la main de madame Dauberny. Aussitôt il ôte sa pipe de sa bouche, et me regarde en face, en s'écriant :

— Mon pon ami, c'est bien vrai que fous il est bas titout amoureux de matame... mais che disais, pas titout, titout!...

— Qu'est-ce qui vous reprend donc, baron, dit Frédérique en riant, est-ce que vous allez recommencer?

— Non, mais bourquoi que mon bon ami Rocheverte il paise fotre main... che l'ai bien vu qu'il paise fotre main.

— Je ne me suis pas caché, baron, et je ne demande pas mieux que de recommencer.

— Eh pien, alors, moi, je foulais aussi regommencer... mais j'affre bas commencé encore...

— Baron, bourrez votre pipe et laissez ma main en repos. Nous disons donc que ce soir le concert d'Armantine a été... comment dit-on, en style chicard... *mouche*, je crois?

— Oui, madame.

— Che sais bas, s'il y avait des mouches chez monsir Sordeville, mais c'être un homme bien aimable, pien... comme vous disez? il faisait causer peaucoup... il aimait pien quand je cause, il disait que je parle pien le langue...

La physionomie de Frédérique a subitement changé, son front est devenu sombre, son regard n'est plus le même, elle examine le baron, en disant :

— De quoi donc avez-vous causé, avec monsieur Sordeville?

— Nous avons barlé affaires... gomme che suis venu en France à le suite de l'ampassadeur, il m'affre questionné sur le politique... sur le gouvernement... tout plein des choses sérieuses. C'être un homme profond, il était touchours de mon avis.

Frédérique demeure pensive, elle reprend au bout d'un moment :

— C'est la seconde fois seulement que vous allez chez M. Sordeville?

— Foui... c'est la seconde fois. Che avais rencontré ce monsir dans le maison de montâme de Granvallon, où j'affre eu le plaisir de rencontrer fous...

— Et vous ne connaissiez pas M. Sordeville auparavant?

— Pas titout, mais il faisait connaissance si facilement, il était très-aimable... son femme, qu'il m'avait dit, être fort peaucoup amie avec fous...

— En effet, Armantine a été dans le même pensionnat que moi... nous étions amies... J'ai quitté la pension bien avant elle... je ne voulais rien apprendre qu'à faire des armes et monter à cheval, c'est justement ce qu'on ne m'enseignait point à mon pensionnat... J'aurais voulu entrer à l'École polytechnique, puis à Saint-Cyr... devenir officier, enfin. Je citais à mes parents l'exemple de la chevalière d'Éon qui, quoique femme, eut le talent de mener longtemps la vie d'un homme. Mais on prétendit que je risquerais trop!... voilà comme on contrarie toujours la vocation des enfants!... J'ai retrouvé Armantine mariée, et nous avons renouvelé connaissance. Elle est aimable, gaie, un peu capricieuse, très-coquette, mais bonne au fond... Quant à son mari... je trouve qu'il s'occupe trop peu de sa femme.... il lui laisse beaucoup de liberté... je ne dis pas qu'elle en abuse, mais enfin, messieurs, vous êtes quelquefois fort galants, fort entreprenants!... et quand le mari n'est jamais là... ma foi, c'est sa faute s'il lui arrive malheur.

— Que fait-il donc, ce M. Sordeville? dis-je en m'adressant à Frédérique. Elle est assez longtemps sans me répondre, puis, dit enfin :

— Je croyais que vous le connaissiez, vous?

— Pour l'avoir rencontré deux ou trois fois dans une maison où l'on donnait des bals, où l'on jouait. Il a lié conversation avec moi; il ne manque pas d'esprit, il cause bien, et il a le talent bien plus rare encore de savoir faire causer. Vous voyez, au contraire, dans le monde tant de gens qui ne savent que vous couper la parole et qui ne comprennent pas que l'on puisse avoir autre chose à faire qu'à les écouter. J'ai donc causé avec M. Sordeville, ensuite, je l'ai retrouvé à cette noce... où vous avez été si bonne pour moi, et c'est là qu'il m'a engagé à venir chez lui. Mais je ne me serais pas permis de lui demander sa profession. Après cela, s'il est riche, il a le droit de n'en point avoir.

— Il paraît qu'il a de la fortune; cependant il fait, à ce que je crois, des affaires à la Bourse. Et ce soir, avez-vous été plus content de lui que de... a-t-il été aimable?... il vous a bien reçu, je n'en doute pas, mais enfin de quoi avez-vous parlé... pas de sa femme, je suppose?

— Non, il causait aussi de choses sérieuses avec un vieux monsieur qui cligne de l'œil, ou plutôt les ferme tout à fait en parlant. Ces messieurs se sont mis sur la politique et ont causé assez longtemps. Frédérique n'est plus la femme qui était avec nous tout à l'heure. Après un assez long silence, pendant lequel notre amoureux Prussien continue de noyer ses chagrins de cœur dans le champagne, je presse doucement le bras de ma voisine, en lui disant à demi-voix :

— Vous n'êtes plus avec nous... êtes-vous fatiguée, désirez-vous que nous vous laissions?...

Frédérique relève la tête, passe sa main sur son front et reprend son air aimable, en s'écriant :

— Oh! vous avez raison! grondez-moi, mon ami... J'ai quelquefois des moments de rêverie... je me laisse aller à des idées qui n'ont pas le sens commun!... Je suis très-coupable, car ce n'est pas quand vous êtes près de moi que je devrais avoir de telles pensées. Mais je ne veux pas que vous me quittiez encore... nous sommes si bien ensemble... Est-ce que vous avez envie de dormir, vous?

— Oh! non, madame!...

— Encore madame!... vous m'impatientez... Prenez garde, si vous continuez ainsi, je ne suis plus votre camarade...

— Ah! ne me dites pas cela... Frédérique...

— Il m'a appelée Frédérique!... c'est bien heureux... Qu'on a eu de peine à l'amener là... Ah! je suis contente!...

Elle se lève, elle court, elle se met à valser, à tourner autour de la table, puis elle s'arrête à une glace qui est au-dessus de la cheminée, elle change de nouveau sa coiffure; cette fois, elle tortille un foulard rouge sur sa tête, elle se coiffe en créole, et elle va prendre le baron par les épaules et le secoue vivement, en s'écriant :

— Eh bien, mon ami Brunzbrack, vous ne nous dites plus rien... est-ce que vous dormiriez, par hasard?

Le baron relève la tête, se frotte les yeux, tâche de les ouvrir bien grands, et s'écrie :

— Ah! zaperlotte, moi tormir! quand che suis avec un si cholie femme... avec un femme qui tourne la tête et le cœur à moi...

— Je ne sais pas si je vous tourne la tête, mais il me semble que vous n'étiez plus guère à la conversation...

— C'est le bipe qui m'affre étourdi un betit peu... mais che avais bas encore vu!... mein gotte que fous il être donc gentille encore avec cette autre façon de coiffer fous... Che sais bas pourquoi fous il s'amuse à faire toutes ces betites drôleries sur son tête... comme s'il plaisait bas déjà pien assez!...

— M. de Brunzbrack a raison, dis-je, en contemplant Frédérique, à qui le foulard rouge donne un air mutin et fripon qui la change entièrement. Savez-vous, mon amie, que vous n'êtes pas généreuse de prendre à chaque instant une autre coiffure... d'en imaginer de si piquantes... Vous voulez donc qu'il meure d'amour, ce pauvre baron!

— Ah! ah! ah!... je ne crains pas cela... Je me coiffe de nuit... on n'est donc plus libre de se coiffer de nuit!... Mais je ne veux pas qu'on dorme, baron!... Voyons, chantons, égayons-nous, trinquons... oh! je suis en train de rire, ce soir...

— Foui, foui, trinquons, chantons...

— Vous allez commencer, baron, mais point de romances, surtout, point de langoureuses complaintes... c'est du gai qu'il nous faut... du gaillard même... Tiens, entre hommes, est-ce qu'on se gêne?...

Elle emplit nos verres, elle se rejette sur son siége en riant aux éclats, parce que le baron la regarde d'une façon si tendre, qu'en ce moment on ne lui voit plus les yeux, et que son visage ressemble à une aubergine.

— Voyons, baron, nous vous attendons...

— Ah! c'est moi que je chante la première... che foulais pien... Attendez que che me rappelle un cholie chanson... j'en savais beaucoup... attendez... Trum... trum... trum... trideri... tram, tram, tram!... Sapremann... j'en savais tant... attendez... Troum... troum... troum... tradera... tradera... C'être étonnant! che peux bas rappeler le gommencement... attendez... Trim... trim... trim... turlulu... traderi...

— J'ai peur que vous n'en sortiez pas, mon pauvre Brunsbrack; en attendant que la mémoire vous revienne, c'est Rochebrune qui va chanter.

— Moi?

— Oui, eh bien, est-ce qu'il a aussi perdu la mémoire, celui-là... Mais qu'est-ce que c'est que ces hommes-là, auxquels un verre de champagne et de malvoisie trouble l'esprit...

— Je veux bien chanter... mais je ne sais que des bêtises.

— Chantez-nous des bêtises... j'admets tout ce qui n'est pas cru... D'ailleurs, je suis persuadée que mon ami ne me chantera rien d'inconvenant...

— Mais, au contraire, je suis très-inconvenant, parfois.

— Alors, monsieur, taisez-vous...

Elle a pris un petit air boudeur. Je m'empresse de fredonner quelque chose, en lui disant :

— Ce ne sera que légèrement grivois.

— Allez donc, en ce cas; je vous passe... le Vadé, le Gallet... le

Favart... Les choses spirituelles ne sont jamais sales, ou alors elles ne seraient plus spirituelles.

— Je cherche mon air...

— Mon Dieu! qu'ils sont insupportables avec leurs airs... Tenez, celui-ci... Tra la la la la... la la la... toutes les chansons vont là-dessus.

— Vous avez raison, c'est celui de *la Famille de l'apothicaire*.

— Je ne sais pas de quelle famille il est, mais pourvu qu'il aille... commencez, monsieur.

— M'y voici... je vais vous chanter le *Vent*... vous permettez?

— Va pour le vent!...

— Je vous prie de croire qu'il ne s'agit pas de celui qui est le mot de l'énigme dans *le Mercure galant*.

— Je l'espère bien; c'est le vent *qui souffle à travers la montagne*, le vent de *Gastibelza*.

— C'est cela même... m'y voici... *Quand on te propose!* Ah! cela ne va pas sur l'air de *la Famille de l'apothicaire*...

— C'est étonnant, cela aurait dû y aller... cherchez-en un autre...

— Je crois que l'air du *Baiser au porteur* fera mon affaire...

— Ah! que vous êtes long à vous mettre en train, mon cher ami...

— Je commence : *Quand on t'offre une promenade*...

— Trum, trum, trum, traderi dera, troum, troum, troum...

— Ah! baron, vous allez nous faire le plaisir de vous taire... avec vos troum! troum! troum!...

— Che cherchais touchours mon air...

— Vous le chercherez après, mais écoutez Rochebrune, qui va nous dire une chansonnette grivoise...

— Oh! pon, pon!... crivoise!... c'être pien amusant crivoise... Qu'est-ce que c'était qu'un chanson crivoise?...

— Cela veut dire gai... tranchons le mot, puisque nous sommes entre hommes, cela veut dire polisson...

— Oh! c'être pien gentil, alors... Ch'aimais tout plein... nous allons rire!... Voyons le chanson bolisson... Oh! oh! oh!... Que c'être amusant!... Ah! ah! ah!...

Le baron rit tellement de confiance du plaisir qu'il se promet, que Frédérique a beaucoup de peine à le faire taire; enfin, il cesse, et se contente de murmurer entre ses dents : Bolisson, crivois!... crivois, bolisson! et chante sur l'air du *Baiser au porteur* :

Quand on t'offre une promenade,
Lisa, prends garde au temps qu'il fait!
S'il fait du vent, dis-toi malade,
Ou bien, l'on en profiterait
Pour te faire ce qu'on voudrait.
Va, je ne ris pas, sur mon âme.
Par ce temps-là je fus prise souvent! ..
Ma chère, il n'est pour une femme,
Rien de plus traître que le vent.

Je m'arrête après le premier couplet pour regarder Frédérique. Elle sourit, c'est bon signe. Quant au baron, il répète chaque vers après moi, en y faisant parfois des variantes, et en s'accompagnant d'un gros rire. Nous entendons :

— Rien de plis surnoise que le fent!... Oh! oh! oh!... pon, pon, pon... Bolisson!

— Continuez! dit Frédérique.

— Je tousse, je bois, et je m'écrie comme *Ravel*, dans *le Tourlourou* :

Second couplet, même air :

Et puis comment veux-tu qu'on fasse?
On s'habille quand il fait beau;
Le vent arrive, on s'embrasse
On ne peut tenir de niveau,
Le bas d'sa robe et son chapeau;
On a les yeux pleins de poussière
Lorsque ça souffle par devant,
Mais, c'est plus perfide ma chère,
Quand on ne voit pas venir le vent...

— Mon chère!... Quand on sent bas souffler le fent... Oh! oh! oh!... pon, pon, pon... Troum! troum! troum...

Frédérique rit tout à fait.

— Troisième couplet, même air!...

— Oh! qu'il est insupportable avec ses annonces!... Chantez donc!

Si la pluie est désagréable
Et sur nous mouille nos jupons,
Le vent est libertin en diable!
Il dessin' ce que nous avons...
Il nous fait comm' des petits caleçons;
Un homme, alors, garde moins de mesure.
Car, ça le monte au ton du sentiment!
Et ce n'est pas notre figure
Qu'il regard', tant qu'il fait du vent.

— Oh! oh! oh!... pon! pon! pon!... Ce n'est pas le figure... Che comprends bas...

— Ah! baron, tant pis pour vous, mais je ne veux pas qu'on vous donne d'explication... Il me semble que c'est assez compréhensible... Elle est un peu gaie, mais elle est drôle... Est-ce tout?

— Oui.

— Il n'y a que trois couplets. C'est dommage.

Et Frédérique porte son verre à ses lèvres en disant : Après tout... où est le mal!... Autrefois, les hommes chantaient plus souvent, et ils étaient moins méchants qu'aujourd'hui... Pauvre gaieté française! qu'es-tu devenue!... Joyeuses réunion du *Caveau!*... ce n'était vraiment que pour chanter, que l'on demandait à être membre de ton association.

— Troum! troum! traderi dera... Ah! je me rabelle mon chanson, enfin.

— Voyons, baron! nous vous écoutons.

Le baron ouvre une bouche immense, on croirait qu'une voix de Stentor va en sortir, mais nous sommes agréablement surpris : quand il chante, M. de Brunzbrack prend une petite voix de tête qui ressemble à celle d'un enfant de deux ans, et qui me rappelle infiniment celle que faisait l'*homme à la poupée*.

Moi, qui jadis ch'affre eu le gloire,
De chansonner bour montemoiselle Iris,
Che vais avec fotre permission fous dire l'histoire
Du jeune perger Pâris;
Sur le mirlidon...

Frédérique interrompt le baron en s'écriant :

— Assez!... assez! nous savons cela, mon pauvre Brunzbrack... Il ne fallait pas vous donner tant de peine pour vous rappeler cette chanson...

— Comment, fous, il savoir...

— Qu'est-ce qui ne sait pas le jugement de Pâris!... sur l'air du mirliton, mirlitaine... Je crois que c'est de Collé... Je ne devrais peut-être pas avouer que je la sais... Mais, puisque je vous ai dit que j'étais un garçon, cela ne doit plus vous étonner!...

— Elle est pien cholie! Ça finissait touchours par : Mirlidon, mirlidaine, mirlidon, don, don!...

— Oui... Je vous conseille de nous chercher autre chose, baron.

Et Frédérique jette son foulard au bout de la table; elle se lève, court de nouveau devant la glace, sort un petit peigne d'une poche de sa robe de chambre, et en un instant défait et rechange entièrement toute sa coiffure. Cette fois, elle cueille une belle rose blanche, la met dans ses cheveux, forme des boucles beaucoup plus tombantes, et se donne l'aspect de ces charmantes figures anglaises de *Lawrence*, que le burin reproduit à profusion, et que l'on ne peut regarder sans se dire qu'on serait bien heureux de posséder le modèle.

Singulière femme, que cette madame Dauberny... Que j'étais loin de me la figurer ainsi... Quel piquant assemblage! Tour à tour, gaie, rieuse jusqu'à la folie; puis, tout à coup, sérieuse, presque mélancolique, sévère même, libre dans ses actions; retenue dans ses propos; prenant le ton, les manières d'un homme, puis revenant subitement aux grâces, à la gentillesse d'une femme... Je ne sais encore quel jugement porter sur elle... mais ce dont je ne doute pas, c'est de sa franchise : je suis bien certain qu'elle ne se gêne jamais pour dire le fond de sa pensée.

— Mirlidon, don, don, mirlidaine!... C'est le baron qui fredonne entre ses dents.

Frédérique est revenue se placer à table, elle me regarde bien en face et me dit :

— Voyons, camarade, que pensons-nous de cette coiffure?... Oh! mais, d'abord, mon cher ami, persuadez-vous bien qu'il n'y a pas la moindre coquetterie dans tout ceci... Cela m'amuse de me faire une autre tête... de me donner tour à tour l'air sérieux, mutin, romantique, étourdi... J'aurais aimé à être actrice, pour changer souvent de rôle... Je suis quelquefois aussi enfant que lorsque j'avais douze ans... mais, je vous le répète, ce n'est pas pour plaire que je fais tout cela, c'est pour m'amuser.

— Quand vous seriez coquette, où serait le mal, vous en avez le droit?

— Je le sais bien, c'est pour cela que je n'en use pas... Après cela, peut-être le suis-je sans m'en douter... on prétend qu'on ne se connaît pas soi-même. Vous ne voulez pas me dire comment vous me trouvez?...

— C'est que je suis embarrassé pour choisir... Vous étiez plus agaçante tout à l'heure... Vous faites plus rêver, maintenant... C'est, je crois, plus dangereux.

— Et vous, baron... Votre avis, sur cette nouvelle coiffure.

A force de chanter entre ses dents : Mirlidon, don, don, mirlidaine, M. de Brunzbrack s'est endormi; il ne répond qu'en murmurant encore :

— Mirlidon... mirlidon... don, don!...

— Il est dans les espaces imaginaires! dit Frédérique en se tournant de mon côté. Laissons-le dormir. Pour un Allemand, il ne sait pas boire, ou plutôt il boit trop. A la bonne heure, vous... il n'y paraît pas; c'est gentil de s'égayer!... c'est stupide de se griser et de s'endormir. Moi, je bois du champagne tant que je veux, cela ne me fait rien que me rendre causeuse... expansive... n'est-ce pas, mon ami... n'est-ce pas... Ah! il me prend une singulière fantaisie... si je n'y cède pas, j'étouffe!...

— Qu'est-ce donc, mon Dieu... Cédez-y bien vite...

— Eh bien!... j'ai envie de te tutoyer... le veux-tu?

Je ne saurais rendre l'effet que me produit ce : *le veux-tu?* Il me passe par tout le corps comme un frisson... je me sens saisi, bouleversé... c'est qu'on ne s'entend pas tutoyer impunément par une femme jeune et faite pour plaire. J'ai beau me dire que chez Frédérique cela ne tire pas à conséquence, que ce n'est qu'une suite de son originalité, je suis ému et je ne sais que répondre.

Elle m'en évite la peine en reprenant :

— C'est dit, nous nous tutoyons. Je serai ton confident, tu seras le mien... Comme des amis bien intimes, nous n'aurons rien de caché l'un pour l'autre... Touche là... tu t'appelles Charles, je crois, je te dirai Charles, c'est moins cérémonieux que Rochebrune... Voyons, touche donc... est-ce que tu ne veux pas me dire toi?

— Oh! si vraiment... je trouve cela charmant... je vous... je te... je vous dirai... toi.

— On dirait que cela lui est difficile... moi, il me semble que tu es mon frère et que je t'ai tutoyé toute ma vie...

— Ah! il vous semble que je suis... ton frère.

Je ne me sens pas du tout satisfait de ce qu'elle me regarde comme son frère... Ah! que les hommes sont fats!... je me figurais déjà avoir tourné la tête à Frédérique... Ces mots ont dissipé mon illusion. Je suis un moment silencieux, je me remets bien vite, je lui secoue la main en lui disant :

— Voyons, chère amie... en avant les confidences et les questions : dis-moi pourquoi, tout à l'heure, un nuage de tristesse a obscurci ton front en me parlant de M. Sordeville; est-ce que tu crains qu'il ne rende pas sa femme heureuse?

Frédérique reprend son air sérieux, sombre même; ses yeux se baissent vers la terre; elle garde assez longtemps le silence, enfin elle me répond :

— Tu as bien mal choisi pour ta première question... je ne puis y répondre, mon cher Charles; il y a de ces choses qu'il faut renfermer au fond de son âme, que l'on ne doit pas confier... même à un ami... surtout lorsque... J'avais tort de me laisser aller à des idées... non, c'est impossible!... cela ne peut être... je te le répète; je n'aurais pas dû avoir ces pensées qui ont un moment fait fuir ma gaieté. Il est donc tout à fait inutile de me reparler de cela.

— Je ne vois qu'une chose là dedans, Frédérique, c'est que tu as un secret que tu ne veux pas me confier. Libre à toi!...

— A mon tour les questions, monsieur; on m'a dit... quelqu'un avec qui j'ai causé de toi, depuis la noce... car j'ai pris quelques informations depuis ce temps... sans cela, cher ami, il ne faut pas croire que je t'aurais aussi vite engagé à souper chez moi; mais une dame en qui j'ai confiance, et que tu as beaucoup aimée... autrefois... ceci ne doit pas te surprendre... tu en as tant aimé!... As-tu pris des notes...

— Achève donc... que t'a dit cette dame?

— Elle m'a dit beaucoup de bien de toi... c'est beau de la part d'une maîtresse que nous avons quittée... mais elle s'y attendait, elle avait fait son temps. Et il paraît d'ailleurs que tu y as mis des égards et que vous êtes restés bons amis.

— Son nom?

— Ce n'est pas la peine. Cette dame me parlait donc de toi, je la faisais causer, j'étais bien aise d'être renseignée... Tu m'avais plu au premier coup d'œil... j'avais tout de suite deviné que nous serions un jour bons amis... bons amis, tu entends, cela vaut mieux qu'amant et maîtresse... cela dure davantage...

— Vous voyez bien cependant que je suis resté l'ami de cette dame, quoiqu'elle ait été ma maîtresse...

— Ceci est une exception... Pourquoi as-tu dit : vous?

— Pardon... je ne suis pas encore bien habitué... Enfin, tu disais...

— Je fais bien des digressions, n'est-ce pas... je bavarde... je dis tout ce qui me vient à la tête... Oh! mais, c'est si bon de pouvoir mettre ainsi sa pensée à découvert!... Allons, ne t'impatiente pas... rien ne nous presse... tu es bien là?... aucune femme ne t'attend... n'est-ce pas? Laisse mes paroles courir au gré de mon imagination, qui m'emporte parfois d'un sujet à un autre... il faut être indulgent pour ses amis!...

En me disant cela, elle a passé un de ses bras autour de moi, elle s'appuie sur mon épaule... sa tête se trouve tout près de mon visage et, lorsqu'en jasant elle relève les yeux et les arrête sur moi, nos regards se confondent... nous sommes si près l'un de l'autre que je sens le souffle de son haleine brûler mon visage. Ah! cette femme-là est donc bien froide! bien indifférente!... pour me traiter comme si j'étais véritablement son frère ou son père!... mais nous sommes un peu animés par le champagne, et sans doute il produit sur nous deux un effet différent. Frédérique ne voit plus en moi qu'un ami, avec lequel elle peut se montrer ce qu'elle est. Moi, je vois toujours une jolie femme... certainement, je ne songe pas à lui faire la cour; mais plus elle se laisse aller à l'originalité de son caractère, plus je la trouve séduisante, et il me semble qu'elle met mon amitié à une rude épreuve en prenant presque ma poitrine pour oreiller.

— Pour en revenir à cette dame... ton ancienne amie... elle m'a dit que tu avais dû te marier, il y a... quelque temps, et que ce mariage avait été rompu tout à coup, sans qu'elle ait su la cause de sa rupture; elle te l'a demandée; tu n'as jamais voulu la lui dire... elle croit même que c'est cela qui a commencé à vous brouiller.

— C'est possible...

— Mais ce qu'on ne dit pas toujours à une maîtresse, on peut bien le confier à une amie intime... Qu'est-ce qui a donc fait manquer ton mariage, conte-moi cela?

Ce que Frédérique vient de me dire a subitement chassé ma gaieté; un souvenir pénible est venu m'assaillir. Je soupire et je me tais.

— Eh bien! tu ne me réponds pas? s'écrie Frédérique au bout d'un assez long silence.

— C'est que... j'en suis bien fâché, mon aimable amie, mais tu as mal choisi ta première question... et je ne puis pas répondre à ce que tu me demandes.

— Ah! ah! ah!... c'est plaisant!

— Qu'est-ce qui te fait rire?

— Comment, tu ne remarques pas que pour deux amis intimes qui viennent de se jurer de n'avoir rien de caché l'un pour l'autre... à la première question que nous nous adressons réciproquement, nous ne pouvons... ou nous ne voulons pas répondre!... Vois-tu, mon ami, il en est presque toujours ainsi de tout ce que l'on projette!... Ne nous engageons jamais à rien... c'est bien plus sage... ensuite, avienne que pourra...

— Mirlidon... don, don... don, don!...

— Ah! mon Dieu, j'ai eu peur... j'ai cru le baron éveillé, et franchement, j'aime autant qu'il soit endormi.

— Il rêve qu'il chante, voilà tout.

— Voyons, mon petit Charles, je veux cependant te faire une confidence... tu trouves, sans doute, ma conduite bien singulière... bien répréhensible, peut-être?...

— Moi... pourquoi donc?

— Laisse-moi parler. Je sais très-bien que je blesse les convenances, que je froisse les préjugés!... que l'on fait sur moi une foule de commentaires qui sont rarement à mon avantage... mais je m'en... moque. Écoute.

Les Confidences.

Je n'avais pas vingt et un ans, lorsqu'on m'a mariée; mais j'avais déjà aimé ou cru aimer... J'étais vive, ardente... je suis d'un pays où les femmes ne savent pas cacher ce qu'elles éprouvent, où elles vont quelquefois au devant d'un aveu; et, chez moi, comme dit la Rochefoucauld : *L'accent du pays est dans le cœur comme dans le langage!* A dix-huit ans, j'étais devenue éprise d'un jeune homme fort joli garçon... à dix-huit ans, on tient beaucoup au physique... c'est naturel, on apprécie d'abord ce qui se voit. Mon jeune homme au teint rosé, aux cheveux blonds, aux yeux bleus, tendres et doux, avait deux ans de plus que moi, mais il avait l'air d'un écolier de seize ans; gauche, timide, emprunté, il ne savait rien me dire, il se contentait de me regarder... mais, comme ses yeux étaient beaux, je me trouvais heureuse de ce qu'il les tenait sans cesse attachés sur moi. Je me disais : « Il m'aime, il est très-amoureux de moi, puisqu'il reste ainsi en contemplation devant ma personne; » cependant, je n'aurais pas été fâchée d'entendre quelques mots d'amour sortir de sa bouche. Je tâchais de lui procurer des occasions pour être seul avec moi; je pensais qu'il se déclarerait enfin; mais Gabriel... il se nommait Gabriel, ne savait pas saisir les occasions... Quand il arrivait, et que j'étais avec une amie, je faisais un petit signe d'intelligence à celle-ci pour qu'elle me laissât un moment... les jeunes filles se comprennent fort bien! Mais quand mon amie avait trouvé un prétexte pour me quitter, Gabriel croyait devoir prendre son chapeau et s'éloigner avec elle... tu dois juger, si je me dépitais...

Un jour, cependant, comme Gabriel allait encore s'en aller derrière une marchande que je venais de congédier, je le retins par les basques de son habit, et il fut bien obligé de rester, ce qu'il fit en rougissant jusqu'au fond des yeux et en me disant :

— Est-ce que j'ai du blanc au dos de mon habit, mademoiselle?

— Non, monsieur, il n'y a rien à votre habit, répondis-je, mais, je désire causer avec vous... voilà pourquoi je vous ai retenu... il a bien fallu que j'employasse ce moyen, puisque vous vous sauvez toujours dès que je suis seule.

Gabriel baissait les yeux en tournant dans sa main une petite badine en jonc qu'il portait habituellement. Je l'engageai à s'asseoir près de moi sur un sopha; il y vint, se mit le plus loin possible de moi et continua de tenir ses yeux baissés et de regarder tantôt le bout, tantôt la tête de sa badine.

— Monsieur Gabriel, m'écriai-je enfin, impatientée de ce qu'il ne rompait pas le silence, vous n'avez donc rien à me dire... regardez-moi au moins, jusqu'à présent, quand vous ne parliez pas, vous aviez les yeux sur moi... pourquoi donc aujourd'hui regardez-vous constamment la tête ou le bout de votre canne... Voyons, monsieur... levez les yeux et avouez-moi le fond de votre pensée... et approchez-vous un peu... l'on croirait que je vous fais peur... que je vous gronde...

Gabriel se décida enfin à me regarder, à se rapprocher un peu... Il était rouge comme une cerise... Il avait l'air d'un écolier qui craint que son maître ne lui donne de la férule... mais il était bien joli garçon!

— Monsieur, repris-je, je vois bien que vous n'osez pas me dire ce qui vous fait si souvent soupirer près de moi. Pourtant, quand on ne s'explique pas, on n'avance à rien... Comme je suis moins timide que vous... comme j'aime à savoir sur quoi compter... je vais vous aider à parler... car je crois bien que j'ai deviné le secret de votre cœur... Vous... vous... êtes amoureux de moi, n'est-ce pas, monsieur Gabriel?

Mon timide soupirant se mit de nouveau à examiner la tête et le bout de sa badine, ce qui m'impatientait beaucoup, puis il balbutia :

— Je... je ne sais pas, mademoiselle...

— Comment, monsieur, vous ne savez pas... mais il faudrait cependant tâcher de savoir... Est-ce que vous ne me trouvez pas jolie?

— Oh! si, mademoiselle...

— Est-ce que vous n'éprouvez pas un grand plaisir à être avec moi?

— Si, mademoiselle!

— Alors, monsieur, vous voyez bien que vous êtes amoureux de moi.

— Dame... C'est bien possible...

Et il continuait son même jeu avec sa badine; n'y pouvant plus tenir, je la lui arrachai des mains, et la jetai dans la chambre, en m'écriant :

— Monsieur, pendant que je vous parle, il me semble que vous pourriez bien vous dispenser de jouer ainsi avec votre canne, vous n'avez pas l'air de m'écouter, et c'est très-malhonnête!

Le pauvre garçon était resté tout saisi de mon action. Il regardait sa badine du coin de l'œil et murmura :

— Je ne le ferai plus, mademoiselle.

Apaisée par son air soumis, je repris :

— Eh bien! monsieur Gabriel, puisque vous êtes amoureux de moi, vous devez avoir le désir de m'épouser... car les parents prétendent qu'on ne doit s'aimer que pour se marier... Je ne sais pas encore si c'est bien vrai. Seriez-vous content de m'épouser, monsieur Gabriel?...

— Mais, certainement, mademoiselle... Si vous pensez que ce soit possible.

— Pourquoi donc ne le serait-ce pas, monsieur... Est-ce que les jeunes garçons ne sont pas au monde pour épouser les jeunes filles?

— Je ne sais pas, mademoiselle...

— Comment! vous ne savez pas! Mais qu'est-ce qu'on vous a donc appris à votre collége, monsieur?

— Le latin, le grec, les mathématiques, la géographie, mademoiselle.

— Et rien du tout concernant les demoiselles, l'amour, le mariage...

— Rien du tout!

— Mettez donc les jeunes gens au collége !... C'est bien la peine... ça fait de drôles de savants; enfin, monsieur Gabriel, vous êtes amoureux de moi... vous m'aimez... vous avez envie de m'épouser, moi je ne demande pas mieux que d'être votre femme; eh bien! monsieur, il faut aller trouver mon père, et lui demander ma main.

— Vous voulez que j'aille trouver monsieur votre papa...

— Oui, monsieur, et tout de suite; il est justement dans son cabinet... Allez lui faire votre demande.

— Mais... mademoiselle... c'est que... je crois bien que je n'oserais pas dire cela à monsieur votre papa...

— Mon papa! mon papa... Mon Dieu, monsieur Gabriel, est-ce que vous ne pourriez pas dire mon père... Vous parlez comme un petit bonhomme de six ans! Il ne s'agit pas de trembler et de ne point oser; si vous n'allez pas faire votre demande, un autre sera plus hardi que vous... il parlera, on l'écoutera, on m'engagera, et je ne serai pas votre femme.

Gabriel fit un grand effort sur lui-même, il donna un coup d'œil sur sa toilette, puis s'écria : — Mademoiselle, je vais parler à monsieur votre pap... votre père...

— A la bonne heure! et vous allez revenir me dire tout de suite ce qu'il vous aura répondu.

— Tout de suite?

— Mais sans doute... Est-ce que vous croyez que cela ne m'intéresse pas...

— Je reviendrai, mademoiselle.

Gabriel avait gagné la porte du salon, lorsqu'il revint sur ses pas pour ramasser sa badine qui était restée dans un coin. Je tapai du pied avec colère en lui disant :

— Comment, monsieur, vous revenez pour cela!...

— Mademoiselle, c'est que j'ai l'habitude de la tenir, et ça me sert de maintien. Quand je ne l'ai pas, je ne sais que faire de mes bras...

— Quand on est bien préoccupé, monsieur, on n'est jamais embarrassé de ses bras... Mais allez, et revenez vite.

Gabriel était parti; j'étais inquiète, impatiente, je me figurais que j'avais un amour bien profond pour ce jeune homme... Chez les jeunes filles, le moindre sentiment, le plus léger caprice, prend d'abord la forme d'une passion... Aimable illusion! qui dure trop peu... grâce à vous, messieurs, qui savez si bien nous ramener à la triste réalité!...

— Ma chère Frédérique, les illusions et les déceptions sont égales pour les deux sexes!... Vous êtes peut-être plus aimantes, mais aussi vous êtes plus faciles à séduire... Nous changeons sans motifs, vous changez par coquetterie! il n'y a pas plus de fidélité d'un côté que de l'autre!

— Vous croyez?... C'est possible. Laissez-moi vous achever l'histoire de ce premier amour.

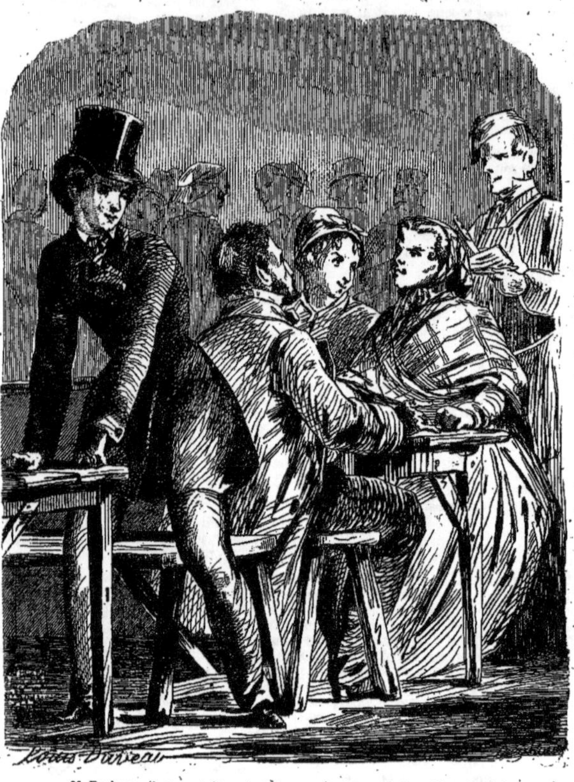

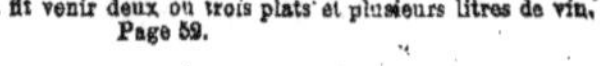
M. Dauberny s'excusa et fit venir deux ou trois plats et plusieurs litres de vin.
Page 59.

Gabriel ne fut pas longtemps absent; au bout de dix minutes, il revint me trouver : il était rouge, ses yeux étaient animés et n'exprimaient pas la joie. Je dois vous dire aussi que mon père, ancien marin, n'était pas tous les jours aimable, que son langage était souvent brusque, et que ses manières répondaient à son langage.

— Eh bien, monsieur, dis-je à Gabriel, vous avez vu mon père?

— Oui, mademoiselle.

— Vous lui avez demandé ma main?

— Oui, mademoiselle...

— Que vous a-t-il répondu?...

Gabriel se mit à faire pirouetter sa canne en appui le bout à terre.

— Ah! monsieur! si vous ne laissez pas votre canne tranquille, je vais la jeter par la fenêtre. Que vous a répondu mon père?

— Mademoiselle... monsieur votre père... il n'est pas bien aimable... il m'a écouté... d'un air moqueur, ensuite il m'a pris par la main, et m'a mis dehors de son cabinet en me disant : Allez vous moucher... vous reviendrez dans dix ans me parler de vos amours...

— Comment... Il serait possible! mon père vous a dit... d'aller vous moucher...

— Oui, mademoiselle, et je vous jure que je n'en avais aucune envie!

Je restai pétrifiée. La réponse de mon père me semblait si malhonnête! si humiliante pour Gabriel, que je le regardai fixement, en lui disant :

— Et vous avez pris cela comme ça?...

— Que vouliez-vous que je fisse, mademoiselle, je ne pouvais pas... menacer votre papa...

— Ah! sans doute! Eh bien, monsieur Gabriel, puisqu'on vous traite comme un enfant, puisqu'on vous regarde comme un écolier, il faut prouver que vous êtes un homme... Il faut... m'enlever.

— Vous enlever!...

Gabriel était tout stupéfait, mais moi qui ne doutais de rien, et qui ne comprenais pas surtout l'importance de l'action que je voulais commettre, je repris :

— Mon Dieu, monsieur Gabriel, vous avez l'air tout saisi; c'est cependant bien facile. Vous m'enlevez... c'est-à-dire, je m'esquive ce soir... après le dîner... on ne se méfie de rien, cela me sera facile, vous m'attendez au coin de la rue... enveloppé dans un manteau... entendez-vous? il faut avoir un manteau, on n'enlève pas une jeune fille sans cela... et un grand chapeau rabattu sur vos yeux... Moi j'aurai une grande pelisse et un voile... Ce sera bien gentil. Vous me conduirez... où vous voudrez... Ensuite, vous écrirez à mon père que je suis avec vous, et il faudra bien alors qu'il consente à notre mariage, cela finit toujours comme cela.

— En ce cas, mademoiselle... je vous enlèverai, je le veux bien.

— Dès ce soir.

— Dès ce soir...

— A huit heures, je quitterai la maison; tenez-vous dans les environs.

— J'y serai.

— Et vous aurez un manteau...

— J'en ai un, mademoiselle... mais je n'ai pas de chapeau rabattu...

— Achetez-en un...

— Ah! c'est juste, je n'y pensais pas...

— Et occupez-vous de l'endroit où vous me conduirez.

— Je vais y penser.

— Allez, partez, à ce soir.

Je ne puis te dire, mon cher Charles, toutes les idées qui vinrent m'assaillir, après que j'eus décidé mon amoureux à m'enlever. J'étais contente, puis fâchée; je me faisais une fête d'être enlevée, car j'avais lu beaucoup de romans, et malheureusement de ceux dans lesquels on ne trouve jamais une ligne de vérité... de ceux où la nature, sans cesse faussée, comme le langage des personnages, ne vous offrent que des caractères qui n'existent pas, des phrases boursouflées, prétentieuses, et pour morale, le vice ou le crime triomphant sans cesse de la bonne foi et de la vertu... N'est-ce pas, mon ami, que ce sont là de mauvais livres, et que lors même qu'on pourrait y trouver du style, du coloris, de la poésie, l'auteur n'en est que plus coupable, puisqu'il n'emploie son talent qu'à nous dégoûter de ce qui est bon, de ce qui est bien, de ce qui a toujours été respecté?

Je te disais donc que j'étais fort agitée, et en proie à une sorte de délire; mais depuis mon enfance je n'avais plus de mère!... Abandonnée de bonne heure à des soins mercenaires, n'ayant point trouvé une âme dans laquelle je pusse épancher la mienne, traitée par mon père comme une petite fille, ou plutôt comme un garçon qu'on laisserait toute la journée faire le diable, j'étais livrée à moi-même... Ah! si j'avais eu ma mère! que de choses qui ne seraient point arrivées... Elle m'aurait rendue plus raisonnable... et il est probable que, ce soir, tu ne souperais pas avec moi.

Je ne voulus pas reculer. A l'heure dite, je sortais furtivement de la maison, enveloppée dans ma pelisse, la tête couverte d'un voile, et tenant un léger paquet, dans lequel je me souviens que j'avais mis une robe de bal, des bracelets, un cornet de dragées, une brosse à dents, trois paires de gants, deux tablettes de chocolat, un éventail, et une corne pour mettre les souliers.

Je trouvai Gabriel qui m'attendait; le pauvre garçon était beaucoup plus tremblant que moi; il avait le manteau de rigueur, mais la tête était couverte avec un immense chapeau comme en portent les forts de la halle; cela l'écrasait, le rapetissait, ce n'était pas du tout la coiffure que j'espérais voir à mon ravisseur; enfin Gabriel tenait encore dans sa main droite cette malheureuse petite badine qui m'avait déjà causé tant d'ennuis.

Il vint à moi, bégaya quelques mots... Je m'emparai de son bras, en lui disant :

— Dépêchons-nous, on pourrait me poursuivre... où est la chaise de poste?

— La chaise de poste!... je n'en ai pas... vous ne m'avez pas parlé de chaise de poste.

— Je croyais que cela allait sans dire. Où donc allez-vous me conduire, alors?...

— Oh! soyez tranquille... j'ai retenu un logement... venez.

Je me laisse conduire. Seulement, je ne puis m'empêcher de dire à Gabriel :

— Vous avez un bien vilain chapeau...

— Mais, mademoiselle, c'est un chapeau rabattu...

— Je le vois bien! mais il l'est trop rabattu... Il fallait avoir un chapeau comme sous Louis XIII, avec une plume autour... vous avez l'air d'un farinier...

— Dame... vous ne me l'avez pas dit...

— Mon Dieu! il faut donc tout vous dire?

Nous arrivons devant un hôtel garni de la ville. C'est là que mon ravisseur me fait entrer. Je trouve cela peu romantique, je me flattais d'être transportée dans quelque vieux château, ou dans une auberge de village, où il y aurait eu des voleurs ou tout au moins des alcôves très-obscures. Au lieu de cela, on nous conduit dans une jolie pièce bien éclairée, où un couvert est dressé, mais dans laquelle rien n'annonce que l'on doive passer la nuit. Je ne disais rien, mais cela me semblait singulier. Resté seul avec moi, Gabriel, qui avait ôté son manteau et son ignoble chapeau, se remit à jouer avec sa badine, en me disant :

— Mademoiselle Frédérique, aimez-vous le canard aux olives?

Tu ne peux te figurer l'effet que me fit cette question dans un moment où je pensais que mon amant devait se précipiter à mes pieds pour me faire de tendres serments d'amour.

— Est-ce que c'est pour me faire manger du canard aux olive que vous m'avez enlevée, monsieur? dis-je à Gabriel avec dépit.

— Non, mademoiselle... mais il faut bien souper... on ne vient pas ici sans souper, et en attendant qu'on revienne vous chercher...

— Qu'on vienne me chercher... qui cela?

— Mais, votre papa...

— Mon père viendrait me chercher ici... et qui donc lui aurait dit que j'y suis?...

— Mais, c'est moi...

— Vous? Comment, vous m'amenez dans cet hôtel... pour m'y cacher, et vous le faites savoir à mon père...

— Mais, mademoiselle, c'est vous qui m'avez dit : Vous m'enlèverez, ensuite vous écrirez à mon père et il faudra bien qu'il nous marie... J'ai suivi vos instructions, j'ai envoyé une lettre par un commissionnaire à votre papa... Je lui dis que je vous ai enlevée, que nous sommes ici...

— Oh! est-il possible d'être bête à ce point-là... Mais, monsieur, c'est au bout de quelque temps que l'on écrit aux parents... C'est quand l'enlèvement a fait beaucoup de bruit, que l'on a cherch longtemps la jeune fille... et puis enfin... quand il s'est passé de choses qui... ô mon Dieu! que vous êtes bête, monsieur.

Gabriel ne savait plus que dire, le dépit me suffoquait... En ce moment, j'entendis dans la rue la voix de mon père, il entrait à l'hôtel avec un de ses amis, auquel il disait :

— C'est une plaisanterie d'enfant, mais je la trouve fort mauvaise.

L'idée d'être trouvée là par mon père, ce petit paquet que j'avais emporté, l'air stupéfait de Gabriel, tout cela me transporta de fureur, et dans le désir que j'éprouvais de me venger, de passer ma colère sur quelqu'un, je ne me donnai pas le temps de réfléchir, je pris la badine des mains de mon amoureux, et je lui en appliquai une douzaine de coups sur les épaules, sans lui laisser le temps de se reconnaître. Puis j'ouvris la fenêtre, ce n'était qu'un entresol, je n'hésitai pas, je sautai... Je me trouvai dans la rue sans m'être fait aucun mal, je courus à notre demeure, je parvins à rentrer furtivement dans ma chambre, où je me fourrai bien vite dans mon lit, de façon que lorsque mon père rentra, il crut que la lettre qu'il avait reçue n'était qu'un mensonge, et ne m'en parla même pas. Quant au petit Gabriel, je ne le revis jamais.

Voilà, mon ami, l'histoire de mes premières amours... si toutefois l'on peut appeler amour cette exaltation d'une jeune fille, qui lui fait croire qu'elle aime le premier blondin qui la regarde en soupirant.

Quelques mois après cette aventure, un autre jeune homme me fit la cour, mais celui-là savait parler, oh! il n'était pas timide; il n'était nullement emprunté pour peindre sa tendresse... il l'exprimait trop bien peut-être, car il me tournait la tête avec des phrases que je trouvais superbes alors, et qui maintenant me sembleraient bien vides de sens. Après m'avoir déclaré sa flamme, il demanda ma main à mon père, qui la lui refusa formellement; cet amoureux-là n'avait pas le sou, et j'ai su depuis qu'il était fort mauvais sujet. Mais alors mon père me sembla un tyran, et lorsque Anatole me proposa de m'enlever pour m'épouser, cela me parut une proposition toute naturelle.

Pourtant, j'hésitais. Le souvenir de ma fugue avec Gabriel m'avait un peu refroidie sur les enlèvements; je fis donc d'abord des difficultés. Anatole tira de dessous son gilet un petit poignard à lame étincelante, en jurant qu'il allait se tuer devant moi si je ne consentais pas à me laisser enlever. Un homme qui veut se tuer par amour pour nous!... c'est magnifique, on n'y résiste pas. Je consentis.

L'enlèvement s'effectua sans difficulté, on me gardait si mal!... Cette fois, j'eus le plaisir d'être enlevée en voiture, mais nous n'allâmes qu'à trois lieues de la ville. Anatole fit arrêter à une auberge, où nous devions passer la nuit... Oh! cette fois, je courais de grands risques.

Dans la salle de l'auberge, où il fallait attendre pendant qu'on nous préparait une chambre, nous rencontrâmes deux dames qui retournaient à Bordeaux; il me sembla apercevoir quelques sourires, quelques signes d'intelligence, s'échanger entre elles et Anatole. J'étais méfiante... je ne dis rien. Je refusai de souper et je montai dans la chambre qu'on m'avait préparée, en disant à Anatole de ne point se gêner et de souper sans moi; il accepta, c'était déjà assez peu galant. Il y a des circonstances où un homme ne doit pas songer à manger; quoique j'eusse encore peu d'expérience, il me semblait que nous étions dans cette circonstance-là.

Au bout d'un quart d'heure, j'ouvris ma porte bien doucement. Je descendis l'escalier sans rencontrer personne. J'arrivai dans un corridor, sur lequel donnaient plusieurs portes; j'entendis rire, et je reconnus la voix d'Anatole; je m'approchai et je collai mon oreille contre la porte. Je ne saurais te dire ce que j'éprouvai, lorsque j'entendis celui qui m'avait enlevée me traiter de petite folle, à laquelle il lui avait été facile de tourner la tête; deux voix de femmes se joignirent à celle d'Anatole; on se moquait de moi, on riait à mes dépens, puis on s'embrassait, en se promettant de bien se divertir avec ma dot. J'étais furieuse, et un moment je fus sur le point d'entrer brusquement dans le cabinet, et d'aller donner une paire de soufflets à mon séducteur et autant à ces dames. Je me contins cependant, je me dis qu'une scène dans une auberge me compromettrait encore plus, et qu'il valait bien mieux m'en aller sans rien dire, et laisser là M. Anatole.

Il ne me fut pas difficile de sortir de l'auberge, je gagnai la grande route, je montai dans une diligence qui retournait à Bordeaux; enfin, je parvins à rentrer chez moi, sans que mon père se doutât encore que l'on m'avait enlevée pour la seconde fois; c'était jouer de bonheur! mais je jurai qu'on ne m'y prendrait plus.

Quelques jours se passèrent sans que j'entendisse parler d'Anatole; enfin, je reçus une lettre de lui: il me demandait l'explication de ma conduite, me faisait, de nouveau, mille serments d'amour; puis, enfin, me demandait un rendez-vous. Tu penses bien que je ne répondis pas. Le lendemain, nouvelle lettre, dans laquelle ce monsieur me donnait lui-même un rendez-vous. Oh! cette fois, j'allai trouver mon père, auquel je dis que M. Anatole, que je ne pouvais souffrir, se permettait de me donner des rendez-vous; je lui appris l'endroit où ce jeune homme devait m'attendre. Mon père m'embrassa pour me remercier de ma confiance et de ma sagesse, en me disant qu'il se chargeait de donner une correction à l'impertinent qui se permettait de m'écrire. En effet, le soir même, M. Anatole reçut de mon père plusieurs coups de pied dans un endroit que tu dois deviner.

Frédérique s'est arrêtée pour mouiller ses lèvres avec du malvoisie; moi, je me retourne pour mieux la considérer.

M. Dauberny.

Après un moment de repos, pendant lequel nous semblions réfléchir tous deux, Frédérique reprend la parole :

— Voilà, mon ami, quelles furent les suites de mes deux premières passions de jeune fille, cela me désillusionna sur ces jolis romans d'amour que l'on fait en pension. Quelque temps après, mon père me proposa pour époux M. Dauberny; je ne le connaissais pas, mais j'acceptai de confiance. Je ne voulais plus aimer, peu m'importait quel mari on me donnerait.

J'épousai donc M. Dauberny. Tu ne connais pas mon mari, permets-moi de te faire son portrait. M. Dauberny, qui a quarante-quatre ans maintenant, en avait donc trente-six lorsqu'il m'épousa. Mais un homme de trente-six ans est jeune encore, surtout lorsqu'il est joli garçon. Mon mari est bel homme, ses traits sont réguliers, il n'a point de mobilité dans la physionomie, mais au premier abord, on peut prendre cela pour de la gravité; enfin, il n'était pas alors obèse comme aujourd'hui. Dans les premiers jours de notre union, il ne me déplaisait point, je trouvais seulement qu'il ne se donnait pas assez de peine pour me plaire... J'avais dix-neuf ans... Franchement, je valais bien la peine que l'on me fit un peu la cour... Au lieu de cela, mon mari me laissait déjà pour courir... où?... Je l'ignorais; il me prit un jour fantaisie de le savoir. Je m'habillai en homme, j'avais déjà pris souvent ce costume pour m'amuser, et je le portais avec autant d'aisance que celui de mon sexe.

Je guettai M. Dauberny, il était monté dans un fiacre, je le suivis dans un cabriolet. Je croyais qu'il allait me faire aller chez des lorettes ou tout au moins chez des grisettes; je fus étonnée de voir son fiacre prendre le chemin du faubourg du Temple, passer la barrière et s'arrêter à la Courtille, devant un des plus fameux restaurants de l'endroit. M. Dauberny allait à la Courtille. Mais qu'y venait-il faire? Était-ce par simple curiosité... par goût pour ces tableaux populaires dont la cour allait, dit-on, autrefois, se donner le divertissement au Grand-Salon de la rue Coquenard? Il fallait suivre M. Dauberny pour être bien renseignée. J'avoue que j'hésitai un moment. J'eus comme un mouvement d'effroi, en me voyant au milieu d'un monde si nouveau pour moi, en entendant en même temps rire, crier, jurer, chanter, hurler autour de moi. Mais tu le sais, je n'aime point à reculer. J'entrai chez un marchand de vin traiteur, qui semblait fort achalandé, je passai devant de vastes comptoirs, je suivis la foule, en cherchant des yeux mon mari.

Chacun montait un grand escalier, je fis comme les autres. Heureusement, mon costume fort simple ne me faisait pas remarquer. Cependant, en passant près de moi, quelques hommes en blouse m'avaient regardée en disant :

— Oh! qu'est-ce que c'est que celui-là?

— Tiens! c'est quelque valet de chambre d'un milord.

— A-t-il l'air bête dans son habit; on dirait qu'il n'ose pas se plier!... Ah! tiens!... il a des gants!... en v'là un genre! il a des gants... il vient de la noce apparemment.

Tout cela n'était pas fait pour me rassurer. Je me hâtai d'ôter mes gants que je fourrai dans ma poche, je mis mon chapeau sur l'oreille pour me donner un petit air tapageur, et j'arrivai au premier.

Je me trouvai dans une immense salle où il y avait un orchestre. Le milieu de cette salle était réservé pour la danse et entouré par une balustrade. Mais en dehors de la balustrade étaient des tables, sans nappe, autour desquelles étaient placés des bancs de bois. A presque toutes ces tables, il y avait des hommes et des femmes qui mangeaient et buvaient. Tout ce monde-là ne se gênait pas pour parler tout haut, pour rire, chanter ou s'apostropher les uns les autres. On appelait les garçons qui avaient fort à faire pour répondre aux consommateurs, et lorsqu'à ce bruit se joignait celui de l'orchestre où dominaient les instruments à vent et la grosse caisse, et des danseurs, qui n'étaient pas chaussés en escarpins, c'était un bacchanal capable de vous assourdir, de vous griser, surtout lorsqu'on l'entendait pour la première fois.

La chaleur était suffocante, il y avait dans la salle une vapeur causée par les plats que l'on servait, le vin que l'on répandait sur les tables, la poussière que faisaient les danseurs, et la transpiration, qui semblait être l'état normal de la société. J'avais comme un brouillard devant moi; les yeux me picotaient, je me sentais chanceler comme une personne ivre. Je m'appuyai contre une table. Un garçon venait d'y servir des verres d'eau-de-vie à plusieurs femmes. Je lui en demandai un que j'avalai d'un trait et aux applaudissements de ces dames qui entouraient la table.

— Il va bien, ce gamin-là, dit l'une d'elles; avec son petit air d'n'y pas toucher, il *insurgite* le fil-en-quatre comme un pompier fini... il a mon estime!... Dis donc, petit, je te retiens pour la valse.

Je remerciai ces dames en déclarant que je ne valsais pas, et me hâtai de m'éloigner de leur table, car elles semblaient me prendre en trop grande amitié. Au milieu de cette foule, qui se poussait autour des tables, je venais d'apercevoir mon mari. M. Dauberny venait de s'asseoir à une table à laquelle se trouvaient déjà deux femmes en fichus, costume de véritables marchandes de poissons lorsqu'elles ne sont pas endimanchées.

L'eau-de-vie que j'avais bue avait remonté mon esprit; au lieu d'être timide, je me sentais disposée à battre tous ceux qui auraient voulu mettre obstacle à mes desseins. Je me faufilai derrière M. Dauberny, je m'assis au banc qui était à la table voisine de la sienne. Je demandai du vin, du veau, du pain, et je pus entendre parfaitement la conversatioin de mes voisins, d'autant mieux que les dames qui étaient avec mon mari avaient de ces voix qui dominent, même quand on joue de la grosse caisse.

Les deux femmes en fichus étaient jeunes; l'une était laide, tandis que l'autre avait d'assez jolis traits. Mais quel regard effronté!... quels yeux hardis, quelle voix, quels gestes et quel langage!... Je n'ai jamais été prude! j'avoue cependant que je me sentis rougir en entendant les propos de cette femme. Cela paraissait, au contraire, être fort du goût de M. Dauberny, qui serrait de très-près mademoiselle Mariotte (c'était le nom de celle dont les regards semblaient défier un corps de garde). J'entendis aussi qu'elle appelait mon mari Bouqueton, c'était le petit nom qu'il avait pris avec ses bonnes fortunes de la Courtille. On se connaissait déjà, car mademoiselle Mariotte lui dit :

— Pourquoi n'es-tu pas venu *z'avant hier z'ici* comme quoi que tu me l'avais promis? chenapan! T'es cause que j'ai accepté de la salade et un nœud d'épée avec les frères Gârenboules, qui m'ont fait boire un tas de choses et jouer *z'aux* cartes que *je leur z'y ai gagné toutes leurs argents*. Si tu n'es pas plus de parole que ça, Bouqueton, je te ferai des queues que celles des singes ne sont que des salsifis auprès!

M. Dauberny s'excusa et fit venir deux ou trois plats et plusieurs litres de vin. Je m'attendais à le voir danser avec sa belle, mais il se contenta de la régaler et même de la griser. Mademoiselle Mariotte avait le vin tendre; j'entendais les baisers que l'on échangeait derrière moi; je te prie de croire que mon cœur n'en était point blessé. Depuis que j'avais vu M. Dauberny faire les yeux doux à mademoiselle Mariotte, je n'avais plus ressenti pour cet homme que du mépris, et le mépris, tu peux m'en croire, est le meilleur remède à l'amour; mais je n'avais jamais eu d'amour pour M. Dauberny.

Les embrassades devenaient plus fréquentes, ce qui du reste était une chose fort ordinaire dans cette guinguette; car il s'en faisait un feu roulant à toutes les tables. Mais tout d'un coup la maîtresse de mon mari se leva et l'entraîna en s'écriant :

— Il me semble que les cabinets particuliers ne sont pas faits pour les figures de cire!...

Ils s'éloignèrent bras dessus bras dessous. Cette fois, il ne me prit pas l'envie de les suivre; j'en avais assez vu et assez entendu. Je me hâtai de payer ce qui était resté intact devant moi et de sortir de chez ce traiteur où le plaisir est si bruyant et l'amour si effronté.

Je fus quelques jours sans revoir mon mari; je me dis malade et gardai la chambre. Il se présenta pour me voir, je prétextai le besoin de repos pour ne point le recevoir; je ressentais pour lui une aversion si profonde que le seul bruit de ses pas me bouleversait les sens. Cependant, avant de prendre une détermination, avant de lui faire savoir que je connaissais ses goûts crapuleux, je me demandai si cet homme n'avait pas pu être entraîné une fois par quelque circonstance extraordinaire, s'il serait juste de le condamner sur un seul fait... Tu vois que j'y mettais de la bonne volonté... ce que j'avais vu aurait suffi à bien des femmes pour se regarder comme dégagées de leurs serments. Moi, je résolus de suivre encore une fois M. Dauberny... bien persuadée d'avance que je ne ferais qu'acquérir de nouvelles preuves de ses honteux penchants.

Cette fois, au lieu de revêtir la redingote et le chapeau rond, je mis une blouse, une casquette sur ma tête; je me gardai bien d'avoir des gants et je tâchai de noircir mes mains. Enfin, je me déguisai en petit *voyou*. Bien m'en prit! car au lieu de me conduire à la Courtille, ce soir-là M. Dauberny qui était à pied, porta ses pas du côté de la Cité; bientôt il entra dans une rue étroite, boueuse, et dont les maisons ont un fort triste aspect. J'ai su depuis que c'était la rue Saint-Eloi. Je me rappelai le roman des *Mystères de Paris*, je frissonnai en songeant que j'allais peut-être me voir forcée de suivre mon mari dans un *tapis franc;* mais mon costume me protégeait, on ne faisait aucune attention à moi.

M. Dauberny s'arrêta devant un bouge qui s'intitulait café; il regarda au travers des carreaux; il devait être difficile de voir quelque chose par là, car les carreaux étaient recouverts d'une couche de fumée. Aussi M. Dauberny, qui probablement ne pouvait pas voir dans l'intérieur du bouge, semblait-il hésiter lorsqu'un monsieur arriva par l'autre bout de la rue et courut frapper sur l'épaule de mon mari! Je reconnus ce nouveau venu pour un nommé Faisandé, qui était fort lié avec M. Dauberny et venait quelquefois à la maison; mais ce monsieur, qui était employé au Trésor, m'avait toujours paru tellement réservé dans ses discours, il professait une telle sévérité de principes et se montrait si peu indulgent pour les moindres peccadilles, que je le croyais un Caton!...

— Faisandé! m'écriai-je, employé au Trésor... hypocrite, tartufe et crapuleux... Oh! c'est bien cela!...

— Tu le connais?

— Il était du dîner chez Deffieux, le jour où je me risquai à la noce de mademoiselle Gaillardin. Il trouvait fort mauvais que l'on tînt des propos un peu lestes... il nous faisait de la morale...

— Oh! c'est bien lui. Laisse-moi terminer mon récit :

A l'approche de M. Faisandé, je m'étendis sur un banc de pierre qui se trouvait devant le bouge. Je cachai ma figure du côté de la muraille et j'entendis causer ces messieurs.

— Je t'attendais, dit mon mari à Faisandé.

— Pourquoi n'es-tu pas entré?

— Je ne suis pas encore connu là, comme toi... Je ne savais pas si on me donnerait la petite chambre secrète...

— Il fallait dire, je suis l'ami de Saint-Germain, c'est le nom que je me donne ici... On t'aurait introduit tout de suite.

— Il paraît que tu es un habitué, toi?

— Je passe quelquefois huit jours là dedans, sans en sortir!

— Huit jours!... Et ton bureau?

— Je m'en moque!

— Et ta femme?

— Je m'en fiche. Je ne suis jamais gêné; huit jours après mon mariage, j'ai découché trois nuits de suite; il faut tout de suite mettre sa femme sur un bon pied. Tu aurais dû en faire autant avec la tienne.

— Oh! la mienne s'occupe fort peu de ce que je fais. Je puis ne pas rentrer, elle ne me dira rien.

— A la bonne heure! Mais entrons, les femmes doivent être arrivées et nous attendent.

— Combien en avons-nous?

— Chacun deux, ou plutôt chacun quatre, puisqu'il y en a quatre. Ah! ah! ah!...

— Pardieu! c'est juste... Ah! songe à ne m'appeler que Bouqueton!

— Et moi, Saint-Germain!

— C'est une bonne chose que de changer de nom.

— D'autant meilleure que lorsqu'on a quelqu'un à qui l'on en veut, on prend son nom dans une aventure un peu risquée, et si l'aventure fait quelque bruit, le monde la met sur le dos de celui dont on a pris le nom...

— Diable de Faisandé!... Il pense à tout... il est prévoyant... Entrons.

Mon mari entra dans le bouge avec son digne ami. Quelques instants après, trois ou quatre gamins de quatorze à quinze ans entrèrent aussi dans ce hideux café, je me faufilai avec eux. Je voulais voir un instant l'intérieur de ce repaire. C'était bien hardi, n'est-ce pas, mon cher Charles? mais il y a des jours où j'affronterais les plus grands périls, j'étais apparemment dans un de ces moments-là.

Je me trouvai dans une salle très-vaste, mais qui n'avait pas plus de hauteur qu'un entresol. Il y régnait une atmosphère de fumée tellement épaisse, qu'en entrant il était impossible d'apercevoir un billard placé dans le fond de la salle. Ce n'était qu'au bout de quelque temps que, les yeux s'habituant à ce brouillard, on distinguait un peu autour de soi. Des tables étaient placées de tous les côtés. Un grand nombre d'hommes de tout âge entourait le billard qui était à peu près éclairé par un quinquet à deux branches attaché au plafond. Une lampe de cuisine était posée sur un comptoir qui se trouvait près de la porte d'entrée. Ces lumières étaient les seules qui éclairaient le café; aussi, dans certaines parties de la salle, était-on dans l'obscurité. Il y avait beaucoup de monde du côté du billard; fort peu de femmes, mais, en revanche, des jeunes gens ou plutôt des enfants qui avaient à peine quatorze ans, et dont les traits fatigués, les yeux caves, le teint livide, annonçaient déjà l'habitude de la débauche. Quant aux femmes!... je n'ai pas besoin de te dire de quelle classe elles étaient. On ne faisait point en ce lieu le bruit qui m'avait assourdie au bal de la Courtille, au contraire, tout ce monde-là se parlait à demi-voix, et excepté quelques jurons énergiques que proféraient les joueurs, il régnait en cet endroit un silence sinistre. En me trouvant dans ce bouge, mon cœur se serra... La guinguette de Belleville était le Château des Fleurs, comparée à cet affreux café. Je venais d'y pénétrer, et j'allais en ortir, lorsque quatre femmes entrèrent ensemble. Toutes les quatre eunes, bien faites, vêtues comme les malheureuses qui errent dans ce quartier; la poitrine découverte, l'œil enflammé, le nez au vent, et de ces fronts sur lesquels tous les vices sont gravés. Quelques hommes en blouse coururent à elles, en s'écriant :

— Ah ! v'là les siroteuses !... Nous allons rire, ce soir.

— Bonsoir, la fourmi!

— Bonsoir, la mouche!...

Mais les quatre nouvelles venues écartèrent les hommes qui les entouraient, en s'écriant d'un air presque dédaigneux :

— Nous ne sommes pas pour vous, ce soir... Il n'y a pas mèche! Nous sommes *reteintes!*... MM. Bouqueton et Saint-Germain sont-ils arrivés?

— Certainement! dit une femme placée au comptoir, et qui depuis un moment dardait sur moi des regards flamboyants. Ils vous attendent, le couvert est dressé.

— Diable! il paraît qu'il y a gras! s'écria un des hommes.

— Oui, oui, répondit une des quatre filles. Nous allons gagner des ronds... Et si vous êtes gentils, il y en aura pour vous. Allons, place... Laissez-nous travailler.

Et les quatre siroteuses, s'élançant au fond de la salle, disparurent par une petite porte qui se referma sur elles. Je me hâtai d'en faire autant et de sortir de ce bouge. Je crois qu'il était temps, car déjà a femme placée au comptoir m'avait désignée du doigt à quelques hommes qui m'examinaient aussi.

Je courus tant que je fus dans cette vilaine rue; il me semblait, et je crois bien encore que je ne me trompais pas, être poursuivie par des hommes sortis du café après moi; mais des militaires vinrent à passer, je marchai à côté d'eux jusqu'à ce que je fusse enfin dans un quartier plus fréquenté. Alors je montai dans une voiture et me fis reconduire chez moi.

Je ne saurais te dire ce qui se passa dans mon cœur lorsque, pouvant réfléchir avec calme à ma position, je songeai que j'étais la femme d'un homme bien né, bien élevé, porteur d'un nom honorable, qui pouvait fréquenter la bonne société de Paris, qui avait une épouse jeune, jolie, point sotte... (je me flattais peut-être, n'importe) et que cet homme était dans une de ces sentines du vice, que l'on tolère dans une grande ville, parce que l'on sait y retrouver des repris de justice; qu'il y était en compagnie de filles publiques du plus bas étage et que probablement il y passerait la nuit.

Il me prenait des mouvements convulsifs, des accès de fureur, je m'écriais avec une espèce de rage : Et je suis la femme d'un pareil homme!

Mais pour me calmer je songeai à ce misérable tartufe de Faisandé; celui-là aussi avait une femme; j'avais eu deux fois l'occasion de me trouver avec elle, et cette femme, qui était jeune et jolie, réunissait toutes les qualités d'une bonne mère de famille; elle était sage, rangée, économe, point coquette, et elle adorait son mari!... Car il semble que ce soit comme une fatalité! ce sont les plus mauvais sujets qui trouvent de tels phénix. De plus, M. Faisandé avait une fille, mais cela n'arrêtait point cet homme... il se laissait aller à ses infâmes penchants, sans vouloir se rappeler son titre de père.

Moi, du moins, je n'avais point d'enfant; en ce moment j'en remerciai le ciel; reprenant ma force, mon courage, je me dis que bien des femmes, sans doute, avaient passé par les mêmes épreuves que moi... Ah! si l'on connaissait tous les secrets des ménages!... Ceci n'est point du roman, mon ami, je n'invente rien; *c'est de l'histoire*.

J'éprouvai ensuite comme un sentiment de joie en songeant que j'étais libre, que M. Dauberny m'avait relevée de tous les serments que je lui avais faits... car je ne me sentais pas, moi, disposée à imiter madame Faisandé, qui, tout en connaissant la conduite de son mari, ose à peine lui adresser un reproche et reste fidèle à ses devoirs. C'est bien beau cela! mais je n'ai pas cette vertu!... et franchement, je n'ai jamais compris cette maxime de l'Évangile, qui dit de rendre le bien pour le mal!... Non! non!... ne pardonnons pas une insulte, ne nous courbons pas sous la main qui nous frappe, car alors on renouvellera l'offense, on redoublera les coups. La peine du talion! c'est la loi naturelle, c'est ma justice, à moi.

Trois jours s'écoulèrent sans que je visse mon mari; il était probablement resté dans ce repaire, où son ami Faisandé se vantait de passer quelquefois huit jours. Enfin un matin, M. Dauberny se présenta chez moi, il s'approcha comme pour m'embrasser... il me sembla que j'allais être touchée par un crapaud. Je me levai vivement, et sans doute ma physionomie peignait bien ce qui se passait dans mon âme, car M. Dauberny s'arrêta tout saisi.

— Monsieur, lui dis-je en lui montrant la porte de ma chambre, vous ne dépasserez jamais ce seuil... bien plus, vous ne chercherez ni à me voir ni à me parler. Désormais, nous sommes entièrement étrangers l'un à l'autre. Je ne sortirai jamais avec vous; quand je dînerai chez moi, ce ne sera pas à votre table, nous aurons chacun la nôtre. Liberté entière, monsieur, je ferai tout ce qui me plaira.. tout! vous l'entendez, monsieur, et vous ne vous permettrez pas de trouver à redire à aucune de mes actions.

M. Dauberny, étourdi d'abord par ce qu'il entendait, voulut demander une explication, je lui fermai la bouche avec ces mots :

— Je connais la Courtille, Mariotte, le bouge de la rue Saint-Éloi et les quatre siroteuses.

M. Dauberny devint pâle et tremblant, ses lèvres balbutièrent quelques mots que je ne pus saisir; puis, s'inclinant devant moi, il disparut précipitamment. Depuis ce jour... et il y a déjà des années de cela! je n'ai pas échangé une parole avec mon mari, nous vivons comme je l'avais résolu; je suis quelquefois trois semaines sans l'apercevoir, et lorsque par hasard nous nous rencontrons, nous échangeons un salut et voilà tout. Le monde s'est habitué à me voir aller sans mon mari... ce qu'il en pense, peu m'importe, le monde se trompe si souvent dans ses jugements que nous devons peu nous en préoccuper. J'ai toujours pensé que notre propre estime valait mieux que cette considération que l'on prodigue souvent à des gens qui ne la méritent guère.

Un moment d'oubli.

Voilà, mon cher Charles, le secret de ma liberté, de ma conduite qui donne lieu à tant de propos; voilà pourquoi ce soir je t'ai invité à souper avec ce pauvre baron... qui dort si bien maintenant... Enfin, voilà pourquoi j'ai une table où je puis traiter qui bon me semble, sans craindre que personne puisse y trouver à redire. Es-tu bien aise que je t'aie dit tout cela?...

— Oh! oui! dis-je en pressant avec force la main de Frédérique. Oui... D'abord, je suis fier de t'avoir inspiré de la confiance. Ensuite, je... je...

— Tu es bien aise de voir que je ne suis pas aussi mauvais sujet que tu l'avais pensé d'abord.

Elle a raison. Je trouve maintenant sa conduite toute naturelle ou du moins fort excusable. Frédérique n'a plus sa tête sur mon épaule; elle s'est relevée, elle a repris sa place et passe sa main sur son front, en me disant :

— Je crois qu'il est temps de songer à nous séparer... je me sens un peu fatiguée, mon ami, tu reconduiras M. de Brunzbrack jusqu'à sa demeure, n'est-ce pas?... Il est un peu... gris... je ne voudrais pas qu'il lui arrivât rien de fâcheux... Et quoiqu'il ait sa voiture, il serait capable de ne pas vouloir rentrer chez lui.

— Oui, oui, je le remettrai aux mains de ses gens... Mais, encore un moment... pourquoi nous séparer déjà?...

— La demie après trois heures vient de sonner.

— Eh bien!... qu'importe l'heure... quand on est si bien... et qu'on est libre de ses actions?...

— Oh! quant à cela, personne n'est plus libre que moi maintenant; reste encore si cela te plaît. Mais alors c'est toi qui vas me conter quelque chose... me faire tes confidences... Sais-tu faire des armes?

— Oui, pourquoi?

— Parce que tu viendras en faire avec moi, c'est un exercice que j'aime beaucoup.

— Comment, tu sais tirer l'épée?

— Et très-joliment, je m'en vante. Je t'ai dit que j'étais un homme, il est donc tout naturel que j'aie appris ce qui complète l'éducation d'un homme.

— Alors tu dois aussi monter à cheval?

— Oh! c'est encore un exercice que j'adore. Nous ferons des parties ensemble... et tu verras que je n'ai pas peur et que je vais à franc étrier... Mais je crois que tu ne m'écoutes pas... De quoi diable, aussi, vais-je l'entretenir?... Pauvre garçon, parle-moi d'Armantine... C'est un si grand bonheur de parler de l'objet que l'on aime!... et tu es bien amoureux d'elle, n'est-ce pas?

J'avoue qu'en ce moment je pensais beaucoup moins à madame Sordeville. Aussi, c'est d'un ton assez froid que je réponds :

— J'en étais très-amoureux... mais l'accueil que j'ai reçu ce soir m'a glacé!...

— Oh! monsieur, quand on est véritablement amoureux d'une femme, on ne cesse pas de l'aimer pour quelques coquetteries qu'elle fait à d'autres; au contraire, on ne l'en aime souvent que plus.

— Les coquetteries n'ont jamais produit sur moi cet effet-là.

— Va dans quelques jours voir Armantine... chez elle, dans la journée. Je gage qu'elle sera fort aimable avec toi.

— Elle est donc capricieuse, cette dame?...

— Extrêmement capricieuse!

— C'est un défaut que je n'ai jamais pu supporter.

— Cependant, quand on aime les gens, on les aime avec leurs défauts.

— C'est que moi j'ai pour principe de croire que lorsqu'on aime réellement, on n'est pas capricieux avec l'objet préféré. Par conséquent, je suis persuadé que toutes ces dames qui ont des caprices ne savent pas ce que c'est que d'aimer.

— Tu as peut-être raison... Mais je crois Armantine sensible, au fond.

— Tu le crois... Tu n'en es pas sûre?

— Comment veux-tu que l'on soit sûr des autres... on ne l'est pas toujours de soi-même.

Nous restons quelque temps sans parler; mais je ne sais pourquoi il me semble que ce silence n'est pas sans charme; il est souvent doux de penser bas, en compagnie de personnes qui pensent aussi.

Cependant, tout à coup Frédérique tourne les yeux vers moi, en me disant :

— Eh bien! Charles, tu ne parles plus d'Armantine.

— J'ai si peu d'espoir!...

— Hum! monsieur fait le modeste... Après cela, je ne prétends pas dire qu'elle te cédera... Ceci est un mystère... C'est le secret des dieux...

— Oui, mais tu pourrais me dire si déjà... quelques faiblesses précédentes me donnent le droit d'espérer.

— Mon cher ami, c'est fort mal de me demander cela... Si Armantine avait placé sa confiance en moi, je ne la trahirais pas. Mais franchement, je ne sais rien. Tout ce que je puis dire, c'est que M. Sordeville n'est nullement jaloux, qu'il laisse à sa femme une liberté qui ressemble bien à de l'indifférence; qu'Armantine est jolie, coquette, qu'elle aime qu'on lui fasse la cour, et que tout cela pourrait bien avoir des suites... Mais, à qui la faute?... si ce n'est au mari. Oh! ces maris!... Je ne suis pas payée pour les aimer!... Eh bien! à quoi penses-tu?... Tu ne m'écoutais pas...

— Si fait... C'est que je pensais que tu... que... Oh! non, ce n'est pas la peine... j'aime mieux ne rien dire.

— Mon cher ami, si tu n'aimes pas les femmes capricieuses, moi je déteste ces personnes qui commencent une phrase, puis qui s'arrêtent et ne la finissent pas. Il n'y a rien qui me semble plus impertinent... C'est presque avouer que l'on avait à nous dire quelque chose de désagréable, et qu'on s'en est aperçu à temps. Nos conjectures vont quelquefois beaucoup plus loin que la vérité. Finis ce que tu avais à me dire, je le veux... je l'exige... ou je me brouille avec toi. Voyons, vite... ne cherche pas, car tu mentirais...

Frédérique me presse tellement qu'en effet je n'ai pas le temps de chercher un mensonge, ce qui arrive souvent en pareil cas, et je réponds presque honteux :

— Je pensais à monsieur... Saint-Bergame... et je me demandais une foule de choses... Tu m'as dit que vous étiez brouillés... Mais tu ne crains donc pas de le fâcher davantage, s'il sait que tu as eu cette nuit du monde à souper?

Frédérique serre fortement ses lèvres et fronce pas mal ses beaux sourcils. Je sens bien que je suis fort indiscret, que je n'ai pas le droit de faire de telles questions; mais il y a déjà bien longtemps que cette pensée était au bord de mes lèvres, il fallait qu'elle m'échappât, cela me tourmentait depuis le commencement du souper.

— A propos de quoi allez-vous encore penser à M. Saint-Bergame?... s'écrie enfin Frédérique d'un air d'humeur. Est-ce que vous auriez désiré qu'il fût ici?... Vous auriez été heureux de vous trouver avec lui? Alors vous ne lui ressemblez pas, car il ne peut pas vous souffrir... Je ne sais pas pourquoi, mais enfin il ne vous aime pas.

— Je ne regrette nullement l'absence de ce monsieur, au contraire... Mais elle m'a étonné, parce que...

— Parce que vous avez deviné qu'il était mon amant, n'est-ce pas... Mon Dieu, il ne fallait pas beaucoup de malice pour découvrir cela...

— Eh bien! puisque vous ne vous en cachez pas, vous ne devriez pas vous fâcher de ce que je vous dis cela...

— Il y a de ces choses qu'on ne cache pas... ou qu'on cache mal, et que pourtant on ne veut pas recevoir à la face... Mais ce soir, vous dites une foule de...

— De bêtises, achevez donc... Je suis comme vous; j'aime qu'on finisse sa pensée.

— Eh bien! oui... C'est-à-dire, bêtise n'est pas le mot juste, mais de choses que l'on garde pour soi lorsqu'on les pense.

— Pardonnez-moi. J'ai la mauvaise habitude de dire tout ce qui me vient à la pensée, c'est un grand défaut, je le sais, et dans le monde, j'ai eu bien souvent l'occasion de m'en repentir. Je le regrette d'autant plus, que je vois que cela vous a fâchée... car vous avez cessé de me tutoyer... et pourtant, c'est vous qui tout à l'heure me disiez : N'ayons rien de caché l'un pour l'autre.

Frédérique tourne les yeux vers moi, me fait un sourire charmant, et me tend la main en me disant :

— Tu as raison... J'ai tort de me fâcher... puisqu'il était convenu que nous serions comme deux frères... Allons, donne-moi donc la main... à la bonne heure... C'est que, vois-tu, tu viens de toucher une corde sensible... Je suis fâchée avec Saint-Bergame... c'est encore tout frais... et les blessures qui approchent du cœur ne guérissent pas vite. Je vais te conter cela...

— Non, c'est inutile... je n'ai pas besoin de le savoir...

— Oh! mais je veux te le dire maintenant... Il est étonnant... il va m'empêcher de parler...

— C'est que je regrette vraiment...

— Chut! Tais-toi, et écoute : Tu sais que Saint-Bergame travaille à un journal?

— Oui.

— Dans ce journal on parle beaucoup de littérature, de théâtre; c'est Saint-Bergame qui fait presque tous les articles théâtre. J'ai souvent trouvé qu'il jugeait avec partialité, avec injustice; je ne me suis pas gênée pour le lui dire. Lorsque, après le succès d'une pièce, je lisais dans son journal que l'ouvrage était tombé au bruit des sifflets, je m'écriais :

— C'est un mensonge que vous avez écrit là... C'est fort mal, pourquoi abîmez-vous cette pièce?

— Parce que l'auteur n'est pas de mes amis... Parce qu'il n'est pas venu réclamer ma bienveillance...

— Ainsi, parce qu'un auteur a le sentiment de sa dignité, parce qu'il ne va pas mendier des éloges, parce qu'il s'en rapporte enfin à votre justice, à votre impartialité, vous le maltraitez, vous dénigrez son ouvrage. Et vous appelez cela faire votre métier de critique!... Oh! c'est un bien vilain métier, alors, soyez plutôt *maçon*, monsieur, si c'est votre talent!... Saint-Bergame riait de mes colères, et cela n'allait jamais plus loin.

Mais, il y a quelques jours, j'avais remarqué à un théâtre des boulevards une jeune débutante fort gentille, et qui avait montré dans son rôle les plus heureuses dispositions. Saint-Bergame était avec moi, il fut de mon avis sur le talent de cette jeune actrice.

— Alors, vous allez dire du bien d'elle dans votre journal, m'écriai-je. Il fit un singulier sourire, en me répondant :

— Nous verrons ; cela dépendra.

— Et de quoi cela dépendra-t-il?... Qui peut vous empêcher d'écrire ce que vous pensez en ce moment?

— Cette jeune débutante est courtisée par un de mes amis.

— Eh bien! quel rapport cela peut-il avoir avec l'article que vous ferez?

— Cette petite fait beaucoup sa mijaurée... Elle ne veut pas écouter les propositions de mon ami... elle refuse ses bouquets... Manége que nous connaissons, pour se faire désirer davantage.

— Cependant, si votre ami ne lui plaît pas... N'est-elle donc pas libre d'elle-même?...

— Bah! bah! comédie que tout cela!... Elle veut faire aller mon ami. Mais il l'a invitée à un charmant dîner... pour demain... Je dois être du dîner... Si elle y vient... je la porte aux nues... si elle n'y vient pas!... je l'éreinte!...

Je ne dis rien... mais tu ne saurais comprendre ce qui se passa au fond de mon cœur. Je détournai les yeux pour que Saint-Bergame ne rencontrât pas mon regard, dans lequel il aurait vu ce que je pensais de lui. J'attendis avec impatience le surlendemain, c'était avant-hier. Je m'empressai de lire le journal rédigé par Saint-Bergame. Il y avait un article sur la jeune débutante que j'avais vue. Non-seulement on y critiquait son jeu, ses moyens, sa tenue en scène dans les termes les plus amers, mais on s'attaquait aussi à sa personne. Elle était jolie, on la faisait laide; elle était bien faite, on la disait difforme; elle était remplie de grâce, on ne trouvait pas assez d'expressions pour rendre sa gaucherie, son air embarrassé; enfin, à en croire le journal, c'était une espèce de monstre que l'on avait laissé monter sur le théâtre pour divertir un moment le public.

Je froissai le journal dans mes mains, je le jetai à mes pieds; j'étais outrée contre Saint-Bergame. Lorsqu'il se présenta chez moi, je lui jetai à la figure son infâme article, en lui disant qu'il était un lâche, qu'un homme qui déversait ainsi le fiel sur une femme ne méritait l'amour d'aucune, et que je lui défendais de se présenter de nouveau chez moi. Il voulut insister, plaisanter, me traita de mauvaise tête. Mais lorsqu'il vit que cela était sérieux, je crois qu'il se fâcha à son tour, et me demanda de quel droit je prétendais juger ses écrits!... Je ne lui répondis pas. Je m'enfermai chez moi. Il partit furieux, et je ne l'ai pas revu depuis.

— Et s'il revient?

— Je ne le recevrai pas... C'est fini! bien fini...

— Et tu ne le regrettes pas?

— Je regrette d'avoir été à lui, voilà ce que je regrette. Il est joli garçon, il m'a plu. Mais je sens maintenant que je ne l'ai jamais aimé.

— Mais s'il t'aime, lui, il reviendra... il te priera... te suppliera...

— Il ne fera rien de tout cela. Il ne m'aimait pas non plus... ma conquête avait flatté son amour-propre, et voilà tout. C'est un homme qui croit qu'une femme est trop heureuse quand il daigne la regarder. Oh! je le connais à présent! je le connais trop bien. Je le vois maintenant tel qu'il est!... et, d'ailleurs, il ne m'était pas fidèle, j'en suis sûre!... Cette actrice, qui me dit que ce n'est pas lui-même qui lui faisait la cour?... Ah! mon cher Charles, d'une liaison si intime et qui quelquefois même est de l'amour, comment se fait-il qu'il ne reste souvent dans notre âme que des regrets et d'amers souvenirs?... Après l'amour devrait venir l'amitié... est-ce que cela ne devrait pas être la conséquence naturelle de ce que l'on a été l'un pour l'autre!... mais, au lieu de cela, on se quitte mal, et quelquefois on prend en haine ceux que l'on a aimés.

— Non, Frédérique, non, ce n'est point ainsi quand deux cœurs ont brûlé l'un pour l'autre d'un véritable amour... la liaison peut se rompre, mais du bonheur qu'on a eu, il reste toujours un doux souvenir.

— Tu crois? Alors c'est que je n'avais pas d'amour pour Saint-Bergame. Oh! oui, j'en suis sûre à présent, je ne l'aimais pas; il y a mieux, tiens, veux-tu que je te dise le fond de ma pensée? eh bien, je crois que je n'ai jamais aimé aucun homme!... et je veux continuer sur ce pied-là; c'est bien plus amusant. On fait à ces messieurs ce qu'ils nous font; on les prend, puis on les laisse dès qu'ils cessent de nous être agréables!... Tu ne veux pas me dire que j'ai raison; mais au fond du cœur tu le penses.

— Moi... je... je pense que tu... tu es libre en ce moment...

— Oui. Je crois que j'en ai presque autant de joie que lorsque je rompis toute relation avec M. Dauberny.

— Oh!... malgré cela... il est impossible qu'avant peu... un autre sentiment...

— Nous verrons, on ne peut répondre de rien... mais pas de sitôt!... Non, je ne suis pas pressée de reprendre des chaînes, quelque légères qu'elles soient! Je crois que je suis née pour l'indépendance. C'est si bon de faire ce qui plaît!... Tiens, par exemple... si j'avais encore été la maîtresse de Saint-Bergame, je n'aurais pas pu ce soir vous avoir à souper... cela lui aurait déplu, ou il aurait fallu le lui cacher... et moi, je n'aime pas les mystères... Ah! ah! ah!... ce pauvre M. de Brunzbrack, comme il ronfle!... si c'est là sa manière de faire la cour à une femme...

— Ce n'est pas lui qui remplacera Saint-Bergame?

— Oh! non, certes... D'ailleurs, je ne veux plus aimer... j'y suis décidée... Je ne sais pas trop même si... j'ai raison... dis-moi donc que j'ai raison... hein?... Il est bien tard, n'est-ce pas?... Il faut pourtant se coucher... Tu ne me contes rien, toi, c'est toujours moi qui parle...

Depuis quelques instants Frédérique combattait avec peine le sommeil qui appesantissait ses paupières. Tout en me parlant, elle laissait retomber sa tête sur le dos de son fauteuil; ses yeux se fermaient, et elle me parlait encore. Mais tout à coup elle se tait... elle vient de s'endormir.

Je me retourne et me penche vers elle pour la contempler tout à mon aise. Je ne puis me lasser de regarder cette femme singulière, que je connais depuis si peu de temps, et avec qui je suis déjà comme un ancien ami.

J'aime cette figure qui reflète si bien les impressions de l'âme; cette bouche-là ne doit pas savoir mentir. Son front est noble et distingué; en ce moment, ses beaux cheveux, dans lesquels tout à l'heure encore elle s'amusait à passer ses doigts, retombent par longues mèches sur ses tempes et une partie de son visage. J'ai peu vu de cheveux noirs aussi brillants, aussi beaux de ton. Je conçois qu'elle se plaise à varier sa coiffure; avec cette parure naturelle, elle est toujours certaine d'être bien.

Elle me parlait encore au moment où le sommeil l'a surprise. Ses lèvres sont restées entr'ouvertes; mais ce n'est pas un sourire que sa bouche exprime, c'est plutôt une pensée sérieuse.

En s'endormant, elle a rejeté son corps en arrière. Rien ne me gêne pour examiner en détail sa poitrine, sa taille, son genou mignon et les formes charmantes que l'étoffe moelleuse et fine de sa robe de chambre dessine, tout en les couvrant, et qui se perdent là sous des plis capricieux, pour se remontrer plus loin plus provoquantes encore.

Je me complais beaucoup dans cet examen. Je ne saurais bien définir quel sentiment fait battre mon cœur; mais je me sens très-ému. Je cherche un moment à oublier la séduisante dormeuse en promenant mes regards autour de moi. Mais la bizarrerie de ma situation, le lieu, l'heure, tout ce que je vois, ne fait qu'augmenter l'exaltation qui s'est emparée de moi. Vous figurez-vous être au milieu de la nuit dans un délicieux réduit, devant une table où vous avez savouré un souper délicat, où les flacons sont encore à demi remplis de vins exquis que vous n'avez pas ménagés; les lampes ne répandant plus dans l'appartement qu'une faible lumière, et à côté de vous, assise ou plutôt couchée dans une causeuse, une femme jeune, séduisante, originale, une femme qui vous tutoie et dont la conversation vous a initié aux secrets de son cœur; cette femme dans un négligé ravissant qui vous permet d'admirer une partie de ses charmes et de deviner le reste... Si tout cela ne vous donne pas une espèce de vertige... franchement je vous plains!... Quant au tiers qui est avec nous, est-ce qu'il peut compter? il ronfle comme un sonneur, le front appuyé sur ses mains et les coudes sur la table.

Je me suis rapproché, puis éloigné de Frédérique... Je reviens la contempler, puis, tout à coup, sans pouvoir résister au mouvement qui m'entraîne, j'appuie ma bouche sur la sienne et je cueille sur ses lèvres un baiser qui n'a rien de fraternel.

Frédérique se réveille, elle me repousse, elle se lève brusquement; son front s'est rembruni, son sein se soulève plus fréquemment; ses yeux, qu'elle détourne de moi, m'ont semblé mouillés de larmes. Elle s'écrie d'une voix altérée :

— Ah ! c'est ainsi que vous vous conduisez avec moi... pour qui donc m'avez-vous prise, monsieur ?... Je vous reçois, je vous regarde comme un ami, et vous me traitez comme ces femmes avec lesquelles on va contenter un caprice... Croyez-vous donc que c'est pour faire de vous mon amant que je vous ai fait venir chez moi ? Comment, je suis l'amie d'Armantine, dont vous êtes éperdument amoureux, et je vous aurais engagé à souper pour enlever à mon amie le cœur de l'homme qui lui fait la cour... Ah ! vous me connaissez mal, monsieur. Je ne vous aime pas, je ne vous aimerai jamais... C'est parce que je vous savais amoureux d'Armantine que je vous avais engagé ce soir et offert ensuite une amitié de frère. Vous ne m'avez pas comprise. Adieu, monsieur. Il est inutile que vous reveniez chez moi.

Elle a pris une lampe et elle disparaît avant que je sois revenu du saisissement que m'ont causé ses paroles et que j'aie trouvé un mot à lui répondre.

Mais, au bout de quelques minutes, mon émotion se calme, je ne ressens plus que du dépit pour m'être laissé si mal mener par cette dame, avec qui j'ai soupé ; je me dis que lorsqu'on a affaire à une gaillarde de la trempe de Frédérique, il ne faut jamais faire les choses à demi. Si, au lieu de l'embrasser bien tendrement, j'avais porté plus loin l'audace, aurait-elle crié plus fort ?... je n'en sais rien ; mais au moins elle aurait crié pour quelque chose. Oh ! les femmes ! . . . je ne comprends plus rien à celle-ci... Me défendre de me représenter chez elle, parce que je l'ai embrassée !... Ne pouvait-elle pas me gronder doucement, au lieu de se mettre en fureur... Allons, je serais bien niais de penser davantage à madame Dauberny.

Mais, comme il faut toujours se montrer poli et tenir ses engagements, je m'approche de M. le baron de Brunzbrack, que tous ces incidents n'ont point tiré du sommeil profond dans lequel il est plongé, et je lui secoue fortement le bras, en lui disant :

Enfin je l'ai entraîné ; nous sommes en bas, et lui-même m'engage à monter dans sa voiture.
Page 56.

— Éveillez - vous, monsieur le baron, il est bien temps que nous partions... madame Dauberny est rentrée chez elle.

Le baron lève enfin la tête, se frotte les yeux, puis s'écrie tout à coup :

— Gomment, c'est pas possible... est-ce que che m'étais endormi... Sapremann !... non, non, che dormais pas... fous avez cru... fous il s'être trompé...

— Comme vous voudrez, mais partons...

— Où donc qu'il y être le cholie femme... montame Frédérique ?...

— Je vous dis qu'elle s'est retirée dans son appartement, en nous engageant à rentrer chez nous...

— Ah ! meine Gott ! elle aura cru aussi que che dormais... che suis pien gontrarié... che dormais pas... che faisais des réflexions... che étais touchours amoureuse de le tame, et fous, mon pon ami ? fous bas l'aimer titout, fous avez bromis.

— Non, monsieur le baron, je ne suis pas du tout amoureux de madame Dauberny... faites votre cour ! ce n'est pas moi qui serai votre rival.

— Touche là, pon ami !...

— Mais il est fort tard, allons-nous-en...

— Che foudrais dire bonsoir à le tame... lui rebetter que che dormais bas...

— Vous viendrez lui dire tout cela une autre fois. Elle est rentrée, couchée, sans doute, elle ne vous recevrait pas. Venez.

Ce n'est pas sans peine que je parviens à décider le baron à quitter la place. Enfin je l'ai entraîné ; nous sommes en bas, et lui-même m'engage à monter dans sa voiture, il veut absolument me reconduire chez moi. Mais à peine sommes-nous assis dans son coupé, que sa tête retombe pesamment sur les coussins du fond et il se rendort. Je dis au cocher de ramener son maître à son hôtel ; arrivés là, son valet de pied et son cocher se chargent de le faire monter jusqu'à son appartement.

Moi, je m'en vais à pied jusqu'à ma demeure. Le grand air fait du bien après un repas où l'on n'a pas été sobre, et puis j'ai toujours aimé à me trouver tard le soir dans Paris. Comme on y marche alors à son aise ; comme cette ville bruyante offre un aspect différent ! Tout est calme, désert, autour de vous. Vous pouvez marcher dans les rues les plus fréquentées, dans les quartiers les plus populeux, comme si vous vous promeniez sur les boulevards extérieurs ; plus de voitures pour vous barrer le chemin ; plus de marchands ambulants pour vous assourdir par leurs cris ; plus de passants pour vous coudoyer, plus d'auvents, d'étalages de boutique, dans lesquels vous allez vous cogner, plus de chiens pour se jeter dans vos jambes, de chevaux pour vous éclabousser, de portières pour balayer leur ruisseau sur vos bottes. Vive Paris la nuit ! surtout depuis qu'il est éclairé au gaz, et qu'on y voit clair comme en plein jour.

Coquetteries, baccarat, un couac.

Huit jours se sont écoulés depuis la singulière nuit que j'ai passée chez madame Dauberny. Je ne me suis pas représenté chez cette dame, je respecte sa défense, je me suis contenté de mettre ma carte chez son concierge.

Lorsque l'image de *mon amie Frédérique* s'est présentée à mon esprit, je me suis appliqué à la chasser sans miséricorde; il me semble que mon souper chez elle est un rêve que j'ai fait et dont il n'est pas nécessaire que je conserve le souvenir.

Pendant quelques jours aussi je suis tenté de ne plus retourner chez madame de Sordeville. Mais avant de renoncer entièrement à cette conquête, je veux cependant me présenter encore une fois chez elle... Si elle m'accueille toujours froidement, je jure bien de ne plus chercher à la revoir.

Et un beau jour, après avoir soigné ma toilette, ce qui fait toujours sourire Pompone, mon domestique, qui tient à avoir l'air malin, je me présente chez la jolie brune, dont les cheveux ne sont pas cependant aussi beaux que ceux de son amie Frédérique, mais on ne peut pas tout avoir.

— Madame est chez elle, me dit le concierge.

Je monte, je dis mon nom, et je suis admis dans le boudoir de madame, charmant sanctuaire dont la divinité doit attirer beaucoup de fidèles.

Je suis accueilli par le sourire le plus gracieux; cette dame m'adresse les reproches les plus obligeants sur ce que l'on a été longtemps sans me revoir. Jamais Armantine ne m'a semblé plus jolie, et elle est avec moi d'une amabilité qui me charme. J'ai retrouvé ma valseuse de la noce de chez Deffieux.

Je passe une heure chez madame Sordeville, et il me semble que je ne fais que d'y arriver. Que lui ai-je dit? je n'en sais trop rien; mais je crois bien que j'ai plus d'une fois pressé sa main dans la mienne, et cela n'a pas eu l'air de lui déplaire; je me risque jusqu'à porter cette main à mes lèvres. Elle la retire, en me disant d'un ton qui n'a rien de sévère :

Elle repose sur son poêle le chat qu'elle avait saisi en guise de pistolet. — Page 69.

— Eh bien! que faites-vous donc?... A quoi pensez-vous?... — Mais à vous, toujours à vous...

— Oh! vous me permettrez de ne pas vous croire! Quand on pense tant aux gens, on ne reste pas des semaines sans les voir.

— Quand ces personnes-là nous ont reçus avec une froideur qui nous a glacés, n'est-il pas naturel que nous hésitions à nous présenter encore?...

— Une froideur!... Est-ce qu'il fallait vous prendre par la main, vous faire asseoir près de moi et ne plus causer qu'avec vous pendant toute la soirée?

— Oh! madame... vous vous moquez de moi... Mais vous savez bien que même au milieu du monde, devant de nombreux témoins, il y a mille moyens de rendre la joie à une âme qui souffre, qui s'inquiète; il suffit pour cela d'un mot, d'un regard...

— Mais, monsieur, ce sont presque des signes d'intelligence, cela... et ils ne s'établissent qu'entre personnes qui s'entendent bien, qui sont sûres l'une de l'autre...

Je lui baise la main. Cette fois elle me laisse faire et ne la retire pas; mais elle balbutie :

— Vous êtes d'une vivacité... Je commence à croire qu'un tête-à-tête avec vous est fort dangereux...

— Et vous ne me recevrez plus?

— Je n'ai pas dit cela...

— Et vous me permettrez de vous aimer?

— Si je vous le défendais, vous m'obéiriez donc?

— Oh non!...

— Alors vous voyez que je fais aussi bien de vous le permettre...

— Et je puis espérer...

— Ah! je n'ai pas dit cela!

— Mais vous ne voulez donc rien me dire!...

— Je ne suis pas aussi prompte que vous. Ah! si, j'avais quelque chose à vous dire cependant: L'autre soir vous êtes parti avec madame Dauberny, il me semble... Est-ce que vous l'avez reconduite chez elle? Je trouverais cela tout naturel, mon amie vous a été d'un assez grand secours à la noce de Guillardin pour que vous soyez galant avec elle.

Je ne sais que répondre; j'ignore si Frédérique veut bien que l'on sache qu'elle nous a donné à souper. Dans le doute, il me semble plus convenable de garder le silence sur cette aventure. On ne se repent jamais d'avoir été discret. Je réponds au bout d'un moment :

— J'ai reconduit madame Dauberny jusqu'à sa porte, où je l'ai quittée.

— Ah!... c'est singulier. Vous avez été bien longtemps pour me dire cela.

— C'est que... je ne m'en souvenais plus.

— Ah!... Frédérique est si originale... si sans façon quelquefois, que j'avais pensé...

— Quoi donc?

— Oh! mais non, cela eût été contre toutes les convenances... il est vrai qu'elle s'en moque pas mal des convenances!...

— Qu'avez-vous pensé, enfin?

— Rien, ou plutôt je ne veux pas vous le dire.

— Mais vous avez dû voir souvent votre amie depuis cette soirée-là?...

— Une seule fois... J'ignore ce qu'elle fait maintenant! On l'aperçoit à peine dans le monde... Probablement elle a quelque chose qui l'occupe... Il faut bien remplacer Saint-Bergame... car vous savez sans doute qu'ils sont brouillés... et d'ailleurs Frédérique n'a pas pour habitude de rester inoccupée... Avant Saint-Bergame c'était un autre... puis un autre, puis un autre... elle aime la variété.

J'admire comme les femmes traitent leurs amies intimes!... et je me demande alors ce qu'elles doivent dire quand elles parlent de leurs ennemies; la nuance doit être fort peu sensible!... Ah! madame Dauberny a eu un très-grand nombre de faiblesses... Elle n'a jamais éprouvé un attachement sérieux... c'est dommage... cela m'étonne, il me semble qu'elle est faite pour en inspirer un.

Je ne sais ce que j'allais répondre à la question de madame Sordeville lorsqu'une visite arrive. C'est une dame entre deux ou trois âges, qui est presque perdue dans des gazes, des voiles, des dentelles qui sont amoncelés autour de sa tête pour se perdre ensuite autour de son corps. Il me semble voir entrer un nuage ou une ancienne peinture d'*Isabey*, moins le charme du coloris. Je cède la place à ce personnage atmosphérique et je prends congé; on me fait promettre que je serai exact à la prochaine soirée, et on me lance un regard qui remplit mon âme d'ivresse.

Je sors léger comme une plume... Je ne marche pas, je bondis!... Le plaisir fait de moi une chèvre; j'ai envie de danser. Vous trouvez sans doute que je suis bien enfant, si pour un homme qui a eu beaucoup d'aventures galantes je devrais être déjà blasé sur tout cela; vous êtes dans l'erreur, je ne suis blasé sur rien, ma dernière bonne fortune me rend encore aussi heureux que ma première. C'est une faveur de la Providence! car les gens blasés ont deux désagréments : ils ne s'amusent plus et ils ennuient les autres.

Pomponne a souri de nouveau en me voyant rentrer : ce garçon-là n'est pas si bête que je le supposais, il lit assez bien sur ma physionomie.

J'attends avec impatience le jeudi qui doit me procurer l'occasion de me retrouver avec la charmante Armantine; je n'ai pensé qu'à elle depuis la visite que je lui ai faite, elle a été si aimable, si expansive ce jour-là qu'il me semble que le moment de mon bonheur ne doit pas être éloigné; elle a reçu l'aveu de mon amour sans colère, bien loin de là, elle m'a paru l'entendre avec plaisir; elle m'a abandonné sa main que j'ai pressée sur mes lèvres, et sans cette visite qui lui est arrivée, qui sait si je n'aurais pas obtenu davantage?... N'importe, il me semble que maintenant je puis bien espérer.

Le jeudi est venu. Pomponne a eu l'ordre de se surpasser pour ma coiffure; je ne sais pas s'il y est parvenu, mais je sais qu'il m'a tiré les cheveux pendant une demi-heure, au point que j'en ai très-mal à la tête. Mais je ne le gronde pas. Je m'habille en regardant l'heure. Je voudrais être arrivé, et pourtant je me dis qu'il est plus adroit de se faire un peu désirer... et je ne doute pas qu'elle ne m'attende.

Le moment arrive enfin. Je pars le cœur plein de l'image d'Armantine. Me voici chez elle. Rappelons-nous que dans le monde il faut prendre un masque pour qu'on ne devine pas nos secrètes pensées. Mais ce masque-là me gêne, j'ai bien de la peine à le supporter.

Il y a beaucoup de monde déjà. Tant mieux! plus la compagnie est nombreuse, plus on y a de liberté. M. Sordeville accourt au-devant de moi, me serre la main, me reproche d'avoir été quelque temps sans avoir été à leurs petites soirées. Ce mari-là est d'une amabilité qui devrait me donner des remords; mais je n'ai jamais eu la moindre amitié pour ce monsieur, et d'ailleurs, pourquoi néglige-t-il sa femme?...

Je parviens à aborder celle pour qui seule je suis venu. Elle me fait un accueil très-gracieux, mais lorsque je veux échanger avec elle un de ces regards qui en disent plus que de fades discours, je ne rencontre plus ses yeux. Elle vient de se tourner vers un jeune homme qui lui est présenté et reçoit les compliments qu'il lui adresse en lui faisant une foule de petites mines qui sont peut-être gentilles, mais que je trouve, moi, fort déplacées en ce moment. Je me flatte cependant que mon tour va venir et qu'elle n'a pas oublié que je suis là, à quelques pas d'elle... Ah! bon! voilà maintenant le jeune homme blond de l'autre fois qui vient causer avec elle; ce M. Mondival lui dit donc des choses bien drôles pour qu'elle rie autant! Madame Dauberny m'a pourtant assuré que ce monsieur était bête, et je m'en rapporte à son jugement. Maintenant voici un grand monsieur à barbe, favoris, moustaches et collier noirs, qui vient faire le beau près de la maîtresse de la maison. On lui répond en souriant, en jouant avec son éventail, il me paraît que sa conversation sera longue. Je commence à me lasser d'attendre mon tour. Je m'éloigne, je dois avoir la mine fort allongée; pour comble de malheur je vais me jeter sur ce monsieur qui a toujours les yeux presque fermés, mais qui y voit encore assez puisqu'il me reconnaît et entame avec moi la conversation.

Je ne sais pas ce que je réponds. Je laisse là ce monsieur qui m'ennuie horriblement. Je regarde jouer au whist, mais bientôt je retourne dans le salon où est Armantine, en me disant : Cela ne peut cependant point se passer ainsi; si elle rit avec d'autres, elle peut aussi rire avec moi, je suis un sot de céder la place. Et je m'avance vers madame Sordeville, qui causait alors avec une dame, et qui en se retournant tout à coup de mon côté part d'un éclat de rire, en s'écriant :

— Ah! mon Dieu, monsieur Rochebrune, qu'est-ce que vous avez donc ce soir?... Quelle drôle de mine vous nous faites!... Est-ce que vous avez mal aux dents?

Quand on a déjà de l'humeur, et qu'on voudrait la cacher, il n'y a rien qui vous dépite plus que de s'entendre demander ce que l'on a; alors, au lieu de faire simplement la mine, on arrive à la grimace; c'est probablement ce que je fais, car Armantine retient avec peine une nouvelle envie de rire, tandis que je murmure en me mordillant les lèvres :

— Moi, madame? mais je n'ai rien... Que voulez-vous donc que j'aie?... Je n'ai jamais connu le mal de dents...

— Monsieur, me dit une vieille dame longue et sèche, assise à côté de madame de Sordeville, et qui a sans doute mal entendu mes dernières paroles, mettez de l'eau de Cologne avec du coton... on imbibe son coton d'eau de Cologne, et on met cela sur la dent... Je vous certifie que c'est un excellent remède... Cela n'ôte pas la douleur sur-le-champ, mais au bout de quelques jours on souffre moins...

— Mais, madame, dis-je à cette vieille dame qui veut absolument que j'aie mal aux dents, je ne me suis pas plaint, je ne souffre pas... Je ne sais pas pourquoi on veut que...

La vieille dame poursuit sans m'écouter :

— Ensuite, monsieur, vous avez encore un remède infaillible, c'est du sel gris... Deux ou trois grains de sel gris, cela vous fait rendre des eaux; vous crachez, vous remettez du sel... et ainsi de suite jusqu'à ce que votre douleur soit calmée...

Je m'aperçois que madame de Sordeville rit aux larmes de l'impatience que j'éprouve en écoutant la vieille dame qui va toujours son train :

— Surtout, monsieur, ne les faites pas arracher... Oh! monsieur, gardez vos dents!... gardez-les bien... on ne les a pas plutôt fait ôter, qu'on les regrette... Tenez, moi, monsieur, je m'en suis fait arracher quatorze... et aujourd'hui j'en suis désolée... Je sens qu'il me manque quelque chose... Je sais bien qu'on peut...

J'en ai assez... Il manquera encore quelque chose à cette dame, c'est que je l'écoute toute la soirée. Je ne suis pas venu ici pour suivre un cours de dentiste; il m'a semblé qu'Armantine se moquait de moi pendant qu'on me donnait une consultation pour les dents. Elle est allée au piano : voilà le concert qui commence. Si c'est aussi bien exécuté que l'autre soir, ce sera amusant. Je me sens disposé à trouver tout mauvais. Maintenant que la musique est en train, il me sera difficile de causer avec Armantine : elle accompagne, ou bien elle s'occupe des chanteurs, des exécutants. Enfin, elle s'occupe de tout le monde, excepté de moi. Je m'étais donc bercé d'un faux espoir... Elle ne m'aime pas... et pourtant, il y a trois jours, chez elle, n'a-t-elle pas été charmante? ne m'a-t-elle pas laissé presser, baiser sa main?... n'a-t-elle pas souri à l'aveu de mon amour? Eh mais! si elle n'affectait devant le monde de me traiter avec froideur que pour mieux cacher les sentiments que je lui inspire... Je m'accroche à cette idée, parce qu'elle me laisse mes espérances... D'ailleurs, s'il n'en était pas ainsi, madame Sordeville ne serait qu'une franche coquette, qui se serait moquée de moi, qui s'en moquerait encore... J'aime mieux penser qu'elle dissimule : par exemple, elle dissimule parfaitement.

Le baron de Brunzbrack vient d'entrer dans le salon, il vient moi :

— Ponchour, mon pon ami Rocheprune...

— Bonsoir, monsieur le baron.

— Savre-fous si montame Dauberny il viendra à cette soiree?

— Je l'ignore complétement, je n'ai pas revu cette dame depuis que nous nous sommes trouvés ensemble.

— Ah! fous, il affre bas revue.

Et le baron me serre la main avec un redoublement d'affection, puis il reprend :

— Alors c'est gomme moi... Che affre été souvent bour brésenter mes hommages, mais le tame il être touchours dehors... et fous, il y affre été le voir?...

— Non, j'ai mis ma carte, voilà tout.

— Ah! pon, pien, fous il y être touchours bas amoureux d'elle?

— Comment, baron, vous aviez encore cette idée-là?... Mais combien de fois faut-il vous répéter que je n'ai jamais fait la cour à madame Dauberny... que je n'y ai jamais songé?...

— Ah! foui! foui!... Fous être amoureux d'une autre... J'avais publié!...

Le baron ne conçoit pas que tout le monde ne fasse point la cour à madame Dauberny, et moi je ne comprends pas que madame Sordeville se laisse faire la cour par tout le monde; l'amour donne à chacun sa manière de voir.

Tout d'un coup, M. de Brunzbrack me tire par le bras comme s'il voulait me l'arracher. Je crois qu'il a une attaque de nerfs, mais en apercevant madame Dauberny qui vient d'entrer dans le salon, je comprends ce qui a causé son mouvement convulsif.

Frédérique a une toilette originale, comme c'est assez son habitude. Une robe de velours noir, montante et fermée jusqu'au col, contient sa taille, qui semble plus svelte encore; dans ses beaux cheveux, on a entrelacé du jais et des nœuds de velours; cette coiffure sévère donne du sérieux à sa physionomie, plus pâle que d'ordinaire. En voyant madame Dauberny, je ne sais si je dois être encore fâché avec elle; je pense à la manière un peu brusque dont elle m'a congédié, mais ensuite je me rappelle toute l'amitié, toute la confiance qu'elle m'avait témoignées... Pendant que j'hésite et que je me consulte, Frédérique a passé devant nous, et nous a salués assez froidement, le baron et moi.

M. de Brunzbrack me laisse pour poursuivre les pas de la femme qu'il adore; moi, je retourne rôder autour d'Armantine. Nous jouons le même jeu. Aurons-nous de la veine? jusqu'à présent je ne vois pas qu'elle me vienne.

M. Montival chante des chansonnettes, il les dit absolument comme un écolier réciterait sa leçon; mais comme les chansonnettes sont spirituelles, on rit beaucoup, et le chanteur attribue cela à la manière dont il a chanté, tandis que son seul mérite est de bien choisir ses chansons.

Après ce jeune homme, le monsieur encadré de brun, et qui a longtemps causé avec Armantine, se met au piano, où il chante un grand air avec infiniment plus d'aplomb que de voix. Mais, dans le monde, c'est beaucoup d'avoir de l'aplomb. Ce monsieur est très-applaudi, et lorsqu'il quitte le piano, je vois madame Sordeville qui, j'en suis certain, lui fait des compliments. Si je voulais cependant... Certainement, j'ai plus de voix que ce monsieur.

Tout cela me dépite, je suis vexé de voir qu'elle ne fait aucune attention à moi, et je me dirige à mon tour vers le piano, où je feuillette les cahiers de musique.

Armantine, qui vient pourtant de s'apercevoir que je suis là, s'approche de moi et me dit :

— C'est bien dommage que vous ne chantiez que quand vous êtes seul... car j'aurais été charmée de vous entendre, monsieur.

— Mon Dieu, madame, si cela peut vous faire plaisir...

— Vous allez chanter!... Ah! vous êtes bien aimable.

— Je vais essayer de vous dire une romance... Je ne sais si je pourrai m'en tirer.

— Oh! modestie... d'amateur!... Je suis sûre, moi, que vous chantez très-bien.

Et elle court se placer en disant :

— Monsieur Rochebrune va chanter... Un peu de silence, s'il vous plaît.

Chacun s'est casé, le silence se rétablit. Je commence à craindre de m'être trop avancé. Je ne chante cependant pas trop mal, mais cela m'arrive si rarement de me faire entendre dans le monde. Voyons, il faut cependant m'exécuter, il n'y a plus moyen de reculer.

Je m'assieds au piano. Mes doigts ne veulent pas aller... Que vais-je chanter?... Il faut pourtant que je me décide... on attend. Je m'arrête à une romance de *Masini*, et, comme c'est l'ordinaire lorsqu'on a peur, je choisis la plus difficile et celle que je chante le moins bien.

Au premier couplet je ne me rappelle plus l'accompagnement, et, ce qui ne m'arrive jamais, je fais deux ou trois basses discordantes. Cela doit donner une triste idée de mon organisation musicale.

Au second couplet, ce sont les paroles qui ne me reviennent point à la mémoire. Je m'arrête, je recommence, je ne trouve pas davantage, je tâche de mâchonner entre mes dents : *Tradera... deri, dera.*

Les paroles du troisième couplet me sont bien présentes, je veux me venger sur celui-là de mes bévues aux deux autres; j'attaque avec force, et lorsque vient une tenue où il y a une note en fausset *ad libitum*, je risque là note que j'ai prise cent fois bien... mais ce soir je ne sais ce que j'ai dans la gorge... est-ce la peur? est-ce mauvaise disposition?... ce qu'il y a de certain, c'est que je fais un infâme couac et que je finis ma romance en toussant comme quelqu'un qui vient d'avaler de travers.

J'ai quitté le piano, rouge de dépit et toussant toujours. Quelques personnes ont la méchanceté de m'applaudir, mais je vois dans leurs yeux cette joie maligne que l'on éprouve toujours en société lorsqu'on trouve l'occasion de se moquer de quelqu'un. Ce qui me désole surtout, c'est d'avoir fait tout cela devant Armantine, qui est très-moqueuse et qui retient avec peine son envie de rire, tandis que M. de Brunzbrack me dit avec la meilleure foi du monde :

— Quel tommage que fous il y être enrhumé! cela allait si bien!

Je ne réponds rien, je voudrais me fourrer sous un divan. J'ai gagné un coin du salon, et là j'entends une voix bien connue murmurer à mon oreille :

— Voilà un couac qui vous recule de trois mois, au moins!...

C'est Frédérique qui était derrière moi. Je comprends parfaitement ce qu'elle a voulu me dire. En effet, avec une femme vaniteuse, coquette, comme madame Sordeville, se rendre ridicule devant le monde, c'est une grande faute! Il y a si peu de femmes qui nous aiment pour nous-mêmes... Avec le plus grand nombre, nous ne devons nos succès auprès d'elles qu'à tous ceux que nous avons obtenus déjà.

Je me réfugie dans le salon de jeu. Frédérique y vient, elle y établit une partie de baccarat; c'est elle qui tient la banque. On joue gros jeu, elle gagne tout le monde, un monceau d'or se forme devant elle. M. de Brunzbrack vient de perdre tout son argent... mais ce n'est pas là ce qui l'occupe, il cherche à obtenir un mot, un regard, de la superbe banquière; c'est en vain, on ne fait pas attention à lui. C'est en ce moment que, pour essayer de me distraire, je viens à mon tour jouer contre madame Dauberny, qui, restée indifférente au milieu de sa fortune, joue avec un calme parfait et sans daigner se montrer sensible aux doléances ou aux œillades de ceux qu'elle a vaincus.

— Ah! vous venez jouer, me dit Frédérique d'un ton goguenard. Au fait, vous avez raison... et si le proverbe est vrai, vous serez très-heureux au jeu ce soir... Mais les proverbes se permettent aussi de mentir quelquefois... ce pauvre baron de Brunzbrack en est une preuve... Si quelqu'un devait gagner, c'est bien lui!... et pourtant je l'ai ruiné comme les autres... Allons, jouons, monsieur, jouons... je ne serai pas fâchée de vous battre aussi.

Il me semble qu'il y a dans la voix de madame Dauberny un accent d'ironie qui ne lui est pas ordinaire. Je me rappelle ce que m'a dit son amie au sujet des nombreux amants qui se sont succédé dans son cœur; si je voulais être goguenard aussi, moi, je pourrais lui répondre bien des choses... Mais non... j'ai... je ne sais quelle sympathie pour cette femme... je l'aime, non pas d'amour... c'était de la confiance, de l'amitié... qui m'attirait vers elle... Pourquoi diable ai-je été lui donner ce baiser pendant qu'elle dormait?... mais aussi pourquoi changeait-elle à chaque instant sa coiffure et se faisait-elle si piquante, si séduisante?... Une femme ne doit pas faire de ces essais-là, même sur un homme qui est amoureux de son amie.

Je mets de l'or sur la table, je gagne; je double mon jeu, je gagne encore; je continue, je gagne toujours. Mais depuis quelques instants, il me semble que Frédérique n'est plus à son jeu, je la vois regarder fréquemment et avec impatience à sa gauche; M. Sordeville est là qui me semble causer mystérieusement avec le baron de Brunzbrack; tout à coup, ma banquière s'arrête, et se tournant vers les deux causeurs, s'écrie :

— Mon Dieu, monsieur Sordeville, laissez donc un peu ce pauvre baron qui vient ici pour se récréer, et que vous obligez encore à vous parler des affaires de son gouvernement; en vérité, vous abusez de votre position de maître de maison... ce n'est pas généreux!...

M. Sordeville est devenu muet, ses lèvres ont pâli, mais il s'efforce de sourire, en répondant bientôt :

— En effet, madame, j'ai tort de causer avec un de ces messieurs, c'est vous enlever un adorateur.

— Venez donc jouer, baron, dit madame Dauberny, sans répondre au compliment de M. Sordeville.

Le baron s'approche d'un air ravi, en s'écriant :

— Che foulais pien, matame, mais ch'affre plus le sou.

— On vous tiendra sur parole, monsieur, vous êtes de ceux dont l'honneur brille au grand jour, et sur le compte de qui on ne tiendra pas de propos équivoques.

Le baron s'incline, il est radieux. Il me semble que madame Dauberny a encore dit ces dernières paroles avec intention et en regardant du côté de M. Sordeville, qui n'a pas bougé.

M. de Brunzbrack s'assied près de moi, je lui offre de lui prêter de l'argent, il accepte, et en peu de temps nous faisons sauter la banque. Alors la belle Frédérique se lève gravement et quitte le jeu, en nous disant :

— Décidément, le proverbe n'a pas menti, vous deviez gagner tous les deux, c'était écrit.

— Vous partez, montame?...

— Oui, baron.

— Voulez-vous accepter que che reconduise fous dans mon voiture?

— Non, pas ce soir.

— Monsir Rocheprune il serait venu avec nous...

— Je vous remercie; mais, ce soir, je n'accepte aucun cavalier... Les nuits se suivent et ne se ressemblent pas.

Frédérique s'est éloignée. Le pauvre baron est resté tout contrit. Moi je retourne près de madame Sordeville, je voudrais lui parler avant de partir. Je la vois qui est seule un moment, je cours à elle, je lui exprime tout le bonheur que j'aurais si je pouvais la revoir bientôt et sans témoins, pour lui parler de mon amour. Elle m'écoute avec un air distrait, indifférent; quand je crois qu'elle va me répondre, elle s'écrie :

— Ah! mon Dieu! et le thé que l'on n'a pas encore servi, et il est minuit passé!

Elle m'a quitté. Je reste un moment fixé à ma place. Je ne reviens pas du caprice, de la coquetterie, du changement de manières d'Armantine avec moi. Je me demande s'il a suffi d'un couac pour produire tout cela... et à quoi tiennent alors les faveurs des dames! Je crois que je ferai bien de m'en aller... En ce moment, la grande dame sèche qui m'a déjà parlé revient près de moi et me dit :

— Ensuite, monsieur, quand on a trop mal aux dents, on peut se les plomber soi-même... Je vais vous indiquer la manière... venez vous asseoir là-bas...

Je ne me soucie pas d'en apprendre davantage, je m'esquive pendant que cette dame est allée se placer commodément, pour m'apprendre comment on peut plomber soi-même ses dents.

Une jeune mère.

Trois mois se sont passés sans que j'aie cherché à revoir madame Sordeville. Son image n'est cependant point effacée de mon cœur; au contraire, elle revient sans cesse à ma pensée, et je la revois aimable, séduisante, comme le premier jour où je l'ai connue; je ne suis donc pas guéri de mon amour pour cette dame, mais cependant j'ai eu assez de force sur moi-même pour ne plus me présenter chez elle. Je trouve fort naturel d'aimer une personne qui ne nous aime pas; ce sont de ces choses qui arrivent tous les jours; mais je ne comprends pas que l'on consente à servir de risée à une coquette. Il y a une certaine dignité qu'il faut tâcher de conserver; ce n'est pas en la perdant que l'on se fait aimer. Lorsque, brûlant du désir de revoir Armantine, je suis sur le point d'oublier mes résolutions et de courir me jeter à ses pieds, je me rappelle comment à sa soirée elle m'a planté là pour s'occuper de son thé, sans répondre même un mot à ce que je lui disais.

Je n'ai pas une seule fois rencontré madame Dauberny; chaque jour je regrette plus vivement l'amitié de cette femme singulière. C'était si original de s'entendre tutoyer par une femme dont on n'avait pas été l'amant... Au moins, cela changeait, cela sortait des habitudes ordinaires. Elle m'avait donné sa confiance avec tant d'abandon... Pourquoi un moment d'oubli m'a-t-il fait perdre tout cela?...

Mais, après tout, il me semble que Frédérique a été bien sévère avec moi. Elle pouvait me gronder, me faire comprendre mes torts, sans rompre sur-le-champ toutes nos relations... Tant de colère pour un baiser!... c'est très-extraordinaire, car ce sont de ces offenses que les dames excusent volontiers. Et puis, il y avait tant de circonstances atténuantes... le souper, le champagne, l'heure... et ces cheveux que l'on arrangeait à chaque instant d'une façon différente!

Nous sommes à la fin de février, mais le froid est encore très-vif, lorsqu'un matin, par une de ces belles gelées qui invitent à la promenade, le souvenir de Mignonne Landernoy se présente à ma pensée. Pauvre jeune fille! comment ai-je pu l'oublier si longtemps, et tout cela pour m'occuper d'une coquette qui certes ne pense plus à moi. Je veux bien vite réparer ma faute. Je m'enveloppe dans un immense paletot, je mets un cache-nez et je grimpe rue de Ménilmontant.

Tout en marchant, je me rappelle la position dans laquelle était Mignonne lorsque je l'ai vue au mois de novembre; je songe à tout ce qui a dû arriver depuis ce temps, je n'en ai qu'un plus vif désir d'avoir des nouvelles de cette jeune femme. Je presse le pas, et je me trouve enfin devant la loge de cette portière, que je retrouve entourée de chats comme la première fois que je suis venu.

En apercevant à son carreau un homme enveloppé dans un paletot dont le collet est relevé, et la figure presque entièrement couverte par un cache-nez, madame Potreille se redresse sur son fauteuil et prend un de ses chats dans sa main droite comme pour me le lancer à la tête, en s'écriant d'un air imposant :

— Monsieur! qu'est-ce que vous voulez?... qu'est-ce que c'est que ça?... est-ce qu'on entre comme ça déguisé dans les maisons?... Démasquez-vous, monsieur... je ne réponds pas aux masques, moi!

Je fais tomber mon cache-nez en cravate et ne puis m'empêcher de rire de la frayeur de la portière, tout en lui disant :

— Les cache-nez sont donc inconnus dans votre quartier, madame? je trouve pourtant qu'il y fait tout aussi froid que dans le mien.

La bonne femme pousse un cri de surprise, elle vient de me reconnaître; alors seulement elle repose sur son poêle le chat qu'elle avait saisi en guise de pistolet et qui se hâte de disparaître. Moi, j'entre dans la loge.

— Comment, c'est vous, monsieur!... Oh! pardine, je vous remémore à présent!... vous êtes le jeune homme aux chemises!...

— C'est cela même, madame, c'est moi qui vous ai laissé de l'ouvrage pour... madame Landernoy...

— Avec une lettre, oui, oui; oh! je vous reconnais... Mais, dame! tout à l'heure on ne voyait que vos yeux... vous comprenez bien que ça m'a saisie d'abord... Ah! ben! mais vous y avez mis le temps pour venir chercher vos chemises, on voit bien que vous n'en êtes pas pressé!

— Et cette pauvre jeune femme, donnez-moi donc de ses nouvelles.

— Elle se porte pas mal, quoiqu'elle se donne bien de la peine... Ah! c'est que, voyez-vous, maintenant il faut qu'elle travaille pour deux... Elle est accouchée... il y a déjà plus de deux mois... elle a une petite fille qui est gentille tout plein...

— Ah! tant mieux, et son enfant est avec elle?

— Oui, sans doute; oh! il n'y a pas de danger qu'elle s'en sépare, c'est elle qui le nourrit; elle ne quitte plus sa fille une minute, elle a si peur qu'il ne lui arrive malheur, qu'elle ne jette un cri, qu'elle n'ait besoin de ses soins, qu'elle ne veut pas la perdre de vue un seul instant. Pour aller faire ses petites provisions, elle emporte sa fille dans ses bras. Quelquefois je lui dis : Mais, madame Landernoy... je ne l'appelle jamais que madame à c't' heure, mais, madame Landernoy, déposez votre enfant dans ma loge, je veillerai sur votre petite Marie pendant que vous ferez vos courses, et vous irez bien plus vite, n'ayant pas votre enfant à porter. Mais elle ne veut pas... Je crois, Dieu me pardonne, qu'elle a peur que mes chats ne fassent des mauvaisetés à sa fille, et pourtant ils en sont incapables, monsieur, je les ai trop bien élevés pour ça. Ils sont joueurs... espiègles... c'est de leur âge... nous avons tous été jeunes; mais pour de la méchanceté et des griffes, je ne leur en connais pas.

— Je vois que madame Landernoy aime tendrement sa fille.

— Si elle l'aime! mais c'est-à-dire que sa fille, voyez-vous, c'est a vie, sa pensée, son cœur... Ah! ma fine, quand on est si bonne mère, ce serait dommage de ne pas avoir d'enfant!...

— Vous avez raison, madame, les enfants ne sont une charge que pour ceux qui ne savent pas les aimer! Et la jeune mère a-t-elle consenti enfin à accepter cet ouvrage que je vous avais laissé?

— Oui, monsieur. D'abord, en lisant votre lettre... elle l'a lue dans ma loge, elle a secoué la tête comme quelqu'un qui n'est pas bien convaincu. Que voulez-vous? elle est méfiante, cette pauvre fille!... Tiens, moi qui dis fille à c't' heure, suis-je bête! Cette pauvre femme, elle a ses motifs pour ça... Chat échaudé craint l'eau froide... les miens en ont une peur!... Monsieur, je les corrige plus en leur jetant deux ou trois gouttes d'eau au nez, que si je leur donnais de la verge...

— Vous disiez qu'en lisant ma lettre, madame Landernoy n'a pas paru bien convaincue de la pureté de mes intentions?

— Il y avait encore de la *doutance* dans son esprit; mais ensuite elle a dit : Je puis toujours faire cet ouvrage, puisque ce monsieur viendra le chercher ici.

— En sorte que mes chemises sont faites?

— Oui, monsieur; oh! il y a plus de cinq semaines qu'elles sont là, avec la petite note... et même depuis quelques jours cette pauvre madame Landernoy m'a demandé plusieurs fois si vous étiez venu ou si vous aviez envoyé chercher vos chemises... parce que... je crois que dans ce moment... dame, vous comprenez, l'ouvrage n'est pas toujours fort... et à présent qu'elle a un enfant, la petite dame a un calorifère dans sa chambre, parce qu'elle ne veut pas que sa fille ait froid.

— Je vous devine, madame; je suis désolé d'avoir tant tardé à venir... Donnez-moi cette note bien vite.

— V'là vos chemises d'abord... Vous allez voir comme c'est fait... et cousu! c'est perlé!...

La portière a tiré de sa commode un paquet; mais je le repousse en lui disant :

— Je suis persuadé que c'est bien fait; mais la note, la note...

— Je vais vous la remettre, monsieur... Je suis fâchée que vous ne vouliez pas regarder vos chemises... Voilà la note... c'est bien ça.

Je regarde ce que je dois et je lis : Pour façon de douze chemises... vingt-sept francs.

Je porte la main à ma poche et je soupire tout en murmurant :

— Vingt-sept francs!...

La portière m'entendant soupirer, dit :

— Dame, oui, à quarante-cinq sous par chemise... ça fait bien vingt-sept francs; vous trouvez que c'est trop cher?

— Non, madame, je trouve, au contraire, que ce n'est pas assez payé!... Cette jeune femme doit mettre au moins deux jours à faire une chemise?...

— Je crois bien... mettez-en trois, vous direz plus juste...

— Ainsi donc, en travaillant assidûment, en prenant peut-être sur son sommeil, parce qu'elle a un enfant qui réclame souvent ses soins, voilà une pauvre femme qui ne gagnerait que quinze sous par jour... est-ce qu'elle peut vivre... se loger, se vêtir, se chauffer avec quinze sous?...

— Eh, mon Dieu! monsieur, toutes les femmes qui travaillent à l'aiguille ne gagnent pas cela... mais aussi, comme vous dites, elles ne peuvent pas vivre, et elles sont obligées de... de se laisser aller à faire autre chose.

— Madame, si je faisais faire ces chemises dans un magasin, je payerais au moins trois francs de façon. Je ne suis point commerçant, moi, et je ne veux pas gagner sur une ouvrière. Par conséquent, douze chemises à trois francs, cela fait trente-six francs que je dois à madame Landernoy. Tenez, vous voudrez bien lui remettre cette somme.

Je tendais l'argent à la portière, qui ne le prenait pas, parce qu'elle essuyait ses yeux. Ce que je faisais lui semblait donc bien méritoire, cela n'était que juste pourtant.

— Vous êtes un bien brave homme, monsieur, me dit enfin la portière d'une voix attendrie, si tout le monde pensait comme vous... les ouvrières en linge pourraient vivre, et on verrait moins de malheureuses le soir dans les rues de Paris. Mais pourtant, je ne sais pas si je dois prendre la somme que vous m'offrez.

— Pourquoi donc cela?

— Oh! c'est que la petite femme est si fière dans sa pauvreté... elle me dira : On ne me devait que vingt-sept francs, vous ne deviez pas en recevoir davantage.

— Vous lui expliquerez que c'est le prix que je paye toujours.

— Oh oui!... mais elle ne trouvera pas cela naturel... Dame, que voulez-vous, elle est méfiante, comme je vous disais! Et malheureusement, dans le siècle où nous vivons, on fait si peu de choses justes...

— Vous lui parlerez de sa fille qui peut avoir besoin de mille choses...

— Oh oui!... je sais bien... c'est par là que je la prendrai. Enfin, je garde toujours ce que vous me donnez... sauf à vous le rendre si elle ne veut pas recevoir le surplus.

— Il faut qu'elle le reçoive. Mais ce n'est pas tout, madame, cette jeune mère a-t-elle beaucoup d'ouvrage en ce moment?

— Je ne crois pas; aussi cet argent lui arrive bien à propos.

— Cela ne suffit pas... cet argent sera bientôt dépensé.

— Diable!... comme vous y allez! Trente-six francs! mais c'est une somme *conséquente* ça!...

— Je voudrais donner d'autre ouvrage à faire à madame Landernoy...

— Vous ne pouvez cependant pas toujours vous faire faire des chemises!

— Mon Dieu... que pourrais-je donc lui donner?... Ah! fait-elle des gilets?

— Je crois qu'elle a essayé pour le petit garçon du propriétaire... mais on a trouvé qu'il était raté... avec ça que ce petit bonhomme est si difficile... il a fait refaire cinq fois sa casquette... il voulait à la fin qu'on lui en fît un chapeau à trois cornes... C'est gâté que c'en est exorbitant... mais s'il s'avise encore de faire jurer mes chats...

— Alors, madame, c'est convenu, je vais acheter des devants de gilets; je vous apporterai tout cela avec un modèle, et vous donnerez cet ouvrage à madame Landernoy, en lui disant de ne point s'inquiéter... que la personne n'est pas difficile, que c'est pour quelqu'un de la campagne que je fais faire cela.

La portière abandonne ses chats pour me serrer la main, en me disant :

— Je vous comprends, monsieur, vous craignez que la jeune mère ne manque de travail; vous voulez lui en fournir n'importe comment... Vous vous intéressez à elle... eh bien, je gagerais qu'elle a tort de se méfier de vous... Oh! c'est que je m'y connais, moi, je flaire d'une lieue ces godelureaux qui viennent pour des bêtises... Ils ne s'y prennent pas comme vous... ils me fourrent une pièce d'argent sous le nez... avec un petit billet qui sent la pommade et les quatre fleurs... puis ils examinent la maison, les fenêtres, la cour, comme s'ils voulaient gratter partout! Connu, connu!

— Non, madame Potrelle, je ne suis pas un amoureux... ici du moins.

— Ah pardi! je comprends bien que vous pouvez l'être ailleurs... ça serait triste si à votre âge vous ne pensiez plus à cela.

— Je vais faire mes emplettes et je reviens vous apporter tout cela.

— Mais, monsieur, cela va vous donner la peine de revenir...

vous vouliez, je vous éviterais cette course-là... j'ai justement ici ma nièce qui peut garder ma loge... je pourrais me transporter à l'adresse de monsieur, et je lui dirais en même temps si madame Landernoy a consenti à prendre les trente-six francs.

Quelque chose me dit que cette portière a un motif pour me faire cette proposition. Je crois deviner qu'elle désire venir chez moi pour mieux me connaître, pour être certaine que j'ai bien donné mon nom dans ma lettre à Mignonne; et qui sait si ce n'est pas la jeune mère elle-même qui lui a dit de tâcher de savoir qui je suis.

Comme je n'ai rien à redouter des informations que madame Potrelle pourra prendre sur moi, j'accepte la proposition :

— Voici mon adresse, lui dis-je en lui remettant une de mes cartes. Venez chez moi dans deux heures, et j'aurai fait mes achats. Vous aurez en même temps la complaisance de m'apporter mes chemises.

— Avec plaisir, monsieur.

Madame Potrelle est exacte : j'étais rentré chez moi depuis peu de temps, lorsque Pomponne vient me dire avec un sérieux comique :

— Monsieur, il y a là une femme qui demande à vous parler... elle tient quelque chose dans son tablier, outre un paquet qu'elle porte sous son bras. Je suppose que c'est quelque objet d'occasion qu'elle veut vous vendre.

— Taisez-vous, Pomponne, et faites entrer cette personne.

Mon domestique exécute mes ordres, tout en paraissant intrigué de ce que je reçois dans mon salon quelqu'un qu'il n'en trouve sans doute pas digne, et en lorgnant du coin de l'œil ce que la portière tient contre elle, roulé dans son tablier. Je lui fais signe de sortir; il sort à reculons.

Madame Potrelle me fait force révérences, me remet mes chemises, qu'elle tient sous son bras, enveloppées dans un mouchoir. La bonne femme admire mon logement, mon ameublement; ce qui annonce que l'opulence impose toujours à la multitude et aussi aux particuliers. Je tâche de la mettre à son aise. Je la force à s'asseoir sur un fauteuil; elle tient toujours son tablier serré contre elle, et cela paraît la gêner.

Enfin elle entr'ouvre son tablier, en me disant :

— Je vous demande bien pardon, monsieur, si je me suis permis de l'amener chez vous... mais il ne sort jamais, ce pauvre petit, et j'ai pensé que cela lui ferait du bien.

— Comment, madame Potrelle, est-ce que vous avez un enfant là dedans?

— Non, monsieur, non... c'est un de mes chats, c'est Bribri le cadet... les autres le délaissent, ne jouent jamais avec lui, et tout ça, monsieur, parce qu'il boite un peu, ce pauvre raton... un inconvénient qu'il a eu dans la jambe; mais les chats ne valent pas mieux que les hommes... ils font fi des infirmes... voilà pourquoi j'ai voulu lui procurer un peu d'agrément, à ce petit.

— Vous avez très-bien fait, madame Potrelle; laissez un peu courir Bribri, si vous voulez.

— D'autant mieux, monsieur, que mes chats sont très-bien élevés, incapables de s'oublier chez n'importe qui que ce soit.

— J'en suis persuadé.

La portière ouvre entièrement son tablier, et un petit chat noir et blanc s'échappe alors et va se fourrer sous un meuble.

— Eh bien! dis-je, vous avez vu madame Landernoy?

— Oui, monsieur : quand elle a su que vous m'aviez donné plus d'argent qu'elle n'en avait demandé sur sa note, elle ne voulait pas le recevoir, elle s'est presque fâchée après moi... J'avais beau lui dire : Ce monsieur paye toujours ce prix-là, elle disait que cela ne la regardait pas... Enfin, pour qu'elle prenne toute la somme, je lui ai dit que vous aviez d'autre ouvrage à lui faire faire, et qu'alors elle retiendrait cela dessus... Ah! bon, le voilà qui va sur le divan... Bribri, on ne monte pas là-dessus, polisson.

— Nous verrons quand il s'agira de payer les gilets. Pauvre jeune fille, quelle noble fierté, quelle âme probe!... et voilà celle que l'on s'est fait un jeu de flétrir!

— Vous dites, monsieur?

— Rien, madame Potrelle. Voilà les étoffes, les doublures, le modèle... emportez tout cela, et veuillez accepter ceci pour votre peine.

Je glisse cinq francs dans la main de la portière; elle fait quelques difficultés pour les recevoir, assurant que c'est sans intérêt qu'elle fait quelque chose pour sa locataire. Je parviens sans trop de peine à lever ses scrupules. Madame Potrelle a pris les étoffes; mais il s'agit maintenant de rattraper Bribri, qui s'est fourré sous une causeuse et ne veut pas en sortir, ou n'en sort que pour aller se refourrer sous un autre meuble; je trouve que pour un boiteux il montre beaucoup d'agilité.

Madame Potrelle fait plusieurs fois à quatre pattes le tour de mon salon. Ce n'est qu'en jetant une boulette de papier dans la chambre que nous parvenons à attirer et à prendre Bribri, que sa maîtresse replace dans son tablier, en lui disant :

— Vous n'avez pas été sage, vous ne sortirez plus de six semaines. Adieu, monsieur : vous n'avez rien d'autre à faire dire à ma locataire?

— Dites-lui que j'adore les enfants, et que je voudrais bien embrasser sa fille.

— Oh! monsieur, si elle vous entendait, je gage qu'elle vous présenterait tout de suite sa petite Marie... Enfin, vous ne serez pas trois mois sans revenir, monsieur?

— Non, madame Potrelle, j'irai avant peu savoir des nouvelles de madame Landernoy.

— Et moi, monsieur, je vais lui dire que vous êtes un digne jeune homme... parce que... on voit bien tout de suite... Eh bien! ne voilà-t-il pas qu'il jure cet autre, à présent... Ah! le plus souvent que je te mènerai promener, toi!

Je congédie la portière, qui sort sans que Pomponne ait pu voir ce qu'elle tenait sous son tablier. Il est consterné.

L'écureuil.

Au moment où je vais pour sortir, Pomponne me remet une carte; elle est de Balloquet, voilà plusieurs fois qu'il vient pour me voir et ne me trouve pas; je me reproche mon impolitesse avec ce jeune homme, je lui dois cependant d'avoir fait la connaissance d'Armantine et de Frédérique... Ce n'est pas sa faute si de ces deux liaisons il n'est rien advenu, ni amour, ni amitié! Je suis bien sûr qu'il aura été plus heureux que moi, lui, et que la liaison qu'il ébauchait à la noce de M. Bocal aura eu des suites. Mais rien ne m'empêche d'en être certain, allons voir Balloquet.

Je me rends chez le jeune médecin, place Breda. Balloquet s'était logé là pour devenir médecin des lorettes. Il voyait dans cette clientèle une fortune assurée. Je désire qu'il ait réussi; mais ce n'était pas de la médecine qu'il faisait avec ces dames.

Au moment où j'entre dans la maison de mon joyeux compagnon de noces, le concierge m'arrête.

— Où va monsieur?

— Monsieur Balloquet, médecin.

— Il ne demeure plus ici, monsieur, depuis deux mois déjà.

— Et son adresse, s'il vous plaît?

— Rue d'Amsterdam, 42, tout près de l'embarcadère.

Allons rue d'Amsterdam. Balloquet n'aura pas trouvé la clientèle qu'il voulait avec les lorettes; il veut peut-être se faire médecin du chemin de fer, c'est-à-dire des personnes qui arrivent ou qui partent. C'est une idée comme une autre.

J'arrive. La maison est belle et neuve, naturellement, puisque la rue l'est aussi. Je demande le docteur Balloquet. On m'indique un escalier au fond de la cour et on me dit :

— Tout en haut, la porte en face. Il doit y être.

Ce doit être au moins un cinquième. Il me semble que cela peut nuire à un médecin de se loger si haut. Quand les malades viennent pour le consulter, il y en a auxquels cela doit faire mal de monter. Probablement Balloquet aime le grand air, et il fait plus de visites qu'il n'en reçoit.

J'ai monté un escalier fort clair et fort bien tenu; mais il me faut gravir six étages avant d'être au dernier palier. Enfin j'y arrive et je vois sur une petite carte, clouée sur la porte qui me fait face, le nom de Balloquet avec ses qualités. Il me semble qu'une plaque de cuivre serait mieux... Je crois me rappeler qu'il en avait une fort belle à son autre logement; il y fait sans doute faire des changements.

Je tire un gland fané, qui a dû servir à des rideaux. La sonnette rend un son très-aigu, mais on ne m'ouvre pas. L'appartement est peut-être fort grand; je sonne de nouveau. Personne ne paraît, cependant le portier m'a dit : Il doit y être.

Essayons un autre moyen. Quelquefois les jeunes gens redoutent une visite de femme, surtout quand ils en ont une autre chez eux. Toussons.

Je me mets à tousser sur différents tons. Au bout d'un moment la porte s'entr'ouvre, puis le nez de Balloquet se montre, puis on ouvre tout à fait en criant :

— Eh! c'est ce cher Rochebrune... Entrez donc, cher ami, entrez donc... C'est égal, vous avez bien fait de tousser... Je craignais d'autres visites.

— Cependant, d'ordinaire un médecin ne craint pas les visites!

— Cela dépend de quel genre elles sont.

— Vous avez peut-être du monde, et je vous dérange...

— Pas du tout! Je suis seul... Entrez donc!

Je traverse une toute petite pièce dans laquelle je n'aperçois pas un seul meuble; puis j'entre dans une grande chambre dans laquelle est un lit de fer, un bureau, des chaises, deux malles, une petite bibliothèque, et des effets d'habillement et de toilette épars sur tous les meubles et dans tous les coins. Si un beau désordre est un effet de l'art, il est difficile d'être plus artiste que Balloquet, qui m'offre un siége et dépouille la robe de chambre dont il était enveloppé, en me disant :

— Moi, je vais me recoucher, vous permettez?

— Certainement; mais vous restez au lit bien tard, est-ce que vous êtes malade?

— Je ne le suis plus, mais j'ai été très-secoué...

— En effet... vous êtes changé... où sont vos belles couleurs, cette fraîcheur qui vous valait tant de doux regards?

— Oh! pour ma fraîcheur... je l'ai totalement perdue... mais ça reviendra... Il fait déjà pas mal froid ici.

— C'est vrai.

— Approchez-vous donc de la cheminée.

— Je veux bien m'approcher de la cheminée, mais à quoi cela m'avancera-t-il?... il n'y a pas de feu...

— Il n'y a pas de feu!... c'est ma foi vrai... Je me rappelle maintenant que ce matin je n'ai plus trouvé une seule bûche dans cette malle qui me sert de bûcher... c'est même pour cela que je suis resté au lit, parce qu'on y a plus chaud... Voulez-vous vous coucher auprès de moi, sans façon?

— Non, merci, je préfère avoir froid. Ah çà! mais, Balloquet, que vous est-il donc arrivé depuis que je ne vous ai vu? Vous possédiez un fort joli appartement, qui était élégamment meublé... vous ne manquiez de rien... on ne gelait pas chez vous... et aujourd'hui vous êtes niché au cinquième... dans une seule chambre, car, avec la petite entrée, je ne vois pas d'autre porte, cela me paraît composer tout le logement.

— Oui, mais comme c'est bien décoré, hein?... des peintures toutes fraîches... et ces papiers... et ce plafond... une rosace au milieu.

— Oui, oui, c'est très-frais; mais avec tout cela, il me semble qu'il faudrait des meubles.

— Vous croyez? Moi, quand il y a dans un appartement de jolis papiers, des peintures soignées, il me semblait que ça ne demandait que fort peu de meubles.

— Peu, c'est possible... mais encore... je n'en ai pas vu un seul dans la pièce d'entrée.

— Ça la rapetisserait, elle n'est déjà pas grande.

Je me mets à rire. Balloquet en fait autant, en se roulant dans sa couverture, puis il s'écrie :

— Mon cher Rochebrune, je ne veux plus vous le cacher, vous voyez un garçon *dégommé*, oh! mais dégommage complet!

— Parbleu! est-ce que vous croyez que je ne m'en aperçois pas?...

— Je vais vous conter ce qui m'est arrivé... Ah! mais... sapristi... où est-il donc?... Je ne le vois plus... il me le faut...

— Que cherchez-vous donc dans votre lit?...

— Un ami, un compagnon fidèle, et qui m'est d'un grand secours!

— Un chien qui rapporte, sans doute?

— Non, non, ce n'est pas un chien... Ah! le voilà... Et Balloquet me montre un petit écureuil qu'il vient de retrouver au fond de son lit, et qu'il attache par une petite chaîne au dos d'une chaise.

— Que faites-vous de cet écureuil?...

— C'est un cadeau de ma tendre Satiné, que j'aurais mangé comme le reste, s'il ne m'avait pas souvent tiré d'embarras.

— Cet écureuil vous a tiré d'embarras?

— Oui, mon cher... Vous en aurez peut-être la preuve avant peu. Mais laissez-moi vous faire le récit de mes infortunes... Je suis fâché que vous ne vouliez pas vous coucher un peu, je crains que vous n'ayez froid.

— Non... Avez-vous au moins des allumettes chimiques ici?

— Ma foi... c'est tout au plus... Ah! si... j'en vois encore trois dans ce coin... Est-ce que vous avez un fagot dans votre poche?

— Non, mais j'ai des cigares, et je vais en fumer un.

— Oh! excellente idée, ça tient chaud de fumer. Avez-vous un cigare pour l'amitié?

— Toujours!...

— Je vous reconnais là!

Achille sans Patrocle aurait-il pu fumer

Balloquet me donne une seule allumette en me priant de la ménager. J'allume un cigare, il en fait autant de celui que je lui donne. Il se refourre dans son lit; je m'enveloppe hermétiquement dans mon manteau, et il prend la parole :

— La dernière fois que vous me vîtes, c'était au dîner que nous donnait Dupréval... où Fouvenard nous conta une si vilaine histoire..

— A propos, vous étiez assez lié avec Fouvénard, que fait-il à présent?

— Je l'ignore. J'ai entièrement cessé de le voir. Je ne suis rien moins que bon sujet, mais son aventure avec la jeune fille de Sceaux me l'avait fait prendre en aversion...

— Touchez là, Balloquet, je suis bien aise que vous pensiez comme moi à ce sujet. J'aurais eu mauvaise opinion de vous, si vous étiez resté l'ami de ce monsieur... Au lieu de cela, voici un second cigare; allez, je vous écoute.

— Vous vous rappelez ces deux fameuses noces... Moi, j'étais à celle de mademoiselle Pétronille Bocal, où, après avoir eu quelques démêlés assez vifs, j'étais devenu le bijou, le Benjamin de la famille... grâce à votre arrivée avec le propriétaire du papa Bocal. Vous avez vu de quelle façon on se rafraîchissait dans le bal : le punch, le vin chaud, le bischoff circulaient à chaque instant; toutes les dames étaient couleur de l'arc-en-ciel, et d'une gaîté, d'un entrain, d'un laisser-aller... c'était fabuleux tous les regards qu'on me lançait; mais j'avais jeté mon dévolu sur une grosse brune, haute en couleur, qui était couronnée de roses pompons.

— Je me rappelle votre belle, je vous ai vu causer avec elle.

— Alors vous voyez que je ne flatte pas son portrait. Bref, après le souper, pendant lequel je vis le moment où toute la noce se battrait parce que madame Girie, la mère du marié, prétendit qu'elle n'avait pas eu le croupion d'une poularde, qui lui revenait de droit, et qu'on ne lui avait point servi de truffes tandis que tout le monde en avait, nous laissâmes la belle-mère se disputer, le père jurer, le marié se disculper, sa femme se lamenter, et nous nous éclipsâmes, ma veuve et moi, beaucoup plus heureux que ceux qui donnaient la noce. Mais il en est presque toujours ainsi... *sic vos*... vous savez le reste.

Ma nouvelle conquête vendait des gants; elle avait une boutique élégante boulevard des Italiens. Grand genre!... Glaces partout, comptoir en palissandre... et une odeur de parfum dès qu'on entrait dans le magasin... J'étais enchanté, je me disais : Voilà donc enfin une femme qui ne me coûtera rien... et c'est très-rare!... En effet, dans les premiers temps, ma jolie veuve m'invitait à dîner dans son arrière-boutique... Nous dînions très-bien, madame Satiné aimait les bonnes choses, les primeurs; de plus elle me fournissait de gants; dès qu'elle m'en voyait de fanés, elle s'écriait :

— Ah! fi donc! Qu'est-ce que vous portez là?... J'aime qu'un homme soit toujours bien ganté, c'est à cela qu'on reconnaît un dandy. Moi, je me laissais faire... je ne sais rien refuser à une femme...

Un jour, ma tendre Satiné, chez qui je dînais, me dit au dessert : Mon petit Loquet... elle ne me donnait jamais que la queue de mon nom, il se présente pour moi une occasion de gagner beaucoup d'argent...

— Ma chère, dis-je, il faut la saisir comme mon nom, par la queue.

— C'est quelqu'un qui a trouvé un procédé pour faire des gants sans couture... Ce sera ravissant... les fashionables ne voudront plus porter autre chose. Il y a cent mille francs à gagner avec cela...

— On a jadis inventé des bottes sans couture, dis-je, et je ne crois pas qu'on ait gagné beaucoup avec, car cela n'a pas pris.

— Les mains ne sont pas des pieds. Moi je suis sûre du succès de cette entreprise.

— Alors, fais des gants sans couture.

— Il faut d'abord que j'achète le secret, et on ne veut pas me le vendre à moins de quinze mille francs.

— C'est bien cher pour quelques coutures de moins.

— Mais avec ces quinze mille francs j'en gagnerai cent!

— Alors, achète le procédé.

— C'est ce que je veux faire. Il n'y a qu'une bagatelle qui m'arrête... je n'ai pas d'argent... mais j'ai pensé à toi... Tu m'as dit que cela te ferait de la peine si je ne pensais pas toujours à toi...

— Quand il s'agit d'amour, certainement...

— J'y pense pour tout... mon petit Loquet, tu vas me prêter ces quinze mille francs...

— Je serais heureux de t'obliger, douce amie, mais il y a aussi une bagatelle qui m'arrête... je n'ai pas d'argent...

— Ah bah!...

— Cinq ou six cents francs à ton service, pas davantage... Tu comprends, je commence mon état de médecin... J'ai déjà une grande clientèle... Presque toutes les lorettes du quartier Breda se font soigner par moi, et ces dames ont très-souvent de petites incommodités... mais aucune ne me paye... ça n'entre pas dans leurs habitudes. Quant à mes parents, qui habitent la Beauce, ils se lassent de m'envoyer des fonds. Ils prétendent que je dois avoir acquis assez de talent pour vivre. Parbleu! ce n'est pas le talent qui me manque! ce sont des clientes qui payent.

Ma brunette frappait des pieds avec impatience, en s'écriant :

— Je veux faire fortune, moi, et je la ferai en vendant des gants sans couture. Écoute, mon petit Loquet, tu vas me faire des lettres de change... je les négocierai... on les prendra en payement...

— Mais comment les payerai-je?

— D'ici là, il m'arrivera des rentrées... je vendrai des gants nouveaux... nous aurons de quoi payer...

J'hésitais, mais ma brunette était si sûre de son affaire, et puis j'avais très-bien dîné, et dans ces moments-là je signe tout ce qu'on veut. Je fis cinq lettres de change de trois mille francs... Vous devinez la suite!... Les gants sans couture se déchiraient dès qu'on les mettait... Ma pauvre Satiné fut forcée de déposer son bilan. Nous payâmes les deux premières lettres de change. Je fus obligé de vendre à peu près tout ce que je possédais... La troisième est échue... on va venir pour le payement... Je suis déjà assiégé par une foule d'autres créanciers... car il faut enfin vivre... se vêtir... se loger... Je suis donc dans une panne complète!... Mais je n'en veux pas à ma maîtresse... elle plaide contre le gredin qui l'a escroquée avec son secret... elle espère faire restituer au moins les deux dernières lettres de change, et...

Le bruit de la sonnette interrompt Balloquet, il se met sur son séant et me regarde en disant à voix basse :

— Ah bigre!... voilà du monde...

— Voulez-vous que j'aille ouvrir?...

— Non pas... un moment... A cette manière de sonner j'ai reconnu un créancier, peut-être le porteur de la lettre de change... Ma foi, tant pis... il faut en finir... Attendez!...

Balloquet saute hors de son lit, ouvre un placard qui est à la tête et dans lequel j'aperçois un coffret assez grand, qui est scellé dans la muraille.

— J'ai trouvé cette caisse dans ce logement quand j'y suis entré, me dit Balloquet, et cela me sert merveilleusement.

— Puisque vous n'avez pas d'argent, je ne devine pas à quoi peut vous servir une caisse.

— Vous allez voir, mon cher ami!

Balloquet ouvre la caisse, jette dedans trois grosses pièces de deux sous, puis me regarde et me dit :

— Voulez-vous me prêter deux pièces de cent sous pour quelques instants? cela vaudra bien mieux.

— Très-volontiers, mon cher, en voulez-vous plus?...

— Non... deux suffisent, et je n'en ai pas pour le moment.

Balloquet retire de la caisse les pièces de deux sous, met à la place celles de cinq francs que je viens de lui donner, puis détachant son écureuil, il le fait entrer dans la caisse qu'il referme aussitôt et dont il a grand soin d'ôter la clef. Il referme ensuite le placard. Cette opération terminée, il se recouche en me faisant signe d'aller ouvrir.

C'est un vieux monsieur, bien couvert, très-petit, obèse, figure enluminée, tous les dehors d'un traiteur retiré.

— Monsieur Balloquet, s'il vous plaît?

— C'est ici, monsieur.

— Je viens pour toucher un effet de...

— Donnez-vous la peine d'entrer, monsieur.

Ce monsieur pénètre dans l'autre pièce. Balloquet reste couché et salue de la tête. L'individu reprend :

— Je viens pour toucher une lettre de change de trois mille francs... échue demain... Mais c'est demain jour férié, on paye la veille...

— Très-bien, monsieur... Veuillez vous asseoir, vous allez être soldé... Mon cher Charles, voulez-vous avoir la complaisance de prendre cette somme dans ma caisse... Elle est dans cette armoire, à la tête de mon lit.

Balloquet me dit tout cela avec un sang-froid que j'admire; j'ouvre le placard, nous entendons alors un bruit de monnaie partir de la caisse. Je devine que c'est l'écureuil qui joue avec les pièces avec lesquelles il est enfermé, et je suis obligé de me mordre les lèvres pour ne pas rire, tandis que Balloquet s'écrie :

— Je voudrais bien savoir ce que fait mon voisin à côté... Il paraît que son travail remue la maison, car cela fait danser les écus de ma caisse... et c'est ainsi presque toute la journée; je finirai par m'en plaindre au propriétaire. Charles, prenez donc trois mille francs, et payez monsieur.

J'avance la tête et je réponds :

— Mais la caisse est fermée et la clef n'est pas après.

— Bah! la clef n'est pas restée après la serrure?

— Non...

— Voyez donc à côté... au-dessus...

— J'ai beau regarder au-dessus... au-dessous, je ne vois pas de clef...

— Ah! l'étourdi!... je gage que voilà ce qui est arrivé... Sapristi! eh bien, me voilà gentil, moi!...

— Qu'est-ce donc?

— Figurez-vous, Charles, que ce matin j'avais douze mille francs à payer... c'est très-bien... les fonds étaient là... Oh! je suis toujours en mesure... Seulement, étant malade, pour n'avoir point à me lever, j'avais prié... Bertinet!... un de mes amis, qui était venu me voir, de rester auprès de moi pour payer cette somme. Il y consentit en se faisant un peu prier, il avait affaire à Rouen, il était pressé de partir... Heureusement on vint de bonne heure pour toucher les douze mille francs. Bertinet a payé; puis il a bientôt pris congé de moi... Eh bien! je vois l'affaire maintenant : l'étourdi aura mis par mégarde la clef de ma caisse dans sa poche, et il est parti avec!... C'est amusant, il ne doit revenir que dans huit jours!...

Le récit de Balloquet est accompagné du bruit des pièces que l'écureuil ne cesse pas de remuer dans la caisse. Je trouve le tour assez drôle et je réponds avec bonhomie :

— C'est d'autant plus désagréable que ces caisses-là sont fermées à secret et qu'il n'y a pas moyen de les forcer, sous peine de les briser entièrement... et ce serait dommage, c'est un meuble cher.

—Je le crois bien!... cette caisse-là me coûte neuf cents francs... mais aussi c'est d'une solidité!... Oh! vous voudriez la briser que vous ne le pourriez pas! il faudrait du canon pour ouvrir cela... et encore!... et encore!... Monsieur, vous voyez ce qui m'arrive... certainement, je suis bien mortifié que vous soyez venu pour rien... mais ce n'est nullement de ma faute... mon ami sera de retour dans huit jours, et alors...

Le vieux monsieur, qui a écouté tout cela d'un air qui frise l'hébétement, reprend du même ton qu'il est entré :

— Je viens pour toucher une lettre de change de trois mille francs... échue demain... mais comme c'est demain...

— Très-bien, monsieur! s'écrie Balloquet avec impatience; je sais parfaitement pourquoi vous venez, puisque j'allais vous payer... Parbleu! vos fonds sont là... ce n'est pas l'argent qui me manque... d'ailleurs, il est facile d'entendre danser mes écus... grâce à mon voisin. Mais puisque je n'ai pas la clef de ma caisse, puisqu'on me l'a emportée, par mégarde... car ce n'est point par méchanceté, j'en suis sûr, je ne puis donc pas vous payer maintenant... C'est contrariant, je comprends cela... mais, après tout, ce n'est qu'un retard de quelques jours.

Le gros vieux se mouche longuement, prend une prise de tabac, crache, tousse, essuie le dessous de son nez et reprend :

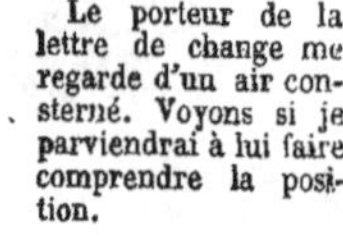

— C'est une lettre de change de trois mille francs que je viens toucher...

— Ah! sapristi, c'est trop fort! dit Balloquet en se rejetant la tête sur son oreiller, puis il se fourre dans son lit de manière à ne plus laisser paraître que le bout de son nez, en murmurant :

— Arrangez-vous comme vous voudrez, j'en ai assez, je ne me'n mêle plus.

Il me donna de grands coups de talon de botte sur la tête. — Page 68.

Le porteur de la lettre de change me regarde d'un air consterné. Voyons si je parviendrai à lui faire comprendre la position.

Je prends ce monsieur par la main, je le mène devant la caisse où l'écureuil continue son jeu, et je lui dis :

— Comment voulez-vous que mon ami vous paye?... il n'a pas la clef... elle est à Rouen... et il n'y a pas moyen de forcer cette serrure-là...

— Mais alors... moi qui étais venu pour toucher ma...

— Revenez dans quelques jours, mon ami aura sa clef et vous serez payé. Monsieur, j'ai bien l'honneur de vous saluer... vous resteriez trois heures ici que ce serait toujours la même chose, il vaut donc mieux vous en aller.

Je pousse doucement ce monsieur vers la porte; il se laisse faire, je le conduis dehors, et je referme la porte sur lui. Je l'entends qui descend l'escalier en marronnant :

— J'étais venu pour toucher une lettre de change de trois mille francs...

— Bravo! mon cher Rochebrune, et mille fois merci, me dit Balloquet. Nous avons eu de la peine; il était coriace en diable, ce cher homme... mais m'en voilà débarrassé.

— Il reviendra dans quelques jours!

— Il ne me trouvera plus... je vais déménager... me cacher, me murer... Ne voulez-vous pas que je paye encore ces infâmes sans couture!... Satiné trouvera de l'argent... ça la regarde...

La sonnette se fait entendre de nouveau.

— Ah bigre! est-ce qu'il reviendrait, le vieux fossile?... s'écrie Balloquet. Est-ce qu'il serait allé chercher un serrurier, par hasard?...

— Ce n'est pas probable, il n'aurait pas eu le temps... Que voulez-vous faire? faut-il ouvrir?

— Ma foi, l'écureuil est toujours dans la caisse où il fait son jeu... En cas de créancier, il pourra encore servir. Ayez la bonté d'ouvrir.

Je vais à la porte, et cette fois je reçois une dame qui a cinquante ans bien sonnés, mais qui est mise avec beaucoup de coquetterie, quoique sa toilette ne soit pas de la dernière fraîcheur. Cette dame me salue et, sans attendre que je l'introduise, passe vivement devant moi, en me disant :

— Pardon, monsieur, c'est M. Balloquet que je demande, je sais qu'il est chez lui... je me suis informée...

Cette dame est dans la pièce du fond avant que j'aie eu le temps de lui répondre. En apercevant mon ami dans son lit, elle fait un saut en arrière, mais elle en fait bientot deux autres en avant, en s'écriant :

— Tiens! vous êtes dans votre lit?... Ah! ma foi, après tout! les médecins nous visitent bien quand nous sommes couchées, pourquoi ne les verrions-nous pas quand ils sont dans leur lit?...

— Parfaitement raisonné, madame Philocome... Donnez-vous donc la peine de vous asseoir...

Madame Philocome s'est assise en faisant des manières.

— Est-ce que vous êtes malade? dit-elle en faisant sa bouche en croupion.

— Eh! mon Dieu, oui, ma chère madame Philocome, je suis malade... mais puis-je savoir ce qui me procure le plaisir de votre visite?...

— C'est que je me trouve avoir entre les mains une petite broche de vous...

— Une broche?

— Un petit bon, si vous aimez mieux... de cent cinquante francs!... C'est peu de chose... Vous l'aviez fait à l'ordre de votre tailleur... il me l'a passé, et je viens pour le toucher... En même temps, si vous pouvez me donner ce que vous me redevez pour parfumerie, essences... vous savez...

— Oui, je sais que je vous redois quelques petites choses... Parbleu! si vous avez là votre mémoire, nous réglerons le tout ensemble, je ne demande pas mieux...

— Ça m'obligera... d'autant plus que vous ne venez plus nous voir, docteur; vous nous avez retiré votre pratique, c'est bien mal.

— Pas du tout... mais le changement de quartier...

— Voici ma note... cela se monte à cent trente-deux francs.

— Fort bien; cent cinquante et cent trente-deux... total, deux cent quatre-vingt-deux francs que je vais vous remettre... Mon cher Charles, faites-moi donc le plaisir de prendre cette somme dans ma caisse.

Ici, nous donnons pour madame Philocome une seconde représentation de la scène de clef perdue avec accompagnement d'écureuil faisant rouler la monnaie. Mais je vois avec peine que la parfumeuse secoue la tête en souriant d'une façon fort équivoque. Enfin, quand Balloquet veut lui exprimer ses regrets de la perte de ses clefs, la vieille coquette l'interrompt en lui disant :

— Monsieur, il paraît que vous égarez bien souvent la clef de votre caisse, car j'ai eu occasion de voir deux de vos créanciers, ils m'ont appris pourquoi vous ne les aviez pas payés; c'était absolument comme aujourd'hui... même motif... mêmes détails...

— C'est possible, madame; c'est qu'en effet il y a plusieurs jours que j'ai perdu cette clef.

— Alors, monsieur, pourquoi d'abord aviez-vous l'air d'être prêt me payer?...

Balloquet se renfonce dans son lit en faisant des grimaces. J'ai refermé le placard pour qu'on n'entende plus l'écureuil qui s'escrimait en pure perte. Madame Philocome s'établit sur sa chaise en disant :

— J'en suis bien fachée, monsieur, mais je veux mon argent... Vous en avez, puisqu'il se fait un bruit si argentin dans votre caisse... Je ne serai pas si bonne enfant que ceux que vous avez renvoyés par ce moyen... Vous me payerez, je ne sortirai pas d'ici sans l'être.

— Alors, madame, vous y resterez longtemps.

— Cela m'est égal, monsieur, je ne suis pas pressée.

Balloquet se roule avec humeur dans sa couverture. J'ai été me rasseoir près de la cheminée, curieux de voir comment ceci finira. Madame Philocome regarde la rosace du plafond, puis va prendre un livre sur les rayons. Si elle met à lire, cette situation peut se prolonger.

Au bout de quelque temps, Balloquet rompt le silence en geignant comme s'il souffrait; je me lève et m'approche de son lit.

— Mon ami, me dit-il, en me faisant un clignement d'yeux que je comprends, est-ce que j'ai le visage rougeâtre par places?

— Mais oui... vous avez des rougeurs.

— Le fond des yeux jaune?

— Très-jaune...

— Ah diable!... Faites-moi le plaisir de regarder ma langue... et dites-moi s'il y a dessus des petits boutons.

Il tire sa langue, je l'examine, puis m'écrie :

— Elle est criblée de petits boutons.

— Ah fichtre!... C'est bien cela... je ne puis plus en douter... Je connais ma maladie maintenant... Enfin, je me soignerai.

— Quelle est donc votre maladie?

— Eh pardieu!... c'est la petite vérole que je vais avoir, rien que cela... et pourtant, j'ai été vacciné!

Balloquet n'a pas achevé sa phrase, que madame Philocome a jeté le livre, s'est levée brusquement, et sort de la chambre en criant :

— Adieu, docteur, vous me payerez plus tard... au plaisir!...

— Mais pourtant, madame Philocome, si vous aimez mieux attendre ma clef... J'enverrai à Rouen...

Il n'est pas nécessaire d'en dire davantage, nous entendons la porte du carré qu'on ouvre et referme avec violence, madame Philocome se précipite et dégringole les escaliers. Alors Balloquet me regarde et part d'un éclat de rire; j'en fais autant de mon côté. Nous rions encore, je gage, quand la vieille coquette est déjà loin de la maison.

Consultation.

— Que dites-vous de mon second moyen, Rochebrune?

— Il est excellent, je crois même qu'il vaut mieux que l'autre; il exige moins de préparations.

— C'est selon. Nous avons des créanciers qui braveraient la petite vérole, la fièvre jaune, la peste même. Allons, je me lève, et je vais déprisonner mon écureuil et vous rendre vos dix francs.

— Je reprends les dix francs qui ne vous seraient pas d'un grand secours, mais si vous voulez ce billet de cinq cents francs, que j'avais pris pour aller compter avec mon tailleur... Ne vous gênez pas, cela me fera plaisir de vous rendre service.

Balloquet oublie qu'il est en chemise, il me saute au cou en s'écriant :

— Si j'accepte!... je le crois bien. Je ne vous les aurais pas demandés, mais vous les offrez!... Voilà un ami!... Qu'on dise donc encore qu'il n'y en a plus... Ce cher Rochebrune! et cependant vous ne me connaissez pas beaucoup...

— Je vous connais assez pour être heureux de pouvoir vous obliger.

— Ah! pardon... je dois encore vous prévenir d'une chose : je ne sais pas au juste à quelle époque je pourrai m'acquitter.

— Que cela ne vous inquiète pas!... Vous vous acquitterez quand la fortune vous sera redevenue favorable, quand vous aurez une clientèle sérieuse.

— Oh! quant à cela, vous serez le premier payé...

Me voilà en fonds!... Vive la joie!... et pas les pommes de terre... j'en ai assez! je m'en suis bourré depuis quelque temps... C'est égal, je ne dirai pas à Satiné que j'ai des espèces... parce qu'elle a toujours des inventions dans la tête... c'est trop dangereux.

Je vais prendre congé de Balloquet qui est en train de passer un pantalon, lorsque nous entendons frapper trois petits coups à sa porte. Le jeune docteur écoute et sourit.

— Quelle scène allez-vous jouer cette fois? lui dis-je.

— Oh! mon cher, cette fois ce n'est pas un créancier, j'en suis persuadé... le créancier sonne en tapageur, mais ces petits coups ménagés... je gage qu'on vient me consulter...

Il passe dans sa première pièce et crie :

— Qui est là?

Une voix douce et féminine répond :

— C'est quelqu'un qui voudrait consulter M. le médecin pour quelque chose.

— Je vous laisse, dis-je en prenant mon chapeau; mais Balloquet me retient en me disant :

— Restez donc; vous n'avez été jusqu'à présent témoin que des désagréments de ma position de débiteur, il est bien juste que vous le soyez aussi des avantages que nous procure notre état de médecin... C'est quelque jeune fille qui vient me consulter... C'est quelquefois très-amusant à entendre. Ces demoiselles ne cachent rien au médecin, elles lui content certainement des choses qu'elles ne diraient pas à leur amant.

— Mais devant un témoin, la personne n'osera rien dire.

— Il suffira de déclarer que vous êtes un confrère, et alors on vous regardera comme un autre moi-même. Nous serions ici dix, que si je dis que ce sont tous des médecins, on les prendra tous pour confidents.

— En ce cas, je reste, et j'assiste à la consultation.

Je me rassieds. Balloquet repasse sa robe de chambre, et va cette fois ouvrir lui-même la porte.

Le docteur ne s'est pas trompé, c'est une jeune fille. Costume entre la grisette et la petite bonne. Cheveux blonds, figure chiffonnée, tenant ses yeux baissés comme une pensionnaire bien innocente, mais donnant à sa démarche un certain tortillement qui n'a plus rien de candide.

La jeune fille nous fait la révérence, puis me regarde et s'arrête.

— Monsieur est un confrère, un autre moi-même, dit Balloquet, vous pouvez donc parler sans crainte devant lui, vous ne pourrez même qu'y gagner : deux avis valent mieux qu'un. Asseyez-vous, mademoiselle, et dites-moi ce qui vous amène.

La jeune fille nous fait de nouveau la révérence, en tâchant de nous sourire; mais au milieu de ce sourire un sentiment de souffrance vient contracter ses traits; ses lèvres se serrent, ses mains se crispent, elle s'appuie contre un meuble.

— Vous souffrez? dit Balloquet en avançant une chaise à la jeune fille.

Celle-ci respire avec peine, sourit de nouveau en disant :

— C'est passé... J'espère que ce ne sera rien... pourtant cela me fait bien mal par moments.

— Voyons... expliquez-vous.

— Monsieur, je suis ouvrière en dentelle... mais cela ne va pas beaucoup depuis quelque temps, la dentelle... et on gagne si peu... avec ça, j'avoue que je ne suis pas mal flâneuse... Quand j'ai une course à faire, j'aime à m'arrêter devant les magasins de caricatures, ou les confiseurs... et puis j'aime aussi le spectacle... et le bal... c'est si amusant de danser... chez Mabille, chez Valentino, à la Cité-d'Antin... Enfin, j'aime le plaisir... je ne m'en cache pas...

— C'est de votre âge, mademoiselle, d'ailleurs nous aimons tous le plaisir... chacun le goûte selon ses facultés. A vingt ans, c'est l'amour, la toilette; à trente, c'est la fortune; à quarante, l'ambition, les honneurs; plus tard, c'est le jeu, le repos... Mais enfin, en désirant satisfaire nos désirs, c'est toujours du plaisir que nous voulons nous procurer. Continuez.

— Mais, monsieur, quand on aime à s'amuser et qu'on n'a pas d'argent, c'est bien difficile!...

— Quelquefois cela dépend du genre d'amusement que l'on veut se procurer.

— Un soir, je me promenais dans les Champs-Élysées avec une de mes amies qui est comme moi, très-flâneuse, et pas mal gourmande; nous regardions en passant devant un café des personnes qui mangeaient des glaces à une table en dehors. Mon amie me disait : Je n'ai pourtant jamais mangé de ça... Tous les amoureux que j'ai eus n'ont jamais été au-dessus de la bouteille de cidre ou de bière. Ah! c'est-à-dire il y en a un pourtant qui me payait du punch... mais il buvait tout et ne m'en laissait pas un demi-verre!... Moi, dis-je, je ne sais pas non plus ce que c'est que des glaces, et pourtant j'aurais bien envie d'y goûter. Alors un gros monsieur qui était derrière nous, et qui nous écoutait sans doute, nous dit : Mesdemoiselles, permettez-moi de satisfaire votre envie, et de vous offrir des glaces... Tenez, voici une table libre... allons nous asseoir là.

J'étais demeurée un peu surprise, je ne savais que répondre; mais mon amie me poussait le bras, en me disant à l'oreille : Acceptons... prenons toujours les glaces... qu'est-ce que ça fait, ça ne nous engage à rien... d'ailleurs, c'est un monsieur très-bien couvert... un homme comme il faut... Tant pis, j'accepte, moi. Et mon amie me tirait vers la table... Vous concevez qu'il m'eût été difficile de refuser... Enfin ce monsieur nous régala... Mon amie prit trois glaces, moi je n'en pris que deux, ça me faisait un peu mal aux dents. Et puis ce monsieur me bourra de macarons, de gaufres. Aussi mon amie le trouvait charmant; moi, au contraire, je ne le trouvais pas à mon goût. Une figure rouge... bourgeonnée... Cependant il avait de bonnes manières, et quoique mon amie lui fît joliment de l'œil, c'était à moi qu'il faisait la cour! Ça faisait *bisquer* mon amie!... Enfin, messieurs... le docteur... vous comprenez...

— Oui, très-bien, vous avez fait la connaissance du gros monsieur qui a payé ces glaces... mais cela ne nous dit pas pourquoi vous souffrez en ce moment.

— Ah dame! c'est la suite... Je connaissais ce monsieur depuis... six mois à peu près... je ne m'étais pas du tout habituée à lui... mais je m'étais habituée à ses cadeaux. Ce n'est pas qu'il soit bien généreux, ce monsieur... enfin, quand on n'aime pas les gens, on ne demande pas mieux que de les tromper...

— C'est très-naturel, mademoiselle, on les trompe même quelquefois quand on les aime.

— Oh! c'est vrai... je crois que ça s'est vu. Alors il se trouve que... il y a six semaines j'ai fait la connaissance d'un jeune homme qui me plaît beaucoup...

— Alors vous avez quitté le gros monsieur...

— Mon Dieu... certainement je le voulais... c'était mon intention... mais...

— Vous n'avez pas encore eu le temps.

— C'est cela, monsieur... je cherchais une occasion... je ne savais trop comment faire, parce que je m'étais aperçue que M. Bouqueton est très-brutal, avec son air comme il faut!...

— Bouqueton! dis-je, frappé par ce nom et les confidences que m'a faites madame Dauberny, au sujet de son mari. Ah! votre gros monsieur se nomme Bouqueton?

— Oui, monsieur... est-ce que vous le connaissez?...

— Non; pas moi. Mais quelqu'un m'en a parlé... et ne m'en a pas non plus fait l'éloge. Continuez, mademoiselle.

— Je cherchais donc une occasion de rompre avec M. Bouqueton;

mais en attendant je recevais toujours ses cadeaux... pour ne pas lui donner de soupçons. Mais voilà que... il y a trois jours, mon amant... de cœur, vint me proposer d'aller dîner avec lui chez un petit traiteur... rue du Ponceau... où il y a des cabinets. Naturellement j'ai accepté. En sortant je rencontrai mon amie, celle qui avait pris des glaces avec moi aux Champs-Elysées... Elle me demanda où j'allais, je fus assez bête pour le lui dire... Oh! les femmes! c'est si traître! on ne devrait jamais rien confier à ses amies... Je suis bien sûre que c'est elle qui a dit à M. Bouqueton que j'avais un autre amoureux... En me brouillant avec lui, elle espérait qu'il la prendrait sans doute... la mauvaise gale... Enfin, messieurs, quand je sortis de chez le traiteur avec mon amant... je vis M. Bouqueton en sentinelle à la porte. Je devins tremblante... Je ne voulais plus rentrer chez moi, mais mon jeune homme ne pouvait pas m'emmener... il n'avait pas de chez lui... il loge chez son patron... ils couchent quatre commis dans une chambre... Je ne pouvais pas aller jouer aux quatre coins avec ces messieurs. Je me dis : Après tout, tant pis, ce sera l'occasion que je cherchais pour rompre avec M. Bouqueton.

En effet, il n'y avait pas une demi-heure que j'étais rentrée chez moi, lorsqu'on frappa à ma porte. C'était M. Bouqueton. J'ouvris en tremblant; je fus étonnée de voir ce monsieur me parler avec douceur et me dire : Vous ne m'aimez plus, Annette... je m'appelle Annette... Je ne puis vous en vouloir, je sais bien que les liaisons ne peuvent être éternelles... je suis venu pour vous faire mes adieux; seulement je ne veux pas que nous nous quittions mal; au contraire, pour vous prouver que je ne vous garde pas rancune, je veux vous payer du bischoff... je connais un endroit où on le fait excellent... nous allons prendre une voiture, je vais vous y mener. Ensuite, je vous ramènerai chez vous et nous nous quitterons comme de bons amis.

J'étais si contente que M. Bouqueton ne me fît pas une scène, que j'acceptai la proposition... Certainement j'aurais dû me méfier de son air doucereux... mais j'aime beaucoup le bischoff. Oh! que c'est vilain d'être gourmande! Ce défaut-là m'a toujours fait faire des sottises.

Je remis mon bonnet. Nous sortons. M. Bouqueton me fait monter dans un fiacre... Je n'entends pas ce qu'il dit au cocher. Nous partons. Il pouvait être dix heures du soir. Le fiacre allait toujours.

— C'est donc bien loin votre café? dis-je à mon gros monsieur.

— Un peu... Mais nous y serons bientôt à présent.

Au bout de cinq minutes, la voiture s'arrête. On me fait descendre. M. Bouqueton paye le cocher qui repart. Je regarde autour de moi, il faisait noir comme dans un four, il n'y avait aucune lanterne, seulement j'aperçus de gros arbres.

— Où donc sommes-nous? dis-je avec crainte, car je commençais à appréhender une trahison... Je ne vois point de lumière. Cependant ces arbres... nous sommes donc sur les boulevards extérieurs?... pourquoi donc venir par ici? A l'heure qu'il est, en hiver... tous les établissements doivent être fermés.

Sans me répondre, M. Bouqueton me prend le bras et m'entraîne. Je marche quelques minutes; mais nous ne rencontrions pas une âme.

— Je ne veux pas aller plus loin, dis-je tout à coup en m'arrêtant. Vous vous êtes moqué de moi, je veux rentrer dans Paris.

— Eh bien, soit, n'allons pas plus loin, répond mon conducteur, mais d'une voix dont l'accent avait alors quelque chose de féroce qui me glaça.

— Nous sommes bien ici pour ce que j'ai à dire, pour la leçon que je veux te donner

A peine avait-il achevé ces mots, que d'un coup de poing il me renversa sur la terre... Je tombai en poussant un cri... Mais l'infâme savait bien qu'où nous étions, personne ne viendrait à mon secours... Il me donna les noms les plus affreux... m'appela gueuse... m'appela... oh! je ne veux pas vous dire tous les vilains noms qu'il me donna... Certainement, j'en méritais quelques-uns! Mais non content de me traiter comme la dernière des dernières, il me donna de grands coups de talon de botte sur la tête... dans le corps... dans la poitrine... partout...

— Quelle horreur! s'écrie Balloquet, tandis que, réprimant avec peine les sentiments qui m'agitent, je sens tomber de mon front des gouttes de sueur... Le récit de ces infamies me brûlait le visage. Annette continue.

— Je suppliais M. Bouqueton de m'épargner, je lui demandais grâce en m'avouant coupable, il ne m'écoutait pas et continuait de me frapper avec son pied en m'accablant d'injures. Enfin, un coup me fit tant de mal que je n'eus plus la force de crier. Je ne sais si ce monstre crut m'avoir tuée... oh! c'était son dessein, sans doute... mais me voyant inanimée, il eut peur peut-être, car il se sauva tout à coup, et j'entendis ses pas se perdre dans l'éloignement. Je restai bien longtemps là, par terre; je souffrais cruellement. Enfin une grosse voiture passa, un charretier entendit mes gémissements. Il vint à moi, me plaça dans son tombereau et me conduisit jusqu'à la barrière, où il me déposa. Là on me donna tous les secours dont j'avais besoin. Je revins à moi... on me demanda ce qui m'était arrivé. Je ne pouvais pas dire la vérité... Je fis une histoire de voleur... puis, quand je me sentis en état de retourner chez moi, on fit venir une voiture et on me reconduisit... Tous les hommes ne sont pas méchants comme M. Bouqueton, grâce au ciel, car alors il faudrait désirer le déluge. Le lendemain j'ai bu du vulnéraire; les coups que j'ai aux hanches, aux jambes, m'ont fait des bleus, mais ça ne sera rien. J'espérais qu'il en serait de même de celui que j'ai reçu là... au sein... mais cela me fait bien souffrir... cela m'élance... et voilà pourquoi je suis venue vous consulter, monsieur.

— Voyons votre coup, mon enfant, il faut nous montrer votre sein... mais à des docteurs...

— Oh! monsieur, je vous montrerai tout ce que vous voudrez.

Et sans faire aucune façon, mademoiselle Annette défait les agrafes de sa robe et met tout son sein à découvert; mais en ce moment nous pouvions l'examiner sans qu'il y eût aucun danger pour elle : la pensée que cette jeune fille souffrait faisait fuir toutes les autres. Sous le sein gauche, il y avait une place violette et jaunâtre autour; cela était effrayant. Balloquet fronça les sourcils et son visage devint triste; je crus deviner sa pensée et je détournai la tête, cela me faisait trop mal de voir cela. Quant à la jeune fille, elle souriait encore en murmurant :

— J'ai reçu un fameux coup! n'est-ce pas, monsieur?

— Oui, mademoiselle, oui.

Ici le docteur posa sa main sur la partie violette en disant :

— Souffrez-vous là?...

— Oh oui!

— Et là?...

— Oui!...

— Et là?...

— Oh! là aussi...

Il faudra soigner cela... bien faire ce que je vais écrire... prendre la potion dont je vais faire l'ordonnance...

— Mais ce ne sera pas dangereux, n'est-ce pas, monsieur?

Balloquet fit un effort sur lui-même et tâcha même de reprendre sa physionomie gaie en répondant :

— Non, mademoiselle... non... vous guérirez. Mais suivez bien mes ordonnances. Vous mettrez aussi constamment sur votre sein une compresse trempée dans une eau qu'on vous donnera.

— Vous n'avez plus besoin de tâter, monsieur?

— Non, mademoiselle.

— Quand faudra-t-il que je revienne vous voir?

Balloquet réfléchit et répond :

— Ne revenez pas; je vais déménager et je ne sais pas encore où j'irai; mais laissez-moi votre adresse, c'est moi qui me rendrai chez vous.

— Oh! monsieur, vous êtes bien bon... mais c'est que... quand les médecins se dérangent pour venir, ça coûte plus cher que lorsqu'on va chez eux.

— Rassurez-vous... ce ne sera pas plus cher, car cela ne vous coûtera rien.

— Oh! vous êtes bien honnête... et vous n'oublierez pas de venir...

— Si votre blessure était une bagatelle, je pourrais vous oublier; mais ce que vous avez est assez grave pour que je ne vous néglige pas. J'irai vous voir.

— Voici mon adresse, monsieur. Annette... rue Rochechouard, au coin de la rue Bellefond.

— Annette... seulement...

— Oh! oui, monsieur, quand on a fait des bêtises... on ne doit plus porter le nom de ses parents.

— Tenez, mon enfant, voici vos ordonnances. Faites bien ce que je vous prescris. Ne vous fatiguez pas... soyez sage... C'est ennuyant, mais c'est nécessaire pour votre guérison. J'irai vous voir dans quelques jours.

La jeune ouvrière a recroisé sa robe, elle va partir :

— Vous n'avez pas revu M. Bouqueton? lui dis-je.

— Oh! non, monsieur... le monstre!... Si je le voyais... je crois que je me trouverais mal de peur.

— Mais votre jeune amant, quand il a su ce qui vous était arrivé, n'a-t-il donc pas promis de vous venger?

— Oh! si, monsieur, il doit donner une pile au gros si jamais il le rencontre. Mais... il est bien étourdi, mon amoureux!... il dit ça un jour, le lendemain il n'y pense plus.

— Eh bien, mademoiselle, je vous promets, moi, que vous serez vengée, je vous promets que monsieur... Bouqueton recevra tôt ou tard le châtiment que mérite sa conduite à votre égard. Si votre amoureux ne le lui inflige pas, c'est moi qui me chargerai de ce soin.

— Vous, monsieur?... vous connaissez donc M. Bouqueton?

— Je ne l'ai jamais vu... mais je sais qui il est... Je vous le répète... vous serez vengée.

— Oh! mon Dieu, monsieur, je ne suis pas bien méchante, moi; que je guérisse d'abord... et je ne penserai plus à ce vilain homme. J'ai l'honneur de vous saluer, monsieur le médecin.

Mademoiselle Annette est partie.

— Je croyais vous faire assister à quelque consultation amusante, me dit Balloquet; car on nous vient voir souvent pour des bagatelles. Mais malheureusement je me suis trompé. Cette jeune fille m'a fait de la peine; sa blessure est tellement grave... je prévois des suites cruelles... de terribles souffrances... puis la mort.

— Pauvre fille!... Quelle punition pour ses fautes... Quelle affreuse suite de la paresse... de la fainéantise... je ne veux pas dire de la coquetterie, car cette ouvrière n'a rien dans sa toilette qui annonce qu'elle ait été ce qui s'appelle entretenue.

— Est-ce que vraiment vous connaissez cet infâme gredin qui lui a donné ce coup de botte dans le sein?

— Oui... il ne se nomme pas Bouqueton, ce nom est celui qu'il prend pour faire ses fredaines.

— Ma foi, mon cher ami, si vous avez jamais besoin de moi pour vous aider à rosser ce misérable, ce sera un vrai plaisir que vous me procurerez, et je vous supplie de ne point m'oublier. Oh! je suis un mauvais sujet! C'est possible, j'aime toutes les femmes... qui, par leur physique, valent la peine d'être aimées, je les trompe sans scrupule, parce qu'elles me le rendent bien... de ce côté-là je crois que vous me ressemblez beaucoup. Mais frapper une femme... mais faire souffrir une faible créature à laquelle nous avons dû les plaisirs les plus doux... Oh! c'est infâme, c'est ignoble... il n'y a pas de trahison qui puisse excuser cette barbarie.

— Vous avez bien raison, Balloquet. Rappelons-nous toujours ces deux vers qui n'ont pas vieilli, malgré leur ancienneté :

Le bruit est pour le fat, la plainte est pour le sot;
L'honnête homme trompé s'éloigne et ne dit mot.

— Au revoir, Balloquet; vous me donnerez des nouvelles de cette jeune fille.

— C'est convenu, j'irai vous voir, et je vous donnerai mon adresse, quand j'en aurai une.

Un conseil. — Rendez-vous.

Il gelait, mais le temps était superbe. En sortant de chez Balloquet, il me prend fantaisie d'aller faire un tour aux Tuileries.

Je viens d'entrer dans le jardin, où il y a beaucoup de monde. Des dames élégantes, bien garnies de fourrures, de manteaux, de pelisses, sont assises devant la grande allée, du côté qui fait face à la terrasse des Feuillants. Je les regarde sans m'arrêter, mais avec ce plaisir que l'on éprouve à regarder des fleurs lorsqu'on passe devant un parterre.

Tout à coup j'éprouve un frémissement involontaire, je viens d'apercevoir madame Sordeville, et c'est lorsque je suis presque devant elle que je la reconnais... Je vais détourner la tête, mais à côté d'Armantine je vois encore une figure de connaissance : c'est madame Dauberny qui est assise près de son amie. Ces dames m'ont aperçu, toutes deux ont les yeux fixés sur moi; feindre de ne pas les voir n'est plus possible, je m'incline devant elles.

Frédérique me fait un léger salut de tête, en continuant de me fixer, mais en conservant cet air sérieux et presque glacial qu'elle a maintenant avec moi. Il n'en est pas de même de madame Sordeville, elle m'adresse le sourire le plus aimable, et c'est de sa voix la plus douce qu'elle me dit, en me montrant une chaise vacante près d'elle :

— Comment, c'est vous, monsieur Rochebrune? je vous croyais passé en pays étranger... Il y a si longtemps qu'on ne vous a vu... Mettez-vous donc un peu là, près de nous... Puisqu'il faut, pour vous voir, que le hasard nous fasse vous rencontrer, vous nous accorderez bien quelques minutes.

— Si monsieur est pressé, pourquoi donc veux-tu qu'il s'arrête? dit Frédérique d'un ton assez sec. Moi, je n'ai jamais compris que l'on forçât les personnes à manquer leurs affaires, et tout cela par pure politesse.

Mais je me suis déjà assis auprès de madame Sordeville, car je n'ai pu résister au charme de son sourire... Toutes mes résolutions s'évanouissent devant ce sourire-là, et je réponds :

— J'ai parfaitement le temps de m'arrêter, et lors même que j'aurais des affaires, il me semble que je serais heureux de les changer contre un plaisir.

Frédérique ne répond rien, elle se balance sur sa chaise, en se tenant en arrière, de façon que je ne puis plus voir sa figure; mais, en revanche, je puis tout à mon aise contempler Armantine, qui se tourne de mon côté et me dit, en continuant de m'adresser les plus doux regards :

— Pourquoi donc nous avez-vous ainsi abandonnés, monsieur, notre maison vous a donc offert bien peu d'attrait?... En effet, je conçois qu'il n'y avait rien de bien amusant à nos petites soirées.. Pourtant, je m'étais figuré que vous vous y plaisiez... J'étais bien folle, n'est-ce pas?

— Non, madame, vous ne vous trompiez pas... Mais des occupations...

— Oh! monsieur!... ne nous dites pas de ces choses-là, vous savez bien que nous n'y croirons pas. Vous avez trouvé chez d'autres plus de plaisir... vous avez fort bien fait de leur donner la préférence...

— Vous savez bien que ce n'est pas cela, madame.

— Moi, monsieur, que voulez-vous donc que je sache, si ce n'est que vous avez brusquement cessé de venir chez nous. Il me semble que je ne pouvais cependant pas vous en demander la raison. Tenez... je parlais encore de vous tout à l'heure avec Frédérique...

— Comment! vous pensiez à moi, madame?

— Oui, murmure Frédérique en continuant de se balancer sur sa chaise : Armantine me disait que vous chantiez parfaitement la romance.

Madame Sordeville fait un mouvement en poussant son amie, je crois même qu'elle la pince. Quant à moi, que cette méchanceté ne vexe nullement, je m'empresse de répondre :

— Si j'avais la prétention d'être un chanteur, madame, ce que vous venez de dire pourrait me mortifier; mais comme je n'ai jamais pensé à me poser comme tel, je serai le premier à rire avec vous de la manière dont je m'en suis acquitté chez madame.

— Mon Dieu, monsieur Rochebrune, je ne sais pourquoi Frédérique vient de dire cela... je ne pense pas que ce soit pour vous persifler, car enfin il peut arriver à tout le monde de ne pas être en train de chanter... d'avoir mal à la gorge... et on peut chanter fort bien une autre fois.

— On prend sa revanche, dit à demi-voix Frédérique... Cette pièce est d'un homme d'esprit qui prendra sa revanche... c'est la phrase consacrée des journalistes après une chute.

— Il me semble que vous m'en voulez beaucoup, madame? dis-je en cherchant à apercevoir la figure de madame Dauberny, mais je ne puis y parvenir.

— Moi, monsieur, pas du tout, je plaisante et voilà tout... Je ne suis pas de ces personnes dont un *couac* peut faire tourner les sentiments!

Armantine semble mal à son aise. Elle s'empresse de changer la conversation. Nous causons d'objets indifférents, mais nos yeux ne le sont pas. Madame Dauberny ne souffle plus mot. Est-elle donc fâchée contre moi? m'en veut-elle toujours? Voilà une rancune bien longue pour un baiser. J'éprouve presque du chagrin de la manière dont Frédérique me traite, mais Armantine me le fait oublier par la façon tout aimable dont elle me parle; je ne l'ai jamais vue témoigner autant de plaisir à se trouver près de moi. Cependant je ne peux pas trop me prodiguer. Je prends congé de ces dames.

— Faudrait-il encore vous rencontrer pour vous voir, monsieur? me dit madame Sordeville en répondant à mon salut.

— Non, madame, je n'attendrai pas pour cela le hasard, qui pourrait ne point m'être toujours aussi favorable.

Frédérique répond à mon salut par un léger mouvement de tête, et pas un mot, pas un sourire. Décidément, pour une gaillarde, elle est très-susceptible.

Armantine est une coquette, m'a-t-on dit, et en effet, déjà plusieurs fois j'ai été à même de juger qu'il fallait peu compter sur les espérances qu'elle nous donne. Mais sans me flatter de la guérir de ce défaut, si je puis être aimé d'elle... Après tout, je n'ai jamais rencontré des femmes parfaites... j'avoue même que je n'en ai pas cherché. Au total, cette dame vient encore de me tourner la tête par ses œillades, par ses sourires, et j'ai déjà oublié la manière dont elle s'est comportée avec moi à ses deux soirées; cette résolution si bien prise de ne plus m'exposer à être le jouet d'une coquette, cette résolution ne tient pas contre les agaceries que l'on vient de me faire. Eh! mon Dieu! pourquoi tiendrions-nous nos résolutions en amour, lorsque nous y manquons pour les choses les plus sérieuses?

Le lendemain de cette rencontre, je n'y tiens plus, et je soigne ma toilette pour me rendre chez madame Sordeville, car j'ai remarqué que cette dame faisait attention au plus ou moins d'élégance de ceux qu'elle recevait; ceci est encore une faiblesse qu'il faut excuser chez une femme qui s'occupe sans cesse de parure, et qui croit sans doute que chacun pense comme elle à ce sujet.

Je me dispose à sortir, lorsque Pomponne m'apporte une lettre que l'on a remise au concierge, en le priant de me la faire tenir sur-le-champ.

L'écriture m'est inconnue. Dans ce cas, la première chose que l'on fait, après avoir brisé le cachet, c'est de regarder la signature. Je vois au bas de la page : Frédérique.

Quoi! c'est madame Dauberny qui m'écrit! Oh! voyons, voyons bien vite.

« Vous vous disposez probablement à vous rendre chez madame Sordeville, n'y allez pas, ne retournez plus dans cette maison, c'est un bon conseil que je vous donne. Si vous voulez absolument revoir Armantine, si votre amour pour elle s'est rallumé, grâce aux coquetteries qu'elle vous a faites hier, voyez-la ailleurs que chez elle : en vous écrivant ceci je me rappelle notre douce intimité, qui fut de courte durée, mais qui a laissé dans mon cœur des traces de son passage. Croyez-moi donc, et faites ce que je vous dis. Je penserais vous faire injure en vous recommandant le silence sur cet avis.

» FRÉDÉRIQUE. »

Le contenu de ce billet me semble bien bizarre. Je le relis plusieurs fois et je ne puis me l'expliquer. Frédérique m'engage à ne plus retourner chez madame Sordeville, et elle ne donne aucune raison, elle ne m'explique pas le motif de cet avis. Tout ceci ne peut être qu'une boutade, que le résultat d'un moment d'humeur contre son amie. J'en suis bien fâché pour votre lettre, madame, mais je ne ferai pas ce qu'elle me conseille. D'ailleurs, depuis quelque temps madame Dauberny est si singulière avec moi, elle me témoigne tant de froideur que j'ai peine à croire à ce retour d'amitié dont elle parle dans son billet. Si cet avis était sérieux, pourquoi ne seraitelle pas venue elle-même me parler?... elle m'a dit plusieurs fois qu'elle ne se gênait pas plus pour aller chez un jeune homme que pour rendre visite à une de ses amies.

Et sans m'occuper davantage du conseil de Frédérique, je m'empresse de courir chez madame Sordeville.

Je trouve Armantine dans son charmant boudoir, entourée de fleurs et faisant de la tapisserie.

Je ne sais si l'on m'attendait, mais il me semble qu'il y a dans sa parure, dans sa coiffure, encore plus de coquetterie qu'à l'ordinaire. Il est probable que je me trompe; c'est parce que je ne suis plus habitué à contempler ces charmes que cela me produit cet effet.

Je suis très-bien accueilli. Armantine a ses jours d'humeur gaie, moqueuse ou mélancolique. Aujourd'hui je la trouve presque sentimentale, elle ne rit pas aussi souvent que de coutume. Mais elle me semble encore plus ravissante ainsi.

Elle me tend la main et me fait asseoir près d'elle en me disant :

— C'est bien... cette fois vous n'avez pas été longtemps à tenir votre promesse.

— Mon plus grand bonheur est d'être près de vous, madame... et si je m'en suis privé si longtemps, c'est que...

— Eh bien, monsieur, c'est que...

— C'est que... Tenez, je vais être franc, madame, me le permettez-vous?...

— Mais sans doute...

— Je vais vous faire connaître tous les tourments que j'ai éprouvés... D'abord, je vous aime... mais cela, vous le savez bien... je vous l'ai déjà dit...

— Oui, vous me l'avez dit, mais ce n'est pas une raison pour que ce soit... Tous les hommes en disent autant à une femme qui est un peu bien... et dont ils se flattent de faire la conquête...

— Mais alors, madame, que faut-il donc faire pour prouver que l'on aime?...

— Il me semble d'abord qu'il ne faudrait pas être des siècles sans venir voir les gens; vous conviendrez, monsieur, que c'est une singulière façon de prouver son amour.

— Mais, madame, quand on est mal accueilli, quand on ne daigne plus nous dire un mot, après nous avoir laissé entrevoir... quelque espérance, enfin quand devant nos yeux... on rit, on cause sans cesse avec d'autres, sans aucune pitié des tourments que nous éprouvons...

Armantine part d'un éclat de rire qui me déconcerte un peu; je n'ose continuer.

— Ah! monsieur, s'écrie-t-elle, lorsque son accès de gaieté est calmé, c'est donc à dire que si on avait la faiblesse de vous écouter... de vous croire, il ne faudrait plus entendre les galanteries d'aucun homme?... Quand un monsieur s'approcherait de nous, il faudrait bien vite nous sauver, de crainte qu'il ne lui prît envie de nous offrir ses hommages... Il faudrait peut-être aussi faire la grimace, essayer de loucher quand on nous lorgnerait, de peur d'être trouvée jolie...

— Oh! madame...

— S'il en est ainsi, monsieur, je dois vous prévenir que vous auriez avec moi souvent sujet de vous fâcher... J'aime que l'on me fasse la cour... que l'on me trouve jolie, que l'on me le dise même... Je ne sais pas si c'est de la coquetterie, mais je trouve que pour une femme il n'y a pas de plus grand plaisir.

— Pas de plus grand plaisir?... pas même d'aimer... d'être aimée sincèrement?

— L'un n'empêche pas l'autre.

— Eh bien, dites-moi que vous m'aimez... laissez-moi vous prouver que je vous adore, et je vous promets de ne plus être jaloux de tous ceux que je verrai papillonner autour de vous. Quand on a la certitude d'être préféré... alors le doute est une offense... mais n'est-il pas permis de trembler... lorsqu'on n'a reçu aucune faveur?

Armantine ne répond pas, mais elle est très-émue. Je veux profiter de son trouble pour la presser dans mes bras, elle me repousse et m'échappe en disant :

— Que faites-vous?... A chaque instant ici on peut venir... Je ne puis défendre ma porte... on sait que vous êtes là...

— Eh bien, accordez-moi un rendez-vous... Ne sortez-vous pas quand vous voulez?...

— Oui... mais... Oh! d'abord, je n'irai pas chez vous... on pourrait m'y voir entrer, je serais perdue... Je ne suis pas une gaillarde comme Frédérique, moi.

— Trouvons-nous quelque part... à une promenade...

— Je n'oserais jamais aller seule dans un endroit écarté...

— On prend une voiture...

— J'ai peur, seule, en voiture... Oui, monsieur... je ne suis pas une luronne, moi, je suis très-poltronne.

— Tenez, madame, dites plutôt que vous ne voulez pas m'accorder un rendez-vous.

— Ah! voilà déjà monsieur qui se fâche... Eh bien! tenez... demain je dois aller aux Champs-Élysées avec madame Gerbancourt et sa sœur... deux petites-maîtresses que vous avez dû voir chez moi... Elles ne sont pas jolies, mais elles sont toujours parfaitement mises... Madame Gerbancourt est assez bien faite... sa sœur est trop maigre.

— Je ne me rappelle nullement ces dames.

— N'importe, nous nous assiérons à la hauteur du Cirque...

— Très-bien.

— Il sera deux heures environ, vous viendrez me dire bonjour... Ces dames demeurent par là... rue de Ponthieu. Quand elles voudront partir, je dirai que j'attends Frédérique. Elles me laisseront... je resterai avec vous... et alors...

— Oh! vous êtes charmante... je jure de vous adorer toute ma vie!...

— Vraiment!... je croyais que vous étiez aussi amoureux de madame Dauberny.

— De votre amie... oh! par exemple, je n'y ai jamais songé... J'aurais voulu obtenir l'amitié de cette dame... son caractère original me plaisait... mais je n'y ai pas réussi... vous avez dû remarquer avec quelle froideur elle m'a traité hier.

— Oui... en effet... mais depuis quelque temps je ne sais ce qu'elle a... elle est fantasque... je la vois beaucoup moins...

Le bruit de la sonnette nous annonce du monde. Je m'empresse de prendre congé de madame Sordeville, car je craindrais maintenant qu'une circonstance ne lui fit changer d'idée; elle est fort capricieuse, il ne faut pas lui laisser le temps de se dédire. Je pars en lui disant bien tendrement :

— A demain.

Je m'éloigne heureux et léger. Oh! cette fois elle sera à moi, je suis sûr de mon triomphe. Du moment qu'une dame nous accorde un rendez-vous, n'est-ce pas nous avouer qu'elle se rend? Et dans une semblable circonstance, l'homme qui ne profite pas de l'occasion est niais, ou... bien pis encore!...

Une rencontre aux Champs-Élysées.

Un soleil magnifique éclaire la journée de mon rendez-vous. Je rends grâce aux astres, car s'il eût fait mauvais temps, il est probable qu'on n'aurait pas été se promener aux Champs-Élysées, et hier, dans ma joie, je n'avais pas songé à cela. Mais tout me vient en aide, je nage dans la joie. Pomponne contourne légèrement sa bouche en me regardant niaisement; ce garçon veut être pénétrant. Je ne pense qu'à Armantine; j'aime vraiment cette femme-là, il me semble même que je n'en ai jamais aimé d'autres autant qu'elle.

En m'habillant, je retrouve dans ma poche le billet de madame Dauberny dont je suis enchanté de n'avoir pas écouté le conseil. Cependant je relis encore la lettre de Frédérique. Quand je rencontrerai cette dame, il faudra qu'elle m'explique le motif de cet avis... Notre courte intimité a, dit-elle, laissé dans son cœur des traces de son passage. En vérité, je ne m'en doutais pas, à la manière dont elle se conduit maintenant avec moi.

Je suis un peu avant deux heures dans les Champs-Élysées. Il fait froid, mais le soleil est si brillant, qu'il y a beaucoup de monde à la promenade. Les Champs-Élysées sont le rendez-vous de la fashion. De superbes équipages circulent et se dirigent du côté du bois de Boulogne; de nombreux cavaliers semblent escorter ces voitures, dans lesquelles ils jettent toujours un coup d'œil en passant, et lorsqu'ils y aperçoivent de jeunes et belles dames, vous voyez aussitôt messieurs les écuyers se donner une allure plus fière, ou faire caracoler leur monture pour que l'on admire en même temps et la bête et le cavalier.

Les piétons sont aussi fort nombreux, car les toilettes de l'hiver ont leur charme, et ces manteaux, ces pelisses, ces fourrures dont une jolie femme s'enveloppe, font quelquefois ressortir des traits fins ou des grâces mignonnes : les fleurs que l'on trouve sous la neige semblent avoir encore plus d'attraits. Et ne vous récriez pas... il y a des fleurs sous la neige.

Ma mise est irréprochable, je me flatte même qu'elle est de bon goût. Je m'avance, rayonnant, vers l'endroit que l'on m'a indiqué. Il y a beaucoup de monde assis. Mais j'aperçois bientôt ce que je cherche. Armantine est là avec deux autres dames que je crois en effet avoir vues chez elle. Ces dames rivalisent d'élégance. Je m'approche, je salue comme si la rencontre était inattendue.

Madame Sordeville m'adresse le plus doux regard, en me montrant une chaise près d'elle. Nous échangeons les compliments d'usage et je me place près d'Armantine.

— Vous ne craignez donc pas le froid? me dit-elle en riant.

— Lorsque des dames le bravent, quelle opinion auriez-vous de moi si j'en avais peur?

Et puis, dit une des deux dames, si, par peur du froid, il fallait passer tout l'hiver sans sortir, je crois que nous ne serions pas fraîches au printemps.

Ces dames passent en revue les toilettes et les équipages, je joins de temps à autre mes remarques aux leurs. Mais je suis un peu distrait, car je rêve au bonheur que j'espère, que j'attends, et je compte les minutes. J'ai déjà formé mon plan. Il y a dans les Champs-Élysées d'excellents traiteurs qui ont des cabinets charmants dans lesquels on peut se glisser sans être vu. Si elle refuse d'entrer dans un restaurant, les fiacres ne manquent pas; on monte dans une voiture qui a des stores et l'on se fait conduire *extra muros*.

De temps à autre, je regarde Armantine, et lui désignant ces deux dames qui sont avec elle, je murmure du bout des lèvres quelques mots qu'elle comprend fort bien, car elle me répond :

— Un peu de patience.

Enfin, vers les trois heures, madame Gerbancourt dit à sa sœur :

— Il faut que nous songions bientôt à rentrer, car tu sais qu'aujourd'hui il doit nous venir du monde... Et vous, ma belle, allez-vous partir?

Ces mots s'adressaient à Armantine, qui répond :

— Madame Dauberny m'a promis de venir me rejoindre ici et je l'attendrai. Si monsieur Rochebrune veut bien me tenir compagnie jusque-là, il sera très-aimable... C'est mettre sa complaisance à l'épreuve, mais nous n'avons qu'un cavalier et j'en profite.

Je m'empresse de répondre que je suis tout à la disposition de ces dames, mon cœur palpite de plaisir; je pense que les deux sœurs vont enfin s'éloigner. Cependant la plus jeune dit en s'entortillant avec soin dans sa pelisse :

— Oh! nous avons encore le temps... Il n'est pas trois heures... Ton monde ne va pas arriver sitôt... on ne dîne pas à trois heures!

— Mais ce sont des provinciaux, ma chère, et ils croient que c'est plus poli de venir nous ennuyer deux heures d'avance!...

— Tant pis! je reste jusqu'à ce qu'il soit trois heures à ma montre.

— Obstinée!... Voyez-vous, monsieur, elle est plus jeune que moi, et il faut toujours que je lui cède.

J'aurais bien envie de répondre à cette dame qu'elle a grand tort de céder, mais je n'ose pas. Je me contente de froisser avec colère tout ce qui se trouve dans ma poche. Il y a des moments où l'on s'en prend à ce qu'on peut.

Tout à coup le bruit d'une dispute se fait entendre; puis il augmente et s'arrête peut-être à dix pas derrière nous. Un homme dont la voix, quoique un peu enrouée, a la sonorité d'une clarinette, s'écrie en ce moment :

— Je te dis que tu ne t'en iras pas comme ça... Voilà assez longtemps que je te cherche!... C'est pas facile de te dénicher!... mais te v'là... je te pince...

Une autre voix répond :

— Voyons, pas de bêtise, père Piaulard, c'est pas avec un ami qu'on fait des avanies... Je suis un ami, t'es un ami... T'es un vieux, un ancien que je vénère... ne me secoue pas comme ça... Cré coquin! je n'aime pas qu'on me secoue, moi!

Les accents de cette dernière voix m'ont frappé, je ne me suis pas encore dit quelle personne ils me rappellent, et pourtant je me sens tressaillir; un sentiment d'effroi, une vague appréhension m'oppressent : j'écoute avec anxiété.

La voix en clarinette reprend avec plus de force :

— Il n'est pas question d'amis!... je ne connais que les pratiques... tu me dois, il faut que tu me payes... et la dernière fois que tu es venu boire chez moi avec ta *larbine*, tu ne m'as pas même demandé la permission de ne pas payer... tu as filé avec ta pas grand'chose, par la porte de derrière, pendant que le garçon était occupé ailleurs...

— Puisque j'avais pas d'argent, à quoi que ça m'aurait servi de te demander la permission de ne pas te payer?... ça m'aurait-il mis de *la tune* dans mes *profondes?*

— Quand on n'a pas de quoi payer, on ne vient pas s'attabler dans un établissement où l'on doit déjà vingt-deux francs...

— Eh bien! il est bon... comment, je te dois et tu veux que je t'ôte ma pratique!... Mais, vieux Piaulard, tu bats la breloque dans ce moment!...

— Elle est jolie ta pratique!... la pratique de monsieur Ballangier!... c'est du propre!... ce sont ces pratiques-là qui ruinent une maison.

Je ne puis plus douter : le nom de Ballangier vient de retentir à mes oreilles, et d'ailleurs, je l'avais déjà reconnu cet homme, car la honte couvrait mon visage, le malheur venait de glacer mon cœur.

C'est lui qui tombe à mes genoux, sur la neige, et qui me demande humblement pardon. — Page 76.

Je n'ose bouger, je ne me retourne pas... Je voudrais être à cent lieues de là. Si je pouvais fuir sans être aperçu par cet homme, je me sauverais... je fuirais sans rien dire... mais il me verrait peut-être... Que faire?... comment me cacher?

Dans la même minute, toutes ces pensées se sont présentées à mon esprit. Ces dames me parlent, je ne leur réponds pas, je ne sais plus ce que je dis. Sans doute mon trouble se peint sur mon visage, car Armantine s'écrie :

— Qu'avez-vous donc, monsieur Rochebrune?... On dirait que vous souffrez... que vous êtes indisposé.

Je balbutie quelques mots, mais j'écoute... j'écoute toujours. Il me semble que la dispute se rapproche encore de nous :

— Voyons, père Piauard, lâche ma peiure, elle est mûre... tu vas me la déchirer.

— Je ne veux pas te lâcher. Paye-moi ce que tu me dois; avec l'ancien, ça fait vingt-neuf francs... J'ai besoin de mon argent... paye, ou viens chez le commissaire; il te fera arrêter comme un vaurien... un gouapeur... un vagabond que tu es... et peut-être pis encore...

— Ah! pas de gros mots, ou je vais me fâcher aussi, moi!...

— Mon Dieu! dit madame Gerbancourt, est-ce que ces vilains hommes vont venir contre nous...

— Il y en a un qui est très-gris! dit Armantine. Quelle horreur!... Mais on devrait les faire arrêter ces hommes... Si nous n'avions pas M. Rochebrune avec nous, je me serais déjà sauvée.

— O mon Dieu, mais je crois qu'ils vont se battre... et ils avancent par ici...

— Regardez donc, monsieur...

Je ne me retourne pas, je feins de ne point entendre, j'enfonce mon chapeau sur mes yeux, je me tiens immobile.

Tout à coup ces dames se lèvent toutes les trois en poussant un cri de terreur. Armantine s'est attachée à mon bras, il faut bien que je me lève aussi. C'est Ballangier qui, en voulant échapper à son antagoniste, est venu rouler presque sur nos chaises, après lesquelles il se retient pour ne point tomber; le malheureux est gris, mais pas assez pour ne point reconnaître son monde, et la fatalité qui m'a fait le rencontrer, veut qu'il se trouve contre moi au moment où je me lève pour suivre ces dames.

Le misérable ivrogne pousse un cri de joie en me reconnaissant, et s'agrippant après mon paletot au moment où son créancier revient sur lui le poing levé, il balbutie :

— Arrête, Piaulard, je me fiche de toi maintenant... v'là un ami qui répond de moi... qui payera pour moi s'il le faut... Ah mais! c'est qu'il a des écus celui-là... et je te défends de me traiter de voleur devant lui... ou je te cogne à mon tour... vilain mufle!

Je suis resté comme anéanti... je ne me sens plus la force de bouger. Le grand colosse, qui allait rouer Ballangier, s'arrête étonné, et me regarde comme quelqu'un qui doute de ce qu'il entend. Quant à ces dames, elles continuent de me tirer par le bras, en s'écriant :

— Repoussez donc cet homme...

— Venez donc, monsieur Rochebrune...

— Cet ivrogne vous prend pour un de ses camarades, chassez-le donc... venez... ne restons pas là... Oh! c'est affreux de se trouver avec de pareilles gens!...

Et là, en plein salon, devant toute la compagnie rassemblée, il l'a traité de mouchard et l'a souffleté!...
Page 82.

Mais je ne puis plus ni parler, ni agir... D'ailleurs Ballangier ne lâche pas mon paletot, et il s'écrie :

— Me chasser!... moi... son ami... tout ce qu'il y a de plus intime... Le plus souvent qu'il me chassera, ce brave Charles... Charlot... Rochebrune, si vous aimez mieux... Ah! vous croyez que je me trompe... et que je ne le connais pas... Demandez-lui donc s'il ne me connaît pas... lui!... vous verrez ce qu'il vous dira... Toi, Piaulard, tu n'es qu'un butor!... Je ne suis pas un vagabond, un gouapeur, puisque j'ai des amis qui répondent pour moi... Pas vrai, Charles, que tu réponds, que tu ne me laisseras pas arrêter par ce maroufle?...

Depuis que Ballangier a prononcé mon nom, et que par mon silence j'ai fait comprendre qu'il ne mentait pas en affirmant qu'il me connaissait, madame Gerbancourt, sa sœur, et Armantine elle-même, m'ont vivement quitté le bras; puis, comme la foule s'est déjà amassée autour de nous, les deux premières ne tardent pas à disparaître, à se perdre dans ce monde qui nous entoure. Armantine s'est éloignée aussi; pourtant je l'aperçois qui écoute encore.

— Si c'est vrai que monsieur te connaît et qu'il veut payer pour toi, dit le grand Piaulard en s'approchant de moi, alors, c'est différend, les choses seront arrangées à l'amiable.

Je sens en ce moment tout ce que ma position a de faux, de ridicule; je sens surtout ce qu'il y a de sot à trembler devant le préjugé et l'opinion des badauds. Passant subitement de la honte à la colère, je me dégage brusquement des mains de Ballangier, et, le saisissant moi-même par le collet, je le secoue rudement en m'écriant :

— Oui, j'ai le malheur de vous connaître; oui, je vous ai vingt fois secouru, tiré de la misère... mais cela ne vous donne pas le droit de venir me réclamer dans un lieu public lorsque vous êtes ivre... Je ne ferai plus rien pour vous, misérable, et je vous défends désormais de jamais vous adresser à moi.

Exaspéré par la colère, par le dépit, je repousse alors si vivement Ballangier, que je l'envoie tomber entre des chaises à quelques pas de moi. La foule, toujours si facile à tourner du côté de celui qui crie le plus fort, se met à rire en voyant l'ivrogne. J'entends alors la voix de M. Piaulard qui menace de nouveau son débiteur; je ne m'inquiète plus de tout cela, j'ai retrouvé mon énergie; je pousse tout ce monde qui m'entoure, je cherche des yeux Armantine... mais c'est madame Dauberny que j'aperçois dans un groupe à quelques pas de moi; elle semble s'informer de ce qui vient de se passer. Je ne m'occupe pas de Frédérique, c'est madame Sordeville que je cherche... J'avance toujours; bientôt je suis loin de tout ce monde et du lieu où vient de se passer cette scène affreuse. J'aperçois une dame qui s'éloigne seule et à pas précipités... C'est elle...

c'est Armantine. Je cours, je la rejoins... je l'arrête, en m'écriant :

— Ah ! je vous ai retrouvée enfin...

Madame Sordeville se retourne. Son visage est froid, son air est presque impertinent, elle me regarde un moment comme si elle ne me connaissait pas, puis se décide à me répondre.

— Ah ! c'est vous, monsieur... Comment, vous n'êtes pas resté avec... votre ami intime...

— Oh ! madame, j'espère que vous ne croyez pas que je fais ma société de ce malheureux... mais il y a quelquefois des circonstances, des choses qui paraissent bien bizarres, bien singulières... et que l'on pourrait cependant expliquer...

— Mais, monsieur, je vous prie de croire que je ne vous demande aucune explication, vous êtes parfaitement le maître de choisir vos amis dans la classe de la société qui vous plaît...

— Comme vous me parlez, madame... quel air... quelle froideur... quel changement dans vos manières...

— Mais vous vous trompez, monsieur, je vous assure que mes manières sont toujours les mêmes... Peut-être, à la vérité, diffèrent-elles un peu de celles des personnes que vous fréquentez. Mais, pardon, monsieur, je ne puis m'arrêter davantage... et je ne vais pas du même côté que vous.

— Comment... vous me quittez...

— Adieu, monsieur... Ah ! je vous préviens aussi que je ne reçois plus. Nous avons terminé nos soirées.

Elle me fait un salut dédaigneux, et sans écouter ce que je lui dis alors pour la retenir, elle s'éloigne en marchant si vite que bientôt je l'ai perdue de vue.

Je suis resté stupéfait : la conduite de cette femme me semble si indigne, si impertinente, que je suis quelque temps sans pouvoir y croire. Il me semble que je suis le jouet d'un songe. Un instant j'ai envie de courir après elle ; mais j'ai assez de force sur moi-même pour comprendre que je serais un lâche en cherchant encore à parler à cette femme qui vient de me traiter avec tant de mépris. Et je croyais en être aimé de cette femme !... Ah ! combien je m'abusais... Parce qu'un ivrogne en blouse, en casquette, m'a appelé son ami ; parce que j'ai avoué connaître cet homme, je deviens un être compromettant, on ne peut plus me voir, me parler... on m'a même fait entendre qu'on ne voulait plus me recevoir ; et tout cela sans vouloir entendre ce que j'aurais pu dire, sans savoir si je pouvais ou non expliquer cette désagréable aventure. Ah ! madame !... je vous croyais un cœur, je me suis trompé, vous n'avez que de l'esprit ; et c'est un esprit bien sec, que celui auquel ne se mêle jamais un peu de sentiment.

Je reste longtemps au même endroit, absorbé par mes pensées. Mais le monde a fui, les Champs-Elysées sont devenus déserts ; des flocons de neige qui viennent frapper mon visage me font comprendre ce changement. Le temps aussi n'est plus le même. Après le soleil si radieux, si beau, est venu ce nuage, cette neige, qui donnent un tout autre aspect à la nature.

Allons, me dis-je en me remettant en marche, rien n'est constant... pas plus là-haut qu'ici-bas !... Il faut se soumettre aux orages du cœur comme à ceux de la nature.

En revenant sur mes pas, en me retrouvant sur les lieux où m'est arrivée cette scène fâcheuse, je me rappelle le mouvement de colère auquel je me suis livré, et maintenant que je puis réfléchir, un sentiment de regret, de pitié m'émeut, lorsque je songe que j'ai violemment jeté à terre ce malheureux qui réclamait mon secours. Je sais que sa conduite est bien coupable, je sais que cent fois il a abusé de ma bonté ; mais le repousser... le jeter dans la poussière... Est-ce bien moi qui ai pu le traiter ainsi ? La présence de cette femme, le dépit, l'amour-propre humilié avaient égaré ma raison. Qu'est-il devenu, ce malheureux ? Il est tombé à mes pieds sans se défendre... sans se plaindre... et dans ses yeux, au lieu de colère, il me semble n'avoir vu que de la surprise et de la douleur. Si cet autre homme l'avait fait arrêter, comme il paraissait en avoir l'intention... car je n'ai pas songé à lui donner ce que Ballangier lui devait... et c'est la première chose que j'aurais dû faire. Comment savoir, maintenant, quelle a été la fin de cette scène...

Je regarde autour de moi : je reconnais bien l'endroit où j'étais assis avec ces dames ; mais il n'y a plus personne. La neige a mis tous les promeneurs en fuite. Les gens qui passent courent en baissant le nez ; plus de marchands, de chanteurs ambulants, personne à qui je puisse m'adresser pour avoir quelques renseignements. Je me remets en route ; mais je n'ai pas fait trente pas que j'aperçois un homme adossé à un gros arbre et recevant, sans paraître y faire attention, la neige qui couvre sa casquette et sa blouse. Cet homme se tient immobile, mais il a les yeux tournés de mon côté. Je m'avance... c'est lui... c'est Ballangier.

Il me regarde d'un air honteux et craintif : en me voyant avancer tristement vers lui, on dirait que des larmes brillent dans ses yeux, qu'il n'ose attacher sur moi ; et quand je suis tout près de lui, au moment où je vais m'excuser de l'avoir repoussé avec tant de violence, c'est lui qui tombe à mes genoux, sur la neige, et qui me demande humblement pardon de m'avoir parlé lorsque j'étais avec du monde.

Ah ! je n'ai plus contre lui ni colère ni ressentiment ; je m'empresse de le relever, je lui presse les mains... il me semble que mes yeux se mouillent aussi.

— Vous me pardonnez donc ? murmure Ballangier ; ah ! j'étais gris, voyez-vous... j'avais bu... sans cela je ne vous aurais pas parlé... Oh ! je me serais rappelé que déjà une fois... une scène... à peu près dans ce genre-là, a fait manquer un mariage que vous alliez conclure... Mais... vous m'avez corrigé... vous avez bien fait... je le méritais... C'est égal, voyez-vous... de votre part, je suis si peu habitué à de telles leçons... Dame... quand vous m'avez jeté par terre... ça m'a dégrisé tout de suite... Vous aviez l'air si furieux contre moi... vous, que j'ai toujours vu si bon !... Oh ! mais, vous avez bien fait ! oui, vous avez bien fait de me traiter ainsi... ça m'a tout remué... J'ai compris que j'étais un grand gueux... un mauvais garnement... que je me trouvais toujours là pour faire votre malheur... votre honte... quoique pourtant je n'aie pas dit... Oh non ! j'ai beau être gris... je ne dirai jamais... cette chose-là. Mais je vous promets que cette aventure sera la dernière... Vous n'aurez plus à vous plaindre de moi.

— Je vous crois, Ballangier... je vous crois. Mais au reste, votre conduite n'excuse pas la mienne. Je ne devais pas vous traiter durement... comme je l'ai fait tout à l'heure. Vous étiez gris, je devais avoir pitié de votre état... Et quand je pense que je vous ai poussé si brutalement que vous êtes tombé... ah ! je m'en veux beaucoup... Allons... donne-moi ta main encore... pardonne-moi aussi de t'avoir jeté à terre.

Ballangier prend mes mains qu'il serre avec effusion dans les siennes, et de grosses larmes tombent de ses yeux, tandis qu'il murmure :

— Il me demande pardon... lui !... après toutes les sottises que je lui ai faites !... Ah ! tu es trop bon pour moi, Charles ; tu aurais dû me battre, oui, me battre comme du plâtre... car je t'ai encore floué au sujet de mon départ pour Besançon... C'est vrai que j'avais reçu une lettre de Morillot... d'ailleurs tu as vu la lettre... mais quand tu m'as eu donné quatre cents francs pour mon voyage, je ne suis pas parti comme je te l'avais promis !... Je me suis encore laissé entraîner par ces infâmes gueusards que nous avons la bêtise d'appeler les *amis*... tandis que nous devrions bien plutôt les nommer les *ennemis !*... Est-ce que ce sont des amis ceux qui nous entraînent toujours à la débauche, ceux qui ne savent que boire, bambocher, faire des pouffs dans les cabarets, ceux qui vivent constamment dans la paresse, la fainéantise, et qui tournent en ridicule les ouvriers rangés, les bons travailleurs... ceux enfin qui nous poussent à faire sans cesse des sottises, afin que nous devenions aussi vauriens qu'eux ?... Des amis comme ça, faudrait leur casser les reins la première fois qu'ils nous donnent un mauvais conseil : je suis bien sûr que ça diminuerait le nombre de vagabonds qu'on conduit toutes les semaines à la préfecture. Mais c'est fini... Charles, je te jure bien que cette fois, c'est fini... tu ne seras plus obligé... de me repousser... comme tout à l'heure.

— Je te crois, Ballangier, oublions tout cela. Mais, dis-moi : comment as-tu fait pour que ton créancier te laisse libre ?

— Piaulard ? Ah ! c'est vrai, tu m'y fais songer... C'est drôle ! je ne l'ai cependant pas payé... Mais après que tu m'as eu jeté par terre où je suis resté quelque temps... tout étourdi... non pas que je me sois fait mal, mais j'étais étourdi par l'effet que je ressentais en moi... je ne peux pas dire. Enfin je me suis relevé, le monde s'était dispersé... Piaulard était parti aussi, car je ne l'ai pas revu... c'est vrai que c'est singulier. Je suis resté assez longtemps à la même place... comme un hébété ; je ne sais pas à quoi je pensais... c'est-à-dire que je te cherchais... je voulais absolument te revoir et te demander pardon... Ah ! je me rappelle à présent... une dame est venue me parler...

— Une dame...

— Oui... oui... tiens, je l'avais oublié...

— Comment était cette dame?... tâche de te rappeler... fais-moi son portrait...

— C'est une dame élégante... je crois qu'elle était grande; quant à sa figure, je n'y ai pas fait attention... je te cherchais toujours... j'étais comme un fou... je t'appelais... je n'avais plus la tête à moi... je crois que je pleurais aussi...

— Mais que t'a-t-elle dit, cette dame, que te voulait-elle?

— Attends donc... je ne sais plus trop ce qu'elle m'a dit... elle m'a consolé... et puis... oui, je crois qu'elle m'a offert de l'argent..

— De l'argent?

— Oui... je ne sais plus pourquoi... mais elle me disait: «Prenez ceci...» et puis... ma foi, je ne sais plus ce qu'elle me disait... Tout ce que je sais, c'est que je lui ai dit de me laisser tranquille, à cette dame; elle me gênait pour te chercher... Quand elle a vu que je ne voulais pas lui répondre, elle m'a laissé.

— Et tu n'as pas accepté son argent?

— Oh! pour ça non!...

— C'est bien, Ballangier, tu as eu raison de refuser. Elle ne t'a pas dit autre chose, cette dame?

— Mon Dieu, je ne l'écoutais pas du tout... Je regardais toujours si je te verrais passer, et je lui disais seulement: « Laissez-moi donc rechercher Charles... vous m'empêcherez de le voir... » Elle est partie.

— Pauvre garçon! Tiens, maintenant, prends ceci... paye ton créancier auquel tu dois, je crois, vingt-neuf francs... si toutefois, et comme j'en ai le pressentiment, quelqu'un ne s'est pas déjà chargé de le payer.

— Quelqu'un... Bah! et qui donc?

— Une personne que tu ne connais pas... mais que je connais, moi. Enfin tu iras trouver ce Piaulard, et tu t'informeras de cela. Ensuite, travaille, range-toi, deviens un bon ouvrier, et viens me voir si tu as besoin de moi.

— Ah! Charles, je ne mérite pas que tu fasses encore des sacrifices pour moi... je te cause toujours des ennuis, des chagrins... Garde cet argent, il faudra bien que j'apprenne à en gagner enfin.

— Tu y parviendras dès que tu en auras la ferme volonté, je n'en doute pas. Mais, en attendant, je veux que tu payes tes dettes et que tu ne restes pas sans rien. Prends donc ceci, je le veux. Si par ton travail tu devenais riche et que j'eusse, moi, besoin d'être obligé, j'accepterais sans rougir de ce que tu m'offrirais.

Ballangier me presse la main en s'écriant:

— Ce que tu me dis là va me donner un cœur... un courage!... T'obliger un jour, moi!... Cré coquin, c'est alors que je serais fier, que je serais heureux!

J'avais heureusement la bourse bien garnie... car je croyais aller en bonne fortune; je mets quatre-vingts francs dans la main de Ballangier. Cet argent-là avait une autre destination, mais je commence à croire qu'il est beaucoup mieux employé ainsi.

Je dis adieu à Ballangier, qui me renouvelle le serment de changer de conduite, et je pars.

J'ai bien dans l'idée que c'est madame Dauberny qui a payé Piaulard et qui a ensuite offert de l'argent à Ballangier. Pourquoi a-t-elle fait cela? Singulière femme, que je voudrais pouvoir comprendre!

La confiance ne se donne pas.

La conduite de madame Sordeville, après ma rencontre aux Champs-Elysées, a laissé dans mon âme un sentiment de tristesse, une humeur morose, que pendant quelque temps j'ai de la peine à surmonter. Pour me distraire, j'aurais bien voulu voir madame Dauberny. Si en perdant la conquête d'une jolie femme, j'avais trouvé une véritable amie, je crois que je n'aurais pas perdu au change. Mais comment voir Frédérique maintenant? Où la rencontrer? A coup sûr, je n'irai pas chez elle. Singulière chose!... j'ai trouvé moyen de me faire défendre la porte de chacune de ces dames... et qu'ai-je fait pour cela? Après tout, rien ne me prouve que ce soit Frédérique qui ait payé M. Piaulard. Lui écrire pour cela, si je ne me trompe, ce serait commettre une bévue; attendons que le hasard me fasse la rencontrer.

Un matin Pomponne vient à moi avec cet air mystérieux qu'il juge convenable de prendre même quand il m'apporte mon habit; il se penche vers moi en me disant à voix basse:

— Monsieur... cette femme qui est déjà venue il y a quelque temps... qui tenait dans son tablier quelque chose que je n'ai pas pu voir... elle est là... elle demande si elle peut parler à monsieur.

— Quelle femme?... Je ne sais ce que tu veux dire...

— Elle m'a dit: « Demandez à votre maître s'il veut recevoir madame Potrelle. »

— Madame Potrelle... Eh! imbécile! que ne disais-tu son nom tout de suite?... Certainement que je veux bien la recevoir... fais-la entrer.

— Pomponne semble fort intrigué. Mais il court à la porte en criant:

— Vous pouvez entrer... madame Potrelle.

La portière de la rue Ménilmontant se présente en faisant force révérences. Elle tient son tablier roulé contre elle comme la dernière fois, ce qui me fait penser qu'elle a encore voulu procurer un peu d'agrément à l'un de ses chats.

Je fais signe à M. Pomponne de sortir, ce qu'il fait à regret et en jetant des regards perçants sur le tablier roulé de la portière.

— Bien des excuses de venir vous déranger, monsieur, dit madame Potrelle en déroulant son tablier dans lequel, au lieu d'un chat, j'aperçois plusieurs gilets pliés avec des restants d'étoffes. Je viens vous rapporter ce que vous avez donné à faire à ma jeune locataire; il y a déjà plus de trois semaines que c'est confectionné... et ma fine, quand j'ai vu que vous ne reveniez plus... Savez-vous qu'il y a plus de deux mois que vous avez donné cet ouvrage à faire à madame Landernoy?

— Comment! il y aurait tant que cela, madame Potrelle? Vraiment, je suis trop négligent!... Mais j'ai eu bien des choses dans l'esprit depuis... Tenez, je vous avouerai franchement que j'avais oublié mes gilets.

— Oh! monsieur, faut pas vous excuser pour ça, pardi! un jeune homme du monde! ça s'amuse, c'est tout simple. Et puis enfin, d'ordinaire ce sont les ouvrières qui reportent l'ouvrage aux pratiques, et ce ne sont pas les pratiques qui vont le chercher. C'est pour ça que j'ai dit ce matin à notre jeune mère...

— D'abord, comment va-t-elle, comment se porte son enfant?

— Bien, monsieur, la petite Marie est délicate, elle est menue comme sa mère; malgré cela, elle vient comme un petit champignon. Quant à madame Laudernoy... Oh! vous l'avez vue dans son état de grossesse, mais aujourd'hui vous ne la reconnaîtriez pas. Ses joues et ses lèvres sont redevenues roses, sa taille svelte, ses yeux limpides... Oh! elle est fièrement gentille, à c't' heure.

— Tant mieux, vraiment!

— Eh ben non! monsieur, ce n'est pas tant mieux!... elle-même est fâchée qu'on la trouve gentille.

— Pourquoi donc cela, madame Potrelle? je ne croirai jamais qu'une femme soit fâchée de plaire.

— C'est pourtant comme ça chez celle-là, monsieur, parce que depuis qu'elle est devenue si fraîche, si jolie, voilà que ça recommence!...

— Qu'est-ce qui recommence?

— Eh, mon Dieu! les foutriquets qui courent après elle.

— Quand une femme ne répond pas aux hommes qui la suivent, ils ne tardent pas à la laisser tranquille.

— Quéque fois, monsieur, quéque fois... Nous en avons qui sont tenaces comme des sangsues... mais comme vous dites, on ne leur répond pas, et lorsqu'ils viennent s'adresser à moi, comme dernièrement un homme déjà mûr a osé le faire... faut voir comme je les rembarre... Il m'offrait dix francs, ce polisson-là, pour que je le laisse monter dire deux mots à madame Landernoy; il était persuadé qu'elle ne serait pas fâchée de l'entendre, il avait de jolies propositions à lui faire. Monsieur, que je lui ai dit, en me tenant debout sur ma chaufferette pour lui en imposer, vous prenez c'te jeune femme pour ce qu'elle n'est point, et si vous ne vous en allez pas tout de suite, je vas vous jeter deux chats à travers la figure. Comme il a vu qu'alors je tenais Bribri et son frère dans chaque main, oh! il n'a pas demandé son reste! il a filé, et il court encore.

— Très-bien, madame Potrelle, je vois que dans l'occasion vos chats peuvent être bons à quelque chose.

— Mes chats!... Mais, monsieur, il y a Mahon, l'aîné, qui vaut un Terre-Neuve, ni plus, ni moins.

— Et ce monsieur n'est pas revenu?

— Jamais. Aussi, comme vous disiez, ces galants-là, on les balaye bien vite. Mais il y a une huitaine de jours... c'te pauvre jeune femme est rentrée tout effrayée... toute tremblante... Elle s'est réfugiée dans ma loge en me disant : « Protégez-moi!... ne le laissez pas entrer ici!... ou je suis perdue! »

— Mon Dieu!... qui donc avait-elle rencontré... Son séducteur, sans doute, ce misérable qui s'est si horriblement conduit avec elle...

— Je ne crois pas que ce soit celui-là... car son séducteur s'appelait Ernest, et ce n'est pas ce nom-là qu'elle a dit : « Il ose encore me poursuivre, ce monstre! » Enfin, elle a eu bien peur, car depuis ce jour-là elle n'a pas osé mettre le pied dehors.

— Et elle ne vous a pas dit autre chose?

— Non, monsieur, et quand j'ai voulu lui demander ce qui lui avait fait si peur, elle m'a dit : « Oh! ne parlons plus de cela, mère Potrelle, c'est un misérable qui m'a fait bien du mal... mais vous ne laisserez monter personne chez moi... et je ne sortirai plus de quelque temps. » Maintenant, monsieur, voilà que je reviens à vos gilets. Comme sans qu'on me dise rien, je devine bien, moi, quand les eaux sont basses... enfin, quand on est gêné, j'ai donc dit ce matin à notre jeune mère, pendant qu'elle faisait sauter sa fille sur ses genoux : « Mais, vous avez là de l'ouvrage qui est fini depuis longtemps : les gilets pour monsieur Rochebrune... » Je me suis permis de dire votre nom, monsieur, vu que je le sais, depuis que vous m'avez donné votre adresse, et vous ne m'avez pas ordonné d'en faire mystère.

— Non, madame Potrelle, je vous ai dit que je n'avais aucune raison pour me cacher; car je n'ai point de mauvais desseins, moi; continuez.

— Madame Landernoy a répondu : « Sans doute, les gilets sont faits; je ne sais pas si ce monsieur en sera content... J'ai fait de mon mieux; mais puisqu'il ne vient pas les chercher... — Eh ben, que j'ai dit, puisqu'il ne vient pas les chercher, est-ce qu'on ne pourrait pas les lui reporter; il me semble même que ce serait plus poli; car ce monsieur, qui est un élégant, ne voudra pas se charger d'un paquet. — Vous avez peut-être raison, a-t-elle dit d'un air soucieux, mais certainement, je n'irai pas chez ce monsieur... » Voyez-vous, elle a toujours peur... oh! elle a toujours peur de vous!... malgré tout ce que j'ai pu lui dire à votre sujet; elle ne comprend pas que vous vous intéressiez à elle sans motif... Faut pas que ça vous fâche, monsieur; mais comme dit le proverbe : Un bon navet rôti en vaut deux...

— Cela ne me fâche pas du tout, madame Potrelle, et plus on connaît le monde, plus on comprend le peu de confiance qu'il inspire. C'est une vérité triste, comme presque toutes les vérités.

— Alors, moi, monsieur, je me suis offerte pour vous reporter les gilets; elle n'a pas mieux demandé, et me voilà... Si monsieur veut examiner l'ouvrage... v'là le modèle.

Je regarde ce que la bonne femme m'apporte. Je demeure tout surpris de la perfection du travail; je pensais que ces gilets seraient pour mon domestique, mais ils sont aussi bien que s'ils venaient de chez un de nos fameux tailleurs.

— Il me semble que les boutonnières sont joliment ficelées, dit la portière; mais peut-être que monsieur n'est pas de mon avis.

— Au contraire, madame Potrelle, et je ne comprends pas que cette jeune femme ait pu faire si bien un ouvrage qui ne lui est pas familier.

— Oh! dame! c'est qu'elle avait à cœur de contenter monsieur. Faudrait voir s'ils vont bien, maintenant.

J'essaye les gilets, nous sommes forcés de convenir qu'il y a un défaut dans la coupe. Les gilets bâillent du haut; la pauvre portière tourne et retourne autour de moi en s'écriant :

— Je suis sûre que c'est peu de chose... une pince à faire quéque part... mais faudrait savoir où... Si notre jeune femme les voyait sur vous, je parie qu'elle saurait tout de suite ce qu'il y a à refaire.

— Je serais bien allé chez elle les essayer... mais puisqu'elle a toujours si peur de moi!... N'importe, je les garderai ainsi...

— Non, monsieur, non, je ne veux pas, moi, qu'on vous rende l'ouvrage mal fait... vous qui payez si bien...

— A propos, combien dois-je pour ceci?

— Je n'en sais rien, monsieur... madame Landernoy n'ayant jamais fait de ça, avait dit : « Ce monsieur payera ce qu'il pensera que cela vaut, je serai toujours contente. »

— Il y a quatre gilets, à douze francs, c'est quarante-huit francs...

— Oh! monsieur veut rire!... Douze francs pour la façon d'un gilet... C'est pas possible, monsieur. Toutes les femmes se feraient giletières... ça ne peut pas être payé cela...

— Madame Potrelle, vous m'impatientez avec vos scrupules; chez mon tailleur, un gilet me coûte dix-huit ou vingt francs, quelquefois plus. Avec ce que j'ai acheté d'étoffes, ceux-ci ne me reviendront pas plus cher, et certainement je ne veux pas qu'ils me reviennent à meilleur marché.

— Sapristi, monsieur, les tailleurs font de bien bonnes affaires alors. C'est égal, vous les payerez ce prix-là, puisque ça vous arrange, mais moi je ne prendrai l'argent que quand ils iront.

Là-dessus, la portière se dirige vers la porte.

— Où donc allez-vous, madame Potrelle?

— Monsieur, je vas dire à notre jeune femme qu'il faut retoucher aux gilets... que c'est un ouvrage d'or, mais qu'elle doit y faire une pince... En un mot, je vas vous ramener avec moi madame Landernoy... Que diable! avec moi, elle ne craindra pas que vous la mangiez, peut-être bien; faut se tenir sur ses gardes, c'est bien, mais faut pas non plus que ça nous rende imbécile... Je vas revenir, monsieur...

— Mais votre porte, madame Potrelle?

— Mes chats y sont... avec ma petite nièce.

La bonne femme est partie sans vouloir m'écouter. Me ramènera-t-elle Mignonne? Je serais vraiment fâché que cela tourmentât cette jeune femme. Si je désire la connaître davantage, ce n'est que pour lui être utile. Je ne suis pas amoureux d'elle, moi. D'ailleurs, depuis que madame Sordeville s'est si indignement conduite avec moi, je ne veux plus être amoureux d'aucune femme. C'est mon intention, du moins.

Il y a près de deux heures que madame Potrelle est partie, et je me dispose à sortir, parce que je pense qu'elle ne reviendrait pas lorsqu'on sonne bien légèrement à ma porte, et bientôt Pomponne arrive, toujours mystérieusement, et en marchant sur ses pointes, me dire :

— Monsieur... c'est la vieille de tout à l'heure... elle n'a plus rien de caché dans son tablier; mais elle amène avec elle une jeune dame... ou demoiselle... qui est très-fraîche.

Je ne puis m'empêcher de rire des réflexions de M. Pomponne. Mais je me rappelle que Mignonne ne vient me voir qu'avec une extrême défiance; il faut que je prenne un maintien grave, pour éloigner de sa pensée toute idée de séduction. C'est donc d'un air presque sévère que j'ordonne à Pomponne de faire entrer ces dames.

Madame Potrelle entre la première. Mignonne vient ensuite d'un air craintif, embarrassé, et dans lequel on aperçoit une réserve sérieuse et réfléchie. La portière ne m'a point trompé en me disant que sa locataire était devenue charmante. Il y avait fort longtemps que je n'avais vu Mignonne, je ne sais si je l'aurais reconnue. Cette jeune femme est remarquable par la finesse de ses traits, la beauté de son teint, qui n'est point rouge, mais d'un rose tendre, parfaitement en harmonie avec la blancheur de sa peau; par ses cheveux blond pur, ni trop fade ni trop foncé, enfin, par la nuance vraiment bleue de ses yeux, ce qui est extrêmement rare, car la plupart des yeux qui passent pour bleus ont toutes les couleurs que vous voudrez, excepté celle-là.

Il y a aussi dans toute la personne de Mignonne quelque chose de mélancolique qui la rend intéressante parce que cela n'a rien d'affecté; il me semble qu'on doit en la voyant éprouver de la sympathie pour elle. Peut-être est-ce parce que je connais ses malheurs que je pense ainsi. Ce qu'il y a de certain, c'est qu'en contemplant cette jeune femme, je me sens touché, ému, et dans ce que j'éprouve il n'y a rien qui ressemble ni à l'amour, ni aux désirs que fait souvent naître la vue d'une jolie fille. Il y a un sentiment de respect dans l'intérêt qu'elle m'inspire.

— Monsieur, excusez... dit madame Potrelle, en poussant devant elle Mignonne.

— V'là madame Landernoy à qui j'ai dit qu'il y avait quelque chose à repincer à vos gilets, dont vous êtes, du reste, très-content.

— Je suis fâché de la peine que vous avez prise, madame. Cependant cela me procure l'occasion de vous féliciter sur le fini de votre ouvrage... je suis heureux que vous ayez bien voulu travailler pour moi...

J'ai dit cela d'un ton bien froid et sans arrêter mes regards sur Mignonne, qui semble s'enhardir et me répond :

— Cependant, monsieur, vos gilets ne vont pas bien...

— Oh! je crois que c'est peu de chose... vous n'êtes pas tailleur et vous n'avez pu sur-le-champ réussir en tout... mais si vous voulez me permettre d'en essayer un devant vous...

— Pardi, certainement qu'il faut les essayer, s'écrie la portière; ce n'est que sur la personne qu'on voit ce qui cloche! et puis après tout! un gilet, c'est pas comme une culotte.

Mignonne baisse les yeux à la réflexion de madame Potrelle. J'ôte ma redingote et je passe un des gilets; il faut que Mignonne s'approche de moi, qu'elle touche ma poitrine et mon dos, comme un tailleur qui vous prend mesure. Mais pendant qu'elle examine le gilet, j'ai bien soin de ne pas la regarder une seule fois. Si bien qu'elle se rassure un peu.

— Je vois ce qu'il y a à faire, monsieur, le collet à remonter... c'est peu de chose, et je pense qu'ils iront bien. Je vais les emporter, et demain...

Elle hésite; je m'empresse de dire :

— Demain je n'y serai pas, mais cela ne fait rien, si vous me rapportez les gilets, ayez la complaisance de les mettre chez le concierge, il est inutile que vous preniez la peine de monter.

Elle murmure : Oui, monsieur, presque en souriant, elle commence à se rassurer tout à fait. Madame Potrelle la regarde d'un air triomphant.

Je présente à Mignonne la somme que je lui dois. Elle regarde l'argent que je lui offre, murmurant :

— Comment, monsieur... tant que cela... pour si peu d'ouvrage... mais c'est trop, monsieur.

— Madame, dis-je d'un ton assez sec, j'ai expliqué à madame Potrelle ce que je paye un gilet au tailleur... mon intention n'est point de vous faire un don, mais je ne veux pas non plus que l'on croie que je veux spéculer sur une pauvre ouvrière...

— N'allez-vous pas vouloir fâcher monsieur! s'écrie la portière. Puisqu'il a l'habitude de payer ce prix-là, pourquoi donc le taquiner et le mettre de mauvaise humeur, faut pas comme ça contrarier les personnes!...

Mignonne ne dit rien, elle prend l'argent que je lui offre en me faisant une révérence bien modeste. Pour la première fois, elle me regarde sans qu'il y ait de la méfiance dans ses yeux.

— Maintenant, dis-je, voulez-vous me permettre, madame, de vous faire une proposition... vous ne l'accepterez qu'autant qu'elle vous conviendra... Mais d'abord, asseyez-vous donc un moment, et vous aussi, madame Potrelle.

La portière ne se fait pas prier. La jeune femme fait plus de façon... la méfiance est revenue. Elle attend ce que je vais dire :

— Je suis garçon... Je n'ai autour de moi aucune de ces bonnes parentes, comme tantes ou cousines, qui daignent quelquefois venir donner un coup d'œil sur le ménage d'un jeune homme, dans lequel il y a toujours quelque chose à refaire. C'est particulièrement la partie du linge qui est mal soignée chez nous, ou plutôt qui ne l'est pas du tout. Il s'ensuit que nous dépensons beaucoup plus d'argent qu'il ne faut, et que cela n'arriverait pas, si une personne de confiance, si une ouvrière habile, comme vous, madame, voulait se charger d'en prendre soin. Voilà donc ce que je vous propose : c'est de vouloir bien, une fois toutes les semaines, venir... avec madame Potrelle, faire la visite de cette commode dans laquelle est mon linge, d'emporter ce qu'il y aura à raccommoder, de le rapporter, quand ce sera fait; enfin, madame, de tenir en ordre cette partie de mon ménage. Si vous craigniez quelquefois de me déranger, ou de me trouver ici avec du monde, venez sur les cinq heures de l'après-midi; à cette heure-là, je n'y suis jamais : les clefs sont toujours après ce meuble, et mon domestique aura l'ordre de vous laisser agir ici comme bon vous semblera. Voilà, madame, ce que j'avais à vous proposer... Quant aux émoluments de ce travail, je pense que nous n'aurons aucune difficulté à ce sujet.

Mignonne m'a écouté avec une extrême attention. Madame Potrelle est dans le ravissement, elle a peine à se tenir en place, elle ne fait que croiser et décroiser ses jambes. La jeune femme, qui a paru réfléchir, me répond enfin :

— En vérité, monsieur, je ne sais comment j'ai mérité la confiance dont vous m'honorez... Ce que vous me proposez est une nouvelle preuve de votre bonté, et...

— Mais non, madame, songez donc qu'en vous chargeant de cette besogne, vous me rendez un véritable service; vous ramenez de l'ordre, et par conséquent de l'économie dans mes dépenses. Vous voyez bien que c'est moi qui serai votre obligé... Eh bien! acceptez-vous?...

— Comment, si elle accepte! s'écrie madame Potrelle, en se levant comme pour danser. Mais est-ce qu'on peut refuser une proposition comme celle-là!... une chose qui lui assure de l'ouvrage... et surtout, quand on voit que c'est pour une personne que... pour quelqu'un qui n'a pas l'envie de... enfin, c'est ben clair, ça.

— Oui, monsieur, j'accepte, et avec reconnaissance, me dit Mignonne, car j'ai un enfant, et en assurant du pain à la mère, c'est aussi à ma fille que vous faites du bien.

Je voudrais pouvoir lui presser les mains, mais je me contiens, je conserve mon air froid, en lui répondant :

— En ce cas, madame, c'est une affaire conclue, et dès que vous voudrez entrer en fonction, cela dépendra de vous; oh! vous aurez de l'ouvrage, car il y a fort longtemps qu'on n'a mis de l'ordre chez moi.

— Alors, monsieur, comme je n'ai rien à faire en ce moment, si vous le permettez, je vais emporter un paquet de linge. Je le visiterai chez moi... car j'ai laissé ma fille chez une voisine... et je ne veux pas abuser...

— Oui, oui, dit la portière, et moi je ne suis pas très-tranquille sur la conduite de mes jumeaux et de leur sœur...

— Faites ce qui vous conviendra, madame. Outre cette commode, vous trouverez dans cette armoire le linge de service et de table.

Mignonne ouvre un des tiroirs de la commode, et fait à la hâte un paquet qu'elle enveloppe avec soin dans un foulard. Elle est encore occupée à cette besogne, lorsque j'entends sonner; puis une voix qui m'est bien connue dit dans l'antichambre :

— Inutile de m'annoncer, mon garçon, j'entrerai bien sans cette cérémonie. Un médecin entre toujours.

Au même instant, la porte de la chambre s'ouvre, et Balloquet se présente en me disant :

— Bonjour, cher ami, pardon, je vous dérange peut-être, mais si je vous gêne, je m'en vais!...

Je viens de tendre la main à Balloquet, en lui disant de rester, lorsque Mignonne, qui s'était hâtée de fermer son paquet, et se disposait à sortir avec la mère Potrelle, jetant alors les yeux sur la personne qui vient d'entrer, change tout à coup de couleur; puis, tremblante, agitée, jette loin d'elle ce qu'elle se disposait à emporter, et s'écrie en prenant le bras de la vieille femme :

— Venez... venez, madame... Allons-nous-en bien vite... ne restons pas ici davantage... Oh! c'est affreux... C'était un piége!...

— Eh ben! pourquoi donc que vous rejetez tout ce linge? pourquoi que vous ne l'emportez pas? murmure la portière, tout effarée de l'action de Mignonne.

— Je ne veux pas prendre cet ouvrage... Je refuse... je ne reviendrai pas ici... Jamais!... jamais!... Venez, madame... Partons vite...

En disant ces mots, la jeune femme court vers la porte, elle sort sans écouter ce que lui dit sa compagne, et celle-ci, ne concevant rien à ce qu'elle voit, se décide pourtant à la suivre, en s'écriant :

— Mais qu'est-ce qu'elle a?... mais qu'est-ce qui lui prend donc?... Refuser de l'ouvrage... quand on en a besoin! refuser les offres de quelqu'un de si honnête, et qui ne lui veut que du bien?... Ah! ma foi, c'est embêtant, à la fin... Intéressez-vous donc aux gens... Pardon, monsieur... faut que je la suive... mais faudra bien que tout ça s'explique. Excusez-la, monsieur... c'est queuque idée qui lui est passée... Mon Dieu!... mon Dieu!... refuser quelqu'un comme monsieur... ça n'a pas le sens commun.

La portière est partie aussi. Quant à moi, je suis resté tellement saisi de l'action de Mignonne, que je n'ai pas eu un moment la pensée de lui en demander l'explication.

De son côté, Balloquet est demeuré au milieu de la chambre, regardant tout le monde et ne comprenant rien à ce qu'il voit.

— Ah çà! qu'est-ce qui se passe donc chez vous, cher ami? dit le jeune médecin, lorsque madame Potrelle a disparu. Est-ce mon arrivée qui vient de causer tout ce remue-ménage, qui vient de faire fuir cette jeune femme?... Elle m'a semblé très-gentille, cette femme... pas la dernière, l'autre... Je n'ai pas eu beaucoup le temps de l'envisager, mais ça m'a paru *chicolo*.

— Vous ne l'avez pas reconnue, cette jeune femme, Balloquet?

— Reconnue?... comment, est-ce que je la connais?... Quant à moi, je ne me souviens pas de l'avoir jamais rencontrée...

— Ah! j'y suis... j'y suis... je comprends tout maintenant...

— Vous êtes bien heureux, moi je ne comprends rien.

Je viens de me rappeler que Balloquet a été l'ami de Fouvenard; il est probable que Mignonne aura rencontré quelquefois le jeune médecin en compagnie de son séducteur; aujourd'hui, en voyant venir chez moi un homme qu'elle a vu avec celui qui l'a si indignement trompée, elle me croit sans doute aussi l'ami de Fouvenard; est-il étonnant, d'après cela, que ses soupçons, que sa terreur soient revenus, et qu'elle n'ait plus voulu travailler pour moi! Pauvre fille!... j'étais parvenu à regagner sa confiance, et cet événement vient de détruire ce que j'avais eu tant de peine à obtenir. Il faut donc qu'avec les meilleures intentions je sois toujours pour elle un sujet d'effroi...

J'ai gardé pour moi mes réflexions; je ne juge pas nécessaire d'apprendre à Balloquet que cette jeune femme qu'il vient de trouver chez moi, est celle dont M. Fouvenard n'a pas craint de proclamer la honte. Mon visiteur est toujours au milieu de la chambre, et impatienté de ce que je ne lui dis rien, il s'écrie enfin :

— Décidément, je vois que je suis venu mal à propos... excusez-moi, je reviendrai. Mais je le retiens et le fais asseoir.

— Non... vous ne pouviez pas deviner... Mais laissons cet événement!... Eh bien! mon cher Balloquet, vous me semblez plus content...

— Oui, je me remplume un peu... pas assez pour vous solder, mais ça peut venir...

— De grâce, ne parlons pas de cela!...

— J'ai revu Satiné... ma douce amie... elle a entrepris une autre concurrence... c'est toujours dans les gants, pourtant. Elle les nettoie; elle a trouvé... ou on lui a donné un secret pour les nettoyer... et comme on salit très-vite ses gants et que c'est une chose qui revient fort cher, on peut gagner beaucoup d'argent en les nettoyant.

— En effet, mais je croyais que ce procédé était déjà connu.

— Oui, on nettoyait déjà les gants, c'est vrai; mais quand ils étaient nettoyés, ils infectaient l'essence, la térébenthine... je ne sais quoi. Vous entriez dans un salon, vous faisiez le beau, le flambant, et on se disait, dès que vous approchiez : Ah! voilà un monsieur qui a des gants nettoyés, vous convenez que c'était vexant. Ça ferait perdre cinquante pour cent à votre mise. Il y avait des gens qui croyaient tout de suite que vous aviez un habit retourné, un pantalon reteint, un gilet de hasard et cætera! et cætera... Les conjectures allaient fort loin.

— Et votre dame a trouvé le moyen d'éviter cela...

— Oui... c'est-à-dire pas tout à fait; par son procédé, les gants nettoyés ont une odeur extrêmement agréable : ils sentent la rose, oh! mais par exemple, ils sentent la rose d'une lieue... c'est étourdissant! Vous entrez dans un salon, on croit que c'est le Grand Turc et son sérail qui viennent d'y pénétrer, on ne sent plus que vous.

— Mon cher ami, cela peut avoir le même inconvénient que l'autre procédé. On se demandera pourquoi vous sentez si fort la rose.

— Oui, mais en arrivant dans une réunion, je commencerai par dire : J'adore l'odeur de la rose... J'ai acheté de l'essence de rose si bonne, que tous mes habits en sont parfumés; alors je détourne les soupçons de mes gants. Au total, il paraît que le nouveau procédé a du succès. Ma tendre Satiné est en fonds... on aime l'odeur de la rose... De mon côté j'ai eu quelques malades... j'ai, entre autres, un riche gentleman, dont je suis très-content; il a depuis six semaines une fluxion qui ne paraît pas disposée à fondre. J'entretiens cela au moyen de fumigations... J'ai déjà payé trois créanciers avec cette fluxion-là. Aujourd'hui, je passais dans votre quartier, je me suis dit : Allons voir Rochebrune, allons lui donner mon adresse, car j'ai une adresse pour le moment... Cité Vindé, numéro quatre, ter ou bis... Mais, c'est égal, je suis fâché d'avoir fait fuir cette jeune femme... J'ai donc un air bien effrayant... cependant, je n'ai pas de moustaches.

— Encore une fois, Balloquet, ne songez plus à cette aventure... ce qui est arrivé... vous ne pouviez le prévoir... Mais, dites-moi, et cette jeune fille qui est venue vous consulter pendant que j'étais chez vous... vous vous rappelez bien?... un misérable l'avait si mal traitée.

Balloquet passe sa main sur son front, et sa figure devient presque sérieuse, ce qui lui arrive rarement.

— Oui, je me rappelle... c'est d'Annette que vous voulez parler?

— Annette, c'est cela même. Vous avez été la voir, n'est-ce pas?...

— Oui, j'ai été la voir pendant près de deux mois...

— Et puis?

— Et puis ce que j'avais prévu dès le premier jour est arrivé... elle est morte.

— Morte!... ô mon Dieu... vous n'avez pu la sauver!

— Il n'y avait pas moyen. Tout ce que j'ai pu faire ç'a été d'adoucir autant que possible ses souffrances... Pauvre fille!... et pourtant elle a encore trop souffert... Un cancer s'était formé... comprenez-vous, à cet endroit-là... Je vous le répète, j'ai engourdi, endormi son mal tant que j'ai pu... mais la sauver, c'était impossible...

— C'est affreux!... Ainsi, cette malheureuse a été torturée, assassinée par ce... oh! le monstre! l'infâme!...

— Oui, c'est bien ce Bouqueton qui a donné la mort à cette jeune fille; je suis prêt à l'attester si cela est nécessaire. Mais vous m'avez dit, je crois, que vous connaissiez ce misérable?

— Je ne le connais pas... mais je sais qui il est.

— Eh bien! est-ce qu'il n'y aurait pas moyen de venger cette pauvre fille, de punir son assassin, car cet homme est un assassin, mais cent fois plus criminel que ceux qui font le métier franchement, sur une grande route. En attaquant cet homme devant la justice, nous n'aurions, je le sais, aucune chance de prouver son crime. Point de preuves, la victime est morte. Je lui ai demandé plusieurs fois si elle n'avait pas quelque lettre, quelque objet venant de ce Bouqueton, c'eût été bien précieux. Elle n'avait rien qu'une méchante bague, de nulle valeur, car ce n'est même pas de l'or, dont ce monsieur lui avait un jour fait présent, comme si c'eût été quelque chose de précieux.

— L'avez-vous, cette bague?

— Oui, je l'ai demandée à Annette quelques jours avant sa mort. La pauvre enfant, qui devinait son sort, quoique je fisse toujours mon possible pour le lui cacher, m'a remis cet objet en me disant, avec une douceur angélique : Vous avez peut-être l'intention de chercher... de punir cet homme, qui m'a fait tant de mal... mais ce n'est pas la peine, monsieur; après tout, j'ai eu le prix de mon inconduite... Si je n'avais pas quitté mes parents pour me livrer à une vie de désordre, cet événement ne me serait pas arrivé... je vois bien qu'il faut que je meure... mais je pardonne à celui qui aura causé ma mort!...

— Pauvre Annette!

— Je lui ai caché mes intentions, mais j'ai pris la bague. Permis à la victime de pardonner... mais nous, notre devoir est de punir. Tenez, Rochebrune, voici cette bague.

Balloquet sort de sa poche une petite bague en argent doré; sur le chaton, quelques mauvaises pierres de couleur forment une étoile; le plus grand mérite de cet objet, c'est qu'il est reconnaissable, tant par son originalité que par sa laideur. Je m'en empare avec vivacité, en m'écriant :

— Laissez-moi cette bague, mon ami, laissez-la-moi, je vous en prie, elle me servira quelque jour à venger la pauvre Annette.

— Je le veux bien, j'y consens de grand cœur. Seulement, je vous le répète, tâchez que je sois de la vengeance... ne m'oubliez pas dans cette circonstance. J'ai vu mourir la victime, ça me ferait plaisir de voir punir l'assassin.

— Je vous promets, quand ce moment arrivera, de vous le faire savoir sur-le-champ... et si j'ai besoin de vous pour me seconder...

— Oh! sapristi! c'est alors que j'accourrai... lors même que je serais encore poursuivi par des créanciers... mais les affaires s'arrangeront... Au revoir, cher ami. La première fois que je viendrai vous voir, je mettrai des gants à l'essence de rose pour que vous en fassiez part à vos amis et connaissances.

Balloquet me donne une poignée de main et me quitte. Moi, je serre avec soin dans mon secrétaire la bague de la pauvre Annette.

Espoir déçu.

La mort de la pauvre Annette, l'injustice de Mignonne à mon égard, avaient laissé dans mon âme de tristes pensées; lorsque parfois le souvenir de madame Sordeville venait s'y joindre, il ne ramenait pas le contentement en moi-même. Je n'avais pas précisément du chagrin, mais j'étais ennuyé d'avoir mal placé mes affections, et j'éprouvais surtout le besoin d'en avoir une autre. Est-ce qu'à trente ans on peut vivre sans aimer? je crois même, comme Voltaire, qu'il faut aimer à tout âge, et que c'est ce qui nous soutient.

J'étais dans cette situation d'esprit, lorsque je vis arriver chez moi madame Potrelle; la bonne femme commence par me faire force révérences, force excuses pour la manière brusque dont elle est partie la dernière fois, mais elle espère que je ne lui en veux pas.

Je rassure la portière, et je lui demande si c'est madame Landernoy qui l'envoie.

— Oh! non, monsieur, ce n'est pas elle... c'est-à-dire, pas précisément, mais elle sait bien que je suis venue... je gage qu'elle attend avec impatience mon retour... et pourtant, c'est comme un guignon! elle ne veut plus entendre parler de vous... elle ne veut pas travailler pour vous!... elle ne remettrait pas les pieds chez vous pour... je ne sais quoi... Elle a tort! je suis bien persuadée qu'elle a tort... et qu'elle se trompe complétement dans ce qu'elle pense de vous... Aussi je suis venue pour vous dire ce qui a causé son effroi... ce qui lui a tourné la tête.

— Je m'en doute, madame Potrelle, n'importe, contez-moi ce que vous savez.

— D'abord, monsieur, je vous ai dit, il y a quelque temps, qu'un beau jour, en revenant de faire quelques emplettes de bouche, ma jeune locataire était entrée dans ma loge extrêmement effrayée, en s'écriant : « Protégez-moi, ne le laissez pas entrer ici... »

— Oui, et ensuite un homme d'un age mûr est venu vous offrir dix francs pour que vous le laissiez monter chez madame Landernoy.

— Oui, monsieur, oh! mais celui-là, c'était tout simplement un de ces hommes qui suivent les femmes... malgré ça, il paraît qu'il en voulait absolument, et qu'il l'a encore guettée longtemps, cette pauvre petite... Quand les hommes sont en... c'est vraiment pis que les matous... Excusez, monsieur, de la comparaison!... c'est pas pour vous que je dis ça...

— Arrivons à ce que vous vouliez me dire, madame Potrelle.

— C'est qu'on finit par s'emberlificoter dans tous ces polissons de coureurs... Dame! elle est redevenue si gentille! Pas vrai, monsieur, que je ne vous ai pas menti à ce sujet-là?...

— Votre locataire est fort bien. Elle a surtout un air intéressant et honnête, qui devrait pourtant la protéger contre les tentatives des coureurs d'aventures.

— Eh ben! pas du tout, monsieur, tout au contraire! c'est que les libertins cherchent surtout les femmes honnêtes... Ils en veulent! il leur en faut... Ils disent : Ah bon! en v'là une qui n'a pas encore fait ses farces, je vas la pousser dans la perdition. Pardon; je reviens au fait. L'autre jour, en sortant de chez vous comme un pétard, j'ai rattrapé mame Landernoy, et ma fine, comme je trouvais sa conduite malhonnête, je lui ai donc demandé une explication, et v'là mot pour mot ce qu'elle m'a répondu : « Ce n'est pas sans raison que je n'avais point de confiance dans M. Rochebrune; ce jeune homme qui vient d'entrer chez lui, je l'ai reconnu pour un ami de mon séducteur, de cet homme qui, non content de m'avoir abandonnée, a voulu encore me couvrir de honte. Maintenant, rien ne m'ôtera de l'idée que M. Rochebrune est aussi un ami de cet Ernest. Qui me dit qu'ils ne trament point encore entre eux quelque piége dans lequel ils veulent m'entraîner. Quand je suis rentrée si effrayée, il y a quelques jours, c'est que j'avais rencontré dans la rue cet odieux Rambertin... celui qui a conçu... exécuté la trahison la plus infâme!... et cet homme a couru après moi, il a encore osé me parler de sa passion... Non, madame Potrelle, je ne retournerai pas chez M. Rochebrune, je ne travaillerai plus pour lui. Car le bien qu'il me fait n'est pas naturel!... D'ailleurs, je suis persuadée maintenant qu'il a vu Ernest, et c'est assez pour qu'il ne m'inspire plus que de l'effroi. » Voilà, monsieur, les propres paroles de madame Landernoy. Moi, monsieur, je vous ai défendu; je lui ai dit qu'il n'était pas possible que vous fussiez complice de méchants desseins à son égard... que je mettrais ma main au feu du contraire... et c'est vrai que je la mettrais!...

— Je vous remercie de la bonne opinion que vous avez de moi, madame Potrelle, je vous assure que j'en suis digne dans cette circonstance.

— Oh! je n'en doute pas, monsieur... mais la jeune femme a la tête frappée de cette idée... pas moyen de la lui ôter. Cependant, il m'en est venu une autre à moi... que je lui ai communiquée, je lui ai dit : « Vous pensez que M. Rochebrune est un ami de votre séducteur, et vous trouvez extraordinaire qu'il prenne tant d'intérêt à vous... qu'il vous paye votre travail plus cher qu'il ne vaut... Mais qui vous dit que ce M. Ernest ne se repent point de sa conduite à votre égard... Après tout, il est père de votre fille : qui vous dit qu'il ne pense pas à son enfant, qu'il ne désire pas que cette pauvre petite ne manque de rien? » Ces mots-là, monsieur, ont paru frapper madame Landernoy; elle a réfléchi longtemps, puis elle m'a dit : « Oh! non... non... quand on a voulu couvrir d'opprobre une malheureuse mère, on ne se repent pas!... on a le cœur fermé à tout bon sentiment... on ne se rappelle jamais que l'on a un enfant. Pourtant... si par hasard... si vous avez deviné... Mais non, je ne crois pas cela... ce n'est pas possible. » Alors, monsieur, j'ai bien compris que dans le fond de son âme j'avais deviné juste, et je me suis écriée : « Eh bien, j'irai, moi, chez M. Rochebrune, et je lui demanderai tout franchement ce qui en est, je suis bien sûre qu'il me répondra de même... » Et là-dessus... je suis partie, monsieur, et me voilà.

— Vous avez fort bien fait, madame, de penser que je vous répondrais avec franchise. Ce que je vais vous dire, vous pourrez le rapporter à Mignonne... C'est son nom de jeune fille, elle comprendra maintenant comment je le sais. Oui, je connais M. Ernest Fouvenard, il n'a jamais été mon ami, et s'il l'eût été, sa conduite avec votre locataire, conduite dont il a osé se vanter devant moi, aurait suffi pour briser notre amitié. C'est du reste ce qui est arrivé entre lui et ce jeune homme que vous avez vu venir chez moi. Il était lié avec M. Ernest, il a cessé entièrement de le voir, dès qu'il a eu connaissance de cette odieuse aventure... Je me suis senti vivement intéressé par les malheurs de Mignonne... et cet intérêt était bien pur, puisque je ne la connaissais pas encore. Je conçois que cette jeune femme m'avait vu d'abord avec méfiance; lorsqu'on a été si indignement trompée, il est naturel de soupçonner du mal dans les actions les plus innocentes. J'ai vu votre jeune locataire... et je ne suis point devenu amoureux d'elle... pas même depuis qu'elle est redevenue jolie... Mais elle m'a inspiré le plus vif intérêt, et il m'eût été doux de soulager son infortune. Voilà toute la vérité. Je désire que Mignonne veuille le croire; en général, les hommes sont méchants... mais il y en a encore quelques-uns qui font le bien pour le seul plaisir de le faire... l'exception prouve la règle.

— Je vous crois, monsieur, oh! je vous crois, me répond la portière d'un air triste. Et pourtant, je suis fâchée de n'avoir pas deviné juste... J'aurais voulu que ce vilain M. Ernest eût pensé un peu à son enfant... Quoi qu'elle en dise, je suis sûre qu'au fond du cœur cela aurait fait plaisir à cette pauvre mère!...

— Madame Potrelle, je ne suis pas assez héroïque pour mettre sur le compte d'un autre le peu de bien que je fais, et d'ailleurs, lorsque cet autre est un misérable, un lâche, qui tire vanité de ses infamies, il me semble qu'il y aurait plus que de la duperie à lui attribuer des actions qui annonceraient que son âme n'est pas dépourvue de tout bon sentiment. Mignonne avait raison de penser que l'homme qui a voulu couvrir d'opprobre une malheureuse mère n'est pas capable de se repentir. Votre supposition partait d'un bon cœur; mais M. Ernest en a un essentiellement mauvais, et il n'y a pas de ressource avec ces cœurs-là. Maintenant, je vous ai dit ce qu'il en était, Mignonne me croira ou ne me croira pas, je n'y peux rien. Mais si elle change d'opinion à mon égard, dites-lui bien que je ne lui garde aucune rancune, et que l'ouvrage dont je lui avais offert de se charger sera toujours à sa disposition.

J'ai congédié la portière, et maintenant que Mignonne fasse et pense ce qu'elle voudra, j'ai fait tout ce que j'ai pu pour lui être utile. Je ne puis et ne dois pas aller au delà.

Cependant, le printemps est revenu, et par une belle journée de mai, j'étais sorti en rêvant à madame Dauberny, que je donnerais tout au monde pour rencontrer, lorsque je me sens frappé sur l'épaule. Je me retourne, et reconnais mon ancienne connaissance, le baron de Brunzbrack.

— Et comment tiaple fous porte fous? dit le baron en me prenant la main.

— Ah! c'est vous, monsieur de Brunzbrack... Je suis enchanté de la rencontre... Savez-vous qu'il y a plus de six mois que nous ne nous sommes vus!

— Oui, che saffre pien... mais che bouvais plus rencontrer fous, à cause que... fous saiffre pien?

— Qu'est-ce que je sais bien? Faites donc comme si je ne le savais pas... vous me ferez plaisir...

— A cause que che allais plus chez monsir Sordeville...

— Ah! vous n'y allez plus!... Ma foi, je ne pouvais pas le savoir, et par une raison bien simple, c'est que je n'y ai pas remis non plus les pieds depuis... oui, depuis que nous avons joué ensemble au bacarat, contre madame Dauberny...

— Alors, c'être comme moi... la charmante femme, elle aura aussi averti fous...

— Averti... Qui cela?

— Le pelle Frédérique...

— Ah! madame Dauberny vous a engagé aussi à ne plus aller chez madame Sordeville?

— Ya. Che affre un chour reçu un betit pillet d'elle... que j'affre gardé touchours... parce que che étais pien content de recevoir cet pillet, qu'elle affre écrit elle-même... Fous allez voir... che le borte touchours sur mon cœur, dans mon porte-cigardes...

Et le baron sortant de sa poche un élégant porte-cigares, y prend dans le fond un petit papier qui sent horriblement le tabac; heureusement, celui-ci est de première qualité.

Il ouvre la lettre, et me la présente, sans toutefois la quitter. Je reconnais l'écriture de Frédérique, et je lis:

« Mon cher baron,

» Voulez-vous suivre mon conseil, n'allez plus chez M. Sordeville; c'est dans votre intérêt que je vous donne cet avis. Plus tard, je pourrai peut-être vous en expliquer le motif.

» Votre bien dévouée,

» Frédérique Dauberny. »

Je ne puis m'empêcher de ressentir comme un certain frisson en lisant ce dernier nom, et en songeant qu'une femme comme Frédérique est l'épouse de cet homme. Si elle savait ce qu'il fait... Mais non, elle ferait quelque imprudence; il vaut mieux qu'elle ne connaisse cette histoire qu'après qu'Annette sera vengée.

Le baron a remis avec soin la lettre dans son porte-cigares, qu'il replace dans sa poche, en me disant:

— Quand che affre reçu ce pillet, che étais folle de joie... Che croyais que le Frédérique il était chalouse de quelques femmes qui allaient chez monsir Sordeville, beut-être de le matame Sordeville elle-même... eh, eh, eh!

— Vous avez suivi le conseil qu'on vous donnait?

— Ah pigre!... Che aurais blus été chez Sordeville bour un empire!... En revanche, che avais présenté moi, souvent, bour foir matame Dauberny... mais che affre du malheur! elle y être chamais!... Che pouvoir bas rencontrer; et fous, mon pon ami?

— Moi, j'ai reçu le même conseil que vous, de madame Dauberny.

— Et fous avez obéi, comme moi?

— Pas tout de suite, car je suis allé encore voir madame Sordeville, mais le matin...

— Ah! pon, pon!...

— Je comptais même la revoir souvent... mais un événement imprévu a changé toutes mes idées... Je n'y suis pas retourné... Je n'y retournerai jamais.

— Ah! pon, pon!... C'être aussi pour faire le volonté de matame Dauberny?

— Pas du tout... C'est pour une autre raison... que je ne puis vous dire...

— Pon, pon!... Che comprends pas... C'est ce qu'il faut... Fous il être touchours bas amoureux du pelle Frédérique?

— Mon Dieu non, mon cher baron... Quand donc en serais-je devenu amoureux? je ne la vois plus... je ne la rencontre plus...

— Touche là, cher ami...

— Et pourtant, j'avoue que j'ai le plus grand désir de la voir, de lui parler, à cette dame...

— Ah! foui, che comprends, moi aussi... bour lui demander pourquoi elle affre défendu à nous d'aller chez le Sordeville.

— Je ne serais pas fâché de savoir cela... Mais j'ai à lui parler de choses... qui m'intéressent davantage...

Le baron s'éloigne de moi, et fronce le sourcil en murmurant:

— Fous avez une déclaration à lui faire... en gachette... mystérieusement.

— Sapristi, baron, vous êtes diablement tenace dans vos idées. Encore une fois, il ne s'agit pas de déclaration ! Pourquoi donc avez-vous mis dans votre tête que je devais être amoureux de madame Dauberny !... Ça vous ferait donc bien plaisir que ce fût?

— Mais non... non... Allons, touche là, cher ami, che affre tort... Che être pête comme tout.

Le baron me tenait encore la main, lorsqu'une calèche s'arrête devant nous, et une voix nous crie :

— Messieurs, voulez-vous venir faire une petite promenade avec moi?

Nous levons les yeux, et reconnaissons madame Dauberny, qui était seule dans une calèche découverte. M. de Brunzbrack devient écarlate de plaisir; de mon côté, je suis fort content de rencontrer enfin Frédérique.

— Ma foi, madame, lui dis-je, nous parlions de vous avec M. le baron...

— Oui, mon pelle tame, nous barlions de fous !

— Je m'en suis doutée, c'est pour cela que j'ai fait arrêter la voiture. Eh bien, messieurs, n'aimez-vous pas mieux causer avec moi, que de vous borner à en parler?

Pour toute réponse, nous nous hâtons de monter dans la voiture. Je me place vis-à-vis de Frédérique, le baron à côté d'elle; la calèche repart.

Une révélation.

A moins de tenir constamment mes yeux baissés, il me serait difficile de ne point regarder souvent Frédérique; et comme je n'ai aucune raison pour baisser les yeux, comme d'ailleurs j'ai toujours eu du plaisir à regarder cette dame, je puis en ce moment le goûter tout à mon aise.

Frédérique va se placer au piano et se met à nous jouer une polka.
Page 90.

Madame Dauberny a toujours une mise de bon goût; en ce moment, elle est vêtue d'une robe de soie grise, montante, qui lui sied à ravir. Mais ensuite, n'est-ce pas plutôt la personne qui embellit la robe? Par exemple, j'ai souvent remarqué que Frédérique avait des corsages parfaitement faits, et cela m'a rarement frappé chez d'autres dames. N'est-ce pas aussi parce que Frédérique a une taille charmante ?

Je vois avec joie que madame Dauberny n'a plus cet air froid et sévère qu'elle avait contracté depuis quelque temps avec moi. Aujourd'hui, sa physionomie est tout autre; je ne peux pas dire ce qu'elle exprime, car, quoiqu'elle me regarde souvent, elle ne me fixe jamais; mais ses yeux brillent d'un éclat que je ne leur connaissais pas, ils sont à la fois plus doux et plus gais; ils n'ont plus, pour le moment du moins, cette expression d'ironie ou de sévérité que j'y rencontrais toujours.

Le baron, qui d'abord a paru enchanté de se placer à côté de Frédérique, commence, je crois, à se repentir de n'être point où je suis. Il se penche sans cesse en avant, pour tâcher de voir la figure de cette dame, mais elle a un grand chapeau en feutre gris, et lorsque le baron se penche en lui parlant, elle semble mettre de la malice à tourner la tête, en sorte qu'il ne peut avoir le plaisir de la contempler.

— Messieurs, nous dit Frédérique, je suis fort aise de vous avoir rencontrés, d'abord, parce que j'ai infiniment de plaisir à vous voir... tous deux...

Ce *tous deux* est dit d'une drôle de façon, cette dame jette alors un regard de mon côté. Après tout, j'ai assez d'amour-propre pour croire qu'elle préfère encore ma compagnie à celle du baron.

— Ensuite, messieurs, je vous dois une explication... pour les lettres que je vous ai écrites au sujet de M. Sordeville... car c'était seulement de lui et non pas de sa femme que je voulais parler, en vous engageant à rompre vos relations avec cette maison... Monsieur Rochebrune avait fait peu de cas de mon conseil... Je ne vous en fais pas un reproche, monsieur; d'ailleurs... Armantine est mon amie, et, je vous le répète, je n'ai jamais voulu lui nuire dans votre esprit... Si son mari est un misérable... je vous crois assez justes pour ne point envelopper sa femme dans le mépris que cet homme doit inspirer !...

— Achevez, madame, qu'a-t-il donc fait ce monsieur ?...

— Est-ce qu'il affre débosé son pilan ?

— Oh !... ce ne serait rien que cela... Mais d'abord, M. Sordeville n'était point banquier, ni commerçant, ni homme d'affaires; il n'était rien, en feignant d'être tout. Cette position singulière avait plus d'une fois excité ma curiosité, d'autant plus que ce monsieur recevait, tenait maison, affichait un certain luxe, et cependant on ne lui connaissait point de fortune, et la dot d'Armantine avait été très-minime. Il y a une chose dans le monde sur laquelle j'ai toujours aimé à être renseignée : ce sont les moyens d'existence des personnes que je fréquente... Et, en effet, quelle confiance voulez-vous que l'on ait dans des gens qui dépensent beaucoup et ne gagnent rien?

J'avais eu plusieurs fois envie de pressentir Armantine à ce sujet; mais elle ne s'occupait nullement de ce que faisait son mari, et avait la plus grande foi dans ce qu'il lui disait : elle menait une existence à son goût... son mari la laissant entièrement libre de faire ce que bon lui semblait, et ne paraissant heureux d'être l'époux d'une jolie femme que parce que cela attirait chez lui une nombreuse société. Vous comprenez qu'il eût été affreux de troubler le repos d'Armantine... en lui laissant deviner mes soupçons; elle les aurait repoussés avec horreur !... Pauvre femme... Moi-même, plus d'une fois je me suis dit que je n'avais pas le sens commun, que j'offensais M. Sordeville... et ce n'est qu'après avoir appris plusieurs faits qui fortifiaient mes soupçons, que j'ai voulu avoir la certitude de la vérité.

— Che affre touchours bas ce que c'est ! murmure le baron, en avançant sa tête pour essayer de voir les jolis yeux de sa voisine.

— Ah ! monsieur de Brunzbrack ! c'est qu'il y a des choses qui sont si difficiles, si pénibles à dire !... Ecoutez : il y a un an, un jeune homme attaché à la légation hollandaise, fut tout à coup destitué sans pouvoir deviner la cause de sa disgrâce... Il venait depuis deux mois chez M. Sordeville. Un employé au ministère de la guerre perdit sa place, sans qu'on lui en apprît le motif. Mais il avait été aussi aux soirées de M. Sordeville. Et vous-même, baron, est-ce que votre ambassadeur ne vous a pas remercié, et prié de ne plus remettre le pied dans ses bureaux ?

— Ya !.. L'ambassadeur il affre dire à moi : Fous être an pavard... Fous, affre tivulgué les secrets du cabinet... Moi, j'affre bas compris, mais ça m'était égal ; che tenais bas à mon place.

— Et vous, monsieur Rochebrune, commencez-vous à comprendre ?

— En vérité, madame... je le crains... mais je n'ose encore le dire...

— Eh bien, monsieur, le jeune attaché à la légation hollandaise avait été amené par M. Sordeville à causer indiscrètement de certaines intentions de son gouvernement. Vous en avez fait autant, baron, sans vous en douter, peut-être ; cet homme était si adroit pour faire causer de ce qu'il voulait savoir... Quant au jeune commis, il avait dit certaines particularités sur ses chefs, et M. Sordeville les en avait fait instruire. Enfin... monsieur Sordeville est attaché à la haute police secrète... Voilà ce que je n'osais croire d'abord ; voilà ce dont j'ai voulu avoir la preuve. Je n'hésite pas, moi, quand il y va de l'honneur de mon amie, de la sûreté, de l'avenir des personnes que j'aime. J'avais rendu, autrefois, un service à quelqu'un, qui est aujourd'hui employé à la police, mais employé dans une partie qu'on peut avouer ; cette personne m'avait priée de la mettre à même de me prouver sa reconnaissance, je lui ai dit : Le moment est arrivé ; faites-moi savoir ce que c'est que M. Sordeville. Je n'ai pas tardé à recevoir une réponse qui contenait seulement ces mots : Attaché à la police secrète.

— Sapremann !... s'écrie le baron, che suis fâché d'avoir causé avec lui !... Comment, ce monsir si boli... il était une mouche... Ah ! che étais toute stubéfaite !

Je partage la stupéfaction du baron ; ce que je viens d'entendre m'a bouleversé, et pourtant, ne savais-je pas que dans le monde les vices les plus ignobles se cachent sous les dehors les plus brillants ?

— Et... sa femme, dis-je enfin, sait-elle maintenant... ce que fait son mari ?

— Elle sait tout, et je n'ai pas eu la triste mission de le lui dire. Des scènes scandaleuses se sont passées depuis peu chez M. Sordeville : il paraît qu'un monsieur, victime des dénonciations de ce misérable, est parvenu, à force de persévérance, à savoir d'où partait le rapport qui l'avait perdu ; il a su aussi à quoi s'en tenir sur M. Sordeville ; alors, qu'a fait cet homme ? Accompagné de quelques amis, auxquels il avait conté l'aventure, il s'est rendu un soir de réunion... car il y avait toujours des réunions, quoiqu'on vous eût dit le contraire...

Ceci est à mon adresse, ce qui me prouve que Frédérique sait tout ; puis elle continue :

— Il s'est rendu chez M. Sordeville, et là, en plein salon, devant toute la compagnie rassemblée, l'a traité de mouchard et l'a souffleté !... Jugez du bruit, de l'étonnement, de la confusion de toutes les personnes qui se trouvaient là, et qui étaient fort honteuses d'y être, car M. Sordeville était demeuré pâle, interdit, et n'avait pas rendu le soufflet. La pauvre Armantine s'était trouvée mal, et on l'avait emportée dans sa chambre. Puis, tout en assurant au maître de la maison que l'on ne croyait pas un mot de ce qui venait d'être dit, chacun avait pris son chapeau, en se promettant de ne plus revenir chez M. Sordeville. Le lendemain de cette scène, Armantine vint se réfugier chez moi. Je lui ai dicté la lettre qu'elle a envoyée à son mari, et qui était bien simple :

« Vous m'avez indignement trompée, monsieur, je vous quitte ; je quitte votre nom. Vous n'entendrez plus parler de moi ; j'espère, de mon côté, ne jamais entendre parler de vous. »

Voilà ce qu'Armantine a écrit à ce monsieur... Convenez-en, Rochebrune... nous ne sommes pas heureuses en maris, ni l'une ni l'autre !

Pauvre Frédérique !... Elle ne sait pas jusqu'à quel point elle dit vrai.

— Maintenant, messieurs, tout est terminé, tout est fini. La maison Sordeville n'existe plus. On ignore ce qu'est devenu ce monsieur ; on ne s'en inquiète guère. Probablement, il continue dans son particulier son honorable métier. Pour Armantine, elle possédait heureusement dix-huit cents francs de rente, auxquels son mari ne pouvait toucher. Elle vivra avec cela dans la retraite où elle s'est retirée ; elle aura moins d'élégance, elle changera moins souvent de robe... mais peut-être sera-t-elle plus heureuse...

En disant cela, Frédérique attache un moment ses yeux sur moi, puis elle reprend :

— J'espère, messieurs, que vous me pardonnez, à présent, de vous avoir donné à chacun le conseil de ne plus retourner chez M. Sordeville ?

— C'est-à-dire, madame, que nous vous devons pour cela des remerciments.

— Oh ! foui... et che affre gardé le pillet de fotre main... il être toujours là... sur mon cœur.

Madame Dauberny sourit en murmurant :

— Vous lui faites trop d'honneur, baron, et je suis bien persuadée que tout le monde n'a pas fait comme vous.

Je voudrais maintenant que nous fussions débarrassés du baron, car j'ai bien des choses à demander à Frédérique ; je ne sais si cette dame devine ma pensée, mais elle a ordonné à son cocher de rentrer dans Paris.

— Je ne veux pas abuser plus longtemps de votre complaisance, messieurs, nous dit Frédérique. Je vous ai enlevés tous deux... et peut-être étiez-vous impatiemment attendus...

— Non... che être bas attendu titout ! dit le baron... che être maître de mon temps...

— Où alliez-vous, baron ? reprend Frédérique, sans avoir l'air de faire attention à ce que M. de Brunzbrack vient de lui dire.

— Montame... che allais... che sais bas... che allais nulle part.

— Mais moi, comme je vais quelque part, je vais vous déposer près de chez vous... ensuite j'en ferai autant pour M. Rochebrune...

Je suis fort aise qu'elle veuille faire descendre le baron avant moi. Celui-ci a beau répéter à chaque instant qu'il n'est pas attendu, qu'il ne sait pas s'il veut rentrer chez lui, madame Dauberny se contente de lui répondre :

— J'en suis désolée, mais je ne puis vous promener en calèche toute la journée.

Bientôt elle fait arrêter ; on ouvre la portière, elle tend la main au baron en lui disant :

— Adieu donc... jusqu'au plaisir de vous revoir.

M. de Brunzbrack s'est décidé, quoique avec peine, à descendre ; mais lorsqu'il est en bas, il me regarde et me fait signe en s'écriant :

— Eh pien ! pourquoi que fous descendre bas aussi ?

— Parce que M. Rochebrune va d'un autre côté et que je vais le mettre sur son chemin.

En disant cela, Frédérique fait signe au cocher de partir sans écouter le baron, qui s'écrie qu'il voulait aller avec moi. La calèche part. Le pauvre Prussien est resté à la même place et m'a regardé d'une façon qui n'avait plus rien d'amical.

— Je ne suis pas fâchée d'être débarrassée du baron, me dit Frédérique, car j'ai à vous parler, si vous n'êtes vraiment pas pressé, nous allons faire un tour au bois.

— Cela me fera grand plaisir, madame, car, moi aussi, je désirais causer avec vous.

— Cocher, menez-nous au bois de Boulogne... Ah! si ce pauvre baron savait cela, il serait furieux.

— Oui, car il est très-jaloux... il voit des rivaux dans tous ceux qui ont l'avantage de vous connaître.

— Ce monsieur croit que tout le monde est amoureux de moi... il est stupide... Mais laissons le baron et son amour, dont je m'inquiète fort peu. Venons à ce qui vous intéresse... Vous désirez sans doute savoir ce qu'est devenue Armantine... Devant un étranger je n'aurais pas voulu trahir son incognito... mais à vous il me semble que je puis dire le lieu de sa retraite, afin que vous puissiez aller lui offrir des consolations. Armantine habite Passy, dans la grande rue, près du bois; elle a pris le nom de madame Montfort. Voilà, monsieur, ce que j'avais à vous dire.

— Et c'est tout, madame?

— Mais, pour vous, il me semble que c'est beaucoup de savoir ce qu'est devenue la dame de vos pensées.

— Frédérique, voulez-vous que nous soyons encore amis?

En disant ces mots, je lui tends la main. Elle détourne la tête, elle semble hésiter quelques instants; enfin elle me donne sa main, en me répondant d'une voix légèrement altérée :

— Eh bien... oui... je le veux... amis sincères... excepté le tutoiement cependant... car j'ai bien senti que cela ne se pouvait pas... et si on nous entendait, on penserait de nous toute autre chose.

— Soit. Mais entre nous, plus de mystère, confiance entière et réciproque. Si vous saviez combien j'avais de regret de vous avoir fâchée... Vous me teniez bien rigueur! Vous me parliez avec une froideur... quelquefois même avec un air d'ironie...

— Oublions tout cela... Je suis un peu fantasque!... Mais c'est fini... Nous sommes raccommodés. Quant... à ce qui m'avait... fâchée... je suis bien persuadée que vous ne retomberez pas dans la même faute... Vous étiez un peu étourdi, cette nuit-là... sans quoi, est-ce qu'il vous serait venu dans l'idée de m'embrasser!...

Je ne sais trop que répondre, car il y a de ces offenses dont il est maladroit de s'excuser; mais Frédérique ne m'en laisse pas le temps, elle reprend aussitôt :

— Encore une fois, ne parlons plus de cela... Le poëte a raison : *Le passé n'est qu'un songe!* A dater de ce jour, nous sommes et nous resterons bons amis. Vous me direz tous vos secrets... vous me confierez toutes vos intrigues amoureuses... Oh! cela m'amusera, de tout savoir...

— Et vous, Frédérique, me direz-vous aussi toutes vos pensées, tous les sentiments qui viendront agiter votre cœur?...

— Certainement... Mais de moi, vous recevrez peu de confidences... car je n'ai plus d'intrigues! Je ne veux plus former de liaisons galantes... Enfin, je ne veux plus aimer, je me trouve heureuse ainsi... J'ai pris la résolution de n'écouter personne.

— A votre âge!... Allons donc!... cette résolution ne tiendra pas longtemps.

— Eh bien, si j'en change... je vous en ferai part. Mais arrivons à vous, l'homme aux mille et une passions!... Car vous auriez pu en écrire le récit, pour faire pendant aux *Mille et une Nuits!*...

— Autrefois, c'est possible, mais depuis quelque temps je me rouille... Ce n'est pas la sagesse... mais je deviens, je crois, plus difficile...

— Vous allez probablement courir consoler Armantine, qui, dans le fond, peut regretter sa position dans le monde, mais à coup sûr ne regrette pas son mari!...

— Moi, aller voir madame... madame Montfort!... Oh! non, par exemple... Vous croyez donc que je l'aime encore?

— Sans doute... N'en étiez-vous pas fou?...

— L'amour est une folie dont on guérit, et je m'étonne que vous puissiez penser que j'aime encore cette dame... après la scène dont vous avez été témoin aux Champs-Élysées...

— Comment!... quelle scène?...

— Oh! ma chère amie, ne manquons pas déjà à ce que nous venons de nous promettre... Vous étiez dans les Champs-Élysées quand un homme ivre s'est réclamé de moi.

— C'est-à-dire que je suis arrivée à la fin de la scène... Armantine se sauvait, voilà ce que j'ai vu...

— C'est vous qui avez payé l'homme qui voulait faire arrêter ce malheureux que j'avais jeté à terre.

Frédérique ne répond rien, mais elle n'ose pas nier.

— Combien avez-vous donné à cet homme?

— Mais vingt-neuf francs, je crois.

— Les voici, chère amie; recevez en même temps mes remercîments pour la bonne pensée que vous avez eue là, et qui ne m'est pas venue, à moi, parce que je ne songeais qu'à cette femme qui me fuyait. De plus, je sais que vous avez aussi offert de l'argent à ce pauvre diable... qui était resté là...

— C'est vrai, mais il a refusé mes secours.

— Je le sais encore... Oh! vous êtes bonne, vous, Frédérique, vous avez une âme généreuse et au-dessus des préjugés du monde... Ce n'est pas vous qui m'auriez fui, puis défendu votre porte, parce qu'un homme en blouse et en casquette m'aurait appelé son ami.

Frédérique détourne la tête, mais elle est émue en me répondant :

— Non... sans doute... Mais il faut pardonner des faiblesses... suite d'une fausse manière de voir...

— Pardonner une méchanceté, un sarcasme, une insulte... un oubli... je le comprends, madame; mais le mépris!... jamais! L'amour doit s'éteindre là où le mépris se montre.

— Mais si elle s'est repentie de sa conduite à votre égard...

— Ah! oui, peut-être depuis qu'elle sait que son mari est un mouchard!

— Rochebrune!... C'est bien méchant, ce que vous dites là!

— J'ai le droit de dire ce que je pense de cette dame.

— Vous lui en voulez beaucoup, preuve que vous l'aimez toujours.

— Je me souviens de ce qu'elle m'a fait lorsqu'on me parle d'elle, mais sans cela je n'y songerais pas. Enfin, je ne l'aime plus.

— Vous dites cela... parce qu'elle n'est pas là... Mais si vous vous retrouviez devant ses beaux yeux...

— Je me rappellerais la manière dont ils se sont fixés sur moi à notre dernière entrevue aux Champs-Élysées, et je vous certifie que ces yeux-là ne seraient plus dangereux pour mon repos.

— Quoi! bien vrai... vous n'aimez plus Armantine?...

Frédérique s'est tournée vers moi en me disant ces mots, et jamais je n'avais vu dans ses yeux autant de contentement et de bonheur.

— Si je l'aimais encore, pourquoi vous le cacherais-je? ma foi, nous devons tout nous dire maintenant.

— C'est juste... car nous sommes amis à présent... Nous ne nous fâcherons plus, n'est-ce pas?...

— Ce n'est pas moi qui m'étais fâché...

— Vous viendrez me voir, j'espère.

— Vous me le permettez donc?

— Puisque le passé n'est qu'un songe!... Moi aussi, j'irai chez vous... comme un ami... Oh! je suis un homme, moi. Je ne vois pas pourquoi je n'irais pas vous voir... à moins, cependant, que cela ne vous contrarie...

— Jamais!

— D'ailleurs, quand vous aurez du monde, ou quand vous attendrez quelque belle, vous me le direz, et je vous laisserai libre... C'est bien convenu, n'est-ce pas? ce n'est qu'à cette condition que je veux aller vous voir...

— C'est convenu.

— J'avais repris la main de Frédérique, et je pressais avec amitié cette main qu'elle ne songeait pas à retirer. En ce moment, une cavalcade nous croise. Les jeunes élégants dont elle se compose jettent en passant leurs regards dans notre voiture. Tout à coup, Frédérique pâlit, je lève les yeux, et dans un de ces beaux cavaliers je viens de reconnaître M. Saint-Bergame. Puis, au même instant, j'entends sa voix, et je distingue cette phrase qui s'éteint en fuyant :

— Ah! il paraît que c'est celui-là, maintenant... Chacun son tour!...

La main de madame Dauberny s'est retirée de la mienne, ses traits se sont contractés, son front est devenu sombre; mais elle ne dit rien. De mon côté, je garde aussi le silence, car ne sachant pas si elle a entendu comme moi ce qu'a dit ce Saint-Bergame, dans le doute, je me garderais bien de le lui dire. Mais j'éprouve aussi un embarras, un sentiment de colère qui a chassé tout le plaisir que je ressentais il n'y a qu'un moment.

Nous faisons pas mal de chemin sans dire un mot, et lorsqu'en me tournant vers elle j'aperçois sa figure, qu'elle a longtemps tenue d'un autre côté, je remarque de grosses larmes dans ses yeux.

Je reprends vivement sa main en lui disant :

— Qu'avez-vous donc?

Mais aussitôt, comme si elle était fâchée que j'aie remarqué son émotion, elle reprend son air habituel, et sourit en s'écriant :

— Rien!... rien du tout! Eh! mon Dieu, mon ami, est-ce que l'on sait toujours ce que l'on a?... Tout dépend de la disposition où nous sommes... On s'affecte quelquefois pour un mot qui ne vaut pas la peine que l'on y fasse attention. Cocher, ramenez-nous chez moi... Je puis bien dire chez moi, car, grâce au ciel, pour le moment, je suis seule dame et maîtresse...

— Comment, votre mari?...

— Il n'est pas à Paris, il est allé faire un petit voyage, à ce qu'il m'a fait dire... et vous pensez bien que je ne l'ai pas retenu. Certainement, M. Dauberny ne me gêne en rien... il ne m'empêche pas de faire ce qui me plaît. Malgré cela, je me sens plus heureuse quand je sais qu'il n'est plus près de moi. Ah! s'il pouvait voyager toujours...

Cet homme aura fui, j'en suis certain, après la mort de la malheureuse Annette, peut-être a-t-il craint qu'avant d'expirer elle n'ait fait des révélations. Je suis persuadé qu'il n'a quitté Paris que par terreur, et qu'il veut, avant d'y revenir, laisser assoupir cette affaire.

— Combien y a-t-il de temps que votre mari est absent? dis-je à Frédérique.

— Trois semaines, à peu près.

— Quand doit-il revenir?

— Je n'en sais rien. A coup sûr, je ne le lui ai point demandé. Mais, mon ami, vous semblez prendre beaucoup d'intérêt à mon mari; est-ce que par hasard vous seriez affligé de son absence?

Je tâche de sourire en répondant :

— Oh! nullement, je vous prie de le croire... Je vous ai demandé cela... je ne sais pas trop pourquoi.

Frédérique me regarde fixement, et me serre la main avec force, en murmurant :

— Il est donc vrai, que même entre amis sincères, on ne peut pas tout se dire.

La calèche s'arrête sur le boulevard, et je quitte madame Dauberny en lui disant :

— A bientôt.

Rosette la brune.

J'éprouve un secret contentement que j'attribue à ma réconciliation avec Frédérique. Je me sens heureux de l'avoir pour amie; il y a dans cette amitié entre un homme de trente ans et une femme de vingt-sept ans, quelque chose d'original qui me charme; et cette fois, je me promets bien de ne plus me conduire de manière à rompre cette liaison.

Mais je n'ai point oublié ces paroles prononcées par Saint-Bergame, en passant contre notre voiture : *Il paraît que c'est lui maintenant; chacun son tour!* Ainsi, ce monsieur me croit l'amant de madame Dauberny. Je ne suis pas surpris que l'on pense cela. On ne croira jamais à une liaison innocente entre deux personnes de notre âge. Mais Frédérique a dû être vivement blessée par les paroles de ce Saint-Bergame; de quel droit, d'ailleurs, ce monsieur se permet-il de crier cela tout haut? Est-ce dépit? est-ce jalousie?... Quel que soit son motif, ce jeune homme est un impertinent; si je ne craignais de compromettre encore plus madame Dauberny, j'irais demander à ce monsieur l'explication de ses paroles. Mais peut-être une occasion se présentera-t-elle, et je ne la laisserai pas échapper.

Quelques jours se sont écoulés depuis ma promenade en calèche, lorsqu'un matin, en flânant sur les boulevards, je m'arrête suivant mon habitude devant une de ces colonnes-affiches auxquelles on a donné la permission de cumuler les emplois. Grand amateur de spectacles, j'ai toujours pris plaisir à voir les affiches de chaque théâtre. Cela ne va pas, cependant, jusqu'à lire les noms de l'imprimeur, mais quand cela serait... *c'est un plaisir bien innocent!*

Voyez, cependant, comme les plaisirs innocents peuvent en faire naître qui ne le sont pas. Auprès de moi, vient aussi de s'arrêter une jeune personne pour lire les affiches, et je ne suis pas tellement absorbé par le titre des drames et des vaudevilles, pour que la vue d'un joli minois ne me cause pas des distractions.

Je crois vous avoir dit qu'il y avait de ces figures, de ces tournures... possédant ce je ne sais quoi qui me charme, me séduit, me plaît sur-le-champ. La jeune fille arrêtée près de moi (car c'est assurément une jeune fille) a une toilette modeste, annonçant la jeune ouvrière en course : robe foncée, petit châle... non, je me trompe, c'est un petit manteau en mérinos; un petit chapeau gris, sans aucun ornement, est placé sur sa tête sans aucune prétention, on voit qu'il a été mis très-vite.

Mais, sous ce simple chapeau, j'aperçois une figure fine, gracieuse, piquante : c'est une brune; le teint est un peu foncé, mais des couleurs fraîches et vives lui donnent un léger caractère méridional. Des cheveux bruns sont bien lissés sur les tempes; les yeux sont noirs ou bleus... ou plutôt d'un bleu tirant sur le noir. Ils sont grands, et disent beaucoup de choses. La bouche est jolie, et très-bien garnie... Je ne l'ai encore vue s'entr'ouvrir qu'un moment, mais cela m'a suffi. Le nez est droit, bien fait, légèrement relevé, ce qui donne un caractère mutin à la physionomie. Ajoutez à cela une taille charmante, ni trop grande, ni trop petite; une jolie main... pour cela, j'en suis sûr, elle n'a pas de gants, enfin, une tournure gentille, et vous ne serez pas étonné que j'oublie les pièces et les acteurs imprimés devant moi, pour ne plus faire attention qu'à cette jeune fille.

De son côté, et sans en avoir l'air, elle a jeté sur moi quelques regards. Elle reste longtemps à examiner les affiches; moi qui n'ai rien qui me presse, je reste également devant la colonne. Voilà au moins douze fois que je m'assure qu'on donne au théâtre de la Gaîté, *la Grâce de Dieu*, et il me semble que ma gentille voisine lit également toujours la même chose.

Cependant, elle reprend sa course et suit le boulevard. Nous sommes alors devant le Gymnase. Je n'ai plus rien qui me retienne devant la colonne, je suis parfaitement renseigné sur ce qu'on donne au théâtre de la Gaîté. Et puis, enfin, cette grisette me plaît... Je crois que je puis ranger cette jeune fille parmi les grisettes, sauf à lui rendre justice plus tard, si je lui ai fait injure. Pourquoi donc n'essayerais-je point de faire sa connaissance? Depuis quelque temps, je suis d'une sagesse... qui n'est ni dans mes goûts, ni dans mes habitudes. Obligé de rabâcher le sentiment avec d'anciennes connaissances, j'éprouve au fond de l'âme un vide que je serais bien aise de combler.

Je marche près de cette jeune fille. On est parfois assez embarrassé pour entamer un entretien dans la rue, mais je ne sais pourquoi, avec cette petite, je ne ressens pas le moindre embarras. Elle marche assez doucement pour que je puisse facilement l'aborder. Elle ne me regarde pas précisément; mais je suis bien persuadé qu'elle me voit. Irai-je commencer par les compliments ordinaires : *Vous êtes adorable... Avec d'aussi jolis yeux, on ne doit pas être méchante*... ou autres phrases du même genre? Non, c'est trop bête et trop usé, et, m'adressant à cette jeune fille comme si nous nous connaissions déjà, je lui dis :

— Vous aimez le spectacle, mademoiselle?

— Oui, monsieur, beaucoup.

On m'a répondu cela sans faire aucune simagrée et sans paraître offensée de ma demande, j'en tire un heureux augure, et je continue :

— Est-ce que vous avez envie d'y aller ce soir?

— Oh! ce soir... mon Dieu, non! mais je cherchais l'affiche du Palais-Royal... je voulais savoir ce que l'on joue à ce théâtre, et je n'ai jamais pu trouver l'affiche...

— Je suis bien fâché de n'avoir pas su cela plus tôt, je vous l'aurais montrée.

— Après tout, ça m'est bien égal.

— Mais si vous aimez le spectacle, voulez-vous me permettre de vous donner des billets?

— Des billets... ah! vous avez des billets de spectacle... et pour où?

— N'importe! j'en ai de partout... Tenez, vous allez peut-être croire que je vous fais des mensonges... que je vous dis cela pour vous attraper, et parvenir seulement à faire votre connaissance... Mais je vous certifie, mademoiselle, que je serais trop heureux de vous être agréable. Permettez-moi de vous envoyer des billets, cela n'engage à rien.

La jeune fille s'est arrêtée, nous sommes alors à la porte Saint-Denis; elle hésite un moment, puis me répond :

— Eh bien, envoyez-moi des billets, je le veux bien... mais pas chez moi, ça ne se peut pas, parce que je suis chez mes tantes... J'ai une foule de tantes... et je ne suis pas libre...

Elle me dit cela en souriant si drôlement, que je vois une double rangée de dents ravissantes; je me permets de prendre la main de cette demoiselle : c'est aller un peu vite en besogne. Mais je ne sais comment cela se fait, je ne cause avec elle que depuis cinq minutes, et déjà il me semble que je la connais. Elle me laisse prendre et presser sa main, qui est douce et potelée, cela ne paraît point la contrarier du tout.

— Où faudra-t-il envoyer un billet?

— Chez ma maîtresse d'apprentissage.

— Quel état exercez-vous?

— Je travaille dans les châles... dans les franges... dans les reprises. Oh! je suis très-bonne ouvrière!

— Je n'en doute pas, mademoiselle.

— Pour le moment, je suis en course pour ma maîtresse : c'est toujours moi qu'on envoie en course, je ne sais pas pourquoi; elle prétend que les marchands s'arrangent mieux avec moi!... Cela m'ennuie quelquefois de sortir si souvent... mais quelquefois aussi ça m'amuse...

— Voulez-vous me dire votre nom?...

— Non...

— Voulez-vous venir déjeuner avec moi chez un traiteur?

— Non : d'abord, je n'ai pas le temps; on m'attend, il faut que je rentre... Ensuite, je n'irais pas comme cela tout de suite déjeuner avec quelqu'un que je ne connais pas...

— C'est le moyen de faire connaissance...

— Si on me voyait entrer avec vous chez un traiteur... une de mes tantes... J'ai sept tantes!

— Oh! sapristi, c'est pis qu'Abdel-Kader!... Eh bien, venez déjeuner chez moi, vous verrez tout de suite qui je suis; vous saurez que je ne suis pas un premier venu... un homme sans aveu... sans position...

— Oh! monsieur, je ne dis pas cela...

— Je demeure rue Bleue, 14; ce n'est pas bien loin d'ici... Si vous vous fiez à moi, mademoiselle, je vous promets que je ne vous baiserai pas même le bout du doigt.

— C'est possible, mais je vous dis que je n'ai pas le temps; il faut que je rentre, je suis déjà en retard et je serai grondée...

— Eh bien, voyons, où dois-je vous envoyer un billet, alors?

— Chez madame Ratapond, rue Meslée, 48; vous le mettrez tout bonnement chez la concierge... Vous mettrez : Pour mademoiselle Rosette, chez madame Ratapond.

— Mademoiselle Rosette, c'est vous?

— Peut-être... Et quand m'enverrez-vous le billet?

— Quand vous voudrez.

— Demain, alors.

— Demain, soit.

— Combien de places?

— Je vous enverrai une loge de quatre places.

— Ah! bon... Nous verrons cela.

— Mais vous irez?

— Certainement.

— Et je pourrai vous parler?...

— Ah! dame... je ne sais pas trop... Si je suis avec ma maîtresse d'apprentissage... il faudra prendre garde... Mais je sortirai dans l'entr'acte.

— Alors, je trouverai bien l'occasion de vous dire quelques mots... Et vous ne voulez pas venir déjeuner avec moi... une heure est si vite passée...

— Oh non!... non... Adieu, monsieur; vous n'oublierez pas mademoiselle Rosette, chez madame Ratapond, rue Meslée, 48.

— Non, mademoiselle, il n'y a pas de danger que j'oublie.

Elle s'éloigne, j'en fais autant. Je suis enchanté de ma nouvelle connaissance. Mademoiselle Rosette est tout à fait gentille, et dans ses yeux, dans ses réponses, j'ai vu sur-le-champ qu'elle n'était point sotte. Si j'avais rencontré une perle! un trésor!... On ne sait pas! Ce qu'on trouve sans l'avoir cherché est souvent plus précieux que ce qu'on se donne beaucoup de mal pour obtenir.

Les parapluies. — La polka.

L'amour et la poésie, voilà ce qui fait passer les heures comme des minutes! Soyez auteur, poëte, romancier ou amoureux, et pour vous le temps aura des ailes. J'ai songé à mademoiselle Rosette toute la journée, j'y ai rêvé la nuit, et le lendemain je me dispose à tenir ma promesse. Rien de si facile, à Paris, que de se procurer des billets de spectacle; il n'est pas nécessaire pour cela de connaître ni auteurs, ni directeurs, il suffit d'avoir de l'argent : avec de l'argent on a tout ce qu'on veut. Je vais me rendre chez un courtier de billets, lorsque dans la rue je me trouve nez à nez avec Dumouton, l'homme de lettres qui était au dîner chez Deffieux.

Ce pauvre Dumouton n'est pas changé, c'est toujours le même physique et la même toilette... L'habit jaune vert, ou vert-pomme passé; le pantalon collant, couleur à volonté. Seulement, je remarque que l'homme de lettres tient deux parapluies sous son bras, quoique le temps n'annonce pas d'eau. Il me tend la main, comme quelqu'un qui est enchanté de la rencontre, en s'écriant :

— Eh! bonjour, monsieur Rochebrune, comment allez-vous? Il y a bien longtemps que je n'ai eu le plaisir de vous rencontrer...

— Je vous remercie, monsieur Dumouton; en effet, nous ne nous sommes pas revus depuis le repas de Dupréval.

— C'est vrai. On s'est bien amusé à ce dîner-là... on a conté des historiettes; c'était gentil...

— Vous faites toujours des pièces?...

— Toujours... Mais on ne se fait pas jouer comme on voudrait... Il y a tant d'intrigues dans les théâtres! Le plus difficile n'est pas de faire une pièce... mais de la faire représenter... A propos de théâtres... vous n'auriez pas besoin d'un parapluie, par hasard?

— Non, merci, j'en ai un... Est-ce que vous vendez des parapluies maintenant?

— Non... mais... il s'est trouvé que j'en ai acheté un hier... et pendant ce temps-là, ma femme en achetait un aussi... Alors, vous concevez, cela nous en fait trop; je voudrais trouver à en céder un... je le donnerais à bon marché.

— Si je n'en avais pas déjà un, j'aurais pu traiter avec vous; mais n'en ayant pas besoin...

— Après cela, c'est souvent utile d'avoir plusieurs parapluies... car on en perd quelquefois, ou bien on en prête, qu'on ne nous rend pas. Cela m'est arrivé cent fois... et au moment de sortir, il pleut; on cherche son parapluie, et on ne l'a plus... On est fort contrarié; c'est donc plus prudent d'en avoir deux.

— Mais il me paraît que vous ne pensez pas cela, puisque vous voulez vendre un des vôtres.

— Oh! nous en avons encore cinq à la maison.

— C'est différent, alors, je ne comprends pas trop pourquoi vous en avez acheté encore.

Dumouton se gratte le nez, moi je ne puis m'empêcher de penser aux sept tantes de ma grisette, que Dumouton pourrait abriter contre l'orage avec ses sept parapluies.

— Vous ne savez pas ce que je voudrais avoir en ce moment? dis-je à ce monsieur qui vient, d'un air triste, de faire passer ses deux parapluies de son bras droit sous son bras gauche.

— Une canne, peut-être?... J'en ai une à bec de corbin qui vous plairait...

— Mais non, mais non... Je ne porte jamais de canne... Ce que je voudrais avoir en ce moment, c'est un billet de spectacle pour ce soir.

La figure de Dumouton s'épanouit; il s'écrie :

— Pour quel théâtre?

— Ma foi, cela m'est égal; mais je voudrais une loge entière.

— J'ai votre affaire... j'ai justement votre affaire dans ma poche. Tenez, c'est une loge du Gymnase.

— Va pour le Gymnase.

Dumouton sort de sa poche un vieux carnet, ou portefeuille, ou plutôt deux feuilles de cuir, on ne sait pas au juste ce que c'est; mais là dedans, il y a une foule de petits papiers, les uns anciens et même crasseux, les autres frais et nouveaux. Il en prend un rose : c'est en effet la loge pour le Gymnase. Je prends le coupon, et je lis au bas le nom d'un de nos auteurs les plus en vogue.

Dumouton refourre ses paperasses dans sa poche, repasse ses deux parapluies du bras gauche sous le bras droit, et me regarde d'un air d'anxiété en murmurant :

— Est-ce que vous n'en voulez plus?

— Si fait!... mais je lisais le nom qui est sur le billet...

— Ah! ça ne fait rien, je l'avais demandé pour ce monsieur-là... mais il ne peut plus y aller... Alors, vous gardez la loge?...

— Oui, avec plaisir.

— Il n'y a plus qu'une chose... c'est que j'avais promis une loge à des personnes auxquelles j'ai des obligations... je ne peux pas leur manquer de parole... Il est trop tard pour que j'aille au théâtre en demander une... il faudra que j'achète une loge chez un courtier de billets... et je ne sais pas si...

Je ne laisse point à Dumouton le temps de finir.

— Je n'entends pas que vous vous mettiez en dépense pour moi Combien vous coûtera ce billet?

— Oh! mon Dieu... cent sous, je crois...

— Les voilà! et c'est moi qui suis votre obligé.

Dumouton empoche les cinq francs d'un air radieux. Cependant il prend ses parapluies dans sa main et me les présente en murmurant :

— Je suis fâché que vous ne vouliez pas m'en prendre un... ils sont gentils...

Je regarde les parapluies, et lui dis :

— Mais ils ne sont neufs ni l'un ni l'autre.

— Ah! c'est possible... nous les avions achetés d'occasion... Mais ils sont bons... et pas chers... Je vous céderais l'un ou l'autre, au choix, pour dix francs.

Décidément, ce pauvre Dumouton a grand besoin d'argent, à ce que je présume. Pourquoi donc ne lui ferais-je pas le plaisir de lui acheter un parapluie? C'est une façon détournée de réclamer un service.

Je prends un des parapluies, le premier venu, et m'écrie :

— Voyons, puisque cela vous débarrassera... Et je conçois que si vous en avez encore cinq chez vous, ceux-ci sont de luxe... Donnez-moi ce parapluie, voilà dix francs.

Dumouton prend mes dix francs, me glisse un des deux parapluies sous le bras avec tant de rapidité, que je me suis cru blessé; et, craignant peut-être que je ne change d'avis et ne revienne sur le marché, me quitte aussitôt, en me disant :

— Je suis bien content que vous ayez eu besoin d'un parapluie... Bonjour, monsieur Rochebrune, au plaisir de vous revoir.

Il a disparu en courant. J'examine le meuble dont je viens de faire l'acquisition. Le parapluie est fort propre, en bois de laurier; la tête forme un trèfle qui est plaqué en argent. Le taffetas est vert foncé. Au total, je n'ai pas fait une mauvaise acquisition; seulement, je voudrais bien ne pas l'avoir entre les mains en ce moment, car le temps est superbe, et on a l'air fort bête alors de porter un parapluie.

Mais j'ai mon billet. J'entre dans un café; je demande du papier, de l'encre. Je fais une enveloppe, je place ma loge dedans, puis je mets sur l'adresse : A mademoiselle Rosette, chez madame Ratapond.

Je vais aller moi-même porter la lettre, car ce nom de Ratapond me donne peu de confiance. D'ailleurs, je ne serais pas fâché de prendre des informations, d'en savoir un peu plus sur mademoiselle Rosette.

J'arrive rue Meslée, au numéro qu'on m'a indiqué. J'entre sous une porte cochère. Je vais aller à la loge de la concierge, quand une énorme femme, représentant un de ces beaux sapeurs qui changent leur sexe pendant le carnaval, arrive à moi du fond de la cour, en me criant :

— Que demandez-vous, monsieur?

— Madame, est-ce dans cette maison que demeure madame Ratapond?

— Oui, monsieur, au cinquième au-dessus de l'entre-sol, la porte en face de l'escalier.

— Pardon, madame... Mais que fait-elle, cette dame?...

En faisant cette question, j'ai fouillé à mon gousset, j'y prends une pièce de deux francs que je mets dans la main du colosse, qui devient tout mignard, tout sautillant, et se diminue de manière à ne plus être qu'à mon niveau, en me répondant :

— Oh! monsieur, madame Ratapond, c'est une dame très-honnête, qui envoie des châles dans les départements et dans les chemins de fer.

— A-t-elle beaucoup d'ouvrières?

— Six, quelquefois plus.

— Connaissez-vous parmi ces ouvrières mademoiselle Rosette, une brune, jolie, bien faite, élancée?

— Oh! oui! monsieur... Mamselle Rosette! Certainement que je la connais, elle monte et descend vingt fois par jour... Elle va très-souvent en course... Est-ce que, par hasard, monsieur apporterait un billet de spectacle?... C'est qu'elle m'a dit ce matin qu'elle en attendait un aujourd'hui, mais qu'elle ne comptait pas beaucoup dessus.

— C'est justement cela que j'apporte pour elle.

— Oh! va-t-elle être contente!... Pour le coup, monsieur, vous pouvez vous flatter de lui faire plaisir... elle va danser quand je lui dirai cela.

— Cette jeune personne ne demeure pas dans la maison?

— Non, monsieur; elle vient sur les huit heures, huit heures et demie.

— Et à quelle heure part-elle?

— Dame.. avec les autres... Ordinairement sur les huit heures, à moins qu'on ne veille; alors, c'est jusqu'à dix heures.

— Tenez, madame, voici la lettre dans laquelle est le billet; vous aurez la complaisance de remettre cela à mademoiselle... à elle-même...

— Oui, monsieur, oh! j'entends bien... D'ailleurs, je suis sûre qu'elle ne va pas être longtemps sans entrer ou sortir, et elle me parle toutes les fois qu'elle passe.

— Alors, je compte sur vous, madame.

Le colosse me fait plusieurs rigaudons en manière de révérences; je la laisse sur une jambe, et je m'en vais. Je vois déjà que cette jeune fille ne m'a pas trompé dans ce qu'elle m'a dit; c'est quelque chose; je ne pense point avoir affaire à une *Jeanne d'Arc*, mais je ne voudrais point cependant donner dans l'excès contraire. J'irai ce soir au Gymnase, et si je ne puis pas jaser à mon aise avec mademoiselle Rosette, j'aurai dans ma poche un petit billet que je lui glisserai, et dans lequel je lui donnerai un rendez-vous.

Je vais rentrer chez moi, quand je m'entends appeler : je me retourne, et je reconnais M. Rouffignard, ce gros papa tout rond, qui était aussi du dîner chez Deffieux.

— Parbleu! dis-je en lui tendant la main, je suis dans ma journée aux rencontres.

— Bonjour, monsieur Rochebrune, y a-t-il longtemps que vous n'avez vu notre ami Dupréval?

— Fort longtemps!... Je suis dans mon tort. Cependant, depuis que Dupréval s'est marié, on m'a dit qu'il avait entièrement renoncé aux plaisirs, et ne s'occupait plus que d'affaires; j'ai craint de le déranger...

— C'est vrai, il est devenu ours, il ne songe plus qu'à gagner de l'argent... Ma foi, moi j'en gagne, mais je le dépense!

— Et moi, j'en dépense et je n'en gagne pas. Voilà la vie, chacun suit ses goûts ou le torrent qui l'entraîne; si nous faisions tous la même chose, ce serait trop monotone.

— Je viens de rencontrer un monsieur qui était à notre réunion chez Deffieux, et qui ne doit pas être fort satisfait en ce moment... Je ne sais pas si cela le rendra moins rigide sur les mœurs!

— De qui donc voulez-vous parler?

— De M. Faisandé, l'employé au Trésor, qui se fâchait quand on disait une gaudriole...

— Que lui est-il donc arrivé?

— Il a perdu sa place, rien que cela.

— On l'a renvoyé?

— Oui, et certes il ne l'a pas volé... Je sais tout cela de quelqu'un qui est employé dans le bureau où était M. Faisandé. Croiriez-vous, monsieur Rochebrune, que ce personnage si vertueux, si sévère dans ses paroles, était quelquefois quinze jours sans mettre le pied à son bureau; si c'eût été pour cause de maladie, on n'aurait rien dit; mais pas du tout, ce monsieur n'était même pas chez lui, il n'y paraissait pas plus qu'à son bureau... Il découchait... sa femme, son enfant l'attendaient. Il était quinze jours sans paraître chez lui.

— Quelle canaille!...

— Vous avez raison! canaille est le mot. On a commencé à son bureau par l'avertir que s'il n'était pas plus exact, on ferait un rapport sur son compte. Il n'a tenu compte de rien. On a diminué ses appointements, il a continué de plus belle... Enfin, on vient de le mettre à la porte. Et le voilà aux crochets de sa femme, qui est obligée de travailler jour et nuit pour soutenir son ménage!... Pauvre femme... puisse le ciel la débarrasser bientôt de ce monsieur!

— Canaille et tartufe, cela se rencontre souvent. Je n'ai jamais eu la moindre confiance dans ces gens qui parlent de leur vertu, de leur probité ou de leur valeur.

Pendant que je parle, M. Rouffignard porte les yeux sur mon parapluie, et se met à le considérer d'une façon particulière.

— Vous êtes surpris de me voir un parapluie à la main par le beau temps qu'il fait, n'est-ce pas?

— Oh! ce n'est pas de cela que je suis surpris... mais... Permettez donc que je le touche.

— Très-volontiers.

Je passe le parapluie au gros papa, qui le prend, examine la tête, l'ouvre, le referme, et s'écrie :

— Parbleu! je suis bien sûr à présent de ne point me tromper.

— Est-ce que, par hasard, vous connaissez mon parapluie?

— Votre parapluie?... Ce parapluie est à vous?

— Mais assurément! Je l'ai acheté il n'y a pas deux heures, et c'est même pour cela que vous me le voyez encore dans les mains.

— Alors, je serais curieux de savoir où vous l'avez acheté...

— Vous connaissez bien Dumouton... l'homme de lettres?...

— Dumouton!... Certainement que je le connais... Il m'emprunte cent sous toutes les fois qu'il me rencontre... Mais achevez...

— Eh bien, je l'ai rencontré ce matin. Il avait deux parapluies sous le bras, il m'a tant prié de lui en acheter un, que je lui ai acheté celui-ci...

— Ah! le gredin!... Ah! par exemple, ceci est trop sans gêne... Comment, il vous a vendu mon parapluie qu'il m'avait emprunté avant-hier, qu'il devait me rapporter le soir, que j'attendais toujours!... Oh! c'est bien lui... un trèfle plaqué en argent... C'est mon parapluie... Eh bien! monsieur Rochebrune, que dites-vous de ce trait-là?...

Pauvre Dumouton!... je suis fâché d'avoir divulgué l'action qu'il a commise; aussi, pouvais-je me douter qu'il m'avait vendu le parapluie de Rouffignard?... C'est fort mal... mais il avait peut-être besoin de payer son boulanger... Il faut que j'essaye de rarranger cela.

Le gros papa s'écrie encore :

— Vous êtes comme moi!... vous trouvez ce trait indigne, n'est-ce pas?

— Non, monsieur Rouffignard, je pense tout bonnement qu'il y a eu quiproquo, erreur, mais que Dumouton n'est pas coupable...

— Pas coupable... et il vous vend mon parapluie!

— Permettez. Quand j'ai rencontré Dumouton, ce matin, il tenait deux parapluies sous son bras. Il m'a offert de m'en vendre un : « Et l'autre? lui ai-je dit. — L'autre n'est pas à moi, on me l'a prêté, et je compte aller le reporter tout à l'heure. » Certainement c'était du vôtre qu'il parlait alors. J'ai fait marché pour son parapluie. Mais nous avons causé, et en me quittant il se sera trompé et m'aura donné l'un pour l'autre ; voilà tout...

— Vous croyez...

— Je le crois tellement que voici votre parapluie, que je vous rends, et je passerai chez Dumouton prendre l'autre.

— Infiniment obligé, monsieur Rochebrune, mais puisque Dumouton avait l'intention de me rapporter mon parapluie, je trouverai peut-être l'autre chez moi; dans ce cas, je m'empresserai de vous le renvoyer.

— C'est cela ; au plaisir, monsieur Rouffignard.

— Votre serviteur, monsieur Rochebrune.

Le gros papa s'éloigne avec le parapluie : je suis bien persuadé qu'il n'en aura aucun à m'envoyer. Infortuné Dumouton ! Voyez où conduisent les petits verres, les flâneries dans les cafés, et les collaborations dangereuses.

Je songe maintenant à ce billet de loge... S'il allait être réclamé à la porte comme le parapluie, si mes dames étaient honteusement refusées... j'aurais fait là un joli cadeau. Et ce nom qui était dessus... Si cela mettait mademoiselle Rosette dans l'erreur... Tiens ! ce serait drôle. A tout hasard, comme j'ai donné mon adresse à cette demoiselle, et que j'ai oublié de lui dire mon nom, je vais prévenir mon concierge de ce qu'il doit dire si on venait chez moi demander la personne dont le nom est sur le billet.

J'attends avec impatience l'heure du spectacle. Je suis bien persuadé que l'on sera entré avec le billet. C'était tout bonnement une loge que Dumouton avait fait demander sous un autre nom que le sien, dans l'intention de la *laver*, c'est bien agréable pour ceux dont le nom figure en toutes lettres sur le billet.

Je ne puis cependant point arriver au spectacle dès le commencement, j'aurais l'air d'un amoureux d'opéra-comique. J'attends huit heures, et j'entre au théâtre du Gymnase. J'ai eu soin de retenir le numéro de la loge, qui est aux premières du second rang. On est en train de jouer, je parcours le corridor, je trouve le numéro en question, et je vois assez par le carreau pour être certain que la loge est remplie. Très-bien; on est venu. Allons nous poster en face; de loin, il me sera facile de regarder dans cette loge sans être remarqué.

Je me fais ouvrir le balcon en face; rien ne me gênera pour regarder la personne pour qui je suis venu.

Mais j'ai beau tourner, braquer mon lorgnon sur la loge en question, j'ai beau le frotter ensuite avec mon foulard pour mieux y voir encore; dans toutes ces figures qui remplissent la loge que j'ai donnée, il n'y a rien qui ressemble, ni même qui se rapproche de ma jolie grisette. Voyons, voyons... C'est impossible, c'est que je regarde mal... Il y a là quatre femmes... Examinons-les les unes après les autres. Eh! mon Dieu, l'examen est bientôt fait. Sur le devant, il y a une dame assez gentille, qui peut avoir une trentaine d'années, mais cela n'a pas le moindre rapport avec mademoiselle Rosette; quant aux trois femmes qui complètent la loge, chacune d'elles flotte entre cinquante et soixante-dix ans, et c'est à qui sera la plus laide.

Mais ma jolie Rosette, qu'en a-t-on fait? où est-elle?... Je la veux, il me la faut! Que diable! ce n'est point pour ce quatorze de dames que j'ai acheté une loge à M. Dumouton, qui en a pris l'occasion pour m'entortiller dans un parapluie... Qu'est-ce que je lorgne là?... Est-ce madame Ratapond? sont-ce des tantes à ma jeune fille?... Je n'en sais rien, mais je suis horriblement vexé. Ainsi, elle n'est pas venue!... quand le billet était pour elle, quand elle savait bien que je viendrais dans le seul espoir de la revoir, de lui parler... Ainsi, elle ne veut donc pas faire ma connaissance, elle a voulu tout simplement se moquer de moi.

Je suis savonné jusqu'à la ceinture. — Page 98.

Je quitte le balcon, je vais dans le corridor; je demande à l'ouvreuse de la loge en question si les dames qui sont à tel numéro ont dit qu'elles attendaient quelqu'un.

— Non, monsieur, elles n'ont rien dit. D'ailleurs, la loge est complète, elles sont quatre.

— Je sais très-bien qu'elles sont quatre. Ah! montrez-moi, s'il vous plaît, le billet avec lequel elles sont venues.

L'ouvreuse me montre le coupon. C'est bien celui que j'ai envoyé. Allons, je suis *fait !*... Je rentre avec humeur au balcon, mais, cette fois, du côté de la loge. Je regarde encore de temps à autre cet assemblage de beau sexe qui est fort laid, une seule dame exceptée. Mais il me semble qu'on me remarque... On se figure peut-être avoir fait ma conquête... En tous cas, il n'y en a qu'une qui pourrait raisonnablement se figurer cela. Bientôt il me semble qu'on chuchote, qu'on rit en me regardant... C'est peut-être une idée que je me fais... N'importe, j'en ai assez... Celle pour qui j'étais venu n'y est point, qu'ai-je encore besoin de rester ici?

Je quitte la salle. J'ai encore la faiblesse de me promener une demi-heure sur le boulevard, devant le théâtre; quelquefois j'espère qu'elle pourrait encore venir. Mais dix heures sonnent... Pour le coup, je m'en vais. J'entre lire les journaux dans un café, puis sur les onze heures et demie, je rentre chez moi, tout triste... tout penaud... C'est que vraiment elle était bien séduisante cette jeune fille, et il me semblait que notre liaison ne devait rencontrer aucun obstacle.

Mon concierge m'arrête en me criant :

— Monsieur, il est venu une jeune personne vous demander... C'est-à-dire... ce n'est pas vous qu'elle a demandé, c'est ce nom... ce nom baroque que monsieur m'avait dit...

Mon cœur se dilate, je redeviens aussi joyeux que j'étais triste tout à l'heure.

— Ah! cette jeune fille est venue?... Une brune, grande, l'air éveillé...

— Oui, monsieur, c'est bien cela.

— A quelle heure est-elle venue?

— Sur les huit heures et demie environ.

— Et elle a demandé si le monsieur... l'auteur dont je vous avais passé le nom, logeait dans cette maison?

— Oui, monsieur.

— Et vous avez répondu?

— J'ai répondu que oui, comme vous me l'aviez dit... J'ai indiqué votre appartement au second, mais j'ai dit que vous étiez sorti.

— Alors?

— Alors, elle a dit qu'elle viendrait demain sur le midi, et que je vous le dise.

— Elle viendra demain?...

— Oui, monsieur, sur le midi.

— Oh! très-bien!... très-bien!

Je ne me sens pas de joie. Je récompense mon portier, puis je monte lestement mes deux étages. Pomponne m'ouvre la porte, j'entre en chantant et lui dis :

— Pomponne... demain sur le midi... il viendra une jeune grisette...

— Ah! une grisette... nouvelle?...

— Qu'est-ce que vous entendez, par nouvelle?

— J'entends, qui n'est pas encore venue chez monsieur.

— Eh! sans doute, imbécile. Elle demandera...

— Pardi! elle demandera monsieur!...

— Eh non!... justement!

— Tiens, est-ce que c'est moi qu'elle demandera? Mais je n'en attends pas, moi, monsieur!...

— Oh! Pomponne, que tu m'impatientes avec tes réflexions! Elle demandera... Mais, au reste, tu me ferais quelque gaucherie, j'aime mieux que tu n'y sois pas... Je t'enverrai en course, et j'ouvrirai moi-même quand elle viendra.

— Comment, monsieur, vous vous méfiez de moi à ce point-là?...

— Tais-toi, tu m'ennuies.

— Mais si vous voulez qu'elle me demande, moi je le veux bien, monsieur, je ne m'y refuse pas.

— Laisse-moi tranquille, et va te coucher.

Pomponne va se coucher en pleurant, parce que je ne veux pas que demain il soit là pour ouvrir à ma jeune fille. Moi, je m'endors en pensant à mademoiselle Rosette : cette visite annonce un désir bien vif de faire ma connaissance; mais n'est-ce pas plutôt parce qu'elle a lu ce nom sur le billet?... N'est-ce pas parce qu'elle me croit un auteur célèbre qu'elle est accourue chez moi?... Toutes les femmes aiment la gloire... les grisettes n'y sont pas plus insensibles que les autres... Et alors, quand elle saura... Ma foi! nous verrons demain. Dormons.

A midi, j'étais dans une gentille toilette; j'avais renvoyé Pomponne en lui ordonnant de ne point rentrer avant deux heures, et je comptais avec impatience les minutes.

Je ne compte pas longtemps. On sonne; je cours ouvrir, c'est ma jeune grisette, dans le même costume que le jour où je la rencontrai, et la mine aussi aimable. Elle entre sans façon. Je l'introduis dans mon petit salon, je la fais asseoir sur mon divan, en lui disant :

— Que vous êtes aimable d'être venue!...

— Je suis déjà venue hier au soir.

— Je le sais. Mais pourquoi n'étiez-vous pas au spectacle?... moi qui espérais tant vous y rencontrer; enfin, c'est pour vous que j'avais envoyé la loge, et pas pour les autres.

— Oui, mais je n'ai pas pu y aller, il y avait de l'ouvrage pressé... pas moyen de s'amuser... Vous avez vu ma maîtresse, madame Ratapond, et un échantillon de mes tantes...

— Ah! ce sont vos tantes... les vieilles, naturellement.

— Oui. Et ma maîtresse, comment la trouvez-vous?

— Elle est bien. Mais c'est vous que je voulais voir! vous qui êtes si gentille, vous que j'aime tant!...

Ici j'essaye de joindre l'effet aux paroles. Mais mademoiselle Rosette me repousse, et se lève en me disant :

— D'abord, je veux qu'on me laisse tranquille... Tiens! tiens! vous croyez que vous allez comme ça, tout de suite... Oh! mais non!... Plus tard, je ne dis pas!... Nous verrons!...

A la bonne heure! au moins elle me donne tout de suite de l'espérance. J'aime beaucoup cette franchise.

— Ensuite, il faut que je m'en aille, oh! je suis très-pressée... Je suis venue en allant faire une course, mais ce n'est pas loin, on se dira... Voilà Rosette qui est encore allée flâner!...

— Ah! il paraît que cela vous arrive, alors?

— Oui, quelquefois, je ne m'en défends pas... J'adore flâner, regarder les boutiques...

— Asseyez-vous encore un moment.

Elle s'assied, regarde autour d'elle, puis me dit :

— Monsieur... C'est donc bien vrai que c'est vous?...

— Que c'est moi... mais... Comment l'entendez-vous?...

— Figurez-vous qu'hier, en voyant votre nom sur le billet, j'ai poussé un cri de joie, et j'ai dit : Comment! ce monsieur qui m'a parlé est celui qui a fait ces pièces que j'aime tant... que j'ai vues si souvent... Oh! alors, j'étais si contente... et c'est pour cela que je suis venue tout de suite le soir... J'avais retenu votre adresse, et j'ai demandé si c'était bien vous qui demeuriez dans cette maison... et le portier m'a dit oui... et je lui ai dit que je reviendrais demain, à midi... Eh bien! est-ce que cela vous fâche, vous ne me dites plus rien?

— Non... cela ne me fâche pas... C'est que je pensais...

— Dites donc, monsieur, savez-vous que je suis folle de vos drames... Si j'allais devenir folle de vous, aussi...

— Il n'y a pas de danger...

— Comment, il n'y a pas de danger... Pourquoi dites-vous : il n'y a pas de danger?... Vous ne savez pas que je m'enflamme très-facilement, moi!

Cette jeune fille est fort originale, elle dit tout ce qui lui vient à la tête, sans chercher ses phrases; j'aime cette franchise dans laquelle il y a presque de la naïveté; mademoiselle Rosette n'est ni bête, ni prétentieuse, ni bégueule. C'est un petit phénix que cette grisette. Je commence par l'embrasser; elle se défend mal, ou plutôt elle se laisse embrasser sans trop faire de façon, mais quand je veux essayer d'autres entreprises, elle se défend très-bien en s'écriant :

— Je vous ai dit pas aujourd'hui; ainsi, pas de bêtises, ce serait inutile.

— Eh bien... quand, alors?

— Oh! nous verrons!... nous avons le temps... Est-ce que je vous plais?

— Elle me le demande... Vous devez plaire à bien d'autres, car vous savez bien que vous êtes fort gentille.

— Oh! oui, je le sais; on me le dit tous les jours.

— Des amoureux?

— Des amoureux, des galants, des passants!... Est-ce que je sais? ne peux pas sortir sans être suivie, c'en est embêtant!...

— Voyons, mademoiselle Rosette, parlez-moi franchement... Avez-vous eu déjà beaucoup... d'amants?...

— D'amants... par exemple!... Non, je n'en ai eu qu'un seul.

— C'est très-modeste, et l'aimez-vous bien?

— Mais oui!...

— Et pourquoi vous êtes-vous brouillés?...

Elle baisse les yeux vers la terre, pousse un gros soupir, et murmure :

— Hélas!... il est mort, mon pauvre Léon!...

— Ah! pardonnez-moi de vous avoir rappelé ce souvenir...

— Oui, il est mort... il y a un peu plus d'un an.

— Quel âge avez-vous?

— Vingt ans... on a déjà voulu me marier dix-sept fois; mais moi je ne veux pas... je n'ai aucun goût pour le mariage. J'ai raison, n'est-ce pas?

— Si vous n'avez point de penchant pour le mariage, il est certain que vous ferez aussi bien de rester libre.

— Oh! oui, libre!... faire ses volontés, quel bonheur!... D'abord, je rendrais un mari très-malheureux...

— Ensuite, est-ce que je peux me marier à présent?... Je ne veux tromper personne, moi, et certainement je ne voudrais pas me donner pour ce que je ne suis plus!

— Vous avez raison, mademoiselle, il ne faut point avoir de secrets pour celui avec lequel on s'engage... mais toutes les demoiselles ne pensent pas comme vous.

— Elle ont tort... Il faut que je m'en aille... on va me gronder...

— Encore un petit moment. Dites-moi : si vous n'aviez pas vu ce nom sur ce billet de spectacle... est-ce que vous ne seriez pas venue me voir?

— Oh non!...

— Alors, c'est pour le nom seulement que vous êtes venue... et pas pour moi?

— C'est toujours pour vous, puisque c'est vous.

— Et si ce n'était pas moi... si ce nom s'était trouvé par hasard sur ce billet?...

La jeune fille me regarde fixement, puis s'écrie avec impatience :

— Voyons, achevez... que voulez-vous dire? Je n'aime pas qu'on me tienne le bec dans l'eau.

— Je veux dire, mademoiselle, qu'ainsi que vous, je ne veux tromper personne ni me donner pour ce que je ne suis pas. L'auteur dont vous aimez tant les ouvrages... ce n'est pas moi. Je me nomme Charles Rochebrune... et je n'ai pas la plus petite renommée pour servir d'auréole à mon nom. Si, hier, mon portier vous a menti... c'est que je pensais bien que pour moi seulement vous ne seriez point montée, et comme je désirais ardemment vous revoir, je me suis permis cette petite supercherie pour avoir le plaisir de vous recevoir ici. Mais mon intention n'a jamais été de la pousser plus loin... Voilà, mademoiselle, ce que je tenais à vous apprendre.

Mademoiselle Rosette garde quelques moments le silence, elle murmure tristement : C'est dommage. Mais elle sourit l'instant d'après et me tend la main en me disant :

— C'est égal... c'est bien à vous de m'avoir dit la vérité!...

— Alors vous ne m'en voulez plus?

— A quoi cela servirait-il?...

— Et vous m'aimerez un peu?...

— Nous verrons. Ah! un piano... Qui est-ce qui touche du piano?... J'aime bien la musique, moi.

Je me mets au piano. Je lui touche des quadrilles, des valses, polkas. Lorsque j'arrive à cette dernière danse, elle se met à poi dans le salon avec une grâce charmante.

— Vous aimez la polka?

— Je l'adore... Polkez-vous?...

— Un peu.

— Voyons...

Elle me prend le bras et nous voilà qui polkons dans le salon sur un air que je suis obligé de chanter tout en dansant; c'est très-fatigant, mais mademoiselle Rosette ne se fatigue pas, c'est une polkeuse intrépide. Nous en sommes au moins au quinzième tour lorsque la porte s'ouvre brusquement et Frédérique paraît.

Madame Dauberny demeure toute saisie à l'entrée du salon, elle n'a pas assez de ses yeux pour nous regarder. Je voudrais m'arrêter et aller à elle, mais mademoiselle Rosette m'entraine toujours et me force à continuer, en s'écriant :

— Allons donc... allons donc!... est-ce que vous vous arrêtez déjà... par exemple!... moi je polke deux heures sans interruption.

Une viveuse.

Mademoiselle Rosette polkait toujours avec la même ardeur; moi, je sentais la mienne diminuer; ma voix s'éteignait, il y avait des moments où je ne chantais plus du tout. Après nous avoir regardés quelque temps, Frédérique va se placer au piano et se met à nous jouer une polka.

Alors il n'y a plus de raison pour que nous nous arrêtions; je n'ai plus besoin de chanter, c'est vrai, mais j'ai besoin d'un jarret d'Alcide pour lutter avec ma danseuse, qui s'est écriée en entendant la musique :

— Oh! que c'est gentil! oh! comme on va mieux avec le piano... Un peu moins vite, madame, s'il vous plaît!... La polka, ce n'est pas comme la valse...

Ma foi, je n'en peux plus, je m'arrête et me jette dans un fauteuil, mademoiselle Rosette se décide à s'asseoir, et en sortant son mouchoir pour s'essuyer le visage, fait tomber de sa poche un dé, deux pelotes de coton, une part de galette, deux sous, un écheveau de fil, une carte, un morceau de sucre, une bobine de soie et trois pruneaux.

Elle se met à quatre pattes pour ramasser tout cela, puis regarde la pendule et s'écrie :

— Ah! mon Dieu! une heure et demie... dire qu'il y a une heure et demie que je suis ici, et je ne voulais y rester que cinq minutes... Oh! quelle danse je vais recevoir, heureusement que je m'en moque pas mal... Adieu, monsieur chose... je m'en vais.

Elle est déjà sortie du salon. Je cours après elle, je la rejoins dans l'antichambre. Je lui étreins la taille en lui disant :

— Eh bien, quand vous reverrai-je?

— Dame, je ne sais pas, moi! quand vous voudrez.

— Demain, voulez-vous diner avec moi?

— Diner?... oui, je veux bien...

— Voulez-vous vous trouver au passage Vendôme, à cinq heures?

— Non, non, pas au passage Vendôme, c'est trop près de chez ma maîtresse, je pourrais être vue... Venez plutôt où nous nous sommes rencontrés la première fois, boulevard Bonne-Nouvelle, devant le Gymnase.

— C'est convenu, à cinq heures?

— C'est trop tôt, cinq heures et demie.

— Va pour cinq heures et demie. Alors à demain.

— Oui, adieu.

Je l'embrasse; et elle descend l'escalier quatre à quatre. Je rentre dans le salon. Frédérique fait une singulière figure. Elle affecte de rire, mais sa gaieté me semble forcée.

— Me pardonnez-vous de vous avoir laissée un moment seule pour dire un mot à cette demoiselle? dis-je, en m'asseyant près de madame Dauberny.

— Mais certainement... est-ce qu'on se gêne entre amis!...

— Aussi vous voyez que j'ai profité de la permission que vous m'avez donnée.

— Vous avez bien fait... Ah! ah! ah!

— Qu'est-ce qui vous fait rire?...

— C'est que vous étiez si drôle tout à l'heure en polkant avec cette grisette... je m'attendais si peu à trouver un bal ici... Ah! ah! ah! j'en suis demeurée toute saisie!

— Mais à propos, comment donc étiez-vous entrée?

— Par la porte probablement; j'ai sonné, votre domestique m'a ouvert... mais vous étiez si actionné à votre danse que vous n'avez pas entendu... apparemment... Ah! ah! ah!

— Ah! mon domestique vous a ouvert!... je l'avais envoyé en commission en lui défendant de revenir avant trois heures... Gredin de Pomponne, il n'a pas pu y tenir... il est revenu avant.

— Je vous ai dérangé, j'en suis fâchée... pourtant il me semble que vous en aviez assez... vous étiez sur les dents... fichtre! quelle polkeuse que cette demoiselle... nous n'allons pas mal tous les deux... puisqu'on nous prend pour des artistes de l'Opéra; mais si vous aviez polké avec cette demoiselle à la noce de M. Bocal, on vous aurait tous les deux emportés en triomphe comme *Musard*... Ah! ah! ah!

— Vous êtes en train de vous moquer, Frédérique.

— Me moquer de vous!... par exemple! il me semble que cela m'irait très-mal. Vous vous amusez, vous jouissez de la vie... vous savez profiter de vos beaux jours... oh! vous avez bien raison! Je puis envier votre bonheur, et non pas m'en moquer!... moi qui ne sais plus rien faire... que m'ennuyer et ennuyer les autres...

Elle a dit ces derniers mots avec un profond sentiment de tristesse, et ses yeux se sont mouillés de larmes... Je lui prends la main:

— Que dites-vous là, Frédérique, ennuyer les autres... ce n'est pas pour moi que vous avez prononcé ces vilains mots, j'espère, et ce serait bien faux si vous le pensiez.

Elle dégage vivement sa main, en s'écriant:

— Mais non, non, je ne sais ce que je dis! ni à quoi je pense... Voyons, causons, cher ami: qu'est-ce que c'est que ça, que je viens de voir avec vous?

— Ça?... mais c'est une grisette, qui est fort gentille, n'est-ce pas?

— Oui, c'est possible... elle zézaye en parlant.

— Oh! par exemple... elle a parfois quelque chose qui fait vibrer sa voix, c'est vrai... ce n'est pas du tout désagréable, au contraire.

— Cela dépend des goûts. Il y a des hommes qui aiment des femmes qui zézayent, comme il y en a qui aiment les cheveux rouges!... j'en ai même connu qui adoraient des boiteuses.

— Oh! Frédérique, que vous êtes mordante aujourd'hui!

— Et cette beauté, à la voix vibrante, depuis quand la connaissez-vous?

— Depuis avant-hier...

— Peste! c'est tout frais! et la connaissance est déjà entièrement... terminée; vous n'avez plus de vœux à former?...

— Pardonnez-moi. Oh! nous n'allons pas si vite.

— Il me semble pourtant que vous alliez très-bien. Si cette demoiselle faisait la cruelle, ça m'étonnerait beaucoup.

— J'espère qu'elle ne la fera plus demain...

— Ah! vous la revoyez demain?...

— Oui, nous dînons ensemble... nous avons pris rendez-vous, c'est arrangé.

Frédérique se lève brusquement et va regarder à la fenêtre. Elle y reste quelque temps. Quand elle revient de mon côté, je suis étonné de sa pâleur.

— Est-ce que vous vous êtes trouvée indisposée? dis-je en courant à elle.

— Non... mais... je regardais le temps. Eh bien, décidément, vous ne pensez donc plus du tout à Armantine?

— A propos de quoi venez-vous me parler de cette dame?... quelle idée vous prend?...

— Une idée toute naturelle... je suis toujours étonnée que vous ne songiez plus à elle... Savez-vous qu'elle a quitté Passy?

— Comment voulez-vous que je sache cela?... est-ce que je suis allé à Passy, moi?

— Ah! c'est vrai. Oui, Armantine a quitté le voisinage du bois de Boulogne... elle ne m'a pas fait dire où elle se retirait... apparemment qu'elle ne se soucie plus de me voir... A son aise; il ne faut jamais forcer les gens... Mais je m'aperçois que vous ne m'écoutez guère... je vous excuse: vous êtes si occupé de votre nouvelle conquête et du délicieux rendez-vous de demain... mais j'oubliais que j'ai affaire ce matin...

En disant ces mots, elle remet son chapeau, qu'elle avait jeté sur un meuble en se mettant au piano.

— Comment, vous allez me quitter déjà?

— Oui... moi aussi... on m'attend... moi aussi... j'ai un rendez-vous... Est-ce que vous avez cru que cela était impossible?...

— Ah! de quel ton me dites-vous cela!... mais je croyais seulement que, dans ce cas, vous m'auriez mis aussi dans la confidence.

— Peut-être... moi je ne sais pas dire aussi facilement que vous... tout... ce que j'éprouve...

— Alors vous avez moins de confiance en moi que je n'en ai en vous...

— C'est possible...

— Mais c'est très-vilain cela!

— Dites-moi, combien cela durera-t-il de temps, votre nouvel amour?...

— Mes relations avec mademoiselle Rosette... car il ne faut pas appeler cela de l'amour...

— Qu'est-ce que c'est donc alors?

— C'est... une petite liaison sans conséquence... pour s'amuser...

— Donnez-lui le nom que vous voudrez!... Enfin, cette petite liaison sans conséquence, pour s'amuser, combien de temps durera-t-elle?

— Pourquoi cela?

— Parce que je désire le savoir...

— Mais il m'est assez difficile de vous répondre. Est-ce qu'on peut savoir? Est-ce que je connais le caractère de cette jeune fille? De telles liaisons finissent quelquefois en huit jours, d'autres durent... trois mois...

— C'est bien... Alors je reviendrai dans trois mois.

— Qu'est-ce que cela signifie?... pourquoi me quittez-vous ainsi?

— C'est qu'il me semble... que j'arrive toujours très-mal à propos me jeter au milieu de vos plaisirs... et je ferai tout aussi bien de ne pas vous déranger tant que vous serez... engoué de cette grisette...

— Mais en vérité, Frédérique, je ne vous conçois pas... quel rapport y a-t-il entre mes folies, mes amourettes, mes plaisirs d'un instant et notre douce amitié?

— Oh! vous avez raison!... En effet, il n'y a pas le moindre rapport entre moi et vos plaisirs. Tenez, décidément je ne sais plus ce que je dis aujourd'hui... j'ai l'esprit tout à l'envers. Mais adieu... je vous le répète, j'ai un rendez-vous, il faut que je vous quitte... Adieu.

— Mais je vous reverrai bientôt?

— Oui, bientôt.

Elle est partie. Il y a des jours où je ne comprends rien à l'humeur de cette femme-là.

— Ah! voilà M. Pomponne... Avancez donc un peu ici, serviteur fidèle, et obéissant surtout.

Pomponne baisse le nez, et se tient devant moi comme un cosaque qui attend le knout.

— Que vous avais-je dit, en vous envoyant en course ce matin?

— Monsieur... vous m'aviez dit que j'en aurais bien pour jusqu'à trois heures au moins... Mais, moi, je me suis dépêché, et j'ai eu fini plus tôt... Monsieur me dit quelquefois que je suis lent, j'ai voulu lui prouver que je pouvais être vif...

— Vous m'avez prouvé que vous étiez un indigne curieux, voilà ce que vous m'avez prouvé; une autre fois, quand vous n'exécuterez pas mes ordres à la lettre, je vous chasserai.

— Monsieur, vous ne m'avez pas donné de lettre...

— C'est bon, va-t'en, car je pourrais bien te donner autre chose.

Le lendemain, à cinq heures et demie, je suis à l'endroit que mademoiselle Rosette m'a indiqué; au bout de quelques instants, je vois arriver ma nouvelle conquête; elle ne se fait pas attendre, voilà encore une qualité.

Cette fois, mademoiselle Rosette a fait de la toilette; elle a une robe en mérinos vert, un châle assez joli, un chapeau en velours noir, et par-dessus un voile en tulle. Tout cela lui va fort bien; ensuite sa mise est convenable sans être prétentieuse, cela annonce du goût.

J'offre mon bras qu'on prend en souriant. Nous marchons vers les voitures; je la fais monter dans une petite citadine, et, en route, j'entame la conversation par un baiser, cela donne tout de suite de l'intimité. Ma jeune fille se prête à tout cela de la meilleure grâce du monde. Nous sommes bien vite très-bons amis.

— Où me conduisez-vous? me dit Rosette.

— Chez un traiteur.

— Bien loin?

— A côté du jardin des Plantes, en face de l'embarcadère d'Orléans... *A l'Arc-en-Ciel*. Il me semble qu'en s'éloignant du monde, on est plus libre... plus chez soi. D'ailleurs, vous n'êtes pas pressée?

— Oh! non... C'est-à-dire pourvu que je sois rentrée à onze heures...

— Alors, nous avons du temps devant nous... A propos, où demeurez-vous?

— Et si je ne voulais pas vous le dire...

— Ce sera absolument comme vous voudrez.

— Je plaisante... Je demeure faubourg Saint-Denis, au coin de la rue de Chabrol.

— Diable... c'est bien haut dans le faubourg... Et vous rentrez là, seule, le soir, en revenant de travailler?

— Certainement.

— Et vous n'avez pas peur?

— De quoi donc aurais-je peur?... D'ailleurs, j'ai toujours des gardes du corps... des hommes qui me suivent, qui me protégent!... Mais à propos de ça, monsieur, qu'est-ce que c'est donc que cette dame qui est venue chez vous pendant que nous polkions... et qui y est restée après moi, et qui me regardait comme si elle avait voulu compter les cils de mes yeux?

— Cette dame... c'est une de mes amies...

— Je comprends, c'est votre maîtresse!

— Je vous assure que non... Si cela était, je n'aurais aucune raison pour le cacher...

— Oh! peut-être... Il y a des dames qui ne veulent pas qu'on les avoue... quand elles sont mariées, par exemple...

— Encore une fois, je vous assure que cette dame est mon amie, et pas davantage.

— Oh! une amie... connu! connu! Alors, c'est une ancienne!

— Pas plus ancienne que nouvelle. Croiriez-vous, si cette dame était ma maîtresse, qu'en me trouvant en train de polker avec vous, elle aurait eu la complaisance d'aller se mettre au piano pour nous servir d'orchestre?

— Oui, mais elle nous jouait les polkas d'une vitesse à nous échiner tout de suite... J'avais beau lui crier : Un peu moins vite, madame, s'il vous plaît... elle ne m'écoutait pas, et elle tapait! elle tapait!... C'était une malice pour nous essouffler... Oh! je ne suis pas si bête que vous croyez!...

— Mais je n'ai jamais cru que vous étiez bête, bien au contraire.

— Vraiment... Tiens! est-ce que vous me trouvez de l'esprit?

— Je vous trouve charmante!

— C'est pas une réponse cela; on peut être charmante et bête... Enfin, c'est égal, pourvu que je vous plaise, et que vous m'aimiez un peu... c'est-à-dire beaucoup... Je tiens à être aimée beaucoup... Voilà tout ce que je demande.

Elle me dit tout cela avec un laisser-aller, une vivacité, qui me prouvent au moins qu'elle ne cherche point ses phrases.

Nous sommes arrivés chez le traiteur; je n'ai pas besoin de dire que j'ai conduit ma conquête dans un restaurant où il y a des cabinets ornés de divans; je crois encore inutile d'ajouter que je commence par renvoyer le garçon, qui s'obstine à vouloir nous servir tout de suite, en lui disant que je vais faire ma carte, et que je sonnerai quand nous voudrons dîner. Je suis bien aise d'avoir avec mademoiselle Rosette un entretien qui ne soit pas entrecoupé par les allées et venues d'un garçon.

Enfin, on nous a laissés seul. Je puis causer tout à mon aise avec ma gentille ouvrière, qui s'attendait à l'entretien que je désirais entamer avec elle, et qui s'y prête et le soutient parfaitement bien. Je suis enchanté de mademoiselle Rosette! Vivent les femmes qui ne font pas mille et une simagrées pour arriver à une chose qu'elles n'ont jamais eu l'intention de refuser... Ah! si on pouvait croire qu'elles ont eu cette intention-là, et qu'elles ne cèdent que par la force du sentiment... par l'ascendant de notre passion... Mais il n'y a pas moyen de croire cela. Toutes les fois qu'une femme consentira à venir avec un homme en cabinet particulier, c'est qu'elle veut bien se donner à lui.

Maintenant, dînons, nous avons un appétit d'enfer. Nous sommes gais comme des pinsons; plus de gêne, plus de réserve! il n'y a rien au-dessus d'une petite causerie amoureuse, pour nous mettre tout de suite en belle humeur, et bannir ce je ne sais quoi cérémonieux, qui ne s'envole que lorsqu'une femme nous a tout accordé.

Rosette et moi, nous sommes ensemble comme si nous nous connaissions depuis six mois. Elle mange comme un ogre, et elle boit comme un Suisse... Voilà une grisette modèle!... voilà un convive qui vous met en train! qui vous excite!... Ne me parlez pas de ces femmes qui n'ont jamais d'appétit, qui goûtent à peine d'un mets, et laissent devant elles tout ce que vous avez mis dans leur assiette. Elles trouvent tout mauvais, et elles finissent par vous empêcher de manger... Quels tristes convives!... Avec elles, on dépense tout autant, on dépense plus même... car on ne sait que demander pour les mettre en train, et l'on dîne toujours fort mal.

Mais avec Rosette!... quelle différence!... comme nous faisons disparaître les huîtres, le potage, le bifteck!... le poisson, le gibier, les légumes, les entremets sucrés, le dessert... Elle mange le dernier plat avec autant d'ardeur que le premier... Oh! charmante fille, je t'admire!... je te vénère!... je t'élèverais une colonne, si j'étais *Lucullus*... Mais tu aimes autant une charlotte russe!... Tu as raison... les colonnes restent, mais les charlottes passent, et c'est ce qu'il nous faut.

Nous avons sablé du chablis, du pomard, du madère, nous en sommes au champagne. Rosette m'a avoué qu'elle adorait ce vin-là; quant aux autres, j'ai vu avec plaisir qu'elle avait aussi beaucoup d'amitié pour eux. Rosette vide son verre en riant et en disant :

— D'abord, moi, je ne me grise jamais!...

Un moment après, elle s'écrie :

— Ah! mais, dis donc, je bois trop... je vais être étourdie!

L'instant suivant, elle prend un petit air sentimental en me disant :

— Oh! mon ami!... si j'allais être grise, qu'est-ce que tu dirais de moi?... Tu serais capable de ne plus m'aimer!... ça me ferait bien de la peine!...

Mais je l'embrasse, je trinque avec elle, et les craintes font place aux éclats de la gaieté.

Plus on boit, plus on cause, à moins qu'on n'ait le vin triste, mais ma grisette n'est point dans ce cas-là.

Tout en dînant, elle m'a déjà conté ses affaires, je connais sa famille comme si j'étais son cousin. Elle est orpheline, mais ses sept tantes veillent sur elle... Il me semble que ces dames ont veillé dans le genre des *Sept dormants*. Voilà l'inconvénient qu'il y a à posséder trop de tantes, chacune de ces dames aura compté sur l'autre pour avoir l'œil sur Rosette.

Aujourd'hui, ses tantes veulent la marier, et chacune d'elles a un parti à lui offrir, ce qui fait nécessairement sept partis qui se présentent pour épouser ma jeune fille, qui me rappelle encore les *Sept infants de Lara* : mademoiselle Rosette n'a donc que l'embarras du choix, sans compter que, de son côté, elle a aussi plusieurs jeunes gens qui lui font la cour, pour le bon motif.

— Tu ne me crois peut-être pas? s'écrie Rosette, mais tu vas voir, j'ai toujours dans ma poche des billets de mes soupirants... Je veux que tu en lises... ça te fera rire...

Et Rosette s'est mise à vider ses poches, ce qui nous amène toujours à la découverte d'une foule de choses, telles que : ciseaux, écheveaux, croûtes de pain, cartes de visites, monnaie de billon, sucre d'orge, rubans, cordonnet, crayon, échantillons d'étoffes, écorce d'orange, etc., etc. Je lui dis qu'elle devrait vider ses poches sur le boulevard, et se mettre à crier :

— Voilà le restant de la vente... Voyez, messieurs, mesdames, choisissez là dedans, c'est le restant de la vente!

Rosette veut absolument que je lise les lettres de ses adorateurs. J'y trouve les phrases suivantes : « Ah! mademoiselle, quelle contraction soudaine j'ai éprouvée dans tout mon être en voyant votre silhouette se dessiner dans l'appartement! »

Ou bien encore : « La fatalité accumule et entasse en bloc de granit sur ma poitrine la circonstance qui me force à vous idolâtrer. »

J'en ai assez, je ne veux point en lire davantage, je rends les poulets à Rosette en lui disant :

— Je gage que tes amoureux ont de grands cheveux flottants, une barbe inculte et des chapeaux à la rapin.

— C'est vrai! comment as-tu deviné cela?

— Ma chère amie, quand on écrit avec ce style-là, c'est qu'on ne s'habille pas comme tout le monde. Ça se voit tout de suite.

Mais l'heure arrive de songer à la retraite. Le temps a passé vite. C'est le plus bel éloge que nous puissions faire de notre tête-à-tête.

Je remets en voiture mademoiselle Rosette, qui est légèrement impressionnée, et je lui dis :

— Je vais te reconduire faubourg Saint-Denis.

Elle semble réfléchir.

— Est-ce que tu ne rentres pas chez toi?

— Qu'il est bête!... où veux-tu donc que j'aille?... mais seulement je peux choisir... je puis coucher chez une autre de mes tantes... n'importe laquelle... j'ai un lit chez chacune d'elles... et je pourrais coucher au Marais... j'ai une tante rue du Pont-aux-Choux.

— Ah! pardieu, voilà qui est commode!... Alors quand tu veux coucher avec ton amant, tu dis à une tante que tu as été chez une autre, et ainsi de suite! Oh! fortunée nièce!... j'ai connu une foule de nièces, mais bien peu étaient dans une position aussi agréable que toi.

— Ah! voyons, ne te moque pas de moi... Apprenez, monsieur, que mes tantes se voient très-souvent, par conséquent, si je mentais en disant que j'ai couché chez l'une d'elles et que ça ne fût pas, elles le sauraient bien vite, et ce ne serait pas tout rose pour moi.

— Pardon, chère amie! je n'ai jamais voulu vous offenser!...

— Embrasse-moi. Quand te reverrai-je?

— Quand tu voudras.

— Jeudi j'irai te voir sur les deux heures... tu m'attendras?

— Assurément.

— Et tu auras soin que ton amie ne vienne pas nous déranger, sinon je lui fais une scène... Ah! mais c'est que je suis très-jalouse, moi... Tu m'aimes bien, n'est-ce pas? Ah! vois-tu, tu m'as grisée, et je ne sais plus ce que je dis.

Je rassure Rosette et je la ramène faubourg Saint-Denis, où elle s'est décidée à rentrer.

Cette jeune fille est fort gentille, sa conversation est amusante, sa personne très-séduisante. Je suis seulement fâché qu'elle ait comme cela une tente dressée dans tous les quartiers de Paris... on ne peut jamais être sûr de l'endroit où elle a établi son camp.

Une scène.

Il y a un mois que je connais Rosette, et jusqu'à présent je n'ai pas eu sujet de m'en repentir. Je me suis bien aperçu que cette demoiselle ne me disait pas toujours toute la vérité, rien que la vérité!... mais après tout, un amant ne doit pas être avec sa maîtresse comme s'il remplissait les fonctions de juré. D'ailleurs Rosette m'a dit elle-même dans un moment d'expansion qu'elle mentait beaucoup, qu'elle mentait très-bien. Il me semble qu'après cela j'aurais tort de me fâcher quand elle me dit un mensonge, elle pourrait me répondre : « Je t'ai prévenu. »

Je mène souvent Rosette dîner en cabinet particulier. Quand on sait comme elle faire honneur à un bon repas, ce serait vraiment dommage de ne point trouver l'occasion de s'exercer. Comme, de mon côté, je suis doué d'un appétit vigoureux, nos parties fines nous procurent toujours de l'agrément : quand l'amour s'endort, l'estomac se réveille, et *vice versâ*.

Rosette vient chez moi une ou deux fois par semaine et quelquefois sans m'avoir prévenu. Lorsque je suis absent, elle entre dans ma chambre; j'ai dit à Pomponne que cette demoiselle avait ses grandes entrées chez moi. Lorsque Rosette est venue sans me trouver, je m'en aperçois sur-le-champ : elle met tout sens dessus dessous chez moi. Elle bouleverse les papiers, les livres, les peignes, les brosses, les savons, fouille dans les tiroirs, change les objets de place. Jusqu'aux chaises que je trouve au milieu de l'appartement. Je dis alors à Pomponne :

Est-ce que tu n'aurais pas pu mettre mis un peu d ordre dans ma chambre?

M. Pomponne fait son sourire malicieux en me répondant :

— C'est mademoiselle Rosette qui a rangé la chambre de monsieur comme ça;... moi, je ne me serais pas permis d'y retoucher.

Mais je n'ai pas revu Frédérique depuis le jour qu'elle nous a fait danser au piano. Elle n'est pas revenue me voir. Je suis allé plusieurs fois chez elle sans la trouver. Est-ce que vraiment son amitié serait jalouse de mon amour pour une grisette? Cela serait ridicule. L'amitié, au contraire, doit être indulgente pour nos faiblesses, et, après tout, je n'ai pas promis à Frédérique de devenir sage.

Je ne comprends rien à la conduite de madame Dauberny, mais j'en éprouve un véritable chagrin. Sa présence me manque; mes folies avec Rosette ne sont que des éclairs de passage, tandis que mes doux entretiens avec Frédérique remplissaient mon âme d'un bonheur qui avait un lendemain.

Je suis un jour plongé dans des réflexions assez sérieuses, lorsque je vois entrer Frédérique dans ma chambre. Je ne saurais dire toute la joie que j'éprouve! Je cours à elle, je lui prends les mains et je m'écrie :

— Ah! vous voilà donc enfin... C'est bien heureux! je croyais que vous m'aviez tout à fait oublié.

Elle me regarde et sourit en répondant :

— Cela vous fait donc plaisir de me voir?

— Méchante!... vous me le demandez... Mais moi, je suis allé plusieurs fois chez vous...

— Je le sais, on me l'a dit.

— Mais vous n'y êtes jamais. Quelle vie menez-vous donc, madame?

— Je sors beaucoup, c'est vrai.

— Est-ce que vous avez été malade? Je vous trouve un peu pâle...

— Je ne suis jamais bien rouge;... c'est que vous en voyez qui sont roses et fraîches; voilà pourquoi vous êtes frappé de la différence.

— Ah! madame, je n'en vois aucune que j'aie autant de plaisir à regarder que vous.

— Bien vrai?

Elle a dit ces mots avec un accent qui partait de l'âme. Je la fais asseoir à côté de moi. Elle regarde de tous côtés en murmurant :

— Vous êtes donc seul?

— Sans doute.

— Et je ne vous dérange pas en ce moment?

— Encore une fois, vous ne me dérangez jamais.

— Oh! jamais, c'est trop dire... et si elle était avec vous?

— Qui donc?

— Mon Dieu! vous savez bien, votre demoiselle qui danse... votre Rosette.

— Oh! ma Rosette...

— Dame, je pense qu'on peut dire *votre* Rosette, car elle doit bien être à vous depuis le temps... Il est vrai qu'elle est peut-être à d'autres aussi, et alors le pronom possessif serait risqué.

— Dites comme vous voudrez, Frédérique, je n'y attache aucune importance. Seulement, je vois avec surprise que ma liaison avec cette jeune fille vous déplaît... Pourquoi cela? Je ne le comprends pas. Vous avez trop d'esprit pour croire que des amourettes puissent porter atteinte à l'amitié si pure que je vous ai vouée.

Frédérique passe sa main devant ses yeux et détourne la tête en s'écriant :

— Mais vous vous trompez... cela n'est pas;... votre liaison avec cette grisette ne me déplaît pas du tout!... par exemple... et pourquoi donc cela?... Mais je voudrais que vous en connussiez cinq... six... en même temps... Je trouverais cela plus drôle... ça m'amuserait beaucoup...

En ce moment j'entends parler dans la pièce d'entrée; je reconnais la voix de Pomponne qui dit :

— Monsieur est en conférence avec quelqu'un. A quoi l'on répond :

— Je m'en fiche pas mal de sa conférence; j'entre toujours, moi.

Et presque au même instant mademoiselle Rosette ouvre la porte et paraît devant nous. Frédérique pâlit, mais elle ne bouge pas. Je suis contrarié que Rosette vienne en ce moment. Cependant je n'ai aucune raison pour le lui faire apercevoir; je vais donc à elle en souriant comme à l'ordinaire. Mais ma grisette a pris un air furibond et elle s'éloigne de moi en s'écriant :

— Ne vous dérangez donc pas, monsieur, vous étiez si bien près de madame; vous ne polkiez pas, c'est vrai .. mais vous vous livriez à des choses plus intéressantes... ça se devine!

Je vois que Rosette va dire à madame Dauberny des choses inconvenantes, puis que cela peut-être, je sens déjà la colère qui me monte. Frédérique, au contraire, reste très-calme.

— Mademoiselle, dis-je, je ne pense pas que votre intention soit d'insulter les personnes que vous pourriez trouver chez moi; je vous déclare d'abord que cela ne me convient nullement et que je ne le souffrirai pas.

— Vraiment! Eh bien! il faudra peut-être prendre des mitaines pour parler aux princesses qu'on trouvera chez monsieur... Le plus souvent... Des navets!...

Ah! Rosette, Rosette!

— Laissez-moi tranquille; je veux crier, moi, je veux me mettre en colère... Je ne crois pas à ces amitiés de dames pour des jeunes gens... Merci!... de l'amitié qui se fourre dans votre lit...

— Mademoiselle, prenez garde!...

— Je ne veux pas prendre garde. Je suis votre maîtresse, moi, tant pis. Si madame ne le sait pas, je suis bien aise de le lui dire, afin qu'elle n'en ignore... Oui, je suis votre maîtresse, mais je ne veux pas que vous en ayez d'autres avec moi... pas plus d'anciennes que de nouvelles... sans quoi, je leur ferai de vilaines choses... Ah mais!...

Frédérique, qui semble plutôt satisfaite que fâchée en écoutant Rosette, se lève alors, et lui dit d'un air fort aimable :

— Mademoiselle, je savais fort bien que vous étiez la maîtresse de monsieur. Je vous prie de croire que je n'en ai pas douté un moment, en vous voyant chez lui. Je vous assure aussi que vous avez tort... bien tort d'être jalouse de moi, qui ne suis point et n'ai jamais été la maîtresse de M. Rochebrune. Je ne mérite donc pas votre colère... et la preuve, c'est que je vais me retirer bien vite et vous céder la place... chose que je ne ferais pas, je vous prie de le croire, si monsieur était mon amant... Allons... faites votre paix... raccommodez-vous. Je suis désolée d'avoir été cause de cette scène... Adieu, Rochebrune, au revoir, mon ami, soyez bien persuadé que je ne vous en veux nullement pour tout ce qui vient de se passer.

Frédérique est partie en m'adressant un doux sourire. Je n'ai point cherché à la retenir, parce que je ne veux pas l'exposer à de nouvelles apostrophes de la part de mademoiselle Rosette.

Quant à ma grisette, elle est allée se jeter sur le divan en s'écriant :

— C'est égal... je dois convenir qu'elle est bon enfant, quoique ça... Ah! ce n'est pas moi qui me serais en allée!... On aurait fait monter douze gendarmes, que je leur aurais dit : Zut!

Je me promène dans la chambre sans rien dire; j'ai de l'humeur, je suis vexé. Au bout de cinq minutes, Rosette s'écrie :

— Dites donc, monsieur, quand vous aurez fini de faire l'ours de Berne dans votre chambre. Est-ce que vous n'auriez pas dû, déjà, me demander dix fois pardon pour les traits que vous me jouez... car c'est exorbitant, comme vous m'en faites!

— Mademoiselle, si quelqu'un devait demander pardon à l'autre, ce serait vous; car, sans aucun motif, sans raison... vous venez d'insulter une dame estimable... une personne qui devait être à l'abri de vos soupçons, de vos attaques... Je vous avais dit déjà qu'il n'existait rien qui dût exciter votre jalousie dans mes rapports avec elle... et parce que vous la trouvez chez moi, où elle n'était pas venue depuis le jour de la polka... vous lui faites une scène... vous lui dites des choses... plus que inconvenantes... C'est mal, et je vous en veux beaucoup.

— Tiens! tiens!... Ah! vous m'en voulez!... Ah! il est gentil, ce monsieur!... Vous êtes vexé que je vous aie surpris en conversation... vicieuse, comme disent les gentlemen ridés! Après tout, que lui ai-je donc dit de si mortifiant, à votre pimpante?... Rien du tout!... Ah! si je lui avais arraché les cheveux, si je lui avais déchiré sa robe... vous pourriez, tout au plus, dire quelque chose!

— Il n'aurait plus manqué que cela!... Si vous pensez que je l'aurais souffert!...

— Si j'en avais eu l'envie, vous n'auriez pas eu le temps de l'empêcher,... bon ami... Je ne vous aurais pas demandé la permission...

— Mademoiselle Rosette, vous avez une bien mauvaise tête!

— C'est possible, mais c'est à prendre ou à laisser.

Je ne dis rien, et je continue de me promener. Au bout d'un assez long espace de temps, mademoiselle Rosette se lève brusquement, en s'écriant :

— Ah! c'est comme ca... bonsoir.

Elle enfile la porte, puis j'entends successivement se fermer avec violence toutes les portes, jusqu'à celle du carré.

Elle est partie, et partie fâchée. Tant pis; je ne dois pas souffrir qu'elle insulte sans raisons les personnes qui viennent chez moi. Si je le permettais, avec son caractère, mademoiselle Rosette passerait incessamment des paroles aux actions. Elle se calmera... elle reviendra; je ne la crois pas méchante au fond. Les personnes qui s'emportent si vite ne gardent point leur colère.

Les sept tantes de Rosette

Quelques jours se passent, et je n'entends pas parler de ma grisette. Mais je vais chez Frédérique, que je trouve cette fois, et qui me reçoit avec joie.

Je ne lui parle point de Rosette; mais je vois dans ses yeux qu'elle grille de savoir où en sont mes amours avec ma grisette. Enfin elle n'y tient plus et me dit :

— Eh bien! mon ami, vous ne me parlez pas de vos amours... j'espère cependant que je suis toujours votre confidente, et vous avez dû être satisfait de ma conduite... la dernière fois que j'ai été chez vous...

— Je ne vous parlais pas de cela, pour ne point rappeler des choses désagréables; vous avez été bonne, mille fois trop bonne, ce qui ne m'a point surpris, et je vous demande encore pardon pour cette jeune fille qui ne savait pas ce qu'elle disait...

— Je vous assure qu'elle ne m'a pas fâchée du tout; bien au contraire... elle avait des mots... si drôles... des termes si... classiques... Mais enfin, vous êtes raccommodés, j'espère?... Mon départ a dû sur-le-champ rétablir la paix?

— Non, c'est ce qui vous trompe. Nous n'avons point fait la paix, rosette est partie fâché, et je ne l'ai pas revue depuis.

— Ah! vraiment?... vous m'étonnez... et vous n'avez pas cherché à revoir cette délicieuse grisette?...

— Non, pas du tout.

Frédérique me regarde à la dérobée. Pour changer la conversation, je lui demande si son mari est de retour.

— Pas encore... Vous vous intéressez bien à ce que fait mon mari, je vous avoue que cela me préoccupe...

— Soyez persuadée, d'abord, que cela ne vous regarde en rien.

— Oh! je le pense bien.

— Savez-vous que l'ami de votre mari, celui qui se faisait appeler Saint-Germain, a perdu sa place?

— Je l'ignorais; mais cela m'explique pourquoi il vient presque tous les jours ici s'informer si M. Dauberny est de retour : il a même, une fois, demandé à me voir.

— Ne recevez point cet homme, madame, c'est un conseil que je me permets de vous donner.

— Je suivrai votre conseil, mon ami, qui, du reste, s'accorde parfaitement avec mes intentions. Moi, si j'osais aussi vous donner un avis, je vous dirais...

— Eh bien?

— Oh! non... non, je ne veux pas vous dire cela... Je préfère que vous suiviez les impulsions de votre cœur... et puis, d'ailleurs...

Frédérique se met à rire, j'en éprouve de l'impatience, mais elle ne veut pas m'en dire davantage; je la quitte presque fâché, mais je lui serre tendrement la main.

Plusieurs jours se passent encore, et point de nouvelles de Rosette. Je suis piqué de l'abandon de ma grisette; elle était fort gentille, elle m'aimait, ou du moins elle faisait semblant, ce qui souvent revient au même. Si elle a été jalouse, n'est-ce pas une preuve d'affection? Après tout, je l'ai laissée partir sans lui dire un mot... sans chercher à la retenir. Allons! point de fausse honte! c'est à moi de revenir. Rosette m'a dit quelquefois : « Si tu avais quelque chose à me dire de pressé, viens chez ma tante... chez celle où je serai, fais-moi demander; il n'y a pas de danger, elles n'y voient que du gaz! »

Allons donc à la recherche de Rosette, chez ses tantes, et puissé-je éprouver moins de difficulté que Jason à la conquête de la toison d'or!... Du reste, Rosette n'a point une toison d'or, ce dont je lui fais compliment.

Je prends un cabriolet à l'heure, et je me fais conduire d'abord faubourg Saint-Denis, au coin de la rue Chabrol; c'est là où Rosette a établi son domicile politique, je connais la maison, je l'y ai ramenée assez souvent. J'entre, et je demande à un vieux tailleur, qui doit être le portier, si mademoiselle Rosette est chez sa tante, madame Falourdin. J'ai retenu le nom de cette tante-là; quant aux autres, j'avoue que je les ai entendu nommer, mais cet amas confus de noms, plus ou moins baroques, n'est pas resté dans ma mémoire.

— Mamselle Rosette? répond le tailleur en mirant le fond d'une vieille culotte, comme une cuisinière mire des œufs qu'on veut manger à la coque, mamselle Rosette?... Oh! non, monsieur, je ne crois pas qu'elle soyasse chez sa tante, car je l'aurais vue déjà aller et venir plus d'une fois depuis à ce matin... Voyez-vous, monsieur, cette jeunesse, c'est comme un ver coupé, ça remue toujours... Bigre... c'est bien râpé, là-bas...

Je vois que Rosette est connue partout pour se donner beaucoup de mouvement.

— Alors, dis-je, vous croyez qu'elle n'est pas chez madame Falourdin?...

— J'en mettrais mon dé au feu... eh, eh, eh! Il est vrai qu'il ne brûlerait pas, il est en fer battu... Oh! comme c'est faible ici...

Ce vieux portier fait le plaisant. Il faut pourtant que je sache où je dois aller demander Rosette.

— Monsieur, pourriez-vous me dire alors où je trouverai mademoiselle Rosette?

Je joins à ces mots l'accompagnement obligé de la pièce blanche; mais, à ma grande surprise, le vieux tailleur repousse ma main, en me disant :

— Je vous volerais votre argent, je ne sais pas où elle est... Ils veulent que je trouve une veste d'enfant là dedans... il n'y a pas une guère à en tirer.

— Il faut pourtant que je parle à cette jeune fille.

— Eh ben, montez au troisième, chez sa tante, mame Falourdin, elle doit savoir où est sa nièce.

Il a raison. Je n'ai que ce moyen, Rosette m'a dit : « Quand tu me demanderas chez une de mes tantes, tu diras toujours que tu viens de la part de madame Berlingot, confectionneuse, rue Pinon. » Exécutons cette manœuvre.

J'arrive au troisième, il n'y a qu'une porte, on ne peut pas se tromper. Je sonne. Une femme longue et sèche vient m'ouvrir :

— Madame Falourdin ?

— C'est moi, monsieur. Qu'est-ce qu'il y a pour votre service ?

— Voulez-vous bien me dire... si je puis lui parler ?... Si vous vouliez l'appeler.

— Qui ? Rosette ? ma nièce Rosette ?... On n'a pas un moment à soi... il doit être plus de midi... est-il plus de midi ?...

Je commence à perdre patience, et persuadé que Rosette n'est pas loin, je me mets à crier de toutes mes forces : Mademoiselle Rosette, on vous demande !

Alors la maudite vieille s'arrête et se met à rire en me regardant. Quand elle a fini de rire, elle me dit enfin :

— Vous auriez beau appeler et crier... puisqu'elle n'est pas ici... c'est comme si vous chantiez !

— Madame, mademoiselle Rosette estelle chez vous ?

— Non, monsieur; que lui voulez-vous?

— Je venais de la part de madame Berlingot, confectionneuse, rue...

— Ah ! je sais, monsieur, je sais... probablement pour un cachemire où il y a quelque accroc, et qu'on voudrait qu'elle raccommodât tout de suite ?

— Je crois bien que c'est cela, madame.

— Alors, monsieur, il faudrait que vous eussiez la complaisance d'aller chez sa tante Riflot, rue du Pont-aux-Choux, 17. C'est là où Rosette est pour le moment.

— Infiniment obligé, madame, je vais m'y rendre sur-le-champ.

— Votre servante, monsieur.

Je ne suis pas fâché de savoir que c'est pour raccommoder des cachemires que la confectionneuse est censée envoyer chercher Rosette; cela me donnera encore plus d'aplomb dans mon ambassade.

Je me suis fait conduire rue du Pont-aux-Choux. Cette fois, je ne m'arrête point chez le portier, je demande madame Riflot et je monte tout de suite au quatrième.

Elle jette sur moi un triste regard, mais je n'y vois plus d'effroi. — Page 105.

— Elle n'est pas ici !... il fallait me dire cela tout de suite, madame.

— Vous ne m'en laissez pas le temps, et mon feu... et mon feu...

— Alors, madame, voulez-vous bien me dire où je trouverai mademoiselle votre nièce? c'était pour un cachemire à raccommoder... chez madame Berlingot...

— Rosa... elle m'a dit la dernière fois : Je vais travailler chez ma tante Piquette, rue aux Ours, 35... Ai-je de la braise au moins?... voyons ça... voyons ça...

— Infiniment obligé, madame...

Voilà une vieille qui me porterait sur les nerfs !... Dieu merci, j'en suis quitte; trottons rue aux Ours, chez la tante Piquette.

Au numéro indiqué, je ne découvre point de portier; mais une voisine me dit que madame Piquette demeure au cinquième. Fichtre, les étages vont toujours en augmentant... S'il me fallait par hasard voir toutes les tantes de Rosette, et que cela continuât sur ce pied, où donc suis-je destiné à grimper ? Mais il faut espérer que cette fois je vais trouver cette insaisissable nièce.

Je trouve là une petite vieille très-vive, très-alerte, qui ne reste pas un moment en place, et, tout en me parlant, va sans cesse de son fourneau à sa table de cuisine et à son garde-manger.

— Madame, je désirerais dire un mot à mademoiselle Rosette, si cela était possible...

— Rosette ? ma nièce Rosette ?... Ah ! mon Dieu... je crois que ça brûle... je crois que ça brûle...

Et la petite vieille court retourner son fricot qui est sur le fourneau.

— Elle est ici, n'est-ce pas, madame ?...

— Rosette ? ma nièce Rosette ?... Ai-je du persil... ai-je du persil ?... je suis capable de n'avoir pas de persil...

Je sonne chez madame Piquette. Je vois apparaître une femme qui a bien la soixantaine, mais qui porte un bonnet surchargé de fleurs et de rubans roses. Où la coquetterie va-t-elle se nicher ?

— Madame Piquette ?...

— C'est moi, monsieur, donnez-vous la peine d'entrer...

Et on me fait une révérence cérémonieuse en se rangeant de côté.

— Madame, il est inutile que je vous dérange... je viens pour...

— Monsieur, je ne vous recevrai certainement pas sur le carré, donnez-vous la peine d'entrer...

— Mais, madame, c'est pour mademoiselle Rosette, votre nièce, que je...

— Vous me feriez de la peine en restant là, monsieur.

Il faut en finir. J'entre. J'espère rester dans la première pièce; mais madame Piquette me pousse vers une porte qui est au fond, en me faisant une nouvelle révérence. Je me décide à entrer dans cette seconde pièce, qui, avec la première, me paraît composer tout l'appartement. Et point de Rosette. Est-ce que j'aurais encore fait une course vaine?

— Madame, je viens de la part de...

— Prenez donc la peine de vous asseoir, monsieur.

— C'est inutile, madame... c'est pour mademoiselle Rosette, votre nièce...

— Vous me mortifieriez en restant debout, monsieur

Je ne veux pas mortifier madame Piquette, mais je ne sais pas si dans ce moment je ne regrette point la petite tante Riflot. Enfin nous sommes assis tous deux. Madame Piquette a avancé un petit tapis sous mes pieds. Est-ce qu'elle croit que je viens passer la journée avec elle? Elle a jeté un regard dans la glace et ramené sur son sein les brides de son bonnet. Cette pantomime m'effraye, je porte des regards effarés autour de moi; mais pour je ne sais quoi je n'arrêterai point mes yeux sur madame Piquette, qui vient d'entr'ouvrir le haut de son fichu... Mon Dieu! mon Dieu! à quoi pense donc cette dame? Enfin elle a terminé son petit manége, et je m'écrie tout d'une haleine :

— Je viens de la part de madame Berlingot, confectionneuse, rue Pinon, demander mademoiselle Rosette pour des accrocs à un cachemire...

Madame Piquette me fait une nouvelle révérence; je regarde dans la glace, je crois vraiment qu'elle va encore entr'ouvrir son fichu... que vais-je voir, grand Dieu!...

Mais non, je me suis effrayé mal à propos; cette dame a ramené ses rubans roses sur son col et me répond :

— Monsieur, c'est avec le plus vif regret que je me vois obligée de vous annoncer que Rosette n'est point ici. Je la crois chez sa tante Dumarteau en ce moment...

— Voulez-vous bien me donner l'adresse de madame Dumarteau?...

— C'est loin, monsieur, c'est bien loin... d'ici...

— J'ai un cabriolet, madame.

— Alors, monsieur, prenez la peine d'aller rue Verte, faubourg Saint-Honoré, nº 12.

— Infiniment obligé, madame.

— Mais si vous vouliez vous reposer encore un moment, monsieur... je serais charmée de...

Je n'écoute plus cette dame; je me suis levé, je suis sorti, je descends l'escalier en le sautant, je me figure toujours voir madame Piquette se décolletant devant moi.

— Rue Verte, 12! dis-je à mon cocher. Oh! Rosette, quel métier d'omnibus vous me faites faire!... N'importe, puisque j'ai commencé, j'y mettrai de la persévérance.

J'arrive rue Verte :

— Madame Dumarteau? dis-je au concierge.

— Au sixième, porte à gauche.

Au sixième, je l'aurais parié, et ce n'est que la quatrième tante. A quoi suis-je réservé?

Je frappe chez madame Dumarteau, qui n'a point de sonnette. Une femme d'une cinquantaine d'années, à figure revêche, entr'ouvre sa porte et me crie d'une voix rauque :

— Que demandez-vous?

— Madame Dumarteau...

— C'est moi : après?

— Je viens chercher mademoiselle Rosette, de la part...

— Mamselle Rosette, n'est pas ici...

— Alors, où est-elle?...

— Voyez sa tante Lumignon, rue du Petit-Musc, quartier Saint-Antoine.

— Très-bien, le numéro s'il vous plaît?...

Mais cette dame m'a déjà refermé sa porte sur le nez. Refrapperai-je pour savoir le numéro? Non, la rue du Petit-Musc est courte, je demanderai. Avec madame Dumarteau, la conversation n'a pas été longue; cette dame a l'air peu aimable, mais j'aime beaucoup mieux cela que les politesses de madame Piquette. Au moins on ne perd point de temps.

Je m'éloigne un peu pour ne point troubler son recueillement. — Page 110.

Me voilà en route pour la rue du Petit-Musc Si je ne connaissais pas mon Paris, mademoiselle Rosette se chargerait de mon instruction. Je fais arrêter mon cabriolet au coin de la rue Saint-Antoine. J'entre dans une des premières maisons de la rue et je demande :

— Madame Lumignon?

— C'est ici, monsieur.

Ma foi, je me suis bien adressé. Sachons l'étage : je crains de la deviner d'avance, on va m'envoyer au septième, cette fois.

— A quel étage, portier?

— Au fond de la cour, à gauche, au rez-de-chaussée.

— Ah! je respire!... voilà les tantes qui redescendent.

Madame Lumignon est une petite bossue qui a l'œil vif et la voix criarde comme ses pareilles. Dès que je prononce le nom de sa nièce, elle sourit en me répondant :

— Ah! c'est Rosette que vous voulez... pour madame Berlingot, n'est-ce pas?... Oui... oui... je suis accoutumée à cela... c'est toujours la même chanson... si on était méchante, on pourrait soupçonner des choses... mais, après tout, je m'en lave les mains... D'abord, Rosette ne nous écoute pas! c'est une si mauvaise tête... aussi tant pis pour elle... je l'ai prévenue...

— Mais, madame, c'est pour faire des reprises à un cachemire.

— Connu! connu!... il est bon là le cachemire.

— Enfin, madame, mademoiselle votre nièce est-elle chez vous?

— Ah bien oui, chez moi! quand elle y vient elle n'y moisit pas.

— Où pourrait-on la trouver alors?

— Peut-être chez sa tante Chamouillet, mais je n'en réponds pas...

— Et l'adresse de madame Chamouillet, s'il vous plaît?

— Rue Madame, du côté du Luxembourg, n° 4.

J'ai quitté la tante bossue qui me regarde aller d'un air narquois. Je remonte en voiture et dis à mon cocher d'un air désespéré :

— Rue Madame, près du Luxembourg.

— Ah! monsieur, si vous avez encore beaucoup de courses comme ça à faire, mon cheval nous laissera en route.

— Non, telle chose qui arrive, celle-ci est l'avant-dernière.

Nous arrivons avec peine rue Madame; le cheval est sur les dents. Je découvre la tante Chamouillet. On m'a dit de monter au second. Là, une femme est en train de faire un savonnage sur son carré, et au moment où je gravis les dernières marches, cette personne, qui sans doute ne m'avait pas entendu monter, se retourne en vidant une grande terrine d'eau de savon dans l'escalier. Je suis savonné jusqu'à la ceinture.

Je jure comme un possédé, la femme me dit fort tranquillement :

— Pourquoi que les plombs sont bouchés?... J'ai beau me plaindre, on ne les débouche pas; faut bien que je vide mes eaux quelque part.

— Mais on regarde au moins avant de jeter...

— Est-ce que vous avez reçu quelque chose?

— Parbleu! je suis tout trempé.

— Ça se séchera, ça ne tache pas, au contraire.

— Madame Chamouillet, s'il vous plaît?

— C'est moi... est-ce que vous avez quelque chose à faire laver?

— Non, madame, je me trouve suffisamment lavé... Je voudrais parler à mademoiselle Rosette, votre nièce.

Madame Chamouillet s'est remise à savonner, elle porte beaucoup plus d'attention à son linge qu'à ce que je lui dis.

— Madame, c'est de la part de madame Berlingot, confectionneuse...

— Très-bien, monsieur, très-bien... Peut-on salir du linge comme ça?... Tenez, monsieur, je vous en fais juge.

Et cette dame sort de son baquet une chemise qu'elle veut étaler devant moi. Je me dérobe à cette démonstration; mais en replaçant son linge, madame Chamouillet m'envoie dans le nez un bas tout trempé. Je tâche de prendre ceci avec calme, je m'essuie le visage et reprends :

— Voulez-vous bien me dire où est mademoiselle Rosette?

— Où est Rosette? Est-ce que je sais, moi?... Ah ben! car exemple!... Est-ce qu'on sait jamais où elle est, celle-là?...

— Comment, madame, elle n'est pas ici?

— Non, monsieur... C'est échinant de brosser ça.

— Mais où dois-je aller la demander?

— Voyez chez ses tantes.

— J'en ai déjà vu six, en vous comptant, madame; j'ai été chez mesdames Falourdin... Riflot, Piquette, Dumarteau... Lumignon et vous... Quelle est celle qui me reste à voir?

— Madame Cavalos, rue de la Lune, 19... Mais je ne vous réponds pas...

En disant ces mots, madame Chamouillet laisse sauter de ses mains son morceau de savon, et c'est mon gilet qui le reçoit. J'en ai bien assez, je me hâte de fuir la blanchisseuse; il me semble que je suis poursuivi par la lessive.

— Rue de la Lune, 19! dis-je à mon cocher. Heureusement, cela nous ramène dans mon quartier, et cette fois je ne ferai point une course vaine, il faut bien que Rosette soit là; c'est la dernière tante, et elle m'a positivement dit : « Quand je ne suis pas chez l'une, on me trouve chez l'autre. » Quel malheur qu'on ne m'ait pas envoyé tout de suite rue de la Lune!

J'arrive au terme de mes courses. On m'indique le logement de madame Cavalos, à l'entre-sol. Je trouve une petite vieille très-grasse, très-ramassée, qui me salue d'un air aimable, et semble attendre que je lui parle :

— Madame Cavalos?

— Bonjour, monsieur, ça ne va pas mal; je vous remercie.

— Je désirerais parler à votre nièce, mademoiselle Rosette.

— Oui, monsieur, je ne change pas... c'est ce que tout le monde me dit...

— De la part de madame Berlingot...

— Vous avez cru que je demeurais plus haut... Oui, autrefois, mais je suis redescendue.

Qu'est-ce que cela veut dire? madame Cavalos me fait l'effet d'être complétement sourde. Je me rapproche, et je crie de toute ma force :

— Madame, je demande mademoiselle Rosette, votre nièce...

— Vous venez pour quelque chose qui m'intéresse?...

C'est désespérant. C'est un pot que cette dame. Je ne parle plus, je fais une foule de gestes bizarres pour tâcher de piquer au moins sa curiosité. Elle me fait signe d'attendre. Elle s'éloigne, et revient avec un cornet qu'elle place à son oreille, en me disant :

— Je ne suis pas sourde, mais il y a des jours où je n'entends pas si bien...

Pauvre vieille! elle ne devrait jamais le quitter, son cornet. Je recommence ma demande, et cette fois on me répond :

— Ma nièce, Rosette? mais elle n'est pas chez moi, monsieur...

— Comment, madame, elle n'est pas chez vous?... Mais alors, où donc pourrai-je la trouver, à présent?...

— Oh! c'est bien facile, monsieur... Elle doit être chez sa tante Falourdin, faubourg Saint-Denis, au coin de la rue de Chabrol.

Pour le coup, je renonce à trouver ma grisette; je n'ai pas envie de recommencer la revue des tantes... j'en ai bien assez. Je me fais ramener chez moi. Il est cinq heures, et nous avons trotté depuis midi. Ah! mademoiselle Rosette!... mademoiselle Rosette! vous m'avez fait voir des tantes de toutes les couleurs... Quelle journée!... Décidément, Jason fut plus heureux que moi! Après bien des périls, il conquit la toison d'or... moi, j'ai affronté sept tantes... et je n'ai point reconquis Rosette.

Le marchand d'éponges.

En rentrant chez moi, je vois Pomponne qui vient à ma rencontre avec sa figure à nouvelles.

— Monsieur, me dit-il, il y a là quelqu'un qui vous attend, et qui a fait une faction un peu longue... mais je ne savais pas que monsieur serait si longtemps, il ne m'avait pas prévenu.

— Est-ce que Rosette serait venue pendant que je courais après elle?...

— Non, monsieur, ce n'est pas mamselle Rosette.

— C'est donc madame Dauberny?...

— Non, monsieur, c'est une personne de notre sexe...

— Ah! que tu m'ennuies, Pomponne; au lieu de t'écouter, j'aurais déjà dû aller voir qui est là.

J'entre vivement dans mon salon, et je trouve Ballangier assis dans un coin et tenant un livre à sa main.

Ce qui me frappe agréablement, c'est que Ballangier est mis fort proprement. Il a une blouse grise, mais cette blouse est irréprochable; son pantalon est bien brossé, ses souliers bien cirés; il a une cravate noire et un col très-blanc. C'est la tenue d'un ouvrier qui a de l'ordre et qui veut faire honneur à son état.

Ballangier vient à moi d'un air craintif, en murmurant :

— Je te demande pardon, Charles, de t'avoir attendu... j'ai peut-être eu tort; mais quand je suis venu sur les deux heures, ton domestique m'avait dit que tu allais rentrer, et ma foi, comme je désirais te voir... j'ai dit : Puisque j'y suis... restons.

— Tu as bien fait, Ballangier, très-bien fait; moi aussi je suis bien aise de te voir... Laisse-moi t'examiner... A ta tenue... à cet air de contentement intime que je lis sur ton visage... oh! je suis bien sûr que tu te conduis mieux maintenant!...

— C'est vrai, ou du moins je tâche. Je suis chez un gros fabricant, faubourg Saint Antoine... on m'avait donné une lettre de recommandation pour lui...

— Qui cela?...

Ballangier tourne sa casquette dans ses mains en reprenant :

— Un brave homme... pour qui j'avais travaillé autrefois, et qui n'avait jamais désespéré de moi. On m'a admis à l'essai, d'abord... Le patron avait eu de mauvais renseignements sur mon compte, mais j'ai travaillé si assidûment qu'au bout de quelque temps le bourgeois est devenu moins sévère avec moi; puis, sans que je le lui demande, il a augmenté mes journées... et enfin, aujourd'hui, il dit partout qu'il est content de moi...

— Ah! c'est bien, mon ami, et tu étais bien aise de me dire tout cela, parce que tu savais que cela me causerait un grand plaisir...

— Mais, oui, je l'ai pensé.

— Merci, mon ami, merci d'avoir pensé à cela... Tu ne saurais croire, en effet, quelle joie j'éprouve en apprenant le changement qui s'est opéré en toi!... Mais tu continueras, Ballangier; tu es entré dans le bon chemin, tu n'en sortiras plus, n'est-ce pas?... Et d'ailleurs, ne te sens-tu pas plus heureux, maintenant que tu gagnes ta vie, maintenant que tu peux hardiment lever la tête sans craindre d'être arrêté par un créancier... apostrophé par une femme, une mère, dont tu débauchais le mari ou le fils... sans lire sur le front des honnêtes gens le mépris qu'inspirent toujours les gens de mauvaise vie? Au lieu de cela, tu seras accueilli... fêté, recherché dans les familles; un père ne craindra plus de te voir donner le bras à sa fille, un frère à sa sœur. Tu seras aimé, estimé, considéré.. Oui, considéré! car il n'est point d'état, de carrière où l'honnête homme ne parvienne à acquérir cette considération que la richesse ne peut obtenir, lorsqu'elle n'est point accompagnée de la probité. Eh bien! dis-moi si tout cela n'est pas préférable à une vie de débauche, qui vous rend presque sans cesse abruti ou furieux; à la fausse amitié de ces misérables qui ne connaissent que la paresse, et quelquefois pis encore, qui préconisent tous les vices, qui cherchent à ridiculiser le mérite, l'assiduité au travail, parce que le mérite des autres ronge leur cœur plein d'envie, et que, ne pouvant y atteindre, ils s'efforcent de le faire succomber.

— Oh oui!... tu as raison, Charles... Je suis bien plus heureux... je réfléchis maintenant... je me sens tout autre... Je lis à présent... j'aime la lecture, et autrefois il m'était impossible de lire cinq minutes de suite.

— Lis, c'est fort bien, mais choisis de bons livres; les mauvais écrivains sont pis que les faux amis, car nous les retrouvons là à chaque instant sous notre main; leurs conseils perfides égarent les esprits faibles ou exaltés : il n'y a point de plus dangereux tête-à-tête qu'un mauvais livre.

— Tu me guideras, tu me donneras une liste des auteurs dont la lecture pourra m'être profitable.

— Je ferai mieux... Viens avec moi.

Je conduis Ballangier devant ma bibliothèque, d'où je tire Racine, Molière, Montesquieu, Fénelon, la Fontaine.

— Tiens, c'est pour toi cela, dis-je à Ballangier; emporte ces ouvrages, lis-les avec soin, avec fruit. Les uns te sembleront un peu sévères, un peu sérieux, mais en t'instruisant les autres te feront rire. Apprends par cœur le grand, l'éternel Molière... Il a fustigé les vices, les ridicules de son temps; mais comme malheureusement les vices sont de toutes les époques, comme les hommes ne valent pas mieux aujourd'hui qu'autrefois, comme nous rencontrons encore chaque jour dans le monde des tartufes, des précieuses ridicules, des avares, des bourgeois gentilshommes, Molière, ainsi que tous les auteurs qui peignent la nature, est et sera de toutes les époques. « Rien n'est plus beau que le vrai, le vrai seul est aimable!... » Cette maxime est vivement contestée par ces poëtes qui n'ont jamais pu être naturels... Ceux-là donnent un jargon de convention à tous leurs personnages, et ils appellent cela du style!... Chez eux, le paysan s'exprime comme le seigneur; l'homme du peuple fait de belles phrases comme l'avocat; la petite servante se servira de métaphores comme la grande dame! et ils appellent cela du style!... La postérité fera justice de tout cela!... Le pathos s'enfonce et se noie, le naturel vogue doucement et surnage toujours.

— Comment, c'est pour moi tous ces beaux livres?

— Oui, fais-en un paquet, tu les emporteras.

— Oh! merci, Charles!

— Quand tu les auras lus avec fruit, je t'en donnerai d'autres.

— Tu es trop bon!... mais je veux me rendre digne de... enfin... tu verras... En attendant... tiens, je te rapporte ceci.

Ballangier sort de sa poche un petit paquet enveloppé dans un papier.

— Qu'y a-t-il là dedans?

— Vingt-neuf francs.

— Et pourquoi veux-tu me donner cela?

— Parce que j'ai revu ce Piaulard, j'ai voulu le payer... mais il l'était... une... personne l'avait payé. Tu connais sans doute cette personne, et je voudrais lui faire rendre ses vingt-neuf francs.

— C'est bien, mon ami; ce que tu fais là annonce le retour de tes bons sentiments. Mais rassure-toi, la personne est remboursée depuis longtemps. Garde donc cet argent, et s'il t'en faut pour quelques emplettes, viens me trouver.

— Oh! je ne suis plus à court maintenant. Je n'ai jamais été si riche... Je ne sais pas comment cela se fait...

— Tu ne sais pas! C'est pourtant bien facile à comprendre; tu dépenses infiniment moins, et tu gagnes infiniment plus... voilà tout le secret pour être à son aise.

Ballangier a fait un paquet de ses livres, je lui serre affectueusement la main; il part content et me laisse heureux!... Quelle différence d'avec nos entrevues d'autrefois!

Le lendemain, je me reposais encore de mes pérégrinations de la veille, et je faisais assez stoïquement mon deuil de mademoiselle

Rosette, lorsque tout à coup la jolie brune entre dans ma chambre, vive, sémillante et gaie, comme à l'ordinaire; elle vient me tendre la main :

— Bonjour, monsieur... êtes-vous encore fâché?

— Fâché? mais ce n'est pas moi qui l'étais, c'est toi.

— Oh! c'est fini, ne parlons plus de ça; moi, je n'ai pas de rancune, et je ne sais pas bouder... Dis donc, tu as donc été me demander chez ma tante Falourdin?

— Chez ta tante... tu es modeste... si tu disais chez tes sept tantes, à la bonne heure!...

— Ah! pas possible... tu aurais été chez les sept!... tu aurais vu toute la collection!... Ah! ah! ah!... eh bien, tu dois en avoir eu de l'agrément!...

Rosette est prise d'un fou rire, pendant lequel elle ne peut que répeter :

— Il a vu mes sept tantes!... Ah! pauvre cher ami!... il a vu mes sept tantes!...

— Oui, je les ai vues toutes, et dans la même journée...

— C'est ta journée de *Waterloo*, je suis bien sûre qu'elle restera gravée dans ta mémoire... Dis donc, je gage que tu aimerais mieux grimper sept fois de suite le roidillon de Marly que de recommencer la journée d'hier.

— Je le crois aussi... Il y a surtout une dame Piquette, qui loge rue aux Ours... Sapristi, je ne me sentais pas à mon aise dans son tête-à-tête!

— Elle t'a fait de l'œil!... Je gagerais qu'elle t'a fait de l'œil... C'est une vieille coquette qui prétend qu'elle ne peut pas sortir sans être pincée. Ah! ce pauvre Charles!...

— Mais tout cela ne serait rien, mademoiselle, si j'étais parvenu à vous rencontrer... Il me paraît que vous trouvez l'hospitalité ailleurs que chez vos tantes.

Rosette fait une petite mine dans laquelle je crois qu'elle ne sait pas trop elle-même l'air qu'elle veut prendre, puis elle dit :

— J'étais chez une de mes amies. Mes tantes veulent toujours me marier, ça m'ennuie... et je finirai par les planter là toutes.

— Il me semble que c'est déjà ce que tu fais.

— Voyons, ne parlons plus de tout cela. Nous ne sommes plus fâchés, n'est-ce pas? et tu vas me mener dîner en ville, nous ferons un petit repas rupin... veux-tu? Oui, tu veux bien, c'est arrangé... nous irons à la campagne il fait beau, et nous nous roulerons sur l'herbe.

Résistez donc à un minois fripon qui vous propose de se rouler sur l'herbe... Je suis en train de signer la paix avec mademoiselle Rosette, lorsqu'on sonne chez moi.

— Ma chère amie, dis-je à ma grisette, si c'était par hasard cette dame de l'autre jour, j'espère que vous ne recommencerez pas une scène...

— Non, non, sois tranquille... j'ai bien vu que j'avais tort... elle m'a cédé la place de si bonne grâce!... Je ne lui en veux plus du tout à ta dame...

En ce moment, une forte odeur de rose arrive jusqu'à nous, et Rosette s'écrie :

— Diable, elle en porte des odeurs, cette dame-là... quel sachet!

Mais la porte s'ouvre, et au lieu d'une dame, c'est Balloquet qui paraît devant nous, en grande toilette et ganté fraîchement.

— Ah! pardon, mon cher Rochebrune, vous êtes avec une dame, et votre domestique ne me dit pas cela... je m'en vais... je reviendrai un autre jour...

— Restez donc, Balloquet, restez... mademoiselle le permet... N'est-ce pas Rosette, que vous voulez bien que mon ami reste?

— Certainement... je ne suis point une sauvage, moi... la société ne me fait pas peur.

Et Rosette se penche à mon oreille en me disant :

— C'est donc un parfumeur?

— Non, c'est un médecin.

— Un médecin!... est-ce qu'il soigne ses malades avec des essences?... il répand une odeur... on dirait d'un Grand Turc!...

De son côté, Balloquet me dit à demi-voix :

— A la bonne heure, je ne la fais pas fuir celle-là... ce n'est pas comme la petite blonde...

— Oh! non, ce n'est plus du tout le même genre.

Il n'y a qu'un moment que Balloquet est avec nous, lorsqu'on sonne de nouveau, et cette fois c'est Frédérique qui paraît.

— On m'a dit que vous étiez trois, s'écrie madame Dauberny en se jetant nonchalamment sur un siége, voilà pourquoi je me suis permis d'entrer... ai-je eu tort, Rochebrune?

— Non, madame, vous êtes toujours la bienvenue... et voilà mademoiselle qui va profiter de cette occasion pour vous témoigner ses regrets des paroles inconvenantes qu'elle vous a dites l'autre jour...

— Oui, madame, s'écrie Rosette en allant à madame Dauberny. J'ai eu tort, j'ai une mauvaise tête; mais, la main tournée, je n'y pense plus... Est-ce que vous m'en voulez toujours?

— Nullement, mademoiselle, répond Frédérique en tâchant de sourire : je vous assure que j'avais oublié tout cela!... j'espère seulement ne plus exciter votre jalousie...

— Oh! non, madame; Charles m'a dit qu'il n'avait jamais eu d'amour pour vous... je n'en demande pas davantage.

Frédérique se mord les lèvres. Moi, j'éprouve un sentiment dont je ne puis me rendre compte, je crois que je rosserais Rosette si je le pouvais. Les femmes ont une manière de raccommoder les choses qui produit souvent l'effet contraire.

Je balbutie assez gauchement :

— Madame connaît mes sentiments, mademoiselle, elle les apprécie, et...

Madame Dauberny m'interrompt en s'écriant :

— Assez, mon ami, les sentiments se prouvent et ne s'expriment pas. Mais, mon Dieu... comme cela embaume chez vous... il règne une odeur... de rose... oui, c'est bien la rose que cela sent... n'est-ce pas, mademoiselle?...

— Oui, madame, dit Rosette, cette odeur-là règne depuis que M. le docteur est entré ici; est-ce que vous prenez des bains d'essence de rose, monsieur?

Balloquet, qui se promenait dans le salon en faisant le beau, répond en passant sa main dans ses cheveux :

— Pas précisément, mademoiselle; mais en effet j'aime beaucoup l'odeur de la rose... je parfume quelquefois mon linge avec de l'essence qui me vient de Constantinople.

— Eh bien! tenez, franchement, monsieur, vous en mettez trop d'odeur... vous embaumez trop! Je ne voudrais pas manger une dinde aux truffes avec vous.

— Pourquoi cela, mademoiselle?

— Parce qu'au lieu de sentir l'odeur des truffes, je ne sentirais toujours que la rose, et une dinde truffée à la rose, je suis sûre que ce ne serait pas bon.

— Il me semble avoir eu déjà le plaisir de me rencontrer avec madame, dit Balloquet en saluant Frédérique.

— Oui, monsieur, un certain jour... ou plutôt une nuit où ma présence fut assez utile à vous deux, messieurs...

— Ah! c'est cela... les deux noces, n'est-ce pas, madame?

— Oui, monsieur; moi, je n'ai fait qu'un tour dans la vôtre, mais elle m'a semblé très-animée.

— En effet, madame, c'était la noce Bocal... il y faisait chaud!

— La noce Bocal! s'écrie Rosette... tiens, mais je connais ça, moi, un distillateur, rue Montmartre, dont la fille a épousé M. Pamphile Girie, marchand d'éponges.

— C'est cela même; vous le connaissez?

— Oh! c'est-à-dire je connais Freluchon; c'est par lui que je sais tout ça.

— Freluchon! dis-je, il me semble que j'ai déjà entendu ce nom-là.

— Freluchon, c'était le premier garçon chez M. Bocal, et il faisait la cour à mademoiselle Pétronille; et quand cette demoiselle a épousé ce serin de Pamphile Girie, elle a tant fait des pieds et des mains que Freluchon a quitté M. Bocal pour se mettre dans les éponges... il est devenu premier garçon chez Pétronille... vous comprenez l'apologue! Mais il paraît que M. Pamphile a une mère qui *voit tout*, qui *sait tout*... absolument comme feu le Solitaire; la maman Girie a donné l'éveil à son fils au sujet de Freluchon, M. Pamphile a voulu renvoyer son garçon, madame Pétronille a dit qu'elle ne le voulait pas : les époux se sont battus; M. Bocal a voulu intervenir et prendre le parti de sa fille, la mère Girie a rossé M. Bocal, on a été chercher le commissaire, la garde, les voisins, les portiers; il y a eu une scène telle que dans la rue les omnibus ne pouvaient plus circuler. A la suite de cette scène, Pétronille a quitté son mari pour retourner chez son père; Pamphile a négligé sa boutique pour faire la noce, et enfin Freluchon a fini par lui acheter son fonds d'éponges, où il voudrait maintenant m'installer près de lui, car il faut vous dire que ce monsieur a oublié sa Pétronille, et qu'il est amoureux de moi, et qu'il m'accable de billets doux et d'éponges : à ma fête, il m'en a envoyé une qui était grosse comme un potiron. Je lui ai dit : Monsieur, pour quel usage m'envoyez-vous cette énorme plante marine? Il m'a répondu : Mademoiselle, je voudrais vous en couvrir!... Et voilà!... avec les sept prétendus de mes tantes, ça fait huit colibris qui aspirent à s'hyméner avec moi.

Partie carrée.

Rosette nous a débité tout cela presque sans reprendre haleine. Nous avons ri de son récit, et, satisfaite du succès qu'elle vient d'avoir, ma grisette s'écrie :

— Ah çà, monsieur Charles, tout cela ne me fait pas oublier que vous devez me mener dîner à la campagne... Ah! pendant que nous sommes là... il me vient une idée... je vais vous la dire... moi je dis toutes mes idées... si nous allions dîner tous les quatre ensemble... puisque nous sommes en train de rire... nous nous amuserions, nous dirions des bêtises!...

La proposition de Rosette me semble si singulière, que je n'ai encore rien trouvé à répondre, lorsqu'à mon grand étonnement, Frédérique s'écrie :

— Moi, je le veux bien!... je suis libre, et, ma foi, je ne serais pas non plus fâchée de m'amuser un peu, d'autant plus qu'il y a longtemps que j'en ai perdu l'habitude.

— Ah! vous êtes gentille, vous! je vous aime tout plein à présent! dit Rosette en allant frapper sur l'épaule de Frédérique. Et vous, monsieur Larose, vous ne dites rien?

— Moi! répond Balloquet, si c'est pour de bon, j'en suis aussi, ça me va beaucoup.

— Comment, pour de bon! mais j'espère bien que nous ne dînerons pas pour rire. Eh bien! mon bon ami, est-ce que vous ne trouvez pas mon projet gentil?... vous ne paraissez pas enchanté?...

— Moi, mais... pardonnez-moi... je fais tout ce qu'on veut.

— Seulement, dit Frédérique, Rochebrune aurait préféré dîner en tête à tête avec vous, mademoiselle...

— Ah ouiche!... s'écrie Rosette, est-ce que nous n'avons pas tout le temps de nous retrouver?... Voyons, est-ce arrangé?

— C'est arrangé... convenu, décidé.

— Alors en route, il est déjà deux heures passées.

— Pomponne, va nous chercher un fiacre, et nous le garderons pour la journée.

— Oh! quel chic!... il n'y a plus qu'une chose qui me contrarie... et qui troublera ma joie même pendant le dîner.

— Quoi donc?

— Si monsieur le docteur pouvait ne plus embaumer la rose si fort... j'aimerais mieux je ne sais quoi que cette odeur-là... Essayez donc d'aller dans la rue marcher dans... n'importe quoi...

— Mademoiselle Rosette, dis-je en m'approchant de Balloquet, il y a moyen de vous satisfaire... Allons, Balloquet, mon ami, nous sommes ici en petit comité... n'y mettez pas d'amour-propre... permettez-moi de vous offrir une autre paire de gants et ôtez ceux que vous portez... c'est au nom des nerfs de ces dames, au nom de notre appétit qui disparaîtrait sous cette odeur de rose, que je me permets de vous adresser cette supplique.

Balloquet a un beau mouvement : il ôte ses gants et les jette par la fenêtre. Rosette rit aux larmes en s'écriant :

— Ah! c'étaient les gants... des gants nettoyés, connu! connu!... Mais votre marchande vous a floué, on les nettoie maintenant, et cela ne sent rien.

Pomponne nous annonce que la voiture nous attend. Pendant que mademoiselle Rosette est devant une glace, occupée à mettre son chapeau, je m'approche de Frédérique, et je trouve le temps de lui dire à l'oreille :

— Ce n'est donc point une plaisanterie... vous consentez à venir dîner avec une grisette?

— Pourquoi donc pas? vous y allez bien, vous.

— Mais moi... je suis un homme...

— Eh bien! moi, je suis de vos amis... Est-ce qu'on n'emmène pas quelquefois ses amis avec soi dans une partie de plaisir?... Oh! si pourtant cela vous contrarie trop... je n'irai pas...

— Ah! madame, ne croyez pas cela; seulement, je craignais... je pensais...

Je ne puis en dire plus, Rosette revient vers nous en disant :

— La voiture nous attend... Partons-nous?

— Partons! répond Frédérique.

Je suis un moment embarrassé, je voudrais offrir ma main à madame Dauberny, mais elle a déjà accepté le bras que Balloquet lui présente, et Rosette s'empare du mien en s'écriant :

— Allons donc, monsieur, qu'est-ce que vous avez donc aujourd'hui?... Ah! depuis que vous avez vu mes tantes, vous êtes bien distrait!...

Nous sommes en voiture. Rosette exige que je me mette devant elle... J'obéis, cela semblerait drôle de ne point le désirer; cependant, j'aurais préféré être en face de Frédérique.

Le cocher nous demande où nous allons. Nous nous regardons tous en répétant :

— Ah! c'est vrai; où allons-nous?

— Que ces dames décident.

— Moi, cela m'est absolument égal, dit Frédérique.

— En ce cas, dit Rosette, je propose Saint-Mandé; si nous voulons pousser jusqu'à Saint-Maur, je connais un petit chemin ravissant, on ne fait que monter et descendre.

— Va pour Saint-Mandé!

Nous partons; Rosette est d'une gaieté folle. Suivant son habitude, elle dit tout ce qui lui vient à l'esprit, et il lui vient quelquefois des réflexions très-drôles; Frédérique semble aussi de bonne humeur; Balloquet lutte de gaieté avec Rosette, je crois m'apercevoir qu'il fait l'aimable, le galant avec madame Dauberny; je ne sais pas pourquoi cela me semble bête de sa part. Cependant, cette dame est fort bien... Lui, qui est grand amateur, pourquoi ne chercherait-il pas à lui plaire?... Mais madame Dauberny n'écoutera jamais Balloquet... Tout en me disant cela, je me sens contrarié... Est-ce que j'ai le droit de trouver mauvais que Balloquet fasse sa cour à Frédérique, dont je ne suis que l'ami, moi?

Il s'ensuit qu'il n'y a que moi qui ne suis pas gai. Rosette, qui s'en aperçoit, me dit de temps à autre :

— Ah çà! mais, bon ami, qu'avez-vous donc?... Nous causons, nous rions... il n'y a que vous qui ne disiez rien... Est-ce que décidément vous êtes toqué d'une de mes tantes?... Ah! madame, il faut l'excuser, c'est qu'il a vu mes sept tantes hier... et il y a bien de quoi en perdre le repos.

Je m'excuse de mon mieux; je tâche de rire, mais je m'y prends mal; et ce qui me contrarie le plus, c'est que moins je suis gai, plus madame Dauberny devient rieuse; elle tient tête à Rosette en folies, en bons mots; Balloquet a l'air ravi, il devient de plus en plus galant pour son vis-à-vis, dont l'esprit et les saillies achèvent de le fasciner. Moi, je ne m'amuse pas du tout.

Enfin, nous arrivons à Saint-Mandé, nous descendons de voiture à la porte du bois. Nous entrons sur-le-champ commander notre dîner et retenir un cabinet chez Grue, puis nous allons nous promener du côté de Saint-Maur.

Balloquet s'est encore emparé du bras de Frédérique, que celle-ci lui a accordé en riant. Il me semble qu'elle rit déjà beaucoup avec lui. Rosette a repris le mien.

— Est-ce qu'on se donne le bras dans la campagne? dis-je d'un air indifférent. Je croyais qu'on allait... qu'on courait chacun à son idée.

— Moi, je me trouve très-heureux d'être le cavalier de madame, dit Balloquet en souriant.

— Est-ce que cela t'embête, de me donner le bras? me dit Rosette en me pinçant à me faire un bleu.

— Ah! mademoiselle... par exemple...

— Qu'est-ce que c'est... mademoiselle! Appelle-moi donc encore mademoiselle, et tu vas voir...

— Mon Dieu, Rosette, vous vous fâchez pour rien...

— Pour rien... Je veux que tu me tutoies... N'allons donc pas si vite...

— Mais les autres sont en avant...

— Eh bien! nous les rejoindrons, les autres... N'avez-vous pas peur de vous égarer avec moi, vilain monstre!...

— Quand on sort ensemble, c'est pour rester ensemble...

— Oh! que tu m'agaces... Ne faudrait-il pas nous attacher tous les quatre, de peur de nous perdre?... D'ailleurs, qu'est-ce qui vous dit qu'ils ne sont pas bien aises que nous ne soyons pas sur leurs talons?...

— Et pourquoi cela?

— Pourquoi cela est ravissant... Si tu ne vois pas que ton ami fait des yeux blancs à cette dame, c'est que tu es myope.

— Tu crois... Ça ne l'avancera pas à grand'chose...

— Qu'en sais-tu?... Oh! ces hommes! quel amour-propre! Parce qu'elle n'a pas voulu de toi, peut-être, tu crois qu'elle ne voudra de personne!... N'allons donc pas si vite...

— Cette dame est une personne qui veut bien rire, plaisanter... mais avec qui il ne faudrait pas se permettre de...

— Ta! ta! ta!... Voyez-vous ça!... C'est une déesse, peut-être, il faut lui offrir des sacrifices... Voyons, embrasse-moi.

— Oh! par exemple! Rosette, y pensez-vous...

— Tiens, si j'y pense; embrasse-moi tout de suite...

— Et si les autres se retournaient et voyaient cela, de quoi aurions-nous l'air?

— Nous aurions l'air de nous embrasser... Quel mal y a-t-il? est-ce qu'on ne sait pas que tu es mon amant, que je suis ta maîtresse?...

— Ce n'est pas une raison... Il y a des convenances...

— Oh! que tu m'impatientes... Embrasse-moi bien vite, ou je fais des cris affreux.

J'embrasse Rosette. Heureusement, les autres ne se sont pas retournés. J'ai quitté le bras de ma compagne sous prétexte de chercher de la violette. Je rejoins notre société.

— Pourquoi donc allez-vous si vite? dis-je à Balloquet; si vous ne voulez pas rester avec nous, alors c'est différent!... mais ce n'est pas très-aimable.

Frédérique part d'un éclat de rire, Balloquet me fait des signes que je trouve stupides.

— Voyez comme les meilleures intentions sont quelquefois mal prises, dit Frédérique; nous avions cru vous être agréables en vous ménageant un tête-à-tête avec votre jolie brunette...

— Oh! madame, vous portez trop loin la bonté...

— Quant à moi, dit Balloquet, ne me remerciez pas; en restant avec madame, je n'ai agi que pour mon compte.

Puis il s'approche et me dit à l'oreille :

— Mon ami, elle est adorable cette femme-là... de l'esprit jusqu'au bout des ongles... bien faite, beaux yeux, figure distinguée... humeur originale... Je ne comprends pas que vous n'en ayez jamais été amoureux... Moi, je suis pris... j'en tiens.

— Vous avez tort, vous perdrez votre temps.

— Pourquoi donc?... on ne sait pas... Elle rit beaucoup de ce que je lui dis.

Rosette me rejoint en criant :

— Eh bien! ce bouquet, ces violettes?...

— Je n'ai trouvé que des pissenlits et du pas d'âne.

— Merci! gardez-le, votre bouquet... je n'en veux pas...

— Si nous retournions du côté du dîner, dit Frédérique.

— Oh oui! madame a raison, dit Rosette, d'autant plus que la promenade est fort monotone... J'ai un amoureux qui est si peu en train aujourd'hui... Figurez-vous, madame, qu'il n'a jamais voulu se rouler sur l'herbe avec moi...

Frédérique me lance un regard railleur.

— Si ma compagnie m'avait fait une semblable proposition, murmure Balloquet en se rengorgeant, je l'aurais acceptée avec reconnaissance; je me serais roulé comme un âne.

— Oh! mais vous êtes un galant à la rose, vous... Enfin, il presque fallu que je violente monsieur pour qu'il m'embrasse...

— Ah! Rosette... vous dites des choses...

— Quoi donc?... Est-ce qu'entre amants on ne s'embrasse pas?... Est-ce que vous croyez que madame présume que nous passons notre temps à nous souffler dans l'œil?...

Madame Dauberny se retourne pour rire. Je voudrais être je ne sais où; mais voilà une partie de campagne dont je me souviendrai.

Nous sommes revenus chez le traiteur. Là, je tâche de retrouver ma bonne humeur : d'abord, comme la table est ronde, je serai naturellement entre Frédérique et Rosette, et pas plus avec l'une qu'avec l'autre. On nous sert un dîner succulent, des vins de choix.

— A la bonne heure, dit Rosette, c'est bien ordonné; ces messieurs se sont distingués. Voilà du pomard que j'estime.

— Soyez tranquille, dit Balloquet, nous aurons aussi des vins de dames.

— Qu'est-ce que vous entendez par vins de dames? des vins sucrés peut-être?

— Justement.

— Je vous préviens que je ne peux pas les souffrir, vos vins sucrés, excepté le champagne... et à moins que madame n'y tienne...

— Pas du tout, dit Frédérique.

— En ce cas, supprimez les vins sucrés! Fi donc!... cela rend malade... on ne peut pas en boire... Mais ceux-ci, demandez à Charles comme je les flûte!...

— Il me semble qu'on n'a pas besoin de me le demander, dis-je, ça se voit!...

— Est-ce que cela te fâche, bon ami?... Est-ce que tu n'es plus content que ta Rosette te tienne tête?... Est-ce que tu vas encore faire ton verglas à table?... Oh! madame, décidément mes tantes me l'ont gâté... il était bien plus gentil avant de les parcourir.

Madame Dauberny me pousse le genou en me disant tout bas: Soyez donc plus aimable, ou l'on va vous faire une scène...

Je m'efforce de me mettre à l'unisson de la gaieté générale. Rosette bavarde constamment, Balloquet chante en regardant Frédérique; celle-ci rit des saillies de ma grisette et nous raconte de temps à autre des anecdotes fort amusantes.

— Ah! si je savais narrer comme madame, s'écrie Rosette, je sais bien ce que je ferais!

— Que feriez-vous? dit Balloquet.

— Je ne ferais que ça! Je conterais des histoires toute la journée, et j'en inventerais toutes les nuits... Charles, embrasse-moi...

— Ah! sapristi, Rosette, est-ce que nous allons recommencer?...

— L'entendez-vous, madame, il refuse de m'embrasser, ce vilain-là.

— Mademoiselle, dis-je d'un ton sérieux, je suis fâché d'être obligé de vous apprendre qu'il y a des réunions où l'on peut se permettre de telles libertés, et d'autres où l'on doit s'en abstenir... vous auriez dû le sentir.

Rosette recule sa chaise de la table en murmurant:

— Ce n'était pas la peine de m'emmener avec vous pour me dire de ces choses-là...

Puis elle porte sa main sur ses yeux et se met à pleurer. Bon, c'est le bouquet. Je suis au supplice.

Frédérique va consoler Rosette en me disant:

— Allons, monsieur, ne faites pas de chagrin à mademoiselle; elle a raison, vous prenez très-mal votre temps pour lui donner des leçons. Embrassez-la bien vite, et que la paix soit faite.

J'obéis. Balloquet s'écrie:

— Ah Dieu!... je ne me ferais pas prier, moi, si quelqu'un me permettait de l'embrasser.

C'est extraordinaire comme je le trouve bête aujourd'hui.

Heureusement, avec Rosette, le rire est toujours près des larmes. Elle a déjà oublié son chagrin, elle ne songe plus qu'à fêter le champagne que l'on vient d'apporter. Frédérique lui tient parfaitement tête, mais elle ne s'étourdit pas; Balloquet, qui est émerveillé de la manière dont ces dames se conduisent à table, veut les surpasser, s'étourdit beaucoup, puis il manque de s'étrangler en ingurgitant du champagne.

— C'est bien fait, dit Rosette, cela vous apprendra à vouloir ingurgiter... je trouve cela si stupide... A quoi sert de boire quelque chose de bon, si vous ne le goûtez pas... si vous ne le savourez pas... Vous vous jetez ça dans le cou... Comme si c'était une médecine qu'on a peur de sentir... comme c'est spirituel... Alors buvez du piqueton, ça vous fera le même effet que le champagne.

Balloquet parvient à ne plus tousser, et dans un moment où nous jouissons d'un peu de calme, il me dit:

— A propos, Charles... avez-vous eu des nouvelles de l'homme à la bague...

— Non... non... je ne l'ai pas encore... retrouvé... Buvez donc, Balloquet.

Je crains que le jeune médecin ne commette quelque indiscrétion je veux changer la conversation, mais Rosette s'écrie:

— Qu'est-ce que c'est?... Il est question d'une bague... ça doit être une histoire de femme, je veux la connaître...

— Oui, mademoiselle, oui, en effet, c'est une histoire de femme..

— Mais une histoire fort triste, dis-je en interrompant Balloquet, ce n'est pas du tout le moment de la conter.

— Pourquoi donc cela?... j'aime aussi les choses tristes... j'aime les pièces où l'on pleure... Ah! monsieur Larose, contez-nous cette histoire...

— Volontiers, mademoiselle.

Je tremble que Balloquet ne découvre ce que j'ai caché à Frédérique. Il ne sait pas que l'homme à la bague est M. Dauberny; mais s'il nomme Bouqueton, Frédérique saura sur-le-champ qu'il est question de son mari. Je tâche de faire des signes à Balloquet pour qu'il se taise, mais il ne me regarde pas et se met à conter.

Frédérique ne dit rien; mais elle nous regarde avec attention et ne perd pas un mot de ce que dit le médecin.

Balloquet raconte, en bégayant un peu, toute l'aventure de la pauvre Annette, mais il n'a pas prononcé le nom de son assassin.

— Quelle horrible histoire! dit Frédérique en frémissant.

— C'est épouvantable, s'écrie Rosette. Ah! quel homme infâme!... mais est-ce que cette pauvre fille vous a dit son nom?...

— Oui, oui, reprend Balloquet, elle nous l'a dit... Diable de nom.. concevez-vous que je ne puisse plus me le rappeler... mais vous le savez, vous, Rochebrune, puisque... vous connaissez l'homme...

— Tu connais ce misérable, toi, Charles? Oh! mais tu l'as fait arrêter alors...

— Non, je ne le pouvais pas... nous n'avons aucune preuve...

— Et cette bague... qu'il avait donnée à cette pauvre fille...

— Cette bague... je l'ai chez moi... je la garde précieusement, j'espère bien qu'elle me servira quelque jour... pour venger la pauvre fille...

— Et tu ne veux pas nous dire le nom de ce monstre?...

— A quoi bon?... cette aventure est trop affreuse... le nom du criminel doit rester un secret jusqu'à ce que la victime soit vengée...

Frédérique ne dit pas un mot, mais elle a tenu constamment ses yeux attachés sur moi. L'heure de la retraite est arrivée, et je n'en suis pas fâché; d'ailleurs, l'histoire d'Annette avait attristé Rosette et rendu Frédérique toute rêveuse. Nous sommes remontés en voiture. Balloquet fait toujours l'aimable avec madame Dauberny, je crois qu'il lui demande la permission d'aller lui présenter ses hommages. Que ce garçon-là est suffisant!... Je n'ai pas entendu la réponse qu'on lui a faite; Rosette me pince, probablement parce que je n'écoute pas ce qu'elle me dit.

Je veux remettre Frédérique chez elle, Balloquet veut au contraire que je rentre d'abord avec Rosette. Nous sommes sur le point de nous disputer; Rosette ne dit plus rien, je crois qu'elle s'endort. madame Dauberny met fin à notre discussion en faisant arrêter la voiture sur le boulevard. Elle descend alors vivement en nous disant adieu et s'éloigne. Mais Balloquet ouvre aussitôt la portière en s'écriant:

— Je ne veux pas que cette dame s'en aille seule... par exemple!... je vais la reconduire.

J'essaye de retenir Balloquet, je saisis la basque de son habit; je lui dis que madame Dauberny ne voudra pas de son bras, qu'elle préfère aller seule.

Il ne m'écoute pas, il saute en bas de la voiture en déchirant tout un côté de son habit et il disparaît.

— Qu'est-ce que tu as donc ce soir, mon ami? me dit Rosette, tu contraries tout le monde, tu trouves mauvais tout ce qu'on fait... tu déchires des habits!...

— Ça ne vous regarde pas...

— Comme il est gentil aujourd'hui... mon amoureux...

— Et chez quelle tante faut-il vous reconduire ce soir, mademoiselle?

— Comme à l'ordinaire... faubourg Saint-Denis...

— Mais dans tout cela, vous ne m'avez pas dit où vous logiez hier pendant que j'avais la bonté... je pourrais dire la bêtise de vous chercher chez vos tantes!...

— Est-ce que tu veux me faire de la peine?...

— Répondez-moi donc...

— Je vous ai dit que j'étais chez une amie...

— Ah! oui... chez le marchand d'éponges, peut-être!

— Quelle horreur!... Au lieu de me dire de ces choses-là, vous feriez bien mieux de m'embrasser... Il paraît que ça se passera en compliments aujourd'hui!

Ma foi, au fait, elle a raison, je l'ai assez rebutée toute la journée, c'est bien le moins que je l'en dédommage en ce moment.

Un enfant malade.

J'ai mal passé la nuit, je voudrais savoir si madame Dauberny s'est laissé reconduire par Balloquet et s'il a fait des progrès dans les bonnes grâces de mon amie. Pourquoi suis-je si curieux de savoir cela? Je n'y comprends rien moi-même! Puisque je ne suis pas l'amant de cette dame, puisque je n'ai jamais songé à lui parler d'amour, dois-je trouver mauvais que d'autres lui en parlent? Je crois vraiment que l'on est jaloux en amitié comme en amour. Si Frédérique avait maintenant un amant, cela nuirait à l'attachement qu'elle me témoigne; c'est sans doute pour cela que j'éprouverais de la peine à penser qu'elle se laisse faire la cour. Ceci est de l'égoïsme, je le sens bien, mais qu'y faire?...

Je me lève de bonne heure. J'ai envie d'aller chez Balloquet, mais je ne me rappelle plus son adresse... Je crois que c'est cité Vindé... Qu'est-ce que je demanderai à Balloquet? N'aurai-je pas l'air fort ridicule en allant le questionner?... Non, je n'irai pas... je voudrais pourtant bien savoir s'il a reconduit Frédérique.

Pendant que je flotte indécis sur ce que je ferai, Pomponne ouvre ma porte et annonce avec emphase :

— Madame Potrelle, concierge ou suisse...

La bonne femme entre en saluant, en s'excusant de me déranger. Je lui demande ce qui l'amène.

— Mon Dieu! monsieur, c'est toujours pour cette pauvre jeune femme que je viens... pour madame Landernoy. Je désire savoir si monsieur est encore dans les mêmes intentions qu'autrefois...

— Quoi?... quelles intentions?

— Pour l'ouvrage... pour avoir soin du linge de monsieur.

— Qu'importe que j'aie les mêmes intentions, puisque cette jeune femme est persuadée que je n'en ai que de mauvaises... puisqu'elle croit que je lui tends un piége, que je m'entends avec ces mauvais sujets qui l'ont trompée?... Ma foi! madame Potrelle, on se lasse d'être constamment soupçonné... S'il est doux de faire du bien, il est pénible de rencontrer des ingrats... Enfin, je vous avoue que votre locataire était totalement sortie de ma mémoire, et je vous certifie que vous n'auriez plus entendu parler de moi.

— Oh! mon Dieu, monsieur, je comprends bien cela; mais, cependant, si vous saviez comme cette jeune femme est malheureuse en ce moment!... Depuis près d'un mois sa fille est malade... souffrante... l'enfant a besoin de prendre l'air... Dame, la mère sort pour promener son enfant... et pendant ce temps elle ne travaille pas... mais la santé de sa petite Marie avant tout. Elle était charmante, cette petite... Elle a cependant quatorze mois déjà... Comme le temps passe!... Madame Landernoy se prive de tout pour elle... et maintenant elle n'a pas d'ouvrage... ou elle n'en a que de si mauvais... huit sous à gagner par jour!... soignez donc votre enfant avec ça!... Alors, monsieur, j'ai pensé à vous, qui avez toujours été si bon pour cette jeune femme... et que j'ai toujours bien jugé, moi!... et j'ai dit à Mignonne : Je vais aller chez M. Rochebrune lui demander de l'ouvrage, et cette fois elle m'a répondu : Oui, allez! allez! car elle regardait sa fille qui semblait souffrir... et que ne ferait-elle pas pour avoir les moyens de la soulager!

— Et cela ira jusqu'à accepter de l'ouvrage de moi?...

— Ah! monsieur, il ne faut pas lui en vouloir... le malheur rend si souvent injuste!... Est-ce que monsieur me refuse?...

— Non, certainement... visitez ma commode... mes armoires... Voyez, prenez tout ce que vous voudrez...

La bonne femme s'empresse de courir visiter dans ma commode. Elle fait à la hâte un assez gros paquet de linge, on croirait qu'elle a peur que je ne change d'avis; puis elle roule tout cela dans son tablier, en me disant :

— Monsieur veut-il prendre connaissance de ce que j'emporte?

— Non, madame Potrelle, c'est parfaitement inutile; je sais à qui j'ai affaire, et je ne suis pas méfiant, moi.

La portière me remercie, me salue et s'éloigne en me disant que l'on va s'occuper de cet ouvrage sur-le-champ.

Croirait-on que pendant tout le temps que madame Potrelle me parlait de sa locataire, moi, je ne pensais qu'à Frédérique et à Balloquet? Ah! qu'il faut peu de chose pour faire tourner nos idées; nous ne sommes bons ou méchants pour les autres que suivant le plus ou moins de satisfaction de nos caprices... C'est fort triste pour l'humanité.

Je ne sais pas encore ce que je ferai, mais je me suis décidé à sortir, lorsque, sous ma porte, je me trouve nez à nez avec Balloquet, qui venait chez moi.

— Ah! je suis enchanté de vous rencontrer, mon cher Rochebrune...

— Et moi aussi. Voulez-vous que nous remontions?...

— Ce n'est pas la peine, nous causerons aussi bien en nous promenant.

— Soit. Que voulez-vous me dire?...

— Je venais vous parler de madame Dauberny... Ah! mon ami, quelle femme... quelle tournure... à faire des passions!...

— Je vois que vous en êtes toujours amoureux... Eh bien! l'avez vous retrouvée hier?...

— Oui, je l'ai rattrapée dans la rue... Elle ne voulait pas de mon bras; j'ai insisté... elle l'a pris...

— Ah! elle l'a pris. Et vous l'avez reconduite chez elle?...

— Naturellement...

— Et... et... où en sont vos amours?...

— C'est fini... oh! c'est tout à fait fini!...

— Je fais un mouvement si brusque que Balloquet s'écrie :

— Qu'est-ce qui vous prend donc?... une crampe dans le mollet?... le coup de fouet, peut-être?... Ça prend quelquefois en marchant...

— Non... c'est... mon pied qui a tourné... Mais vous disiez : C'est fini! Qu'est-ce qui est donc fini?... Est-ce que déjà vous êtes l'heureux vainqueur de cette dame?...

— Mais non, pas du tout, au contraire!... Je vous ai dit : C'est fini, parce que cette dame m'a donné mon paquet, je veux dire mon congé... Oh! mais de la façon la plus aimable, la plus polie... pas moyen de se fâcher. Vous aviez eu bien raison de me dire que je perdrais mon temps!

J'éprouve une sensation de plaisir, de bonheur, que je ne saurais décrire. Ce pauvre Balloquet, je crois que je le plains à présent. Je lui serre le bras avec affection, en lui disant :

— Voyons, contez-moi donc tout cela, mon cher ami.

— Oh! cela n'a pas été long. J'offre donc mon bras, qu'on accepte enfin. En chemin, je reprends mon rôle de galant... je crois même que je risque une déclaration d'amour... Vous savez que nous n'avions pas mal bu au dîner... Votre Rosette aura bien raison d'épouser un marchand d'éponges! Bref, j'étais très-animé, les paroles coulaient de source... Cette dame ne me répondait rien du tout; je me disais : C'est qu'elle est émue. Nous arrivons à sa porte, et là je lui demande la permission de monter un moment chez elle... C'était un peu brusque, j'en conviens, mais quand on a tant chauffé le four...

— Enfin?

— Alors cette dame s'arrête devant moi, et d'un air à la fois railleur et imposant me dit : « M. Balloquet, la journée est finie, tout ce que vous m'avez dit jusqu'à ce moment, je l'ai écouté comme la continuation de l'impromptu de campagne qui nous a réunis. Pendant une journée de folies, il n'est pas défendu d'en dire. Demain, ce serait inconvenant. Vous êtes fort aimable, monsieur, et vous êtes l'ami de Rochebrune; c'est un titre pour que je vous voie avec plaisir quand le hasard nous réunira. Mais qu'il ne soit plus question d'amour entre nous, monsieur; c'est une passion à laquelle j'ai dit adieu. Et si j'avais la fantaisie de renouer avec elle, je vous avoue franchement que ce n'est point à vous que je m'adresserais pour cela. Au revoir donc, monsieur, et sans rancune. » Puis elle m'a tendu la main, me l'a serrée affectueusement, et m'a fermé sa porte sur le nez. Eh bien! mon ami, parole d'honneur, je ne lui en veux pas du tout à cette dame, car ce n'est point une coquette; elle ne vous leurre pas de fausses espérances, elle vous dit tout de suite : C'est ça et ça!... On sait à quoi s'en tenir. Je serai fidèle à Satiné... cette pauvre Satiné! seulement, je lui dirai de mettre moins de rose dans ses gants. C'est égal, elle est fort bien cette madame Dauberny; je ne conçois pas que vous n'ayez point pensé à lui faire la cour.

Est-ce qu'il va se faire l'écho du baron de Brunzbrack?

Balloquet me quitte, je lui presse la main à le faire crier. Décidément, c'est un très-bon garçon que Balloquet et je l'aime tout plein. Où diable avais-je la tête de croire que Frédérique l'écouterait, il n'y a pas la moindre sympathie entre eux.

Maintenant que je ne suis plus agacé par cette affaire, je me rappelle Mignonne, madame Potrelle, et avec quelle distraction, quelle froideur j'ai écouté ce que me disait cette bonne femme. L'enfant de Mignonne est malade, la pauvre mère manque de mille choses pour le soulager... Si j'allais la voir... la consoler... Elle me recevra mal, peut-être... Tant pis, je ne me sens plus d'humeur à me fâcher.

Je pars. J'arrive rue Ménilmontant. Madame Potrelle pousse un cri de surprise en m'apercevant, puis murmure :

— Mon Dieu! monsieur, est-ce que vous voudriez reprendre cet ouvrage dont cette jeune femme a tant besoin?

— Non, non... bien au contraire... Mais ce matin j'étais... péoccupé, j'ai fait peu attention à ce que vous me disiez...

— C'est vrai, monsieur n'était pas comme à son ordinaire; mais, dame... chacun a ses affaires...

— Madame Potrelle, j'ai envie de voir Mignonne... de juger de l'état de son enfant... Pensez-vous qu'elle me recevra?...

— Oh! oui, monsieur... A présent elle reçoit tous ceux qui disent se connaître à la santé des enfants.

Je gravis lestement les cinq étages. Je reprends haleine avant de monter le petit escalier noir; m'y voilà. J'entends une voix douce et mélancolique qui chante :

Veille, veille, pauvre Marie,
Pour secourir le prisonnier.

La porte de chez Mignonne est toute grande ouverte, car nous sommes en été, et cela donne de l'air et un peu de jour à sa chambre, qui, comme on le sait, n'en reçoit que par le châssis qui est en haut.

Je m'avance. Mignonne tourne le dos à la porte; elle est à genoux devant un berceau qui est placé sur deux chaises; ce berceau est recouvert avec une jolie toile de Perse à fleurs bleues; une étoffe pareille entoure le bas et cache les petits paillassons sur lesquels on couche les enfants. Ce berceau a presque un air d'élégance qui fait disparate avec le reste de cette pauvre chambrette; mais la mère la plus indigente trouve toujours moyen de parer le berceau de son enfant.

En ce moment, Mignonne tâche d'endormir sa fille en chantant et en la berçant.

Je m'arrête sur le seuil de sa chambre, elle ne se retourne point; elle ne m'a pas entendu, elle ne voit que sa fille... elle lui parle...

— Eh bien!... nous ne voulons donc pas dormir aujourd'hui, mademoiselle Marie... nous ne voulons pas fermer nos beaux yeux... Oh! oui, nous avons de bien beaux yeux... mais il faut dormir pourtant... cela nous fera du bien... et puis maman le veut... Entends-tu... chère enfant, maman le veut... Oh! oui, tu m'entends... tu me souris... Oh!... elle me tend ses petits bras... elle veut que je la prenne... Mon Dieu!... mais cela lui ferait tant de bien de dormir!... et pourtant il faut que je fasse ce que tu veux... n'est-ce pas?

Mignonne se penche vers le berceau, elle y prend sa fille, elle se relève alors et m'aperçoit. Elle jette sur moi un triste regard, mais je n'y vois plus d'effroi.

— Excusez-moi, madame, dis-je en m'avançant, je me suis permis de venir vous voir, parce que ce matin madame Potrelle m'a appris que votre petite Marie était malade... J'ai, autrefois, un peu étudié la médecine... je serais heureux si je pouvais vous aider par quelques conseils que vous ne suivrez que s'ils vous semblent bons... Ah!... elle est bien gentille, cette petite...

— N'est-ce pas, monsieur?

— Et Mignonne sourit en me voyant contempler sa fille, qui est vraiment belle et a déjà beaucoup de ressemblance avec sa mère. Mais ses jolis traits sont fatigués et annoncent un malaise interne; enfin ses yeux sont tout chagrins, et c'est par les yeux que s'expriment les enfants, lorsqu'ils ne savent point encore parler.

— Quel âge a-t-elle, madame?

— Près de quinze mois, monsieur.

— Elle me semble déjà fort grande pour cet âge, et c'est sans doute cette croissance précoce qui la rend malade.

— Vous croyez, monsieur? en effet, ce doit être une des causes... Oh! oui, elle est extrêmement grande pour quinze mois... et malgré cela elle n'est pas grosse, elle n'est pas trop forte... comme ces enfants qui sont monstrueux.

— Permettez-moi de tâter son pouls.

Je prends la main de l'enfant; la peau est sèche et brûlante. Mignonne lit dans ma physionomie que je ne suis pas satisfait de cet examen.

— Elle a la fièvre, n'est-ce pas, monsieur?

— Un peu. Fièvre de croissance. Cela ne doit pas vous inquiéter...

— Ah! monsieur, vous pensez donc qu'elle guérira?...

— Sans doute, madame... son état ne me semble même pas devoir vous inquiéter.

— Mais, monsieur, c'est qu'il y a plus d'un mois qu'elle est comme cela; quelquefois pendant un jour ou deux elle est mieux, alors elle chante, elle rit... oui, monsieur, oh! je vous assure qu'elle chante, cette pauvre petite... il est vrai que sa mère seule peut la comprendre sans doute. Mais ensuite elle retombe dans cet état d'abattement, la fièvre revient... elle refuse tout... Mon Dieu! je ne sais que faire alors pour ramener un sourire sur ses lèvres. Elle souffre peut-être... mais ces pauvres enfants ne peuvent pas nous dire où ils ont mal. Mais elle guérira, n'est-ce pas, monsieur?

— J'ai toujours pensé, moi, madame, lorsque je me trouvais près d'un homme, près d'une femme que les médecins avaient condamnés, que les malades pouvaient encore revenir à la santé, car je crois plus à Dieu qu'aux hommes, j'ai plus de foi dans la Providence que dans la science humaine, et je ne pense pas que nous connaissions encore toutes les ressources de la nature. Mais lorsque c'est un enfant qui souffre, lorsque c'est une créature si neuve, si fraîche dans la vie! désespérer de sa guérison me semble un blasphème, puisque dans cette jeune plante qui vient de naître, il doit y avoir la séve de la jeunesse, de la force, de la maturité. Les enfants sont en peu de temps fort malades, en peu de temps aussi ils ont recouvré la santé; leurs yeux, abattus ce soir, seront riants demain... Il ne faut souvent qu'un rayon de soleil pour amener cet heureux changement.

— Ah! monsieur, vous me rendez le courage.

— Il ne faut jamais le perdre quand on est près d'un malade. Au reste, je pense que vous avez un médecin?

— Oui, monsieur, mais il ne vient pas souvent... il ne dit pas grand'chose... j'espère cependant qu'il viendra aujourd'hui, je l'attends.

— Désirez-vous que je vous en envoie un autre?

— Oh! non, monsieur... j'ai assez de confiance dans celui-là...

— Adieu, madame; ne vous chagrinez pas... ne vous fatiguez pas trop... songez que pour soigner votre enfant, il faut que vous conserviez votre santé... Si vous le permettez, je reviendrai savoir des nouvelles de votre petite Marie.

— Oui, monsieur.

Je m'avance et je dépose un baiser sur le front de l'enfant, dont les yeux semblent se fixer sur moi avec étonnement. Mignonne aussi m'a examiné pendant que j'embrassais sa fille. Mais elle m'a laissé faire et s'est contentée ensuite de me saluer tristement.

Je redescends et j'entre chez la portière qui, tout en peignant un de ses chats, me guettait au passage.

— Eh bien! monsieur, vous avez vu ma locataire et sa petite malade?

— Oui, madame; j'ai fait mon possible pour ramener l'espérance dans le cœur de Mignonne. Son enfant n'est pas bien, mais je ne le crois pourtant pas en danger. Que dit le médecin?

— Dame! le médecin secoue la tête... il s'en va toujours en disant: Il faudra voir.

— Il ne se compromet pas. En attendant, prenez cet argent, madame Potrelle, et veillez à ce que cette jeune femme et son enfant ne manquent de rien...

— Oh! monsieur... que vous êtes bon!... mais tant d'argent!... Combien donc que vous me donnez là?... cent cinquante francs!...

— C'est une avance sur l'ouvrage que Mignonne fera pour moi.

— Une avance!... mais, monsieur, elle ne voudra jamais recevoir une si grosse somme d'argent!...

— Aussi vous voyez bien que c'est à vous que je le donne... Payez les médicaments... il est inutile que Mignonne sache tout cela...

— Cependant, monsieur... si elle me demande comment j'ai fait pour avoir...

— Arrangez-vous comme voudrez, madame Potrelle... dites que l'on ne fait pas payer ce que l'on fournit pour des malades qui habitent dans les mansardes... mentez si cela est nécessaire, il y a des cas où ce n'est point un péché. Et lorsque vous n'aurez plus d'argent, venez sur-le-champ m'en demander sans en rien dire à Mignonne...

— Ah! monsieur... ce que vous faites là... Si jamais quelqu'un disait du mal de vous en ma présence... il recevrait Brisquet dans le nez... C'est Brisquet que je peigne là!

— Au revoir, madame Potrelle, je reviendrai dans quelques jours savoir des nouvelles de la petite Marie.

Faites donc du bien.

Quelques jours se sont passés sans que je retourne chez Mignonne. Rosette est venue plusieurs fois me voir; mais ma jolie grisette me parle trop souvent de M. Freluchon, le marchand d'éponges, cela me fait présumer que nos relations dureront peu.

Madame Dauberny est légèrement indisposée, elle me fait dire d'aller la voir. J'y cours; elle paraît touchée de mon empressement. Frédérique est charmante avec moi; elle me demande des nouvelles de Rosette, mais en riant et sans ironie comme autrefois, puis elle me dit, en secouant la tête :

— Je ne crains plus que cette jeune fille vous fasse perdre la raison et oublier notre amitié.

— Est-ce que vous aviez jamais eu cette crainte-là?

— Mais oui. J'ai une amitié qui est trop égoïste... c'est mal, je le sens... mais je suis jalouse... une amie n'a pas ce droit-là pourtant... grondez-moi, monsieur.

— Je vous excuse, au contraire... et je vous excuse d'autant plus que je ressens l'amitié comme vous apparemment, car...

— Car... Achevez donc...

— Eh bien! je suis aussi jaloux de l'affection que vous témoignez à d'autres... et à cette partie de campagne... où Balloquet vous faisait la cour... cela me contrariait beaucoup...

— Vraiment!... Est-ce que vous avez pensé un moment que j'écouterais ce monsieur?

— Mais pourquoi pas?... s'il vous avait plu.

— S'il m'avait plu est très-juste... mais vous saviez bien qu'il ne pourrait pas me plaire... sérieusement. Ah!... votre amitié est jalouse aussi...

Elle a dit cela en baissant les yeux; j'ai pris sa main que je presse avec affection dans les miennes. En ce moment la femme de chambre entre et dit :

— M. Dauberny, qui vient d'arriver, demande s'il peut venir s'informer de la santé de madame.

Frédérique demeure saisie, elle me regarde en murmurant :

— De retour! Quel malheur! je m'étais flattée qu'il ne reviendrait jamais... Mais, après tout... il faut supporter sa destinée... Après cinq mois d'absence... je n'ose refuser cette visite... qui est toute de politesse sans doute. Restez, mon ami, votre présence me donnera la force de supporter celle de M. Dauberny. Voulez-vous avoir cette complaisance?

— Du moment que vous m'y autorisez, madame, je resterai.

Frédérique a dit à sa femme de chambre qu'elle pouvait introduire M. Dauberny. J'éprouve une vive émotion en pensant que je vais me trouver en présence de cet homme, mais je m'efforce de la maîtriser sous un air calme et indifférent.

M. Dauberny ne tarde point à paraître. C'est un homme grand, mais qui est devenu trop gros pour sa taille. Sa figure, dont les traits sont généralement réguliers, a cependant dans son ensemble une expression de libertinage farouche, et quand ses yeux veulent exprimer la gaieté, ils deviennent verts, glauques, comme ceux d'un animal sauvage. Son extérieur annoncerait cinquante ans; ses cheveux sont épais et crépus, sa mise est soignée, mais il semble déjà porter avec peine son embonpoint.

Ce monsieur paraît surpris en trouvant un homme chez sa femme. Cependant il me fait un salut assez leste auquel je réponds par une inclination de tête si imperceptible et un air tellement glacé, qu'il en demeure frappé et me salue alors beaucoup plus bas.

J'avoue que je ne me suis pas senti capable de m'incliner devant ce misérable... En ce moment le souvenir de cette pauvre Annette se présente à ma pensée... je me rappelle sa blessure, ses affreuses souffrances... je me rappelle cette scène horrible sur les boulevards extérieurs... je ne me sens plus le courage de rester devant cet homme... le sang me monte au visage... je vais céder à mon indignation, je vais me jeter sur ce monstre... Pendant que je suis encore maître de moi, je me hâte de prendre mon chapeau... et je sors du salon.

— Vous partez, Rochebrune? me dit Frédérique.

— Oui, madame, oui... pardon... mais une affaire pressante... excusez-moi.

Je n'en dis pas davantage, je m'éloigne en détournant la tête pour ne ne pas saluer M. Dauberny.

Que pensera Frédérique de ma conduite avec son mari, de ce brusque départ?... je ne sais; mais si j'étais resté davantage, j'aurais éclaté... et devant elle, chez elle, c'eût été une faute.

Pomponne guettait mon retour, il vient au-devant de moi en s'écriant :

— Monsieur, la vieille portière... je sais à présent que c'est une portière... de la rue Ménilmontant... elle est venue... pas avec la jeune femme qui est venue une fois et qui s'est sauvée comme si on avait voulu la violer... une blonde qui est très-jolie...

— Après, Pomponne... après, que t'a dit madame Potrelle?

— Ah! justement, voilà le nom de la portière... il m'était échappé. Elle m'a dit : « Veuillez prier M. Rochebrune de passer le plus tôt possible... aujourd'hui, s'il a un moment, chez ma jeune locataire... car elle a bien du chagrin. » J'allais lui demander pourquoi la jeune femme avait du chagrin... mais elle ne m'en a pas laissé le temps, elle est partie en me disant : « Je suis bien pressée... je suis venue toujours en courant. » Il est certain que si elle a couru depuis la rue Ménilmontant jusqu'ici....

Je n'écoute plus Pomponne. Je suis reparti, je me rends chez Mignonne. Je trouve la portière en bas.

— Qu'y a-t-il de nouveau, madame Potrelle... avez-vous besoin d'argent?...

— Oh! non, monsieur, ce n'est pas cela... Mais cette pauvre mère... sa fille est bien plus malade... le médecin m'a dit à moi qu'il n'y avait plus d'espoir... Je n'ai pas dit cela à madame Landernoy... car ce serait la tuer aussi, elle est déjà si désolée... Je ne sais que faire pour lui donner du courage; j'ai pensé à vous, monsieur.

Je ne réponds rien. Je monte chez Mignonne... j'ai le cœur serré, et pourtant il faut que je tâche de ramener un peu d'espoir dans son âme.

J'arrive à la mansarde. La porte est toujours ouverte... Mignonne est à genoux devant le berceau comme la dernière fois que je suis venu; mais elle ne chante pas... un profond silence règne en ces lieux... La jeune mère, les regards fixés sur son enfant, semble épier sur son visage, dans sa respiration, quelques lueurs d'espérance.

Je m'avance; Mignonne ne se retourne même pas.

— Pardon, madame, dis-je en m'approchant du berceau, voulez-vous me permettre d'examiner votre petite fille?

La jeune femme jette sur moi un regard voilé par les larmes, en murmurant :

— Oh! monsieur... vous allez voir comme elle est changée, cette pauvre enfant... depuis dix jours que vous ne l'avez vue... Tenez, regardez-la.

Pauvre petite!... mon cœur se serre... ma poitrine se gonfle en voyant les ravages effrayants qui se sont opérés en si peu de temps... Quand je l'ai vue... il y a dix jours, elle était pâle et chétive, mais elle n'avait point encore changé ses jolis traits. Aujourd'hui, sa petite figure est tout amoindrie... sa tête, comme tout son corps, semble rapetissée; sa bouche qu'elle tient serrée, ses petits traits qui semblent agités par des contractions nerveuses, tout indique la souffrance, et pourtant, tout cela est encore doux et joli.. De tels anges devraient-ils souffrir?... Quel a donc été leur crime?

Je prends la main de l'enfant, elle est toujours brûlante. La mère me regarde avec anxiété, puis me dit :

— Monsieur... espérez-vous encore?...

— Je vous ai dit que j'espérais toujours.

— Oh! oui, vous avez raison... sans cela il faudrait mourir!

— Se plaint-elle?... Devinez-vous où elle souffre?

— Hélas!... elle ne se plaint pas, la pauvre enfant... seulement, elle gémit... elle pleure... et je ne sais plus la consoler... Oh! monsieur... je ne sais plus la consoler!

Mignonne s'arrête un moment pour pleurer. Je ne cherche point à arrêter ses larmes. Celles que l'on amasse font plus de mal que celles que l'on répand.

Mignonne reprend bientôt, en me montrant sa fille :

— Tenez, voyez... ces dents toujours serrées... Oh! c'est cela qui m'effraye.

— Que dit le médecin?

— Il a ordonné une potion. Mais elle ne veut rien prendre, elle ne veut pas boire... Voilà ce qui est cruel...

— Oui, car il est probable qu'en buvant un peu, cela calmerait ce feu qui la mine...

— Mais... puisqu'elle ne veut pas... puisqu'elle pleure davantage quand j'insiste... Je ne puis pourtant pas la forcer, cette chère petite...

— Me permettez-vous d'essayer, madame...

— Vous, monsieur, et vous croyez que vous réussirez mieux que moi?...

— Je m'y prendrai autrement...

— Avec ses dents toujours serrées... je crains qu'elle ne brise la tasse que je lui présenterai...

— Aussi, n'est-ce pas avec cela que je veux essayer... Vous avez une petite cuiller?

— Oui, monsieur...

— Veuillez me la donner, madame.

Mignonne me présente une petite cuiller en fer et une tasse dans laquelle est de la potion calmante ordonnée par le médecin. Je remplis la cuiller, je la présente à l'enfant, qui refuse; mais, avec ma main gauche, je parviens à entr'ouvrir un moment ses gencives, et je jette dans sa bouche le contenu de la cuiller. La petite fille pleure; mais elle a avalé quelques gouttes du breuvage, et c'est tout ce que je voulais.

Mignonne m'a regardé faire avec surprise, presque avec effroi; un moment elle a craint que je ne fisse du mal à sa petite fille. Mais elle se calme... elle paraît contente du résultat que j'ai obtenu.

— Vous venez de voir comment j'ai fait, lui dis-je; il faudra agir de même, quand vous voudrez que votre petite avale un peu de potion...

— Ah! monsieur, je ne sais si je pourrai... si je serai aussi adroite que vous... et puis, j'aurais peur de lui faire mal, à cet ange.

— Je ne lui en ai fait aucun.

— C'est vrai... et tenez... regardez-la donc, monsieur; on dirait qu'elle respire mieux... Oh! si cela lui avait fait du bien!

— C'est très-probable...

— Oh! monsieur... si vous vouliez rester encore un peu... et recommencer tout à l'heure à la faire boire...

— Je le veux bien, madame.

— J'abuse de votre complaisance, monsieur, mais j'ai peur de ne point savoir faire aussi bien que vous.

— Rien ne me presse, madame, je suis libre de mon temps... J'en ai souvent fait un mauvais usage, je tâcherai que chez vous cela fasse compensation.

L'enfant semblait sommeiller. Je respecte son repos. Mais au bout d'une demi-heure, lorsque la petite Marie recommence à s'agiter, je renouvelle ma tentative, et je lui fais encore avaler une demi-cuillerée de potion.

Je reste encore quelque temps à causer avec Mignonne, chez laquelle je m'efforce de ramener du courage et de l'espérance, puis je m'éloigne en lui disant : A demain.

Le lendemain, en effet, je retourne voir la petite malade, et je passe une partie de la journée chez Mignonne, car par ma conversation je ranime le courage de cette jeune femme, et elle trouve que personne ne fait aussi bien que moi boire son enfant. Un peu de mieux s'est manifesté dans l'état de la petite Marie. Le médecin en a été tout surpris, et la mère renaît à l'espérance. Moi, il me semble que j'aime aussi cette pauvre petite fille. On s'attache si facilement aux enfants!

Huit jours s'écoulent; je n'en ai point laissé passer un seul sans aller m'établir chez Mignonne pour une partie de la journée. Je crois qu'elle a encore quelque méfiance sur mes intentions, et pourtant, comme elle trouve que je m'entends à soigner les enfants, elle me dit chaque jour quand je la quitte :

— Vous seriez bien aimable si vous pouviez venir demain.

Je ne suis point retourné chez Frédérique, je n'ai pas revu Rosette; que doivent-elles penser de moi? Mais en rentrant chez moi, un jour, sur les quatre heures, je trouve mon amie et ma maîtresse établies dans mon salon.

Je vois sur le champ, à l'air de ces dames, que l'on est fâché contre moi.

— Ah! vous voilà, monsieur, dit Rosette. Vous devenez bien rare... bien introuvable... car, Dieu merci, c'est la troisième fois que je viens... Je ne sais pas si votre jocrisse vous l'a dit?

— Mon jocrisse ne me l'a pas dit?

— Et voilà madame, qui est venue autant de fois, à ce qu'il paraît, et n'a pas été plus heureuse que moi.

— Quoi! Frédérique... vous avez pris la peine de venir... Je suis bien fâché...

Frédérique sourit, mais avec cet air ironique que je lui connais, en me disant :

— Qu'importe que je sois venue... Vous n'étiez pas inquiet de ma santé, à ce qu'il paraît, puisque vous n'êtes point revenu vous en informer... depuis ce jour où vous êtes parti brusquement... Je comprends que la présence de mon mari n'ait rien de bien agréable... Cependant, par amitié pour moi, vous auriez peut-être pu le supporter un peu plus longtemps...

— Vous voyez bien, madame, reprend Rosette, que monsieur a d'autres intrigues, de nouvelles passions, auprès desquelles mon amour et votre amitié ne sont que de la Saint-Jean! Il n'a plus un instant à nous sacrifier... il passe tout son temps... toutes ses journées auprès de sa nouvelle de la rue Ménilmontant... Ça ne doit pas être bien distingué dans ce quartier-là... mais il faut connaître un peu de tout!

Je vois que Pomponne a bavardé et fait des cancans.

— Ah! on vous a dit que j'allais tous les jours rue Ménilmontant? dis-je avec un calme qui semble encore irriter ces dames.

— Oui, monsieur... chez une jeune et jolie blonde... Vous les aimez les blondes maintenant... Vous les aimez de toutes les couleurs, n'est-ce pas?

— Et cette blonde, chez laquelle je vais, est donc ma maîtresse?...

— Mais non... c'est peut-être votre blanchisseuse de fin... Que sait-on? Et vous y allez pour surveiller le repassage de vos gilets! Ah! ah! ah!... Dites-nous donc cela, ça serait plus drôle.

— Je ne dirai pas cela, parce que je n'ai aucune raison pour mentir.

— Oh! sans doute... Au fait, vous êtes votre maître, vous pouvez faire ce que bon vous semble... Il paraît qu'elle est venue un jour ici... votre blonde! puisqu'elle s'est sauvée comme si le diable l'emportait! Oh! que je suis donc fâchée de ne point m'être trouvée là, le jour où elle vous a honoré de sa visite... je lui en aurais donné une drôle de danse!... Je lui aurais fait descendre les escaliers en mazurkant!... Mais que sait-on?... je la rencontrerai peut-être ici un de ces jours... Puisque maintenant vous allez passer toutes vos journées chez elle, il est probable qu'ensuite ce sera son tour... Que je la rencontre... C'est que je ne suis pas bonne quand je suis jalouse... Je la taperai cette femme... oui, monsieur, oui je la taperai.

J'ai écouté Rosette sans sourciller. Frédérique ne dit rien, mais elle me regarde.

— Rosette, vous n'êtes point aussi méchante que vous voulez le faire croire, dis-je en voulant prendre la main de ma grisette, qui la retire brusquement. Si vous trouviez ici la jeune dame dont vous parlez... vous ne l'insulteriez pas, je l'espère, car ce serait aussi ridicule que lorsque vous avez insulté madame.

— Qu'est-ce que vous dites? Est-ce que vous voudriez aussi nous faire croire que la blonde est seulement une de vos amies?... Oh! mais cela, mon bon, c'est bien pour une fois... d'ailleurs, madame Frédérique est votre amie, mais vous n'allez point passer toutes vos journées chez elle, il me semble... est-ce vrai, madame?

— Oh! je vois fort peu monsieur! dit Frédérique d'un air de dépit, et lorsque par hasard il daigne me faire une visite, il saisit le premier prétexte pour se retirer; entre amis, je sais qu'on ne doit nullement se gêner... seulement on pourrait avoir plus de franchise.

Ces mots sont dits d'une manière qui m'annonce qu'on m'en veut beaucoup, au contraire. Rosette s'élance tout à coup sur moi comme si elle voulait me griffer, en s'écriant :

— Voyons, monsieur, qu'est-ce que c'est que cette femme chez qui vous allez passer vos journées? depuis quand la connaissez-vous?... que faites-vous chez elle?... Répondez... répondez... mais répondez donc!... je ne suis pas que votre amie, moi, et je veux que vous vous gêniez avec moi.

— D'abord, mademoiselle, je pourrais refuser de répondre à des questions faites de cette manière... Vous voulez savoir tout ce que je fais... en avez-vous le droit?... et sais-je bien tout ce que vous faites, moi, lorsque je vous cherche inutilement chez vos sept tantes!.. Mais cependant je vais satisfaire votre curiosité... parce que je suis bien aise en même temps de me justifier aux yeux de mon amie Frédérique... qui croit ne plus avoir toute ma confiance.

— C'est-à-dire que vous daignez me répondre à cause de madame... c'est poli pour moi! Enfin, n'importe... parlez, monsieur.

— Cette jeune fille chez qui je vais, en effet, depuis quelques jours... et qui demeure rue Ménilmontant, n'est point ma maîtresse... vos conjectures à ce sujet sont très-fausses : c'est une pauvre fille qui était sage... et qui a été séduite...

— Cette malice!... comme si toutes les filles n'étaient pas sages avant d'être séduites...

— Mais je m'entends, moi, je veux dire que celle-là n'avait point ces goûts de plaisirs ou de paresse qui tôt ou tard entraînent une jeune personne vers sa perte...

— Ah! très-bien; compris!... c'eût été une sainte, si elle n'eût point péché!

— Si vous ne voulez pas me laisser parler, Rosette, il est inutile de me questionner.

— Pardon, monsieur... on se tait.

— Cette jeune fille est devenue mère... son séducteur l'a abandonnée.

— Ah çà! mais qu'est-ce que cela vous fait, à vous, toute cette histoire-là?... est-ce que ça vous regarde, si vous n'êtes pas le séducteur?

— J'ai appris indirectement tous les malheurs de cette jeune femme... je me suis intéressé à son sort... je lui ai donné de l'ouvrage... j'ai tâché autant que je l'ai pu de soulager sa détresse... qu'y a-t-il donc là d'étonnant, mesdames! d'où vient que vous me regardez d'un air si singulier?..

— Allez, bon ami, continuez votre touchante histoire... Et maintenant vous passez vos journées chez cette jeune femme, parce qu'elle vous apprend à tricoter peut-être.

Je ne suis pas maître d'un mouvement d'impatience. Il est triste, lorsqu'on a voulu faire un peu de bien, de se voir sans cesse soupçonné de mal. Je me lève en m'écriant :

— Je vais maintenant chaque jour chez cette jeune femme, parce qu'elle se désole... parce qu'elle perdrait la raison peut-être, si personne n'était là pour soutenir son courage... parce que ce n'est point le moment de l'abandonner. Croyez-moi si vous voulez, madame... mais tant pis pour vous si vous ne supposez pas qu'on puisse faire un peu de bien sans intérêt.

— Je n'ai jamais pensé cela de vous, Charles! dit Frédérique en se rapprochant de moi; seulement, il me semble que l'on peut être surprise... lorsqu'on pensait avoir votre confiance entière, de vous savoir tout occupé d'une jeune femme dont on ne vous avait jamais entendu parler...

— Quant à moi, s'écrie Rosette, je ne suis pas si crédule que madame... je ne donne pas dans la femme innocente, malheureuse et persécutée... il ne manquerait plus que l'époux crédule et barbare... j'ai vu une pièce là-dessus... Je ne dis pas que vous ne protégez pas cette belle blonde... je crois au contraire que vous la protégez trop. Certainement vous avez été touché de ses chagrins... mais pourquoi? parce que vous en êtes amoureux...

— Cela n'est pas, Rosette; encore une fois, vous vous trompez.

— Permettez... encore une question, et répondez franchement : Est-elle jolie cette jeune femme?

— Elle est fort bien.

— Là, j'en étais sûre... Remarquez bien, madame Frédérique, que ces messieurs bienfaisants ne protégent jamais que les femmes gentilles... quant aux laides, je ne sais pas comment cela se fait, mais ils ne les dénichent pas, celles-là... elles peuvent bien gémir dans des coins tant qu'elles voudront, il n'y a pas de danger qu'on aille les y chercher. Total et addition... je ne donne pas dans votre histoire... et je crois que je ferai bien de céder aux sollicitations de Freluchon et de m'hyménér avec lui... Madame, vous avez vu sa boutique d'éponges, rue du Petit-Carreau... n'est-ce pas qu'elle est jolie?

— Très-jolie, répond Frédérique. Le comptoir m'a surtout paru d'une élégance remarquable...

— Ah! comme je trônerai là dedans... Adieu, Charles... vous m'avez fait des traits, je vais me marier!...

Rosette s'éloigne, et j'avoue que je ne cherche pas à la retenir... ce qu'elle m'a dit m'a vivement piqué. Quant à Frédérique, je vois bien que dans le fond de son cœur elle partage les injustes soupçons de la grisette; elle reste encore un moment avec moi, mais elle ne me dit presque rien; enfin, elle me quitte aussi, et quand je lui serre la main, c'est à peine si la sienne me répond. Voilà donc comme on nous croit quand nous disons la vérité... oh! si j'avais menti, je suis bien certain que je n'aurais pas rencontré d'incrédules!

Une consolation.

Je suis encore sous l'impression des deux visites que j'ai reçues : avec Rosette, je savais bien que notre liaison ne serait pas de longue durée, et un peu plus tôt, un peu plus tard, lorsqu'une chose doit finir, on y est préparé. D'ailleurs, depuis mes courses chez les tantes, je n'ai plus la moindre confiance en Rosette.

Mais Frédérique! me faire froide mine parce que je me suis occupé d'une jeune femme qui est dans la peine; de sa part cela m'étonne; elle a bon cœur pourtant, mais alors pourquoi donc veut-elle que les autres n'aient point cette qualité?

Je suis un moment tenté de me rendre chez madame Dauberny, mais je réfléchis que ce serait presque aller lui demander pardon d'avoir fait un peu de bien sans sa permission. Non, il faut conserver sa dignité. Tant pis pour ces gens qui voient du mal dans tout et partout.

Toutes ces préoccupations m'ont retenu chez moi plus tard que de coutume... et la journée est très-avancée lorsque j'arrive à la demeure de Mignonne. Madame Potrelle n'est point dans sa loge, qui est déserte. Je monte rapidement l'escalier, mais un triste pressentiment me serre le cœur : cette pauvre enfant serait-elle plus mal?

J'arrive chez Mignonne. Dans cette petite chambre je trouve, près de la pauvre mère, le médecin, la portière et une autre voisine.

Mignonne pleure, crie en appelant sa fille, puis retombe sur sa chaise sans mouvement et sans voix.

— La petite Marie n'est plus, me dit à voix basse le médecin, elle a succombé il y a un moment à la suite de légères convulsions... Cette enfant ne pouvait pas guérir... je le savais bien... mais la pauvre mère ne veut pas que sa fille soit morte... il faudrait pourtant l'emmener d'ici.

Pauvre femme!... pauvre enfant!... je suis arrivé trop tard... Je n'aurais pas empêché ce malheur... et pourtant je suis désolé d'avoir tant tardé à venir. La vieille portière est penchée vers Mignonne et fond en larmes auprès d'elle, l'autre dame en fait autant... je me rapproche du berceau dans lequel je regarde... Pauvre petite fille, la crise du trépas à été légère pour elle, car sa figure n'est point changée; il semble au contraire qu'avec la mort elle ait enfin connu un état de quiétude et de repos, qu'elle soit heureuse de ne plus souffrir!... sa jolie figure semble sourire, je me penche pour déposer un baiser sur le front de cet ange qui a fait un si court passage sur la terre...

Mignonne, qui semblait absorbée, vient de m'apercevoir: elle se lève vivement en repoussant le médecin; elle vient à moi en s'écriant :

— Ah! vous voilà!... vous voilà!... combien vous avez tardé!.. mais vous allez la faire boire, n'est-ce pas... vous allez la ranimer, cette chère enfant... car elle n'est pas morte... oh non! le ciel ne m'a pas repris ma fille... ma petite Marie... Tenez... tenez... prenez-la... mais faites-la donc boire... entr'ouvrez donc ses lèvres... vous voyez bien qu'elle ne pleure pas... qu'elle ne refuse pas...

Et déjà elle s'est penchée pour saisir l'enfant qu'elle couvre de baisers et de larmes... puis tout à coup elle pousse un grand cri et presse sa fille sur son cœur en murmurant :

— Froide... froide... pourquoi donc?... Réchauffez-la donc, monsieur... mais réchauffez-la donc... vous voyez bien qu'elle va mourir!...

Cette scène est déchirante. Le médecin lui-même ne peut retenir ses larmes. Mais Mignonne vient heureusement de perdre connaissance. Nous profitons de ce moment pour l'emporter, le docteur et moi. La dame qui est là demeure dans la rue deux maisons plus loin; elle offre de recueillir, de garder la jeune mère tant que son état l'exigera.

Nous plaçons Mignonne dans un grand fauteuil; quelques personnes officieuses sont venues se joindre à nous. La pauvre mère est transportée chez la voisine sans avoir repris connaissance. Le médecin l'accompagne, il ne la quittera pas. Madame Potrelle reste en prières près de l'enfant qui n'est plus. Je m'éloigne, triste et sombre comme un jour d'orage. Je cherche une promenade solitaire, car l'aspect du monde me fait mal, et je me dis :

— Qu'avait donc fait cette jeune mère pour être privée de son enfant qui était son seul bonheur, son unique joie sur la terre!

Quinze jours se sont écoulés depuis que la petite Marie a cessé de vivre. Je n'ai point encore eu le courage d'aller revoir Mignonne; je crains que ma vue ne lui fasse mal, car ce seront encore des occasions de penser à sa fille.

— Mais n'y pense-t-elle pas toujours, la pauvre mère? Ce n'est point en s'efforçant de chasser un souvenir de son cœur que l'on parvient à l'envisager avec moins d'amertume; c'est au contraire en parlant souvent des objets que l'on a perdus, que la douleur se calme et s'adoucit.

Je me suis rendu chez madame Dauberny; on m'a dit qu'elle était allée passer quelques jours à la campagne. Quant à Rosette, je n'en entends plus parler.

Par une chaude journée de l'été, je me décide à aller revoir Mignonne. Je l'ai laissée entre les mains de personnes honnêtes qui s'intéressaient vivement à elle. Le médecin m'avait promis de la voir assidûment, c'est pour cela que j'ai retardé ce moment... On a souvent du courage pour ses propres peines, mais on en manque lorsqu'il faut affronter celles des autres.

Enfin, je suis arrivé devant la loge de madame Potrelle. La bonne femme est là; j'ose à peine la questionner... elle me devine, et va au-devant de mes désirs.

— Madame Landernoy a été très-malade, monsieur; pendant cinq jours on a craint pour sa vie, mais enfin elle a recouvré la santé, ou du moins le sentiment de ses peines! car je n'appelle pas ça de la santé, moi, que de pleurer sans cesse et de ne manger que pour ne point tomber en faiblesse. Enfin, il y a quatre jours, elle a voulu absolument revenir chez elle... dans sa petite chambre là-haut; la voisine ne le voulait pas. Mais le médecin a dit: « Il ne faut pas la contrarier, ça lui ferait plus de mal. » Elle est donc revenue... Ah! monsieur, si vous aviez entendu ses sanglots en revoyant le berceau de sa fille; et pourtant elle a sans cesse la tête penchée dessus comme si elle y cherchait son enfant, car elle s'écrie: « C'est tout ce qui me reste d'elle... Ce n'est que sur son berceau que je puis pleurer... car j'ignore où elle est... je n'ai rien d'elle... on ne retrouve pas l'enfant du pauvre... je ne puis aller m'agenouiller sur sa tombe!... » Ah! monsieur, cela fait bien mal d'entendre ça... et de voir cette jeune femme accablée sous le poids de sa douleur, et qui reste quelquefois les journées entières sans vouloir s'éloigner du berceau de sa fille.

Je ne réponds rien, mais je monte chez Mignonne. J'arrive devant sa porte, qui est fermée maintenant. Je n'entends rien, un silence profond règne maintenant en ces lieux. Je frappe doucement à la porte. Au bout d'un moment, la douce voix de Mignonne se fait entendre:

— Qui est là?

— Moi, madame, veuillez m'ouvrir.

Sans doute elle a reconnu ma voix, car elle vient ouvrir brusquement; puis elle me regarde, et, me montrant le berceau avec une expression déchirante, me dit:

— Pourquoi venez-vous maintenant?... Elle n'est plus là... vous ne pouvez plus rien pour elle... et moi... oh! moi, je n'ai plus besoin de rien.

Elle est retombée sans force sur une chaise. Mais me plaçant devant elle, je lui dis d'un ton respectueux mais ferme:

— J'ai encore un devoir à remplir... Veuillez me suivre, madame; prenez votre chapeau... votre châle... de grâce, veuillez me suivre; c'est au nom de votre fille que je vous en prie.

Mignonne m'a regardé avec surprise; mais à peine ai-je prononcé le nom de sa fille, qu'elle se lève, prend à la hâte ce qui lui est nécessaire pour sortir, et est prête en un instant.

Je descends devant elle, elle me suit. La mère Potrelle ouvre de grands yeux en nous voyant passer devant sa loge; mais je ne m'arrête pas. Je suis venu avec un fiacre qui m'attend à la porte. Je fais monter Mignonne dans la voiture, elle monte sans rien demander; je me place près d'elle; le cocher sait où il doit nous conduire, nous partons.

Mignonne ne prononce pas un mot, et moi je respecte son silence. Nous faisons ainsi le trajet qui nous séparait du cimetière du Père-Lachaise; c'est devant ce champ du repos que notre voiture s'arrête. Je descends le premier et je donne la main à Mignonne; en reconnaissant l'asile funèbre devant lequel nous sommes, elle a paru éprouver comme une vive contraction; ses yeux se sont animés, elle m'a regardé, puis elle a pris ma main avec empressement et marche près de moi, en tenant toujours ma main dans la sienne, que je sens frémir et trembler.

Je la conduis ainsi quelque temps à travers les sentiers ménagés entre les tombes. Enfin je m'arrête sur le sommet d'une colline où plusieurs cyprès forment une espèce d'enceinte. Je la fais pénétrer dans le massif. Là est un monument funèbre, simple comme l'objet qu'il renferme. Une pierre tumulaire est étendue sur la terre, une petite colonne en marbre blanc s'élève contre la partie la plus exhaussée de la pierre: sur cette colonne on voit un ange qui s'envole d'un berceau, et au-dessous on ne lit que ces mots:

ICI REPOSE MARIE LANDERNOY

Ce modeste monument est entouré de fleurs fraîchement plantées, et une grille à hauteur d'appui ferme le tout. J'ouvre la porte de cette grille, dont j'avais la clef, et je montre le tombeau à Mignonne, en lui disant seulement:

— Votre fille est là.

La jeune femme qui m'avait suivi en silence, mais en proie à un tremblement nerveux dont je devinais la cause, a d'abord jeté des regards égarés sur le cénotaphe; mais, en lisant sur le tombeau le nom de sa fille, elle pousse un cri, tombe à genoux comme pour remercier le ciel, puis se relevant en pleurant, se jette dans mes bras et me presse sur son cœur en murmurant:

— Mon ami!... mon ami! et moi qui vous avais soupçonné... Oh! pardonnez-moi... je vous aime bien maintenant!... Ma fille repose là... je pourrai donc venir prier sur sa tombe... soigner... renouveler les fleurs qui l'entourent... Ah!... tenez... je respire mieux... vous m'avez rendu le courage pour vivre encore...

— J'ai encore là quelque chose, dis-je en fouillant à ma poche et en y prenant un papier soigneusement plié, que je remets à Mignonne.

La jeune femme prend le papier, et un éclair de joie illumine sa figure; puis elle couvre de baisers les cheveux de sa fille, et se jette ensuite dans mes bras en me disant:

— Oh! merci... merci, mon ami... je n'ai donc pas tout perdu... j'ai quelque chose d'elle... ses cheveux si doux... si fins... les voilà, ils ne me quitteront jamais... Ah! vous m'avez presque fait éprouver du bonheur... ah! laissez-moi vous remercier encore...

Elle appuie sa tête sur mon épaule et verse d'abondantes larmes; mais celles-ci sont douces et soulageront sa douleur.

Mignonne s'agenouille ensuite devant la pierre tumulaire. Je m'éloigne un peu pour ne point troubler son recueillement et ses prières.

Enfin, après un assez long séjour près de sa fille, Mignonne revient vers moi; mais ce n'est plus la même femme que lorsqu'elle a quitté sa chambre. A sa douleur sombre, à l'égarement de son regard, a succédé une expression de mélancolie pieuse et de douce résignation.

Je ramène la jeune femme à sa demeure; en chemin, j'ai essayé, non pas de combattre ses regrets, mais de lui faire comprendre que les malheureux ici-bas ne sont pas ceux qui s'en vont.

En nous voyant revenir, madame Potrelle nous regarde et demeure toute surprise du changement qui s'est opéré dans sa locataire, mais elle n'ose nous questionner. Mignonne court embrasser la bonne femme, en s'écriant:

— Oh! je ne suis plus si malheureuse... je viens de prier sur le tombeau de ma fille... j'en ai la clef... il y a des fleurs autour d'elle... j'irai les soigner... Marie sera contente... Tenez, j'ai tous ses cheveux... et c'est à lui... à monsieur... à... mon meilleur ami, que je dois tout cela!... Ah! que vous aviez bien raison quand vous me disiez que j'avais tort de me méfier de lui.

Je dis adieu à Mignonne pour me soustraire aux éloges de madame Potrelle. La jeune femme me tend la main en me disant:

— A présent, j'irai moi-même chercher l'ouvrage que vous voulez bien me confier... vous me le permettez toujours, n'est-ce pas?

— Je fais mieux, je vous en prie, et dans l'intérêt de votre santé, je vous engage à vous occuper avec soin de tout mon linge, car rien ne distrait comme le travail

Mignonne ne tarde pas à tenir sa promesse; elle arrive un matin, et elle est seule; elle veut me prouver que maintenant elle n'a plus aucune défiance. Je cause quelques instants avec elle. Nous parlons de sa fille; ce sujet est celui qui l'intéresse le plus. Les gens qui craignent de parler de ceux qu'ils ont perdus sont ceux qui veulent vite les oublier. Mais quand on ne désire pas oublier ceux qui ne sont plus, pourquoi craindrait-on d'en parler?

Je sors ensuite, en disant à Mignonne:

— Les clefs sont partout. Voyez, visitez, emportez ce que vous voudrez. Tout cela vous regarde, et si vous avez besoin de quelque chose, mon domestique a ordre de vous obéir comme à moi-même.

Quelques semaines s'écoulent ainsi. Mignonne est venue d'abord tous les quatre ou cinq jours, puis un peu plus souvent, puis tous les deux jours, et assez souvent je la laisse installée chez moi et y travaillant, car elle m'a dit un jour:

— Lorsqu'il n'y a que peu de chose à raccommoder, soit à une chemise, soit à un gilet, ce ne serait pas la peine que je l'emportasse, si cela ne vous contrarie pas que je le fasse ici.

Et comme cela ne me contrarie nullement que cette jeune femme travaille chez moi; comme je remarque avec joie que sa douleur est plus calme, plus résignée, et qu'en s'occupant ainsi chez moi elle a bien plus de distraction que dans sa chambre, j'ai été le premier à l'engager à s'y installer quand cela lui serait commode.

Il n'y a que Pomponne qui semble fort intrigué de ce que cette jeune femme travaille chez moi quand je n'y suis pas, d'autant plus que Mignonne n'est point causeuse, et que je lui ai défendu, moi, de se permettre de lui adresser aucune question.

Les conjectures.

Je suis retourné chez Frédérique, elle n'est point revenue de la campagne. Elle compte donc y passer l'été? il me semble alors qu'elle aurait pu me dire où elle allait s'installer et m'engager à venir passer quelque temps avec elle.

Je m'ennuie de l'absence de Frédérique, mais je suis surtout blessé de l'indifférence qu'elle me témoigne. Je voudrais pouvoir la gronder, je voudrais lui dire que je lui en veux beaucoup. Où est-elle? que fait-elle?... qui voit-elle maintenant? Madame veut qu'on lui dise tout, mais elle ne me dit rien.

Un jour que Mignonne travaille dans mon salon et que, contre mon ordinaire, je ne suis pas sorti, la sonnette m'annonce une visite. La jeune femme se lève vivement, en disant :

— Je vais m'en aller, monsieur...

— Pourquoi donc, Mignonne? restez, vous ne me gênez en rien; si la personne qui vient me voir a quelque chose de particulier à me dire, je la ferai passer dans ma chambre, voilà tout. Mais cela ne doit nullement vous obliger à partir.

Mignonne se rassied, et Ballangier entre chez moi. Il est toujours en blouse et en casquette, mais sa tenue est irréprochable et ses mains très-blanches. En apercevant une jeune femme installée chez moi, Ballangier fait un mouvement de surprise et veut se retirer.

— Pardon... je ne savais pas que... tu avais du monde... Pomponne m'a dit qu'on pouvait entrer.

— Mais sans doute... avance donc... madame ne doit pas te faire peur... mets-toi là... assieds-toi et causons.

Ballangier se décide à s'asseoir, Mignonne continue de travailler et tient ses yeux baissés.

— Eh bien! as-tu toujours de la besogne?... est-on toujours content de toi?... je suis certain que oui, je devine cela dans tes yeux...

— C'est vrai... mon patron est fort content et moi aussi... Si tu savais comme je suis riche à présent... je mets de côté... Croirais-tu que j'ai déjà soixante-quinze francs d'économies...

— Très-bien, mon ami, du moment que l'on est parvenu à mettre quelque chose de côté, cela fait la boule de neige... Ce n'est pas si difficile qu'on le croit de devenir aisé... il ne faut souvent que le vouloir; mais il faut le vouloir avec constance, avec fermeté.

— Oh! c'est ce que je fais maintenant, il n'y a pas de danger que je bronche... Tiens, à présent, quand je vois un homme ivre, ça me fait rougir, ça me fait honte... et je me dis : Comment pouvais-je trouver du plaisir à m'abrutir ainsi!

— Et la lecture?

— Cela m'amuse aussi beaucoup. Mais il y a des choses que j'ai dû relire plusieurs fois, parce que je ne les comprenais pas tout de suite.

— Veux-tu que je te donne d'autres ouvrages?

— Merci, pas aujourd'hui. Je fais une commission pour le bourgeois, et je passais devant chez toi, c'est pour cela que je me suis permis de monter...

— Tu as bien fait, car j'ai plaisir à te voir maintenant...

Ballangier sourit, puis regarde Mignonne à la dérobée. Nous causons encore quelque temps. Bientôt Ballangier se lève en disant qu'il est pressé, parce que son patron attend son retour. Je le reconduis jusque dans mon antichambre. Là, après m'avoir dit adieu, Ballangier murmure :

— Elle est fièrement gentille, la petite dame qui travaille chez toi!

— Oui... elle est jolie... et, ce qui vaut mieux, elle est honnête.

— Ah! oui... c'est une dame?...

— Je te dirai une autre fois ce que c'est.

Ballangier est parti. Je retourne près de Mignonne qui travaille toujours et ne dit rien. Je gagerais bien cependant qu'elle est surprise de m'avoir entendu, moi petit-maître, tutoyé par un individu en blouse et en casquette.

Pomponne m'apporte une grande lettre que le portier vient de monter, c'est un imprimé, cela doit être un mariage, lisons :

« Mesdames Falourdin, Riflot, Piquette, Dumarteau, Lumignon, Chamouillet et Cavalos, ont l'honneur de vous faire part du mariage de mademoiselle Rosette Gribiche, leur nièce, avec M. Jules-César-Octave Freluchon, marchand d'éponges. »

Ah! Rosette m'envoie une lettre de faire part, c'est très-aimable de sa part. Voyons ce qui est écrit à la main au bas :

« Vous êtes prié de venir au bal qui aura lieu chez Chapart, rue d'Angoulême; on compte sur vous pour la polka. »

Oh! que je reconnais bien là ma mutine grisette!... elle serait capable de vouloir danser toute la nuit avec moi, et je ne suis pas certain qu'elle n'exigerait pas encore autre chose!... mais je ne me rendrai pas à son invitation, je n'irai pas à sa noce!... Je serai plus raisonnable qu'elle. Plus tard, je ne dis pas que je ne me ferai pas un plaisir d'aller lui acheter une éponge! en attendant, je souhaite que M. Freluchon soit heureux, et je suis bien persuadé d'avance qu'il le sera.

Lorsque je rentre chez moi le soir, Pomponne me dit en se frottant les mains :

— Il est venu encore une visite pour monsieur... Mon Dieu, monsieur ne faisait que de sortir quand madame Dauberny est arrivée...

— Madame Dauberny est venue?... Ah! que je suis contrarié de ne point l'avoir vue!...

— Cette dame est entrée... elle a même attendu monsieur assez longtemps... en causant avec votre ouvrière...

— Qu'est-ce que c'est que mon ouvrière? vous ne pouvez pas dire madame Landernoy!

— Comme cette dame travaille pour monsieur... j'ai cru que c'était son ouvrière.

— Enfin qu'a dit Frédérique en s'en allant? Reviendra-t-elle demain?

— Oh non! monsieur, elle ne reviendra pas, ni demain ni un autre jour, car elle m'a dit en partant : Vous direz à votre maître que je ne reviendrai plus.

— Elle a dit qu'elle ne reviendrait plus!... Ce n'est pas possible, Pomponne, vous vous trompez, Frédérique n'a pas pu dire cela.

— Faites excuse, monsieur; elle l'a si bien dit que même ça m'a surpris et que je lui ai répondu : Madame est donc fâchée avec monsieur?

— Oh! je te reconnais là... toujours curieux et indiscret! Enfin, qu'a-t-elle répondu?

— Elle m'a répondu : Ça ne vous regarde pas! Je n'ai pas insisté.

Je ne comprends pas pourquoi Frédérique a pu dire ce que Pomponne me rapporte. Si elle était venue très-souvent chez moi sans me trouver, cela se concevrait peut-être, mais c'est moi qui ai été plus de dix fois la demander depuis qu'elle est à la campagne. N'importe, j'irai demain la voir, j'aurai, je l'espère, l'explication de tout ceci.

Le lendemain, je n'ai rien de plus pressé après mon déjeuner que de me rendre chez madame Dauberny. Elle y est enfin! la femme de chambre m'introduit près d'elle.

Je trouve Frédérique enveloppée dans une blouse du matin; ses beaux cheveux retombant en grosses boucles de chaque côté de son visage forment toute sa coiffure. Elle est fort pâle, son air est froid et contraint, elle m'adresse un sourire qui n'est pas franc, en murmurant :

— Ah! c'est vous... Charles?

— Oui, c'est moi. Vous êtes venue hier, je suis très-fâché d'avoir été absent... mais il me semble que cela ne saurait expliquer ce que vous avez dit à mon domestique... que vous ne reviendriez plus... Qu'est-ce que cela signifie?... Je suis venu dix, quinze fois vous demander, depuis que vous êtes partie pour cette campagne d'où vous n'avez pas eu seulement la pensée de m'écrire, de me donner de vos nouvelles... je ne pouvais pas vous écrire, moi, car j'ignorais de quel côté vous aviez porté vos pas... mais je reviens cependant, je reviens encore, car je ne me lasse pas quand j'espère vous voir... Voyons, qu'avez-vous donc?... qu'ai-je fait?... Pourquoi êtes-vous fâchée?... car vous êtes fâchée, je le vois bien à cet air froid avec lequel vous me recevez...

Frédérique m'a écouté attentivement, elle s'efforce de sourire et me tend la main en balbutiant :

— Tout ce que vous dites est vrai... je n'ai pas le droit d'être fâchée... mais je ne le suis pas non plus.

— Mais si.

— Mais non.

— Pourquoi avez-vous dit à Pomponne que vous ne reviendriez plus?

— Ah!... c'est que... comme à présent vous avez une femme... établie chez vous... j'ai pensé que mes visites ne pourraient que...

— En vérité, je ne vous comprends pas... Parce qu'il vient quelqu'un chez moi, qui a soin de mon linge... qui l'emporte, le rapporte... quel rapport cela a-t-il avec notre amitié?

— C'est... cette jeune femme... à qui vous portiez tant d'intérêt?...

— Oui, madame... elle a perdu son enfant, sa petite fille qui était tout son bonheur... Il me semble que c'est une raison de plus pour tâcher d'adoucir sa peine.

— Oh! certainement... il paraît aussi que vous avez fait des merveilles pour elle... car elle dit de vous un bien!... elle vous porte

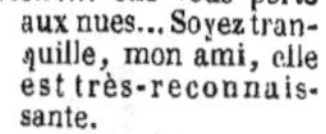
aux nues... Soyez tranquille, mon ami, elle est très-reconnaissante.

Elle avait fait sauter l'épée de Fouvenard et l'avait atteint dans le côté.
Page 125.

— Mais cela ne doit pas non plus vous paraître extraordinaire, vous qui dites que l'ingratitude est le plus affreux des vices...

— Non, non, oh! je ne trouve rien que de fort ordinaire dans tout cela...

— Mon Dieu! Frédérique, vous m'impatientez! Savez-vous bien qu'à vous entendre on vous croirait méchante, insensible, et pourtant je sais bien que vous ne l'êtes pas.

— Elle est fort jolie, cette jeune femme.

— C'est ce que je vous avais déjà répondu. Et parce qu'elle est bien, serait-ce une raison pour ne rien faire pour elle?

— Mais, au contraire... bien au contraire! c'est une raison pour qu'on s'intéresse vivement à elle, qu'on la fasse venir travailler chez soi... qu'elle y passe des journées... Ah! ah! ah! en vérité, Rosette n'était pas si sotte que moi... elle avait tout de suite deviné la vérité!

— Que voulez-vous dire par là, Frédérique?

— Je veux dire que vous aimez cette jeune femme... que vous en êtes amoureux, que vous voulez en faire votre maîtresse... Eh! mon Dieu!... c'est tout simple, tout naturel, je ne vous en blâme point! Vous êtes libre, elle aussi... vous avez parfaitement le droit de... vivre avec elle si cela vous convient!... mais ce que je trouve mal... ce qui me peine... c'est que vous me fassiez toujours un mystère de vos sentiments, de vos intrigues, que je n'apprenne vos secrets que par d'autres... que vous n'ayez point assez de confiance en moi pour me conter... vos nouvelles amours... Voilà ce qui me fâche... car enfin, n'étant ni votre maîtresse ni votre amie... je ne suis donc rien pour vous... Je ne vois pas alors la nécessité de continuer nos relations.

Mon cœur se serre, j'éprouve non pas du dépit, mais du chagrin, un véritable chagrin, d'être si mal jugé par une femme à qui j'aurais voulu faire connaître mon âme tout entière, à qui je désirais dire mes plus intimes pensées, espérant lire dans son cœur comme elle aurait lu dans le mien. Ce reproche de n'avoir point de confiance en elle m'affecte et me blessé; comme je ne suis pas coupable, je ne veux même pas chercher à me justifier.

Je prends mon chapeau et me dispose à partir. Frédérique s'écrie :

— Vous vous éloignez déjà?

— Oui, madame. Je crois inutile de rester davantage chez quelqu'un qui ne croit ni à mon langage, ni à mon amitié. Je pensais que vous saviez me juger, me connaître, m'apprécier... Je me suis trompé. Quelque jour sans doute, vous reconnaîtrez votre erreur... Alors, madame, vous reviendrez peut-être m'offrir cette amitié dont vous ne me croyez pas digne à présent... et vous me trouverez, comme toujours, heureux de mériter une telle faveur.

Frédérique me regarde; elle semble sur le point de s'élancer vers moi, mais elle réprime ce mouvement qui venait de son cœur, et moi je pars en me promettant bien de ne plus chercher à la revoir. Décidément, on ne peut pas plus compter sur l'amitié d'une femme que sur son amour. Il faut que ces dames mêlent de l'inconstance ou du caprice à toutes leurs affections.

Le lendemain de cette visite chez madame Dauberny, Mignonne vient chez moi, comme à son ordinaire, rapporter du linge; mais, contre sa coutume, elle en prend d'autre et se dispose à repartir sur-le-champ.

— Vous ne travaillez donc pas un peu chez moi aujourd'hui? dis-je à la jeune femme. Mignonne semble embarrassée pour me répondre, elle hésite; enfin, elle balbutie en baissant les yeux :

— Monsieur... c'est que... en restant si souvent chez vous... je crains de vous gêner...

— D'où vous vient aujourd'hui cette crainte? Ne vous ai-je pas déjà dit que je pouvais recevoir dans ma chambre les personnes avec lesquelles je voudrais être seul?...

— C'est vrai, monsieur.

— Alors, pourquoi cette appréhension; quelles nouvelles idées vous sont venues?...

— Ce n'est pas à moi qu'il en est venu...

— A qui donc, alors?

— Monsieur... c'est que... avant-hier, il est venu une dame vous demander... Est-ce que votre domestique ne vous l'a pas dit?

— Pardonnez-moi, il me l'a dit.

— Cette dame s'est assise... elle est restée longtemps près de moi, elle m'examinait beaucoup... Elle a un air singulier, cette dame... En parlant de vous, elle disait tout bonnement : Rochebrune, ou Charles... Il paraît qu'elle est fort liée avec vous!

— Eh bien, ensuite...

— Après m'avoir tant regardée, que je ne savais plus quelle contenance tenir, elle m'a parlé enfin. Elle m'a fait tout plein de questions sur l'origine de notre connaissance... elle m'a demandé combien il y avait de temps que je vous voyais... et puis... tout plein de choses... que je n'ose pas vous dire. Moi, je me suis bornée à lui raconter la vérité, à lui dire tout ce que vous avez fait pour moi... tout ce que je vous dois de reconnaissance... Cela ne vous fâche pas, monsieur, que j'aie dit tout cela à cette dame?

— Pourquoi voulez-vous que cela me fâche?

— Ce qu'il y a de singulier, c'est que cette dame ne semblait pas contente de m'entendre dire de vous... tout le bien que vous méritez! Elle faisait de petits mouvements d'épaules... Oh! je le voyais bien... Enfin, elle s'est écriée : « Tout cela est fort beau, tout cela est magnifique! mais il est facile de deviner quel en sera le dénoûment. Quand une jeune femme vient s'établir chez un jeune homme... chez un garçon, il faut qu'il y ait au fond de son cœur un sentiment plus fort que le soin de sa réputation... il faut qu'elle ne craigne point de passer aux yeux du monde pour la maîtresse de ce jeune homme. »

— Elle a dit cela!...

— Oui; puis elle est partie en me disant : « Je n'ai pas voulu vous faire de peine, mademoiselle, j'ai seulement voulu vous donner un avis... » Oh! mais elle m'avait fait beaucoup de peine, cette dame!...

— Et c'est pour cela qu'aujourd'hui vous ne voulez pas travailler ici?

— Oh! ce n'est pas pour moi, monsieur, c'est pour vous... Cette dame prétend que cela empêchera tous vos amis de venir vous voir... Je ne voudrais vous brouiller avec personne.

— Vous ne pouvez croire une telle absurdité, Mignonne! Dites plutôt que vous craignez de passer pour ma maîtresse... que vous avez peut-être encore la pensée que...

— Oh! monsieur... de grâce, n'achevez pas... Après tout ce que vous avez fait pour moi... le souvenir seul de ma fille me ferait vous vénérer... Eh! que m'importe, à moi, ce que peut dire le monde?... Est-ce que je le connais?... Est-ce que j'ai encore une réputation à conserver?... Est-ce que je tiendrais à la vie, sans vous qui m'y avez attachée en donnant un dernier asile à ma fille?... Vous, et le souvenir de Marie, voilà le monde pour moi!... Que me fait tout le reste? Oh! si cela ne vous déplaît pas que je reste, dites-le-moi encore, monsieur, et je vous jure que ce sera avec joie, avec bonheur que je vous obéirai.

— En ce cas, restez, Mignonne

La jeune femme se hâte de déplier l'ouvrage qu'elle emportait; elle prend son aiguille, et elle se remet à travailler à sa place habituelle, après m'avoir regardé en m'adressant un sourire.

Allons! celle-là, du moins, me témoigne la même confiance.

De l'amour partout.

Mignonne continue de venir chez moi. Je trouve déjà une grande économie dans la dépense que je faisais pour mon entretien. J'ai prié cette jeune femme de surveiller chez moi une foule de détails de ménage, dont je ne m'occupais jamais; elle s'en acquitte avec un zèle et une intelligence qui m'étonnent. Je suis comme Ballangier, je deviens trop riche, et pourtant chez moi rien ne manque, tout est mieux au contraire. Je m'aperçois qu'une femme est très-utile dans une maison.

Mignonne a repris de légères couleurs, sa santé se rétablit; elle ne rit jamais, mais un doux sourire erre quelquefois sur ses lèvres. Je suis heureux de ce changement, je l'en félicite, et elle me dit :

— C'est votre ouvrage.

Lorsque nous causons, elle me parle de sa fille, elle va presque tous les jours la voir, et souvent je vois à son corsage une fleur que dans la journée elle couvre de baisers. Je devine où elle a cueilli cette fleur-là.

Ballangier est venu me voir. Il ne m'a point trouvé, mais il a trouvé Mignonne, et M. Pomponne m'assure qu'il est resté plus d'une heure assis en face d'elle et sans ouvrir la bouche.

— Comment sais-tu cela? dis-je à Pomponne en lui tirant l'oreille, tu écoutais donc à la porte?

— Je ne pouvais pas écouter, monsieur, puisqu'on ne disait rien.

— Oh! les domestiques! Il n'y a donc pas moyen d'en trouver qui ne soient point curieux, bavards, indiscrets, menteurs ou cancaniers, Quand ils ne réunissent pas tout cela, ce sont des phénix.

— Vous avez reçu une visite pour moi? dis-je à Mignonne.

— Oui, monsieur... ce jeune... ouvrier... car... il paraît que c'est un ouvrier...

— Oui, il est ébéniste. Que vous a-t-il dit?

— Il parle fort peu... Mais il m'en a dit assez pour que j'aie compris que vous étiez aussi son bienfaiteur... qu'il vous devait beaucoup...

— Non, je ne suis nullement son bienfaiteur. Ce que j'ai fait pour lui, c'était un devoir. Seulement, autrefois il se conduisait mal; pendant bien longtemps il a mené une vie de paresse et de débauches... Il était sourd à mes prières, à mes remontrances. Alors, sa présence m'était aussi pénible qu'elle m'est agréable maintenant. Il s'est corrigé, il est redevenu un honnête garçon, un bon ouvrier... je lui ai rendu toute mon amitié, et quelque jour, j'espère... j'espère qu'il fera un bon mari. Alors si Ballangier pouvait rencontrer une femme comme vous, Mignonne, douce, rangée, travailleuse, et s'il pouvait s'en faire aimer, il serait tout à fait heureux.

Mignonne est devenue sérieuse. Elle baisse ses regards vers la terre en murmurant :

— Oh! moi, monsieur, vous savez bien que je ne dois jamais songer au mariage... vous savez bien que j'ai été mère...

— En ne cachant rien à celui qui vous aimerait, vous seriez encore digne de l'amour et de l'estime d'un honnête homme... Est-ce que l'on doit être aussi sévère, Mignonne?... Et qui donc n'a pas péché... plus ou moins?...

— D'ailleurs, monsieur, je n'aurai jamais besoin de raconter ma vie, car jamais je ne me marierai.

— On ne peut pas prévoir l'avenir!...

— Oh! je puis bien jurer cela, moi!...

Je n'insiste pas sur ce sujet, car cela semble affliger cette jeune femme. Sans doute que toute au souvenir de sa fille, elle ne veut pas, même dans l'avenir, supposer qu'on pourrait l'en distraire.

Point de nouvelles de Frédérique. Elle ne vient plus; certainement je ne retournerai pas chez elle. Ainsi, c'est fini, nous sommes brouillés... et pourquoi?... Plus d'une fois, et sans y penser peut-être, j'ai pris le chemin de sa demeure, et je me suis trouvé devant sa maison. Mais alors je m'empresse de revenir sur mes pas. Je voudrais pourtant bien savoir si elle est à Paris, ou si elle s'est absentée de nouveau. Si le hasard me faisait la rencontrer, il me semble que nous ne pourrions point passer à côté l'un de l'autre sans nous rien dire... Mais je ne la rencontre pas.

En revanche, je rencontre Ballangier près de ma demeure. Il se disposait à venir me voir, mais comme il me rencontre, il ne montera pas.

Quelque chose me fait penser que Ballangier aurait préféré monter chez moi; je remarque une certaine contrainte dans ses discours. Il s'informe toujours de Mignonne, mais il le fait comme quelqu'un qui n'oserait pas laisser voir tout l'intérêt qu'il prend à cette jeune femme. Pauvre Ballangier, il n'est pas difficile de deviner ce qui se passe au fond de son cœur; il ne sait pas bien dissimuler!...

Un jour que j'ai encore rencontré Ballangier près de chez moi, et qu'il s'empresse de me dire qu'il n'est sorti qu'avec la permission de son patron, qui est toujours content de lui, parce qu'il fait deux heures de plus de travail le soir, lorsque par hasard il s'absente le matin, je le regarde entre les deux yeux et lui dis :

— Mon ami, tu ne me contes pas tout... Dans ce moment, tu as un secret pour moi!

Ballangier rougit, se trouble et murmure :

— Un secret... moi... mais je ne crois pas...

— Tu n'en es pas bien sûr, mais je vais tout de suite te le dire, moi : tu es amoureux...

Ballangier devient pâle cette fois, et balbutie :

— Amoureux... et de qui donc?

— De qui? mais de cette jeune femme que tu as vue plusieurs fois chez moi, et que j'appelle madame Landernoy... ou Mignonne.

— Oh! par exemple, Charles... tu te trompes... Je trouve cette jeune femme fort bien, c'est vrai... et puis l'air si doux... si modeste... mais certainement je ne me permettrais pas d'en être amoureux... d'autant plus... que ça pourrait te déplaire... car enfin... tu as bien le droit de l'aimer, toi qui lui as rendu tant de services... et qui la fais travailler...

— Mon ami, s'il n'y a que cette crainte qui te retienne, tu peux tout à ton aise être amoureux de Mignonne, car moi je la regarde comme une sœur; je n'ai jamais pensé à l'aimer autrement, et c'est justement parce que je lui ai fait un peu de bien, parce qu'elle me témoigne assez de confiance pour venir travailler chez moi, que je me ferais un scrupule de l'aimer autrement.

La figure de Ballangier devient radieuse : il me prend les deux bras qu'il serre avec force; il sauterait dans la rue, si je ne le retenais, et il s'écrie :

— Il serait possible! Tu ne l'aimes pas!... tu n'y penses pas!... si tu savais quel poids tu viens d'ôter de dessus ma poitrine!... bien! oui, Charles, oui, je l'aime cette jeune femme... Qu'est-ce que je dis, je l'aime... je l'idolâtre... j'en suis fou... Ça m'a pris tout de suite en la voyant... ça m'a tapé là... Depuis ce temps, impossible de penser à autre chose... Mais je ne te l'aurais jamais dit, je ne le lui aurais jamais dit non plus à elle... Tu me permets... car je pensais... qu'étant toujours chez toi... enfin, je croyais que tu devais l'aimer... et au contraire... Vois-tu, je n'avais jamais été amoureux.. j'avais connu un tas de coureuses... mais pour de l'amour, berni que!... Aujourd'hui, ah! quelle différence... Aussi, comme je suis fier d'être redevenu un bon sujet, un travailleur... Je pourrai peut-être lui plaire... Crois-tu qu'elle m'aimera, Charles?... Oh! si elle pouvait m'aimer!

Je m'efforce de calmer Ballangier, puis je commence par lui conter toute l'histoire de Mignonne, qu'il écoute en murmurant de temps à autre :

— Pauvre jeune fille!... les gredins!...

Lorsqu'il sait tout, je lui demande s'il juge toujours Mignonne digne d'être sa femme.

— Si je l'en crois digne!... oh oui! pauvre fille!... C'est bien le moins qu'elle trouve enfin un homme qui la dédommage de tout le mal que d'autres lui ont fait... Mais si je commençais par tuer ce Fouvenard, par démolir ce Rambertin...

— Non, non, Ballangier, il faut oublier ces misérables... Ah! si une occasion se présentait, je ne dis pas...

— Oh! comme on la saisirait! comme on roulerait ces messieurs!

— Maintenant, tout ce que tu as à faire, c'est de tâcher de plaire à Mignonne; mais en cela même il faut agir avec beaucoup de circonspection... de patience surtout. Cette jeune femme, encore tout occupée de sa fille, s'effaroucherait à un seul mot d'amour... Il faudra du temps pour toucher son cœur... il faut gagner sa confiance... Enfin, je ne puis pas te dire si tu lui plairas... Ceci te regarde; car tu comprends bien que je ne dois pas intervenir là dedans. D'après le caractère que je connais à Mignonne, cela ne serait pas le moyen de reussir près d'elle.

— Oh! sois tranquille, Charles, je suis bien réservé... bien timide... Enfin, j'attendrai... j'attendrai tant qu'il faudra... L'espoir de lui plaire un jour me donnera du courage... Je vais lire beaucoup... tâcher de m'instruire, d'avoir l'air moins gauche... car elle parle très-bien cette jeune femme... elle a l'air... très-distingué... Oh! tu verras, Charles, tu verras... Tu seras encore plus content de moi.

Ballangier m'a quitté ivre de joie. Puisse-t-il être heureux dans ses amours, lui!... je ferai tout ce qui dépendra de moi pour l'y aider.

Je venais de quitter Ballangier, et je marchais en rêvant encore à ce qu'il m'avait dit, lorsque quelqu'un s'arrête devant moi.

C'est Dumouton, l'homme de lettres aux abois. Cette fois il ne porte point de parapluies, mais il tient sous son bras gauche une boîte ovale, en fer-blanc bronzé, et qui semble fermée avec soin.

— Bonjour, monsieur Rochebrune... Je vous ai reconnu de loin... Vous ne m'aviez pas vu, vous étiez dans vos rêveries... Et ça va bien?...

— Très-bien, monsieur Dumouton, je vous remercie...

— Est-ce que vous faisiez le plan d'une pièce? vous aviez l'air bien préoccupé...

— Non, oh! je ne fais point de pièces, moi.

— Vous avez bien raison... c'est un fichu métier depuis que tant de gens s'en mêlent!...

Je me dispose à saluer M. Dumouton et à le quitter, mais il m'arrête en me disant d'un air embarrassé :

— Pardon... je voulais encore vous dire deux mots... puisque le hasard me fait vous rencontrer... Tenez, voilà ce que c'est... Il faut d'abord que vous sachiez que j'ai un de mes enfants malades... il est... dérangé depuis huit jours... Alors... il nous manquait un de ces instruments de ménage... mon Dieu, pourquoi ne pas dire tout de suite une seringue... nous ne devons pas être plus bégueules que Molière, n'est-ce pas?

— Certainement! vous avez parfaitement le droit de dire une seringue.

— Alors, je dis à ma femme : Il nous faut une seringue; elle me répond : Achètes-en une. Très-bien... c'est ce que j'ai fait ce matin... J'ai acheté un clyso-pompe à jet continu... la nouvelle invention... C'est excessivement commode... ça tient dans une boîte... C'est ce que je porte sous mon bras. Qui est-ce qui se douterait qu'il y a là dedans une seringue?... Ce pourrait être de la dentelle, ou des pruneaux.

— Ça peut être même un pâté...

— Vous avez raison, il y a des pâtés de cette forme-là... Et c'est facile à prendre... on s'insinue cela sans que personne s'en doute. est-à-dire qu'au spectacle même, dans une loge, on peut se donner loisir. Je connais une dame qui avait fait le pari d'en prendre un l'Opéra, pendant un ballet; elle a gagné son pari.

— Elle avait donc des témoins?

— Probablement...

— J'avoue que je me serais récusé.

— Bref, j'ai donc acheté ce délicieux clyso-pompe. Eh bien! monsieur Rochebrune, figurez-vous que notre enfant, que sa grand'-mère avait habitué à l'ancienne méthode, n'a jamais voulu adopter celle-ci. Pas moyen de lui faire essayer le clyso-pompe... Les enfants sont si entêtés! et comme ma femme le gâte, elle lui a acheté une seringue vieux style. Le marchand qui m'a vendu cette boîte n'a pas voulu la reprendre, et je cherche à m'en défaire... avec perte, naturellement... Si vous vouliez vous en arranger...

— Non, monsieur Dumouton, je suis fâché de ne point pouvoir vous être agréable comme pour le parapluie... mais je n'achèterai pas votre clyso-pompe...

— Vous avez tort... Ça sert toujours...

— Il est inutile que vous insistiez. Mais allez voir notre ami commun, M. Rouffignard... Que sait-on? il ne sera peut-être pas fâché de vous débarrasser de ce meuble.

Au nom de Rouffignard, je vois la figure de Dumouton qui s'allonge, et sans me dire un mot de plus, il me salue et disparaît. Je suis persuadé qu'il ne viendra plus rien m'offrir à acheter.

Seconde vue chez les femmes.

Il n'y a que trois jours que j'ai reçu la confidence des amours de Ballangier, lorsqu'un matin, tandis que je suis seul encore, Pomponne m'annonce madame Dauberny.

Je crains d'avoir mal entendu; mais presque au même instant Frédérique entre vivement, avec cet air aimable, séduisant, avec ce regard fier et doux qui subjugue, qui attire; et avant que je sois revenu de ma surprise, elle court à moi, me serre la main, puis me presse dans ses bras, et m'embrasse à deux ou trois reprises.

Je commence par me laisser faire, parce que je trouve cela fort agréable, mais je la regarde, mes yeux l'interrogent; elle fixe les siens sur moi, en me disant :

— Eh bien! oui, Charles, j'avais tort... Faites-moi tous les reproches que vous voudrez... accablez-moi par les mots les plus durs... je les mérite... oh! je les mérite; vous ne sauriez m'en dire trop... Mais enfin, me voilà... Je reviens à vous... en vous demandant pardon... en vous jurant que désormais je n'aurai plus de caprices... que je croirai tout ce que vous me direz... tout! entendez-vous!... que je trouverai bien tout ce que vous ferez... que mon amitié ne sera plus ni égoïste, ni exigeante... qu'elle sera inaltérable... Mais, d'ailleurs, croyez-vous donc qu'elle avait cessé un moment?... Oh! non, vous ne l'avez pas cru... N'est-ce pas, Charles, vous n'aviez pas si mauvaise opinion de moi?

Je suis tout étourdi de ce que j'entends... Je voudrais lui demander pourquoi elle était fâchée et pourquoi elle ne l'est plus... mais elle me ferme la bouche en s'écriant :

— Mon ami... point de reproches, puisque je conviens que j'ai eu tort, puisque je demande pardon... Est-ce que vous ne voulez pas maintenant jeter un voile sur le passé?

— Oh! si, je le veux bien... D'ailleurs, vous êtes revenue... et je suis si content de vous retrouver comme autrefois, que je ne veux pas chercher de raison à mon bonheur. Mais nous ne nous... ou, pour mieux dire, vous ne vous fâcherez plus, n'est-ce pas, Frédérique?

— Je vous l'ai juré, mon ami. Voyons, que faites-vous aujourd'hui? Voulez-vous que nous passions la journée ensemble?

— Si je le veux!... vous prévenez mes désirs.

— Le temps est magnifique, voulez-vous que nous fassions une promenade à cheval? Nous irons en prendre au manége où j'en loue habituellement; il y en a de fort bons.

— Une promenade à cheval!... oh! c'est charmant!

— Alors, monsieur, préparez-vous vite... Je vais vous attendre dans votre salon.

Frédérique est passée dans mon salon. Je termine à la hâte ma toilette, puis je la rejoins.

— Vous n'avez pas aujourd'hui votre... jeune ouvrière, dit Frédérique en souriant.

— Non, elle est venue hier. Elle ne vient pas régulièrement tous les jours... elle vient quand elle veut.

— Mon ami, j'ai été bien injuste envers cette jeune femme... Je lui ai dit des choses... Je ne sais vraiment pas où j'avais la tête...

— Puisque vous en êtes fâchée, il ne faut plus penser à tout cela...

— Oh! c'est égal; je tâcherai de me raccommoder avec elle... Allons promener, mon ami.

Bientôt nous sommes à cheval et nous partons au galop. Frédérique monte avec une grâce, une sûreté et une hardiesse dignes d'une écuyère de l'Hippodrome. Nous avons dirigé notre course du côté des bois de Meudon, de Fleury. Par là, on est bien plus seul qu'au bois de Boulogne; les sites sont plus agrestes, plus variés, et l'on peut de temps à autre arrêter son coursier pour se livrer à une douce causerie.

Nous passons une journée charmante; le soir, nous dînons ensemble chez le traiteur comme deux garçons, c'est-à-dire que nous dînons dans le salon. Et, en me quittant, Frédérique m'a dit : A bientôt.

Le lendemain, en revenant de faire quelques courses, je trouve Mignonne installée chez moi.

La jeune femme me dit bonjour avec sa grâce ordinaire; mais son regard me semble plus voilé que de coutume. Après tout, on a des jours où l'on se sent plus porté à la tristesse... Elle vient peut-être du tombeau de son enfant.

Je cause avec Mignonne comme à l'ordinaire. Je crois remarquer qu'elle regarde si Pomponne nous laissera seuls. Mais quand j'ai du monde chez moi, mon domestique trouve toujours moyen d'aller et de venir, de rentrer à chaque instant dans la pièce où l'on est. J'ai remarqué une fois que, pour avoir un prétexte, il laissait une épingle sur la cheminée, et qu'en venant chercher cette épingle-là, il en déposait une autre. Il faut que je lui crie alors d'un ton sévère : Quand aurez-vous fini? Il comprend que l'impatience me prend, et il ne revient plus chercher ses épingles.

Enfin Mignonne se décide à parler; elle me dit en hésitant :

— Cette dame de l'autre fois est venue vous revoir, monsieur?

— Oui, Mignonne, elle est venue. Nous étions un peu brouillés, nous sommes raccommodés. C'est une mauvaise tête, mais un cœur excellent.

— Vous a-t-elle encore dit que vous aviez tort de me laisser venir travailler ici?

— Au contraire, elle m'a répété plusieurs fois qu'elle était très-fâchée de vous avoir dit des choses qui avaient pu vous blesser et qu'elle voulait aussi se raccommoder avec vous.

— Oh! mon Dieu! ce n'est pas la peine, monsieur.

Mignonne a dit cela d'une singulière façon; elle reprend son ouvrage et ne souffle plus mot. Bientôt la porte s'ouvre : c'est Frédérique qui arrive, aimable, rieuse, charmante comme la veille. Elle me serre la main et fait à Mignonne un gracieux salut; il m'a semblé que celui de la jeune ouvrière était beaucoup moins gracieux.

Je suis en train de noter un air qui vient de me venir en tapotant le piano. Frédérique ne veut pas que je me dérange. Pendant que je cherche les accompagnements de mon air, je vois que madame Dauberny se rapproche de Mignonne et essaye de causer avec elle.

Je fais un peu de musique avec Frédérique, qui chante très-bien lorsqu'elle veut s'en donner la peine. Je ne sais pas si c'est que Mignonne n'aime point la musique, mais elle n'a pas l'air d'éprouver beaucoup de plaisir à nous entendre.

Frédérique passe une partie de la journée chez moi. Mignonne est partie plus tôt que de coutume.

Une quinzaine de jours s'écoule. Frédérique continue à venir très-souvent me voir; son humeur avec moi est maintenant la même, son regard toujours aussi doux; le plus parfait accord règne entre nous.

Quant à Mignonne, je m'aperçois avec peine que ses traits ont repris leur sombre tristesse, que les roses qui avaient reparu sur ses joues ont de nouveau fait place à la pâleur. Et je m'afflige de ce changement dont je ne devine pas la cause.

Ballangier est venu deux fois. Je l'ai fait rester, je l'ai fait asseoir près de la jolie blonde. Puis j'ai trouvé facilement l'occasion de les laisser ensemble, dans l'espoir qu'ils feront mieux connaissance.

Mais chaque fois Ballangier me dit en partant :

— Ce sera long... elle est toujours aussi triste... elle ne me regarde pas du tout, je ne sais même pas si elle m'écoute quand je lui parle. Mais c'est égal, j'aurai de la patience, et, s'il le faut, j'aurai de l'amour pour deux.

Un jour que Frédérique est venue dans la journée et que, ne m'ayant pas trouvé, elle a passé plusieurs heures près de Mignonne, je suis tout surpris, le soir, de recevoir un billet de sa main, ne contenant que ces mots :

— Venez, mon ami, j'ai à vous parler, c'est pressé et je vous attends.

Que peut-elle avoir de si urgent à me dire? Mais je connais assez Frédérique pour savoir que lorsqu'elle a quelque chose d'intéressant à communiquer à quelqu'un, c'est un supplice pour elle que d'être obligée d'attendre au lendemain. Je me hâte donc de me rendre près d'elle.

Mon amie est dans un négligé fort coquet et qui me rappelle cette nuit où j'ai soupé avec elle. Elle m'adresse un doux sourire et me tend la main en me disant :

— Je savais bien que vous viendriez tout de suite... oh! vous avez compris que je n'aimais pas à attendre... Venez vous asseoir là, près de moi... nous allons causer comme deux bons amis.

Je fais ce qu'elle me dit. Frédérique commence par poser sa main sur la mienne en me disant :

— Mon ami, ce que j'ai à vous communiquer est assez embarrassant... j'espère bien que cette fois vous ne prendrez pas en mal mes paroles... que vous ne vous fâcherez pas comme moi... mais soyez bien persuadé surtout que je suis certaine de ne point me tromper...

— Ah! quel préambule!... je croyais qu'entre nous on pouvait arriver tout bonnement au fait; je n'ai jamais aimé tous ces détours avec lesquels les avocats embrouillent les causes au lieu de les résumer.

— Vous avez raison... j'arrive au fait : Mon ami, hier, je suis [illegible]ée chez vous : vous étiez absent; mais cette jeune femme... Mignonne, y était et travaillait très-assidûment suivant sa coutume.

— Ah! c'est de Mignonne qu'il va être question?

— Oui, c'est de Mignonne... Je suis allée m'asseoir près d'elle, quoique ma présence lui soit fort peu agréable... il ne m'a pas fallu beaucoup de discernement pour voir cela... Est-ce que vous ne l'avez pas remarqué aussi, Charles?... est-ce que vous n'avez pas vu qu'à mon aspect sa figure change, que ses yeux deviennent tristes... qu'elle répond à peine à ce que je lui dis?

— Oui... c'est vrai, j'ai observé tout cela. Mais je n'ai vu là dedans qu'une petite rancune de ce que vous lui avez dit un jour...

— Oh! il y a autre chose que ce souvenir... Hier, j'ai voulu en avoir le cœur net... hier, je suis parvenue, par quelques questions adroites, à la faire trahir le secret de son âme... qui du reste n'en était plus un pour moi depuis longtemps...

— Eh bien! ce secret?...

— Vous ne vous fâcherez pas, Charles... D'ailleurs, je sais parfaitement qu'il n'y a nullement de votre faute dans tout cela... aussi je commence par vous dire que je ne vous en veux pas pour cela...

— Ah! Frédérique, que vous êtes cruelle avec vos réflexions!...

— Eh! Mignonne vous aime bien... Voilà ce secret qui la rend triste, embarrassée... surtout lorsque je suis là... parce qu'elle s'est figuré... bien à tort, sans doute! mais enfin elle s'est figuré que vous m'aimiez... que j'étais... votre maîtresse. Si elle avait entendu mademoiselle Rosette me répéter ce que vous lui avez dit : que vous n'auriez jamais d'amour pour moi, elle n'aurait pas ces sottes idées...

— Ah! Frédérique, vous savez bien que...

— Ne m'interrompez pas, mon ami; d'ailleurs, ce n'est pas ceci qui nous occupe, c'est Mignonne. Lorsqu'elle me voit arriver... lorsque je suis près de vous... ses yeux se remplissent de larmes, et elle les baisse vers la terre pour que nous ne puissions pas les voir... oui, mon ami. Oh! croyez-en ma profonde expérience... croyez-en mon cœur... qui ne se trompe pas, cette jeune femme ressent pour vous une affection profonde... ce qui n'était d'abord que de la reconnaissance est devenu de l'amour... elle s'est habituée à vous voir presque chaque jour... Elle ne sait peut-être pas elle-même quelle est la force du sentiment qui l'entraîne vers vous... mais elle se laisse aller au charme qu'elle éprouve, et cet amour prendra plus de force dans son cœur si vous ne cherchez pas vous-même à le déraciner.

Mignonne aurait de l'amour pour moi!... cela me semble d'abord invraisemblable... cependant, en me rappelant une foule de circonstances, je deviens moins incrédule.

— Mais je n'ai jamais dit un mot d'amour à Mignonne... rien dans ma conduite n'a pu lui donner à penser que j'étais amoureux d'elle.

— Je le sais, mon ami, oh! j'en suis persuadée, s'écrie Frédérique en me serrant la main. Mais c'est probablement pour cela qu'elle vous aime... les femmes sont faites ainsi... c'est chez elles un défaut de nature!... Si vous aviez parlé d'amour à Mignonne, il est bien probable qu'elle s'en serait offensée et aurait cessé de venir chez vous. Mais en vous voyant la traiter constamment comme une sœur, la confiance est revenue dans son âme... elle se sera reproché sa méfiance... puis enfin elle vous aime, voilà ce qui est certain... nous savons bien que ce sentiment-là ne raisonne pas.

— Eh bien, Frédérique, si vous avez deviné juste... si cette jeune femme m'aime... ce qui me contrarierait beaucoup, je vous l'avoue, que me conseillez-vous de faire?... vous ne voulez pas sans doute que je cesse d'être utile à cette infortunée, que je l'abandonne?...

— Mais non, certainement...

— Si je lui défends de revenir chez moi... elle est susceptible... comme tous les malheureux, elle s'éloignera pour jamais.

— Voulez-vous vous en rapporter à moi, mon ami?

— Je ne demande pas mieux...

— Voilà, il me semble, ce qui remédierait à tout... mais je crains que mon projet ne vous déplaise...

— Oh! que vous êtes terrible aujourd'hui avec vos réticences!

— Écoutez. Pendant le temps que j'étais absente de Paris... vous ne saviez pas où j'étais?

— Non, vous ne me l'avez pas dit.

— Comme vous ne me l'avez pas demandé, j'ai cru que cela ne vous intéressait pas... Monsieur, j'étais tout bonnement dans une charmante maison de campagne que j'avais louée... et qui est toujours à moi, puisque je l'ai louée pour l'année, toute meublée, tout arrangée... On n'avait que la peine de s'y transporter, et cette peine était courte, car cette maison est située à Fontenay-sous-Bois, tout près de Vincennes... à deux lieues et demie de Paris; oui, monsieur, je n'étais pas bien loin, comme vous voyez... aussi je venais souvent à Paris, et je savais tout ce qui s'y passait.

— Et vous voulez envoyer Mignonne à votre campagne?

— Non... ce n'est pas cela... d'abord elle refuserait probablement d'aller chez moi... Il faudrait faire le contraire... il faudrait... toujours si cela ne vous ennuyait pas trop, venir passer quelque temps à cette campagne... nous ne sommes qu'à la fin de juillet, la saison est magnifique... Mais le séjour de la campagne vous ennuie peut-être...

— Pas du tout!... mais vous resterez avec moi, vous me tiendrez compagnie?...

— Assurément... ne faut-il pas que je fasse les honneurs de ma maison?...

— Frédérique, votre projet est charmant, je l'accepte avec joie...

— Vraiment, vous voulez bien venir vous retirer dans les champs avec moi... cela ne vous effraye pas... vous ne craignez pas de vous ennuyer?...

— Avec vous, est-ce possible?

— Oh! que vous êtes gentil... que je suis contente!... Mais soyez tranquille, mon ami, je tâcherai de faire en sorte que le temps ne vous semble pas trop long... D'abord, le pays est charmant, les environs délicieux... on se croirait à cent lieues de la capitale... cependant on n'est pas dans un désert, il y a de jolies propriétés dans le voisinage... mais je n'aime pas beaucoup voisiner, moi, surtout à la campagne, car lorsqu'une fois on a permis aux voisins de venir chez soi, ils n'en sortent plus quelquefois, et cela devient horriblement ennuyeux. Enfin, vous verrez ma maison, elle est très-grande!... c'est un petit château; le jardin est vaste, couvert; il y a une pièce d'eau, où l'on a le droit de pêcher... seulement il n'y a pas de poisson. Il y a un billard, il y a toutes sortes de jeux. Puis, lorsque vous vous ennuierez trop... ou que vous aurez à Paris quelque rendez-vous... c'est si près, on y est en une heure.

— Je suis à vos ordres, Frédérique... Partons... partons le plus vite possible, je me fais une fête d'habiter la campagne avec vous.

Madame Dauberny me serre la main avec force, me donne un baiser sur le front, puis s'écrie :

— Écoute... écoute... Ah! mon Dieu!... voilà que je le tutoie à présent comme autrefois...

— Oh! je le veux bien...

— Non, non... je ne le veux pas... Écoutez, mon ami, vous direz à Mignonne que vous allez passer quelque temps à la campagne, c'est une chose toute naturelle; vous la prierez de continuer à venir chez vous, à veiller sur votre maison, vous lui ferez même sentir que vous comptez sur son amitié pour prendre soin de votre ménage. Elle sera flattée de cette marque de confiance... Vous ne lui direz pas le temps que vous pensez être absent... ni chez qui vous allez... Vous n'avez pas de comptes à lui rendre, après tout... Mais ensuite, mon ami, il ne faudra pas venir trop souvent la voir à Paris... car vous détruiriez l'effet de votre séjour à la campagne.

— Je comprends très-bien cela...

— Alors, il faut espérer que l'absence... la raison... Cette jeune femme sentira qu'elle a tort de vous aimer... d'amour...

— Assurément! Puis, en recevant quelquefois la visite d'un autre...

— Oh! oui... c'est cela... Il se fera peut-être aimer, lui!...

Je regarde Frédérique avec surprise, car je ne lui ai jamais dit un mot de l'amour de Ballangier pour Mignonne. Elle rougit, elle se met à arranger ses cheveux; c'est sa ressource quand elle ne veut pas qu'on l'examine.

— Qui donc pensez-vous qui se fera aimer de Mignonne?...

— Mais... celui qui lui fera la cour... ce jeune homme... qui vient vous voir quelquefois...

— Et comment donc savez-vous cela, Frédérique?

— Belle malice... ne l'ai-je pas rencontré un jour... qu'il allait chez vous?...

— Et vous avez deviné qu'il était amoureux de Mignonne... rien qu'en le voyant venir chez moi?...

— Il est bien changé à son avantage, ce jeune homme...

— Ah! vous l'avez reconnu...

Je regarde attentivement Frédérique, car une foule d'idées se présentaient à mon esprit; quelque chose me dit que madame Dauberny en sait plus sur Ballangier qu'elle ne veut me dire. Je crois qu'elle devine ce qui m'occupe, car, se levant vivement, elle s'écrie :

— Mon ami, il se fait tard... Nous partons demain, est-ce convenu?

— Je ne demande pas mieux.

— Vous emmènerez votre domestique, nous avons de la place. Moi je n'ai là qu'un jardinier et ma femme de chambre. Mignonne vient-elle demain chez vous?

— Je le crois, elle n'est pas venue aujourd'hui.

— Attendez-la, annoncez-lui votre départ pour la campagne, puis venez me rejoindre; nous partirons ensemble.

— C'est entendu. Je vais faire mes apprêts... et demain, je vais vous chercher... *O rus! quando te aspiciam!...*

— Je devine ce que cela veut dire. Mon ami... vous verrez les champs demain!

En rentrant, je donne mes ordres à Pomponne pour qu'il fasse nos préparatifs de départ. Je pourrais n'emporter que peu d'objets à Fontenay, et envoyer mon domestique à Paris toutes les fois que j'aurais besoin de quelque chose; mais c'est justement ce que je veux éviter, parce que je connais la loquacité de M. Pomponne.

Il est dix heures du matin lorsque Mignonne arrive. Depuis que Frédérique m'a éclairé sur les secrets sentiments de cette jeune femme, je redoute cet entretien; je me sens ému et chagrin de lui causer de la peine. Pauvre petite! que je fuis parce qu'elle m'aime... Nous courons après tant de femmes qui ne nous aiment point!

Mignonne me semble encore plus pâle, plus triste que d'ordinaire. Cependant, elle sourit toujours en me voyant. Je m'approche d'elle et je lui tends la main :

— Mignonne, je viens vous faire mes adieux...

Elle me regarde avec inquiétude, ne prend pas la main que je lui présente, et balbutie :

— Comment... vos adieux... Est-ce que vous allez... en voyage?...

— Oh! non; je vais seulement à la campagne... pas bien loin d'ici... Aussi, ce n'est pas pour longtemps que je vous quitte...

— Ah! vous allez... à la campagne... Vous n'en aviez jamais parlé... C'est donc une idée qui vous est venue tout de suite?...

— Oh! j'y pensais depuis quelques jours; j'ai assez l'habitude d'aller chaque année passer quelque temps à la campagne... cela me fait du bien....

— Si c'est pour votre santé... vous avez raison... Alors, je vais m'en aller, je ne reviendrai qu'à votre retour... quand vous me le ferez dire...

— Non... si vous voulez m'être agréable... me rendre service... vous viendrez toujours, au contraire. J'emmène mon domestique, je vous laisse mes clefs, que vous remettrez chez le concierge chaque fois que vous sortirez. Je vous confie le soin de ma maison... il y a bien des choses à faire encore ici... Je voudrais que l'on renouvelât tous les rideaux... que l'on couvrît avec des housses le meuble du salon et celui de ma chambre à coucher... Vous trouverez de l'argent dans le secrétaire. Soyez assez bonne pour vous charger de tous ces détails... Je prends la liberté de vous regarder comme une sœur... Est-ce que cela vous fâche?...

— Me fâcher... par exemple... Vous êtes trop bon pour moi!... Vous trouvez toujours des prétextes pour m'occuper... me faire du bien... Oh! je m'en aperçois bien, allez!

— Ne dites pas cela... C'est grâce à vous, au contraire, que ma maison a pris un aspect d'ordre, de confortable qu'elle n'avait pas autrefois...

— Est-ce que vous serez longtemps sans revenir à Paris?

— Je ne le pense pas... Cependant... quelquefois... quand on n'y a pas affaire...

— Sans doute, et quand on s'amuse... Est-ce que vous allez... chez des amis?

— Oui, je vais voir plusieurs amis.... je ferai une tournée. Ah! Mignonne, je voulais vous dire... Ce jeune homme que vous avez vu ici plusieurs fois... Ballangier... il viendra sans doute en mon absence....

— Je dirai au concierge qu'il ne laisse monter personne, puisque vous n'y serez pas...

— Ah! pour tout le monde, c'est fort bien; mais je désire que Ballangier soit excepté de cette défense... C'est un garçon auquel je porte un vif intérêt... il n'avait jadis dans Paris que de mauvaises connaissances... il ne faut pas qu'il trouve fermée une maison où il ne puisera que de bonnes leçons... Ensuite, ma bibliothèque est à sa disposition, il peut y prendre tout ce qu'il voudra. Vous aurez donc la complaisance de le recevoir... c'est un brave garçon... je suis certain qu'il mettra tous ses efforts à mériter votre estime.

Mignonne répond d'un air froid et contraint :

— Il suffit, monsieur, vos ordres seront suivis.

— Mais ce ne sont pas des ordres que je vous donne... c'est un désir que j'exprime, voilà tout.

— Et... s'il venait des lettres pour vous, monsieur, où faudra-t-il les envoyer?

— Je n'en attends pas... d'ailleurs, mon domestique passera les prendre chez le concierge.

— Ah!... vous enverrez votre domestique à Paris... mais vous ne viendrez pas, vous...

Elle baisse vivement la tête; j'ai vu ses yeux se remplir de larmes. Je m'empresse de saisir sa main qu'elle m'abandonne, et la pressant avec affection, je lui dis :

— A bientôt, Mignonne, à bientôt... Veillez bien sur ma maison.

Et je me hâte de partir, poussant devant moi M. Pomponne, qui veut absolument rentrer dans la pièce où est Mignonne, probablement pour y ramasser une épingle.

Fontenay-sous-Bois.

Nous arrivons à Fontenay-sous-Bois sur les trois heures de l'après-midi. La maison de campagne de Frédérique est située un peu après le village; elle n'est pas déserte, car il y a plusieurs jolies villas dans le voisinage, mais elle est assez éloignée du centre du pays pour que l'on n'entende pas continuellement les chants des ivrognes, les cris des enfants et les aboiements des chiens. La grille donne sur une belle pelouse bordée de fleurs qui précède la maison. Il y a ensuite, sur la gauche, un petit corps de logis qui est tout à fait séparé du principal bâtiment, et Frédérique me dit sur-le-champ en passant devant :

— Voilà où vous logerez, mon ami; au-dessus de la salle de billard, il y a un petit appartement fort gentil, et vous voyez que vous serez tout à fait chez vous, libre de sortir, de rentrer sans déranger personne...

— Mais je ne viens pas ici pour vivre seul... et vous?

— Moi, je demeure dans ce grand bâtiment... Vous allez voir mon logement; mais soyez tranquille, mon ami, je ne vous amène pas ici pour vous exiler de ma présence... Vous serez libre de ne rentrer dans votre pavillon que pour vous coucher. Adèle, conduisez sur-le-champ Pomponne au pavillon, pour qu'il y porte les effets de son maître.

Adèle est la femme de chambre. C'est une bonne fille qui, à la campagne, daigne joindre à ses fonctions celles de cuisinière. M. Pomponne la suit, en plongeant ses regards curieux dans les plus minces buissons.

Frédérique me fait voir la maison, composée d'un rez-de-chaussée et d'un premier étage, et contenant six chambres de maître. Tout cela est meublé avec goût; une grande famille pourrait habiter à l'aise dans cette maison.

— Que feriez-vous de tant de logement étant seule? dis-je à Frédérique.

— Mon ami, à la campagne, je trouve qu'il faut avoir de l'espace. J'ai vu cette maison, elle m'a plu... elle n'est pas chère, je l'ai louée... Je ne pouvais pas la faire rapetisser... d'ailleurs, vous voyez bien qu'aujourd'hui je n'y suis plus seule...

— Vous serez toujours seule dans votre grand bâtiment, puisque vous me reléguez dans un pavillon à part...

— Ah! mon ami! et la décence donc!... N'est-ce pas déjà bien hardi à moi, femme mariée, d'amener un jeune homme demeurer chez moi à la campagne?... Tout le monde ne sait pas que nous ne sommes qu'*Oreste* et *Pylade*, *Damon* et *Pithias*... mais je me moque parfaitement de ce qu'on pourra dire...

— Et votre mari?

— Mon mari! je crois qu'il ne sait même pas que je suis à la campagne. Vous avez vu la maison, venez voir le jardin maintenant. Attendez... attendez... ma toque champêtre... oh! c'est si gentil d'être à son aise!

Frédérique a remplacé le chapeau de la ville par une petite casquette en paille, dont elle pose la visière un peu en tapageur, sur le côté; elle est ravissante ainsi. Je trouve dans le vestibule plusieurs chapeaux de campagne de diverses formes.

— Choisissez, me dit mon hôtesse.

— Comment? est-ce que ceci ferait aussi partie du mobilier de la maison?

— Non, j'avais apporté tout cela pour moi... comme essai... vous savez bien que je me mets en homme quelquefois...

— Vous me l'avez dit, mais je ne vous ai jamais vue sous le costume masculin.

— Je m'y mettrai un matin pour courir les champs avec vous... Oh! j'ai l'air d'un bien mauvais sujet, alors!... Voyons, monsieur, choisissez donc un chapeau.

Je me coiffe d'un feutre gris à forme pointue et à larges bords; je dois avoir l'air d'un bandit italien, il ne me manque que les rubans. Frédérique me conduit au jardin. Il a près de deux arpents, et il est planté d'une façon originale. Point de ces grandes allées bien alignées. Ici, au contraire, on serpente, on tourne, on se perd. De l'ombrage, des massifs, des bosquets, voilà ce qui fait de ce jardin un charmant séjour, qui paraît quatre fois plus grand qu'il ne l'est en effet.

Notre première journée a passé bien vite. Je me suis établi dans le petit pavillon; j'y suis fort bien, mais il me semble que j'aurais préféré être dans la maison sous la même clef que Frédérique; mon amitié pour elle prend tant de développement, que si je suis un quart d'heure sans la voir, je sens qu'il me manque quelque chose : je crois que je n'ai jamais aimé une maîtresse comme j'aime cette amie-là.

En me réveillant pour la première fois dans cette maison où je suis venu presque à l'impromptu, j'éprouve un contentement, un bonheur intime dont je ne puis me rendre compte. Est-ce le plaisir d'être à la campagne avec une personne qui me témoigne une amitié si vraie? est-ce la satisfaction de m'être bien conduit en m'éloignant de Mignonne, en n'abusant point du sentiment que je lui avais inspiré? est-ce seulement le changement d'air?

Je me mets à une fenêtre qui donne sur le jardin. J'entends une voix qui m'appelle en me traitant de paresseux. Frédérique est déjà levée. Elle a une robe blanche faite en blouse et que retient une ceinture bleue. Le bleu est sa couleur favorite, je m'en suis aperçu Elle porte sa petite casquette de paille, et ses beaux cheveux d'un noir si brillant retombent en grosses boucles de chaque côté de son visage.

Il me semble que jamais elle ne m'a paru si bien, si séduisante... Ah! c'est qu'à la campagne, c'est qu'au milieu des champs, de la verdure, tout ce qui parle à nos sens nous émeut, nous touche davantage.

Frédérique a passé son bras sous le mien, elle m'emmène promener dans le jardin. Pour la première fois j'éprouve une singulière sensation en sentant son bras s'appuyer sur le mien... Est-ce bien la première fois que j'éprouve ce plaisir?... non... mais aujourd'hui il me semble plus doux, et pourtant, je ne sais pourquoi je ne suis plus si gai, si libre auprès d'elle... je crois que j'ai peur de la regarder... Quelles idées me passent donc par la tête!... je crains de m'y arrêter.

Madame Dauberny n'a jamais été si aimable, si gaie, si bonne, si spirituelle... Je croyais la connaître... mais il me fallait vivre seul avec elle dans cette charmante retraite pour juger de toutes les ressources de son esprit, de tous les charmes de sa société, de toutes les séductions de sa personne.

Le temps passe avec une rapidité surprenante; et pourtant nous ne sommes que nous deux, mais nous faisons souvent des excursions à pied ou à cheval dans les environs : les chevaux qu'on nous loue sont fort laids, mais que nous importe, nous ne sortons pas pour nous faire voir. Quand le temps est mauvais, nous faisons de la musique, ou je dessine quelque point de vue que j'ai croqué le matin, et elle me fait une lecture. Chaque matin elle me dit :

— Mon ami, si vous voulez aller faire un tour à Paris, ne vous gênez pas... vous reviendrez ce soir... seulement, n'allez pas chez vous si Mignonne y est... Puisque nous avons entrepris la guérison de cette jeune femme, il ne faut pas lui causer une rechute.

— Est-ce que je vous ennuie? dis-je alors, est-ce que vous voulez vous débarrasser de moi aujourd'hui?

Pour toute réponse, on me donne une légère tape sur la joue... puis il n'est plus question de Paris.

Quinze jours se sont passés. Mais en voulant guérir Mignonne, si j'allais me rendre malade, moi?

Voilà ce que je commence à me dire, car plus je vois Frédérique, plus je sens qu'il me serait difficile de renoncer à ce bonheur si pur que je goûte près d'elle... Je ne suis plus le même, il me prend au milieu de mes plaisirs comme des accès de tristesse... Quand Frédérique attache ses regards sur moi, je deviens embarrassé, timide presque... mais lorsqu'elle ne le voit pas, avec quelle ivresse je la contemple, comme mes yeux s'arrêtent avec délices sur toute sa personne!... Est-ce donc de l'amour que j'ai pour elle?... je n'ose pas encore me l'avouer positivement, mais j'en ai bien peur. Oui, j'en ai peur, car si je l'aime d'amour, et qu'elle ne m'aime que d'amitié, je souffrirai donc sans cesse auprès d'elle le supplice de Tantale; si je l'aime d'amour... je ne serai pas toujours maître de moi-même, et ce que j'éprouve depuis que j'habite avec elle cette campagne, ce trouble que je ressens lorsqu'elle appuie son bras sur le mien, cette rougeur qui me monte au visage quand le hasard me fait poser ma main sur son genou... tout me dit qu'un moment viendra, qui n'est pas loin peut-être, où j'oublierai respect, convention, où l'ami disparaîtra pour faire place à l'amant... Combien de fois déjà, lorsque nous parcourons ensemble un étroit sentier, n'ai-je pas été tenté de la presser sur mon cœur... de cueillir un baiser sur ses lèvres!... mais je me rappelle cette nuit où j'ai soupé chez elle, alors que nous étions aussi convenus d'être bons amis, alors qu'elle me tutoyait et me permettait la même liberté... Troublé par les vapeurs du vin... ou peut-être éprouvant déjà les premières atteintes de cette flamme qui devait me consumer plus tard, je l'ai embrassée tendrement... mais elle s'est fâchée; ce baiser fut le signal de notre rupture, elle me défendit alors de me représenter chez elle. Si aujourd'hui elle allait en faire autant... Elle me témoigne la plus grande confiance, parce qu'elle ne me croit que son ami... parce qu'elle est persuadée que je n'aurai jamais que de l'amitié pour elle; en apprenant que je l'aime d'amour, si elle allait de nouveau se fâcher, me quitter, me priver de sa présence... Cette pensée me glace et suffit pour me rappeler à la raison toutes les fois que les beaux yeux de Frédérique sont sur le point de me la faire oublier.

Deux vieux garçons qui occupent une maison à côté de celle de madame Dauberny sont jusqu'à présent les seules personnes qu'elle ait reçues chez elle; les frères Ramonet sont aimables et font notre partie de billard ou de whist, lorsqu'un temps pluvieux nous oblige à garder la maison.

J'ai eu besoin d'envoyer plusieurs fois Pomponne à Paris. Je lui ai ordonné de dire à Mignonne que j'étais à Fontenay chez mon ami Balloquet; je ne sais s'il m'aura ponctuellement obéi, mais j'en doute.

Un soir que le mauvais temps nous a obligés de recourir aux cartes, dont cependant je me passerais volontiers, — mais Frédérique, soit crainte que je ne m'ennuie, soit coquetterie de sa part, fait en sorte que nos tête-à-tête ne soient point trop fréquents, — M. Ramonet l'aîné nous dit tout en jouant :

— Nous avons une nouvelle voisine dans le pays... la petite maison... à deux pas d'ici, à droite...

— En terrasse, à l'italienne?

— Justement... elle est louée.

— C'est donc depuis peu, dit Frédérique, car jusqu'à présent j'avais toujours vu les volets fermés partout.

— C'est depuis trois jours seulement... une dame a loué cela.

— Une dame seule?

— Seule avec une bonne. Du reste, la maison est fort petite... presque rien... mais c'est coquet... je l'ai visitée une fois.

— Et vous avez déjà vu cette nouvelle voisine?

— Pas moi, mais mon frère... n'est-ce pas, Jules, tu as vu la dame qui a loué la petite maison?

— Oui, ce matin, en passant... elle était à la fenêtre du rez-de-chaussée... je l'ai saluée, elle m'a rendu mon salut fort gracieusement... elle est très-jolie... c'est une jeune femme... l'air distingué...

— Ah! vous avez vu cela tout de suite, monsieur Jules!

— Mais oui, madame... oh! il ne me faut qu'un coup d'œil, à moi; d'ailleurs, j'en ai jeté plus d'un sur cette dame.

— Et, sans doute, vous savez déjà aussi ce qu'elle est, ce qu'elle fait, comment elle se nomme?

— Non, pas encore... mais demain je saurai tout cela... Ce doit être une veuve... car pour une dame qui aurait un mari, un ménage, la maison serait trop petite! Du reste, comme voisins, nous irons lui faire visite un de ces jours... N'est-ce pas, mon frère?

— Sans doute.

— Vous en avez le droit, messieurs. Quant à moi qui voisine fort peu, je ne pense pas que je ferai la connaissance de cette dame.

Après le départ des frères Ramonet, Frédérique, qui semble plus pensive que de coutume, me dit tout à coup :

— Mon ami, vous ne vous ennuyez pas ici?

— Combien de fois faut-il vous dire que je m'y plais beaucoup... que jamais je n'ai passé des jours si heureux que ceux qui viennent de s'écouler...

— Et vous ne regrettez pas Paris?

— Je ne regrette rien.

— Et vous ne tenez point à ce que nous fassions connaissance avec de nouvelles voisines?

— Non, certainement, je trouve même quelquefois que les frères Ramonet sont encore de trop.

— Ah! que vous êtes aimable de vous plaire ainsi avec votre amie... Bonsoir, Charles, à demain.

Elle me tend la main, et me regarde avec une expression si charmante, que je suis prêt à couvrir sa main de baisers. Ah! si j'osais lui avouer ce qui se passe dans mon âme... Mais elle n'aurait qu'à se fâcher... et m'ordonner de partir; j'aime encore mieux me taire, et rester avec elle.

La voisine.

Le lendemain de cette journée, nous étions dans le salon du rez-de-chaussée, Frédérique et moi; je cherchais à tirer quelques accords d'un mauvais piano, elle riait de mon impatience, lorsque sa domestique vient lui annoncer qu'une dame demande à la voir.

— Une dame! s'écrie Frédérique avec surprise, mais je n'attends aucune dame. D'où sort celle-ci?

— Il paraît que c'est la personne qui a loué depuis peu la petite maison à côté...

— Et elle croit, comme voisine, me devoir une visite... Allons, recevons cette dame, puisqu'il le faut, mais faisons-lui voir sur-le-champ que je ne veux pas me lier avec mes voisines... Faites entrer cette dame, qui est si pressée de me voir!

La bonne se retire; je me retourne, curieux de voir cette voisine qu'on dit jolie; Frédérique reste nonchalamment assise sur le divan. Une dame paraît, je fais un mouvement de surprise, madame Dauberny pousse un cri... nous venons de reconnaître madame Sordeville.

De son côté, Armantine a paru saisie en me trouvant là; mais, se remettant aussitôt, elle court à Frédérique en lui disant :

— C'est moi, tu ne t'attendais pas à me voir, n'est-ce pas?... ne te doutais pas que j'étais devenue ta voisine?...

— Oh non!... non, certes, je ne m'en doutais pas!... répond Frédérique avec un accent qui n'est pas précisément affectueux; mais toi-même... qui t'a dit... comment as-tu su que j'habitais cette maison... où, du reste, je ne suis que depuis peu de temps?

— Mon Dieu! tu sais bien que les domestiques savent tout de suite qui l'on a pour voisin, et à la campagne surtout, c'est la première chose dont on s'occupe...

— Je te réponds que cela ne m'occupait guère, moi!

— Ma bonne m'a dit ce matin : « Madame, cette belle maison » côté de nous est habitée... elle est louée à madame Dauberny. » Tu penses bien qu'en entendant ton nom, j'ai encore demandé d'autres détails : j'ai bien vu que c'était toi; alors je me suis empressée de venir te voir... t'embrasser... Est-ce que j'ai eu tort?

— Oh! non, certainement!

Ces dames s'embrassent; je ne suis pas bien persuadé que ces baisers-là soient sincères. Frédérique est toute troublée; à chaque instant elle change de couleur. Madame Sordeville est toujours jolie et toujours aussi coquette, j'ai vu cela sur-le-champ. Elle se tourne bientôt de mon côté et me dit :

— En venant voir mon amie, je ne m'attendais pas, je l'avoue, à trouver ici M. Rochebrune... C'est un plaisir de plus pour moi.

Je me contente de m'incliner et de saluer froidement cette dame. Frédérique, qui m'examinait, s'écrie :

— Oui... M. Rochebrune a bien voulu venir passer quelque temps avec moi dans cette campagne... Je croyais d'abord qu'il n'y ferait pas un long séjour... mais il me disait encore tout à l'heure qu'il ne regrettait nullement Paris.

— C'est la vérité, madame; vous m'avez fait aimer la campagne...

Armantine se mord les lèvres et reprend :

— Tu reçois sans doute nombreuse société ici... c'est si près de Paris.

— Mais pas du tout, je n'y reçois personne, au contraire. Excepté deux vieux messieurs du voisinage... et encore ne les voyons-nous qu'une fois ou deux par semaine, nous sommes toujours en tête à tête, Charles et moi.

Armantine fait un petit mouvement de dépit qu'elle s'efforce de changer en sourire, car c'est la première fois qu'elle entend Frédérique m'appeler Charles, et cette marque de familiarité entre nous ne paraît pas lui causer un vif plaisir.

— Et toi, reprend madame Dauberny au bout d'un moment, tu as donc quitté ta retraite de Passy?

— Oh! il y a longtemps.. je m'y ennuyais. On voit trop de monde par là, et maintenant je préfère la solitude; je suis venue louer dans ce pays, parce que j'ai pensé y être plus tranquille... plus à la campagne.

— Mais cependant, si tu t'ennuies...

— Ce sont quelquefois les importuns qui nous causent de l'ennui... on se trouve plus heureuse, seule avec ses souvenirs!...

En disant ces derniers mots, Armantine a jeté un regard mélancolique de mon côté; Frédérique s'en est aperçue et se lève aussitôt en disant :

— Viens donc voir ma maison, mon jardin... Est-ce que vous venez avec nous, Charles?

— Non, madame, j'ai quelques lettres à écrire.

Je salue ces dames et je rentre dans mon pavillon. J'ai dans l'idée que Frédérique aime autant que je ne l'accompagne pas; d'ailleurs, ces deux anciennes amies peuvent avoir mille choses à se dire après avoir été si longtemps sans se voir, et je ne voudrais pas être indiscret.

La présence de cette femme, que j'ai beaucoup aimée, m'a causé, je l'avoue, un certain trouble; mais il a été de courte durée : c'était de la surprise, c'était l'émotion des souvenirs, il n'y avait plus rien au fond de mon cœur qui ressemblât à de l'amour. Armantine est toujours fort jolie, j'en conviens; mais ses yeux parfois si expressifs, son sourire si séduisant, ne peuvent effacer de ma mémoire cet air de dédain et d'insolence avec lequel elle m'a quitté dans les Champs-Élysées.

Je reste toute la journée chez moi. Quand je redescends au salon, Frédérique y est seule. Je vais m'asseoir près d'elle.

— Votre amie vous a quittée?

— Oui... Est-ce que vous espériez la retrouver ici?

— Moi... pourquoi me dites-vous cela?

— Vous répondez à ma demande par une question... c'est plus commode. Au reste, pensez-vous donc que je vous ferais un crime d'éprouver un grand plaisir à revoir une femme... que vous adoriez... que vous aimez encore probablement?

— Ah! vous pensez que je l'aime encore?...

— Qu'y aurait-il là d'extraordinaire?... Quand un amour n'a pas été... satisfait... il n'y a pas de raison pour qu'il finisse.

— Et vous pensez alors qu'il doit finir dès qu'il est satisfait?...

— Je pense... que je ne suis que votre amie... tandis qu'Armantine...

— Eh bien?...

— Mon Dieu! je ne sais plus ce que je dis... cette visite inattendue... ce voisinage qui m'arrive là...

— Vous devez être contente de revoir cette amie?...

— Oh oui! certainement, j'en suis très-contente... il est probable qu'elle va venir tous les jours... D'ailleurs, comme elle sait que vous êtes ici... elle n'y manquera pas.

— Ah! vous croyez qu'elle viendra pour moi?...

— Pour vous... pour moi... je ne sais pas... Enfin, nous verrons bien...

Frédérique soupire. Tout le restant de la soirée elle est triste, rêveuse; de mon côté, je suis aussi préoccupé. Nous nous séparons plus tôt que de coutume, et elle ne me regarde pas comme la veille en me disant : A demain.

La journée suivante, je propose à Frédérique une promenade à pied dans les environs; elle accepte, nous partons. A peine avons-nous fait cinquante pas, que nous apercevons Armantine qui vient vers nous; je remarque qu'elle est mise avec beaucoup plus de coquetterie que la veille. Frédérique ne peut maîtriser un mouvement d'humeur et murmure :

— Ah! il paraît qu'on nous guettait... ce sera amusant.

— Vous allez en promenade? nous dit Armantine en me regardant.

— Cela y ressemble beaucoup, répond Frédérique.

— Me permettez-vous d'aller avec vous?... Moi qui justement ne connais pas ce pays, je suis bien heureuse d'avoir des guides.

— Tu as le droit de venir avec nous. Seulement, je te préviens que je suis bonne marcheuse, et avec Charles nous faisons de longues promenades.

— Oh! je marche très-bien!... D'ailleurs, si je suis fatiguée, je pense que monsieur voudra bien me donner son bras.

— Il sera à votre service, madame.

J'ai répondu avec une politesse froide; mais Frédérique, qui tenait alors mon bras, le quitte aussitôt en s'écriant :

— A la campagne, on va tout seul... c'est plus commode.

Je la regarde avec surprise, car nous n'avons pas l'habitude d'aller ainsi.

Nous nous remettons en route. Armantine admire le pays; à chaque instant elle s'écrie :

— Mais c'est charmant, par ici... Ah! je suis bien contente d'y être venue... je m'y plais déjà beaucoup!

Frédérique ne dit rien, ou ne répond que par quelques phrases brèves. Je soutiens la conversation avec madame Sordeville, qui me demande à chaque instant des renseignements sur le pays, et trouve toujours quelques questions à m'adresser pour que nous causions ensemble. Je crois voir que cela impatiente Frédérique, mais je ne puis pourtant pas être impoli avec cette dame qui me parle toujours.

Notre promenade est du reste assez triste. Frédérique est la première à demander à revenir. Alors Armantine se plaint d'être fatiguée. Il n'y a pas moyen de ne point lui offrir mon bras, elle accepte avec empressement. J'offre l'autre à Frédérique, elle me refuse. Qu'a-t-elle donc?

Nous sommes de retour. Armantine nous quitte à sa porte, annonçant à son amie qu'elle viendra passer la soirée avec elle.

Frédérique est pâle, agitée; je lui demande la cause de son humeur, je lui demande pourquoi, en revenant, elle a refusé mon bras.

— Pour vous laisser seul avec l'objet de vos amours... me dit-elle en me lançant un regard qui semble vouloir pénétrer au fond de mon âme. Ce regard me fait concevoir un espoir si doux, qu'un frisson de plaisir parcourt tout mon être... mais je n'ose m'arrêter à cette pensée... je serais trop heureux si j'avais deviné.

Armantine vient passer toute la soirée chez son amie. Elle travaille pendant que nous faisons de la musique, Frédérique me prie de lui chanter quelques romances; j'y consens, et il paraît que je m'en acquitte assez bien, car je vois Armantine m'écouter avec surprise, et lorsque j'ai fini, madame Dauberny me dit :

— C'est fort bien, Charles, vous avez eu plus de succès qu'à la soirée d'Armantine.

Je ris au souvenir de mon couac; mais madame Sordeville baisse les yeux et ne rit pas.

Armantine vient le lendemain, puis le jour suivant; enfin, il ne se passe plus une soirée sans qu'elle vienne visiter son amie. Celle-ci la reçoit avec une politesse plus cérémonieuse qu'affectueuse; Frédérique n'a plus cet enjouement, cet entrain qui faisait le charme de nos tête-à-tête; quand je suis seul avec elle, elle parle peu; quand Armantine est là, elle ne parle plus. Mais madame Sordeville semble affecter de ne faire aucune attention à l'humeur triste ou fantasque de son amie; elle aime à parler, et souvent elle soutient presque seule ce qui ne peut plus s'appeler la conversation.

Armantine me lance très-souvent de doux regards; je n'ai pas l'air de m'en apercevoir. Elle s'assied toujours près de moi. Si l'on se promène au jardin, c'est à côté de moi qu'elle marche; elle m'adresse alors la parole à demi-voix, comme si elle avait à me dire quelque chose qu'elle ne voulût point laisser entendre à Frédérique. Celle-ci remarque tout cela, et dans la même minute je la vois plusieurs fois changer de visage, alors mon cœur bat avec force je suis tenté de me jeter à ses genoux, en lui disant :

— C'est vous! c'est vous seule que j'aime...

Mais si tout cela n'était encore que ce qu'elle appelle l'egoïsme de l'amitié... Cette femme est si bizarre... Je serais si confus de m'être mépris sur ses sentiments... Quelle idée aurait-elle de moi? que mon amour-propre me fait voir partout des femmes qui m'adorent!

Un matin, après avoir passé une heure avec nous, Armantine se rappelle qu'elle a affaire chez elle et nous dit adieu. Je me réjouis de me retrouver seul avec Frédérique, ce qui devient rare depuis quelque temps; je lui propose une promenade dans la campagne, mais elle me refuse; elle prétexte un malaise, une migraine, et me quitte brusquement pour se retirer dans son appartement.

Pourquoi cette humeur avec moi? Si la présence continuelle de son amie la contrarie, en suis-je cause? Est-ce moi qui ai été chercher madame Sordeville? Elle doit bien voir cependant qu'avec cette dame je me renferme dans les règles de la plus stricte politesse. Tout en me disant cela, j'ai quitté le salon, et je sors de la maison, espérant trouver en me promenant une solution à mes conjectures.

Je marche au hasard, sans faire attention au chemin que je prends; que m'importe, puisque je n'ai point de but? Mais le hasard veut que j'aie pris à droite au lieu de prendre à gauche, et à droite, pour gagner le bois, je passe devant la maison habitée par Armantine.

Je ne m'en étais point aperçu, je marchais en rêvant; mais tout à coup je m'entends appeler. Je lève les yeux. Je suis devant la demeure de madame Sordeville : elle est à une fenêtre du rez-de-chaussée, c'est elle qui vient de m'appeler et qui me fait en ce moment un gracieux salut.

Je réponds à son salut et je vais continuer mon chemin; mais Armantine me dit :

— Est-ce que vous ne me ferez point le plaisir d'entrer un moment, monsieur Rochebrune? Il y a bien longtemps que je désire avoir avec vous un moment d'entretien... Mais chez madame Dauberny cela n'est pas possible; car elle ne vous quitte pas un moment... Puisque le hasard vous a conduit de mon côté, voudrez-vous m'accorder cette faveur?

Refuser serait malhonnête et de mauvais goût. Parce qu'on n'est plus amoureux d'une dame, il ne faut pas moins être poli, à moins d'être un Huron!... et je tiens à ne point passer pour tel.

J'entre donc dans la demeure de madame Sordeville, c'est toujours ce nom que ma mémoire lui donne. Elle vient au-devant de moi et m'introduit dans la pièce où elle se tient; elle me montre un siége près d'elle. Je m'y place et j'attends ce qu'elle veut me dire. Alors elle hésite et semble embarrassée; mais elle me regarde souvent, et ses yeux remplis de feu paraissent vouloir m'amener à parler moi-même. Malgré tout l'éclat de ses regards... malgré le jeu de ses prunelles, je reste muet. Armantine se décide enfin à entamer l'entretien :

— Monsieur, quand je suis allée chez Frédérique... je ne m'attendais pas, je l'avoue, à vous y trouver... et surtout à vous y trouver établi... comme si vous étiez chez vous...

— Que voulez-vous dire par là, madame?

— Vous devez bien me comprendre... La familiarité qui règne maintenant entre vous et... mon amie est assez visible... elle ne cherche pas à la cacher, d'ailleurs... Mais, je vous le répète, je ne m'attendais pas à cela... non que je vous en fasse un reproche... je n'ai aucun droit pour vous en faire... Vous aimez... vous n'aimez plus... cela arrive tous les jours... Quant à mon amie...

Armantine appuie avec affectation sur ce dernier mot.

— Quant à mon amie... il me semble que je pourrais lui en vouloir un peu sans être trop blâmable... sa conduite à mon égard n'est peut-être pas celle d'une amie bien sincère... En vous amenant à lui faire la cour, à être... son amant enfin, elle n'a pas agi avec délicatesse, et...

J'interromps Armantine en m'écriant :

— Je ne sais ce que vous voulez dire, madame; je commence par vous répondre que je ne suis point l'amant de madame Dauberny, que je ne suis que son ami. Mais lors même que j'aurais de l'amour pour cette dame... et qu'elle daignerait y répondre, en quoi donc cela pourrait-il vous offenser, et même vous préoccuper le moins du monde, madame?

Armantine se tait, soupire, et murmure enfin :

— Je vois bien que vous ne m'avez pas pardonné la manière dont je vous ai quitté un jour... aux Champs-Élysées... J'ai eu tort, monsieur, j'ai eu grand tort; je m'en suis souvent repentie depuis. Mais ne savez-vous pas que les femmes ont parfois des caprices... des moments d'humeur dont elles ne pourraient pas se rendre compte elles-mêmes?... Peut-être, plus que toute autre, ai-je de ces bizarreries... mais lorsque je conviens de mes torts, me garderez-vous toujours rancune?

Armantine est vraiment bien séduisante : en m'avouant ses torts, elle fait de petites mines coquettes qui tourneraient bien des têtes; mais je suis amoureux d'une autre, et il faut que cet amour soit bien sincère, car les tendres regards d'Armantine ne produisent plus aucun effet sur mon cœur.

— Je ne vous en veux nullement, madame, dis-je en souriant; depuis longtemps cette aventure était effacée de ma mémoire, et je pensais qu'elle l'était aussi de la vôtre. Vous ne me deviez aucune excuse... et d'ailleurs, vous le savez, le temps change bien l'aspect des choses... Aujourd'hui, il me semble que tout cela ne mérite pas que ni vous ni moi nous nous en occupions. Au revoir, madame, je vais, si vous le permettez, continuer ma promenade.

Je me lève et je salue Armantine; elle est restée interdite, atterrée; elle ne lève pas les yeux sur moi, elle ne répond même pas à mes adieux.

Je viens de sortir de la maison d'Armantine, et je vais continuer ma promenade, lorsque j'aperçois Frédérique arrêtée à quelques pas et ayant les yeux sur moi. Je m'empresse d'aller vers elle. Sa pâleur m'effraye, la fixité de ses yeux me fait mal. Je veux prendre sa main, elle la retire vivement.

— Qu'avez-vous donc? lui dis-je.

— Rien.

— Que faisiez-vous là?

— Je voulais vous voir sortir de chez elle... j'étais certaine que vous y étiez...

— Chez madame Sordeville!... c'est le hasard qui m'y a fait entrer; je passais et...

— Vous n'avez pas besoin de vous excuser, ni de chercher des prétextes... Je vous ai dit cent fois que vous étiez votre maître... que vous pouviez avoir dix maîtresses si cela vous faisait plaisir... que je ne prétendais gêner en rien vos affections. Seulement, je n'aime pas que l'on me mente, que l'on me trompe... que l'on me déguise sa pensée...

— Je n'ai rien fait de tout cela, Frédérique, et si vous voulez m'entendre...

— Plus tard... pas à présent... Adieu...

— Vous me quittez, vous ne venez pas vous promener avec moi?

— Non... j'ai affaire, je rentre...

— Je vais rentrer aussi.

— Non, continuez votre promenade... je vous en prie... Cela me contrarierait si vous rentriez avec moi... Vous voyez bien que j'ai mal aux nerfs... qu'un rien m'agace... Laissez-moi, mon ami; au revoir.

Elle s'éloigne vivement; je crains de la contrarier en la suivant. Elle était là; elle me guettait, elle voulait voir si j'étais chez Armantine Et cette tristesse que j'ai lue dans ses yeux, et qu'elle cherche en vain à dissimuler, n'est-ce donc pas là de la jalousie?... Si elle n'avait pour moi que de l'amitié, serait-elle jalouse d'Armantine?

Oh! dussé-je m'abuser, dussé-je la voir rompre encore nos relations, je ne veux plus lui cacher ce que j'éprouve et tout l'amour dont je brûle pour elle. J'y suis bien décidé, aujourd'hui même je lui dirai tout; il ne m'est plus possible de me contenter du rôle d'un ami.

Je me promène longtemps dans la campagne, rappelant dans ma mémoire tout ce qui, dans la conduite de Frédérique, peut me faire espérer qu'elle a plus que de l'amitié pour moi. L'heure du dîner est arrivée lorsque je rentre chez madame Dauberny.

Je ne trouve personne dans le salon. Je vais au jardin, Frédérique n'y est pas. J'appelle Pomponne, qui arrive avec une lettre à la main.

— Monsieur m'appelle, moi je cherchais monsieur, comme ça se trouve...

— Où donc est madame Dauberny?

— Elle est partie, monsieur...

— Comment, partie... Qu'est-ce que tu dis, imbécile?

— Je dis, monsieur, que nous voilà les maîtres de la maison... adame Dauberny est partie avec Adèle... et voilà une lettre qu'elle laissée pour monsieur.

Je prends la lettre, que j'ouvre à la hâte, et je lis ce qui suit :

« Mon ami,

» Je pars, je quitte la campagne, dont le séjour n'a plus aucun charme pour moi depuis qu'Armantine est devenue ma voisine et qu'elle vient passer tout son temps chez nous... Je dis chez nous... Je me croyais encore à cette heureuse époque où nous n'étions là que nous deux!... Ce temps a passé trop vite!... Je sens bien que je suis une égoïste, et qu'il est naturel que vous soyez heureux d'avoir retrouvé une femme que vous aimiez beaucoup... et dont la présence a ranimé un feu qui n'était pas éteint. Soyez donc heureux près d'elle. Restez à ma campagne, mon ami; restez-y tant que vous vous y plairez, et croyez bien que je m'éloigne sans murmure... mais non pas sans regrets. »

A peine ai-je achevé la lecture de cette lettre, que j'appelle mon domestique.

— Pomponne, fais ma valise... tes paquets, nous allons partir... retourner à Paris.

— Nous allons partir... quand donc cela, monsieur?

— Tout de suite, hâte-toi...

— Et dîner, monsieur; nous n'avons pas dîné, et je sais qu'il est prêt; Adèle me l'a dit en partant.

— Nous dînerons à Paris. Je ne reste pas une demi-heure de plus dans cette maison. Allons, tu devrais déjà avoir tout terminé.

Un quart d'heure après, nous roulions vers Paris, dans le premier coucou que j'avais aperçu, car il y a encore des coucous à Fontenay.

A l'Opéra.

J'arrive à Paris à sept heures du soir; en entrant sous la porte de ma maison, la première personne que j'aperçois est Ballangier, vêtu d'une jolie redingote brune, chapeau rond, mis enfin avec une coquetterie qui m'annonce que le désir de plaire est toujours sa première pensée.

Il accourt me prendre la main en s'écriant :

— Ah! te voilà!... Que je suis content de te revoir! J'ai tant de choses à te dire, depuis six semaines que tu es parti... car voilà six semaines que tu as quitté Paris!

— Est-ce que Mignonne est chez moi en ce moment?

— Non; cependant elle y passe quelquefois la journée et une grande partie de la soirée... oh! elle se plaît beaucoup chez toi!...

— Monte avec moi, tu vas me conter tout cela.

Ballangier m'accompagne chez moi. Je me débarrasse de Pomponne en lui disant d'aller dîner où il voudra, et, resté seul avec Ballangier, je lui dis de me conter où en sont ses amours.

— D'abord, mon cher Charles, quand je suis venu trois jours après ton départ, j'ai été fort surpris d'apprendre que tu étais à la campagne; j'allais m'en retourner tristement, lorsque le concierge me dit : « Il y a du monde là-haut, et j'ai ordre de vous laisser monter. » Je ne me le fis pas dire deux fois; quelque chose m'annonçait que j'allais trouver Mignonne. En effet, elle était chez toi : elle travaillait, mais elle était bien triste... je crois même qu'elle pleurait. Elle me reçut froidement. Je restai bien longtemps devant elle sans dire un mot, et elle ne disait rien non plus. Enfin, je lui parlai de toi... de tout ce que je te dois... de l'amitié que je te porte. Alors, elle m'écouta et me répondit. A ma seconde visite, je parlai encore de toi; je vis que c'était le seul moyen de la faire causer un peu, je lui demandai si elle savait où tu étais; elle me dit en soupirant qu'elle le savait bien, mais comme tu lui en avais fait un mystère, elle ne croyait pas non plus devoir le dire. Je continuai de venir de temps en temps, et quand je ne pouvais pas, à cause de mon travail, venir dans la journée, je m'en dédommageais en l'attendant le soir dans la rue. Je la voyais sortir de chez toi; je n'osais pas lui parler de crainte de lui déplaire, mais je la suivais de loin jusqu'à sa demeure... et comme elle demeure rue Ménilmontant, j'avais du plaisir pour pas mal de temps. Tu vas voir, Charles, comme j'avais eu une bonne idée en me faisant ainsi l'escorte de cette jeune femme. Depuis quelques jours, il m'avait semblé voir rôder dans la rue un homme d'un certain âge, fort bien mis, très-puissant, et ce personnage guettait aussi la sortie de Mignonne, près de laquelle il marchait, lorsque toutefois il pouvait la suivre, car elle doublait le pas à son approche. Parbleu, me dis-je il y a huit jours, il faut que j'en aie le cœur net. Tenons-nous à l'écart, et voyons un peu quels sont les desseins de ce particulier. Justement, le temps était mauvais, il passait peu de monde dans la rue. J'attends : mon monsieur ne tarde pas à venir, lui aussi attend; au bout de quelques minutes, Mignonne sort de chez toi. Alors je vois mon homme, qui guettait dans l'endroit le plus sombre de la rue, accoster Mignonne, passer un bras autour de sa taille, l'insulter enfin, malgré ses supplications et ses cris. Oh! la correction ne se fit pas attendre!... En trois secondes j'étais sur mon particulier, je l'avais saisi au collet, roulé dans le ruisseau, abîmé de coups de poing, de coups de pied... Je crois que je le taperais encore si Mignonne ne m'avait prié de le laisser. Tu penses bien que je lui offris mon bras pour la ramener chez elle et qu'elle ne le refusa pas. Cette pauvre petite avait eu si peur! elle me remercia cent fois plus que la chose ne valait... et depuis ce temps, je ne sais pas, mais il me semble qu'elle me témoigne plus d'amitié.

— Très-bien, Ballangier, cette aventure doit en effet avoir avancé tes affaires... Mignonne est reconnaissante, et tu lui as rendu un grand service.

— V'là grand'chose! rosser un insolent... tout le monde en ferait autant pour une pauvre petite femme qu'on outrage... à moins de n'avoir pas de sang dans les veines!... Et toi, Charles, es-tu content?... as-tu quitté la campagne pour tout à fait?

— Je ne sais... cela dépendra... Tiens, mon ami, moi aussi je suis amoureux... et je ne sais pas encore si je suis aimé.

— Ah bah! vraiment... tu es amoureux aussi... Ah! on t'aimera, je t'en réponds, moi... il est impossible qu'on ne t'aime pas!...

— Puisses-tu dire vrai! En attendant, je t'avouerai que je n'ai pas dîné, et comme de notre temps les amoureux dînent, parce que la diète n'avancerait pas leurs affaires, je vais aller me restaurer. Tu as dîné, toi?

— Oh! depuis longtemps... J'étais venu pour attendre la sortie de Mignonne, mais aujourd'hui il paraît qu'elle est partie plus tôt.

J'ai hâte d'aller dîner, car je compte ensuite me rendre chez madame Dauberny, revenue seulement quelques heures avant moi : il est impossible que je ne la trouve pas chez elle.

Ballangier sort avec moi. Il veut me quitter dans la rue, je l'engage à m'accompagner jusqu'au boulevard, et chemin faisant j'apprends avec plaisir que sa conduite continue d'être honorable, que l'amour ne lui fait point négliger le travail et qu'il est maintenant un des premiers ouvriers de son patron.

Nous allons atteindre le boulevard, lorsqu'en passant devant une boutique fort éclairée, Ballangier fait un mouvement de surprise, me cogne le coude, et me désignant un homme qui vient de nous croiser, me dit :

— Le voilà... c'est lui... il ne m'a pas vu... mais je l'ai bien connu, moi!

— Qui, lui?

— Le monsieur que j'ai si bien roulé parce qu'il se permettait des libertés avec Mignonne...

Je regarde l'individu que Ballangier me désigne; sa tournure me frappe et me rappelle quelqu'un. Je veux être sûr de mon fait. Je cours, j'atteins, je dépasse cet homme, puis je reviens sur mes pas;

je suis face à face avec lui... je ne m'étais pas trompé : c'est M. Dauberny.

Je ne sais s'il m'a reconnu; il a dû être surpris de la façon dont je l'ai examiné, mais il a seulement froncé le sourcil, et il continue son chemin en pressant le pas. Je le laisse aller, et je reviens vers Ballangier qui s'est arrêté et m'attend à quelques pas.

— Eh bien, Charles, tu as voulu voir cet homme... tu l'as vu, n'est-ce pas?

— Oui... et je l'ai parfaitement reconnu...

— Tu l'as reconnu?... Bah! tu connais ce vieux polisson?...

— Ah! s'il n'était que cela... mais c'est un infâme... Oh! que tu as bien fait de délivrer Mignonne de ses poursuites... Pauvre petite... si tu savais ce dont il est capable...

— Vraiment?

— Veille toujours... la vue de cet homme m'a fait frémir pour elle... Ah! il faudra pourtant que le jour de la justice arrive...

— Explique-toi donc... veux-tu que je coure après ce monsieur... que je l'arrête?...

— Non... non... ce n'est pas comme cela que je puis agir avec lui... mais nous le guetterons, et une occasion se présentera bientôt... avec cet homme elles doivent être fréquentes... alors...

— Alors nous l'éreinterons, n'est-ce pas?

— Au revoir, Ballangier... Il faut pourtant que je dîne... mais je te le répète, veille plus que jamais sur Mignonne.

— Oh! tu n'as pas besoin de me recommander cela.

J'entre dans un restaurant, je dîne à la hâte, puis je me rends chez madame Dauberny.

— Madame n'y est pas, me dit le concierge.

— Dites plutôt qu'elle ne veut pas recevoir, car elle doit y être : n'est-elle pas revenue de la campagne aujourd'hui?

— Oui, monsieur, madame est revenue dans la journée. Mais je vous assure qu'elle est sortie ce soir, il n'y a pas bien longtemps, et je crois même avoir entendu que madame allait à l'Opéra.

— A l'Opéra?

— Oui, monsieur; mamselle Adèle nous a dit que sa maîtresse était allée à l'Opéra.

Je veux absolument la trouver. Si je laissais passer cette soirée sans m'expliquer avec elle, demain elle serait capable d'être partie; elle m'échapperait encore et pour longtemps peut-être. Allons à l'Opéra. Frédérique n'est point de ces femmes qui n'osent pas aller seules au spectacle; plusieurs fois je lui ai entendu dire :

— Qu'ai-je besoin qu'on m'accompagne : quand l'envie me prend d'aller à un théâtre, j'envoie louer une loge et j'y vais. Dans ma loge, je suis seule, je suis chez moi, et personne n'a le droit de venir m'y importuner.

J'arrive à l'Opéra; j'entre à l'orchestre, je reste debout à l'entrée, j'inspecte un côté de la salle. Je n'aperçois pas Frédérique. Je passe de l'autre côté de l'orchestre. Il y a beaucoup de monde, et plusieurs hommes sont déjà debout à l'entrée; je me glisse derrière eux et je commence mon inspection... Cette fois je ne cherche pas longtemps. Je la vois seule dans une baignoire, penchée légèrement en arrière... Est-ce la pièce qu'elle écoute si attentivement, ou est-elle absorbée par ses pensées? Avant d'aller la rejoindre, je me donne le plaisir de la contempler quelque temps.

Tout à coup, on parle devant moi, et assez haut pour que je ne perde point une parole... d'ailleurs, je ne tarde pas à être persuadé que l'on veut que j'entende.

— Tiens, dis donc... vois-tu cette dame là-bas... aux baignoires... dans une loge où elle est seule?

— Une dame en robe gris-perle... cheveux noirs... longs tire-bouchons...

— C'est cela même... Comment la trouves-tu?

— Pas mal... figure andalouse... un peu pâle seulement.

— C'est peut-être le chagrin de ma perte...

— Ah bah!... est-ce que...

— Oui, mon bon... c'est une ancienne... c'est encore une...

Je ne laisse point Saint-Bergame achever, car si je ne l'avais reconnu à sa voix, je l'aurais deviné à son langage. Je lui saisis le bras et lui dis à demi-voix :

— Monsieur, celui qui a été l'amant d'une femme et qui le dit est un fat; celui qui l'outrage publiquement est un lâche...

Saint-Bergame se retourne, me toise d'un air insolent et répond très-haut :

— Ah! vous vous faites le champion de cette dame... Au fait, c'est votre tour maintenant...

Je ne suis pas le maître de ma colère, je le frappe au visage. Saint-Bergame veut se jeter sur moi; déjà notre querelle a attiré tous les regards. On se précipite entre nous; je remarque alors pour la première fois que c'est Fouvenard qui est avec Saint-Bergame.

Nous sortons; quelques personnes veulent s'interposer entre nous, je leur fais comprendre que leur médiation est inutile et que nous savons parfaitement comment doit se terminer cette affaire. Je rejoins Saint-Bergame qui m'attend avec Fouvenard dans le coin du vestibule. Ce dernier me regarde d'un air étonné, en murmurant :

— Tiens... c'est vous?... A propos de quoi cette querelle?...

— Il n'y a plus d'explications à donner, messieurs. A quelle heure demain?

— A neuf heures... non, à dix heures, à la porte Maillot, dit Saint-Bergame, qui est tremblant de colère : je n'aime point à me lever de bonne heure... j'aurai toujours le temps de vous tuer.

— Fort bien, monsieur, votre arme...

— L'épée.

— Il suffit.

— J'aurai monsieur et un autre témoin avec moi.

— Il me semble que monsieur pourrait suffire.

— Il paraît que vous ne vous battez pas souvent, monsieur... et que vous ignorez les usages du duel...

Je ne juge pas nécessaire de répondre à cette nouvelle impertinence, et je m'éloigne en disant :

— C'est bien, j'aurai deux témoins.

Je retourne dans la salle, je me dirige du côté de la loge où était madame Dauberny; mais une dame vient à moi précipitamment. c'est Frédérique, elle me prend le bras et m'entraîne, en me disant :

— Venez... partons... partons.

Je la suis : nous sortons du théâtre, elle me fait marcher précipitamment, elle serre mon bras convulsivement; je lui parle, elle ne me répond pas; mais elle pleure, elle cache sa figure avec son mouchoir. Enfin nous arrivons chez elle.

Alors elle se jette sur un siége et ses sanglots éclatent de nouveau. Je me mets à ses genoux, je lui prends les mains, je la supplie de me dire la cause de sa douleur.

— Ce que j'ai... ce que j'ai... il me le demande... Vous vous battez demain... pour moi...

— Je me bats...

— Ah! point de mensonges!... Je vous ai reconnu à l'entrée de l'orchestre... vous avez donné un soufflet à Saint-Bergame...

— Oui, car il vous insultait.

Elle me prend par la tête et m'embrasse à plusieurs reprises en s'écriant :

— Ah! c'est bien, cela... Merci, mon ami... je n'attendais pas moins de vous...

— Eh bien, alors, pourquoi donc ces larmes... cette douleur, lorsque je vais punir un homme qui déjà vous avait insultée? J'ai trouvé enfin ce soir une occasion que je cherchais... depuis notre promenade au bois de Boulogne.

— Oh! sans doute... ce duel serait une chose très-ordinaire, si... Mon Dieu!... c'est ma faute!... toujours ma faute! Pourquoi ai-je quitté la campagne?... pourquoi suis-je revenue?... Tout cela ne serait pas arrivé si j'étais restée à Fontenay... mais vous, mon ami, vous, pourquoi êtes-vous revenu... et m'avez-vous suivie?... pourquoi ne pas être resté près de cette femme que vous aimez... et qui est loin de vous repousser maintenant?...

— Vous vous trompez, Frédérique, c'est pour rester près de la femme que j'aime que je suis revenu; c'est pour être toujours avec elle que je vous ai suivie... car celle que j'aime... non pas d'amitié, mais d'amour... de l'amour le plus vrai... le plus violent... d'un amour qui ne finira qu'avec ma vie... c'est vous... vous... Oh! dussiez-vous me bannir encore de votre présence... je ne puis plus me contenter de ce titre d'ami... sous lequel je cachais mal tout ce que j'éprouvais pour vous!

— Il m'aime!... il m'aime!... murmure Frédérique, en attachant sur moi ses beaux yeux qui expriment alors l'ivresse la plus pure. Puis, succombant à son émotion, n'ayant pas la force d'en dire plus, elle se laisse aller dans mes bras. Je n'essayerai pas de décrire mon bonheur. On ne peut pas rendre ce que l'on sent si bien.

Lorsque nous avons retrouvé la force de parler, Frédérique appuie sa tête sur mon épaule en me disant :

— C'est bien le moins que tu saches maintenant tous mes secrets, il ne doit plus en exister entre nous. Je me suis sentie entraînée vers toi dès le premier moment où je te connus... Il y a, je n'en doute pas, de ces sympathies dont on ne saurait se rendre compte, mais qui nous attirent vers les personnes que nous devons aimer. Cependant, à cette époque, tu étais tout occupé d'Armantine; rappelle-toi que je te refusai alors la permission de venir me voir... Je ne pensais nullement que tu m'aimerais, mais je sentais que ta présence serait dangereuse pour moi. Je te revis chez Armantine, triste, découragé par sa coquetterie; je voulus te consoler en t'offrant mon amitié; j'étais de bonne foi alors, je voulais n'être que ton amie... lorsque ce baiser que tu me donnas quand je faisais semblant de sommeiller, ce baiser qui répandit du feu dans tout mes sens, m'apprit que j'avais pour toi d'autres sentiments que ceux d'une amie. Mais tu aimais Armantine... Je ne voulais pas n'être pour toi qu'un caprice... il fallait donc rompre entièrement nos relations... C'est ce que je fis, sans cesser un instant de m'occuper de toi. Plus tard, j'appris ce qu'était M. Sordeville, je me hâtai de t'engager à ne point retourner chez lui; tu ne suivis pas mon conseil... tu étais toujours amoureux d'Armantine. Enfin, arriva la scène des Champs-Elysées; je ne l'avais pas provoquée, mais je suis trop franche pour te cacher que sa conduite avec toi me rendit quelque espérance. Nous nous revîmes, je t'offris de nouveau mon amitié... mais j'avais beaucoup de peine à cacher le véritable état de mon cœur. Ta liaison avec Rosette me fit de la peine... mais je compris bientôt que ce n'était pas de l'amour. Quand je vis chez toi cette jeune femme si gentille, si intéressante, de nouveaux tourments vinrent m'assaillir, et je fus bien heureuse quand tu consentis à t'éloigner de Mignonne. Enfin, à Fontenay, chaque jour mon secret était sur le bord de mes lèvres, car il me semblait que tes yeux m'exprimaient autre chose que de l'amitié... C'est alors que nous retrouvâmes Armantine... qu'elle recommença près de toi ses coquetteries... Ah! ce coup était trop fort... Je n'avais plus la force de lutter; je partis, et j'étais bien décidée à m'éloigner pour jamais... Mais tu ne l'as pas voulu, c'est moi que tu aimes... Ah! mon ami, le bonheur que j'éprouve me dédommage bien de tous les tourments que j'ai ressentis!

Il y a plus d'une heure que nous goûtons ce ravissement de deux cœurs qui, pour la première fois, se sont avoué leur mutuel amour, lorsque tout à coup le front de Frédérique se rembrunit; elle me regarde tristement en s'écriant :

— Mon Dieu... mon bonheur m'avait fait oublier... Ce n'est point un songe... tu dois te battre demain!

— Oui... je me bats demain, à dix heures. Mais cela ne saurait m'empêcher d'être ce soir le plus fortuné des hommes.

— Il n'y a donc pas moyen de goûter sur la terre une félicité parfaite... j'étais si heureuse, si heureuse!... et il se bat demain!...

— Je serai vainqueur... je t'aurai vengée... Mon bonheur sera encore plus grand... si cela est possible!...

— Oh! oui... oui, il faut l'espérer ainsi... A quoi vous battez-vous?

— A l'épée.

— Ah! c'est Saint-Bergame qui a choisi cette arme, sans doute... Je l'ai entendu souvent se vanter d'être de première force à l'épée!...

— C'est moi qui l'ai frappé, il avait le choix des armes.

— C'est juste... Mais toi, es-tu fort?

— Je sais me défendre.

— Nous allons voir cela...

Frédérique me quitte, passe dans un cabinet, revient avec des fleurets boutonnés, et m'en présente un en me disant :

— Voyons, mon ami, si tu sais bien te défendre.

— Comment, est-ce que tu tires l'épée?

— Fort bien, à ce que m'a dit *Grisier*, qui fut mon maître; ne t'ai-je pas dit que j'avais reçu l'éducation d'un homme? Allons, monsieur, en garde, et tenez-vous bien.

Je prends le fleuret; je crois d'abord n'avoir besoin que de parer négligemment quelques bottes. Frédérique m'a bien vite détrompé; son jeu est ferme, serré, ses dégagements lestes; deux fois je suis atteint et elle s'écrie :

— Eh! c'est comme cela que tu sais te défendre!... Mais, malheureux, tu te laisseras tuer... Attaque donc... attaque donc!

Ces mots me rappellent à moi-même, j'y mets de l'amour-propre : nous faisons assaut quelque temps; enfin je la touche : elle jette le fleuret et vient m'embrasser en me disant :

— A la bonne heure cela... c'est bien... Mais il faut prendre garde, mon ami, il ne faut pas te négliger; qui emmènes-tu demain avec toi?

— Tu m'y fais songer... J'aurai Balloquet... je puis compter sur lui, je vais ce soir même lui porter une lettre... Mais il me faut encore un témoin... Ces messieurs veulent absolument être trois... Qui diable vais-je prendre?...

— Ne cherche pas, mon ami... demain, ton second témoin sera chez toi à neuf heures.

— Tu connais donc quelqu'un?...

— Oui.

— Ah! je gage que tu as pensé au baron de Brunzbrack...

— Peut-être... Enfin, je te réponds de ton témoin. Maintenant, écris vite à Balloquet... Connais-tu l'individu à longue barbe qui était avec Saint-Bergame?

— Oh! oui, je le connais... et si je pouvais me battre aussi avec lui, ce serait un plaisir de plus.

— Que t'a-t-il donc fait, celui-là?

— A moi, rien. Mais je t'ai dit que Mignonne fut lâchement outragée, puis abandonnée par son séducteur... eh bien! ce lâche, cet infâme... ce Fouvenard enfin, c'est lui qui accompagnait ce soir Saint-Bergame à l'Opéra.

— Mon ami, va porter le billet chez Balloquet; assure-toi de lui, moi je te réponds de l'autre témoin. Maintenant, va te reposer, et à demain.

— Tu viendras chez moi savoir l'issue du combat?

— Oh! oui... tu me verras... A demain.

Je la presse sur mon cœur... Je suis satisfait de son courage; elle sourit encore en me regardant m'éloigner. Je trouve, non sans peine, la demeure de Balloquet. Je donne une lettre au portier, et je rentre me coucher. Etre aimé d'elle!... Je suis tellement heureux que je n'ai pas un souvenir à donner à mon duel.

Double duel.

Je m'éveille de bonne heure. Il me semble que les événements de la veille sont un rêve... Mais non... elle m'aime, elle est à moi, et je vais me battre.

A huit heures et demie, Balloquet arrive tout essoufflé, en s'écriant :

— Qu'est-ce qu'il y a, mon cher Rochebrune?... Vous m'avez écrit de ne point manquer, toute affaire cessante... me voilà... Est-ce qu'il s'agirait d'une rencontre, par hasard?

— Justement, j'ai un duel ce matin, à dix heures, porte Maillot. Je vous préviens d'avance, mon cher Balloquet, que l'affaire ne peut pas s'arranger; j'ai donné un soufflet à mon adversaire, hier, à l'Opéra.

— Oh! diable... c'est sérieux alors... Et comment est venue cette querelle?

— Pour une dame, mon ami...

— Pour une dame!... Je comprends! c'est-à-dire pour ses beaux yeux!...

— Si je vous la nommais, je gage que vous vous battriez aussi pour elle.

— Tiens, je la connais donc?

— Madame Dauberny.

— Madame Dauberny! Ah fichtre!... Mais, dites-moi donc... est-ce que vous en seriez amoureux à présent?...

— Je l'ai toujours été, mon cher Balloquet; mais je n'osais pas me l'avouer, ni le lui dire, dans la crainte d'être repoussé...

— Comme moi... Mais il paraît que vous n'avez pas été repoussé, vous, par exemple... Moi j'ai été amoureux un moment, à la suite d'un dîner... on m'a envoyé promener... il y a longtemps que je n'y pense plus... Mais je n'en suis pas moins enchanté que vous m'ayez choisi pour second... Cette dame est charmante, et quoiqu'elle n'ait point écouté mes fadaises, parole d'honneur, je me serais aussi volontiers battu pour elle.

— Touchez là, Balloquet. Je n'attendais pas moins de vous.

— Quelle arme est choisie?

— L'épée.

— En avez-vous une?

— Oui... la voilà...

— Nous n'allons que nous deux?

— J'attends mon second témoin.

— Qui est-ce?

— C'est Frédérique qui s'est chargée de me l'envoyer. Je pense que ce sera un baron prussien, un brave et galant homme.

Je termine ma toilette; neuf heures sonnent. Je m'impatiente déjà après le baron, lorsque ma porte s'ouvre, et un jeune homme mince, élancé, et d'une charmante tournure, paraît devant nous. Je le regarde à plusieurs reprises, puis un cri m'échappe :

— Frédérique!...

— Moi-même, mon ami.

— Eh! oui, vraiment! c'est madame Dauberny!...

— Que venez-vous faire sous ce déguisement?

— Quoi! vous ne le devinez pas! Je suis votre second témoin.

— Vous! Frédérique... y pensez-vous?

— J'y ai pensé sur-le-champ, quand j'ai su que vous vous battiez pour moi.

— Mais c'est impossible... une femme ne peut servir de témoin... Je ne puis consentir... N'est-il pas vrai, Balloquet?...

— Il est certain que ce n'est pas l'usage, et...

— Écoutez, messieurs, je n'ai qu'une chose à vous répondre : Je le veux. Si vous ne m'emmenez pas avec vous, je vous suivrai et j'irai également. Toutes réflexions sont inutiles... Je veux être votre second témoin.

— Mais les témoins de mon adversaire riront en voyant une femme...

— Soyez tranquille, ils ne riront pas longtemps. Mais partons, messieurs, il ne faut pas se faire attendre. J'ai une voiture en bas.

Je vois que je tenterais en vain de m'opposer à la résolution de Frédérique. Nous partons. Je prends mon épée; mais dans la voiture je trouve une paire de fleurets déboutonnés. Frédérique pense à tout. Nous causons peu pendant la route. Tel brave que l'on soit, il y a toujours une foule de réflexions qui viennent nous assaillir au moment d'aller se battre en duel.

Nous arrivons au lieu du rendez-vous; Saint-Bergame y est déjà avec Fouvenard et un petit monsieur que cette rencontre n'a pas du tout l'air d'amuser. Je m'avance le premier, en faisant quelques excuses pour mon retard. Balloquet vient derrière moi, et Frédérique est un peu plus en arrière.

Saint-Bergame se contente de s'incliner, et se met à marcher en disant :

— Cherchons une place. Le petit monsieur trouve que l'on pourrait se battre derrière le restaurant.

Fouvenard a reconnu Balloquet, et ils échangent entre eux un salut cérémonieux.

Nous entrons dans le fourré. Au bout de quelques instants, nous nous arrêtons dans une petite clairière; j'ôte mon habit, Saint-Bergame en fait autant; alors Frédérique s'est rapprochée en tenant les fleurets, et mon adversaire ne tarde pas à s'écrier :

—Comment!...c'est madame Dauberny qui est un de vos témoins!...

— Oui, monsieur, répond Frédérique avec dignité; car si Charles ou son ami ne me vengeait pas de vous, alors je me vengerais moi-même.

Saint-Bergame pousse un éclat de rire moqueur, et M. Fouvenard juge convenable de s'y joindre, puis de s'écrier :

— Ah! ah!... une dame pour témoin! Mais c'est charmant... Je voudrais bien faire la partie de cette dame, moi.

— Eh bien! vous la ferez si vous n'êtes point un lâche, répond Frédérique en présentant un des fleurets à Fouvenard. Celui-ci veut encore plaisanter et se recule en disant :

— Allons donc!... A la bonne heure si c'était un éventail... mais un fleuret, belle dame, vous ne sauriez pas vous en servir.

— Ah! je ne saurais pas m'en servir!

En disant ces mots, Frédérique fouette avec son fleuret le visage de Fouvenard, y laissant une trace rouge qui semble le couper en deux. Le monsieur barbu devient furieux; il saute alors sur l'arme qu'on lui présente, en s'écriant :

— Je ne connais plus votre sexe... et je ne vous ménagerai point

— Et moi, je vais venger le mien, et cette pauvre Mignonne!

Au nom de Mignonne, Fouvenard a pâli; mais il se dispose au combat. Balloquet est allé proposer au petit monsieur de nous imiter, celui-ci s'en défend et trouve fort ridicule que des témoins se battent.

En voyant Frédérique croiser le fer avec Fouvenard, je me sens frémir, je tremble pour elle.

— Allons donc monsieur! me dit Saint-Bergame, je ne suis pas venu ici pour admirer les hauts faits de madame, en garde!

Ces mots me rappellent à moi-même. Le combat s'engage. Saint-Bergame m'attrape avec violence. Tout en me défendant, j'écoute les autres combattants... il me semble que Fouvenard a poussé un cri de triomphe... Mon adversaire profite de ma distraction; je reçois un coup qui me traverse le haut du bras gauche. Cette blessure m'irrite, m'exaspère : je fonds avec acharnement sur Saint-Bergame; bientôt il tombe à mes pieds, mon épée lui a traversé la poitrine.

Je me retourne... je cherche Frédérique : depuis longtemps elle ne se battait plus; en quelques secondes elle avait fait sauter l'épée de Fouvenard et l'avait atteint dans le côté : il était aussitôt tombé sur le gazon, et quoique sa blessure fût légère, il n'avait pas désiré se battre davantage.

Le petit monsieur est allé faire avancer une des voitures. Balloquet aide à y placer Saint-Bergame, qui est si grièvement blessé que le jeune médecin juge convenable de s'y placer près de lui avec Fouvenard et l'autre témoin. Je reviens seul avec Frédérique, qui a entortillé mon bras avec un mouchoir et supplie Balloquet de ne point tarder à revenir.

Dans la voiture elle passe un de ses bras autour de moi, elle veut que j'appuie ma tête sur son épaule; elle me regarde... elle me regarde sans cesse... Chère Frédérique! il semble que l'on s'aime mieux encore lorsqu'on vient d'échapper à un grand danger.

Nous arrivons chez moi, où il n'y a que Pomponne, qui pleure en me voyant blessé; j'ai beaucoup de peine à lui faire comprendre que ce n'est rien. Je me place sur un divan. Frédérique s'assied près de moi et fait de la charpie en s'étonnant de ne point voir Mignonne, car elle compte sur elle pour me soigner assidûment lorsqu'elle sera forcée de me quitter. Au bout de trois quarts d'heure Balloquet arrive enfin.

— M. Saint-Bergame en a pour longtemps, si toutefois il en réchappe, dit-il en entrant. Il a son chirurgien, je l'ai laissé. Quant à Fouvenard, avant quinze jours il sera guéri; mais ce qui le vexe le plus, c'est le coup de plat de fleuret à travers le visage... il a été si bien appliqué, qu'il est probable que notre séducteur en conservera la marque toute sa vie. Fichtre! madame, vous n'y allez pas de main morte.

— Maintenant, monsieur Balloquet, examinez donc la blessure de Charles.

Balloquet regarde mon bras, panse ma blessure, déclare qu'elle ne présente pas le moindre danger, mais que cependant il est bon que je garde le lit pendant quelques jours. Je vais, quoique à regret, obéir à mon docteur; nous entendons sonner avec violence... Je pense que c'est Mignonne; mais c'est Ballangier qui paraît devant moi, pâle, agité et pouvant à peine parler.

— Qu'as-tu donc? lui dis-je, qu'est-il arrivé?...

— Ah! un malheur... un... Mon Dieu! tu es blessé, toi?

— Ce n'est presque rien... mais parle donc!

— Tu m'avais recommandé hier de veiller sur Mignonne. En te quittant, encore inquiet par ce que tu m'avais dit, je me dirigeai vers sa demeure. J'arrive rue Ménilmontant, et quoique bien persuadé que Mignonne n'était pas sortie, puisqu'elle n'était pas venue chez toi de la journée, quelque chose me pousse à entrer m'informer à sa portière. « Madame Landernoy n'y est point, me dit cette femme; elle est sortie dans la matinée pour aller, suivant son habitude, travailler rue Bleue, chez M. Rochebrune. » Je savais qu'on ne l'avait pas vue chez toi, juge de mon inquiétude; j'apprends cette circonstance à la portière. Elle partage mon inquiétude. Nous attendons... la soirée... la nuit se passe, et Mignonne n'est pas revenue. Ce matin, je me suis rendu au cimetière du Père-Lachaise, où Mignonne va souvent visiter le tombeau de sa fille; je me suis informé. Hier, en effet, dans la matinée on l'a vue... le concierge la connaît bien... elle a l'air si doux... si honnête... Après avoir, suivant sa coutume, passé une demi-heure près de la tombe de son enfant, elle est partie comme d'habitude... et pour se rendre ici, sans doute... mais c'est depuis cet instant qu'elle a disparu...

— O mon Dieu! s'écrie Frédérique, mais que peut-il lui être arrivé?

— Ce qui lui est arrivé!... dit Ballangier en serrant ses poings avec fureur, oh! je m'en doute et Charles aussi... Il y a un homme... un gredin... et qui a l'air d'avoir de quoi, malheureusement!... depuis longtemps il guettait Mignonne... Je lui ai donné une roulée il y a quelque temps, mais il paraît que ça ne l'a pas dégoûté... Ah! j'aurais dû le tuer alors!... En sortant du cimetière et pour rentrer dans Paris, il y a des rues désertes par là... des rues qui ne sont que des ruelles, où, même en plein jour, on ne rencontre personne... Nous ne savons pas par où Mignonne passait, mais sans doute il le savait, lui; il l'aura fait guetter, enlever... jeter dans une voiture. Est-ce qu'avec de l'argent, à Paris, on ne trouve pas toujours un tas de misérables, de vagabonds qui sont tout prêts à faire un mauvais coup?... C'est l'homme que nous avons rencontré hier au soir qui a enlevé Mignonne... cela ne peut être que lui... et rappelle-toi, Charles, quand je te l'ai montré hier, comme il marchait d'un air inquiet, en regardant de côté, comme pour voir si on ne le suivait pas... puis quand il a vu que tu le regardais, toi, il a filé... filé bien vite... Ah! dire que si je l'avais suivi alors, je saurais où est Mignonne... car il allait près d'elle, j'en suis sûr... mais tu le connais cet homme, Charles, tu m'as dit hier que tu le connaissais... tu as dit : « Il faut que le jour de la justice arrive... » Eh bien!... dis-moi qui c'est... dis-moi où je dois le trouver, dis-moi où je dois le tuer, s'il ne me rend pas Mignonne.

Frédérique et Balloquet me regardent avec anxiété... Dois-je le nommer, cet homme... le nommer devant elle?... Et pourquoi donc ménagerais-je ce monstre?... pourquoi donc sa femme n'aurait-elle pas aussi bien que moi le droit de le mépriser?

— Cet homme qui guettait Mignonne, dis-je enfin, c'est votre mari, Frédérique, c'est M. Dauberny.

Ballangier est stupéfait, Balloquet n'est pas moins surpris; Frédérique, au contraire, ne fait qu'un léger mouvement de tête en murmurant : Je m'en doutais, puis elle ajoute :

— Mais il ne suffit pas de savoir, d'être persuadé que c'est lui... comment le lui prouver?... comment découvrir en quel lieu... dans quel coin de Paris il a caché Mignonne?... Si vous le lui demandez, il niera, il niera toujours avoir participé à la disparition de cette jeune femme...

— Faites-moi seulement trouver votre mari, dis-je, faites que je puisse le voir... lui parler, et avec moi je suis certain qu'il ne niera rien...

Frédérique me regarde avec surprise, puis elle se lève précipitamment en disant :

— Je cours chez moi... ma présence n'éveillera pas ses soupçons... Je saurai ce qu'il a fait depuis hier... je saurai s'il y est... S'il y est... je vous le fais savoir à l'instant, et pour qu'il ne sorte pas, je me rends près de lui... je lui demande un entretien pour affaires... je le retiens, enfin...

Elle n'en dit pas plus; elle est déjà partie. Alors je dis à Balloquet :

— Vous souvenez-vous d'Annette et de ce... Bouqueton?...

— Oui... oui... eh bien?

— Eh bien! ce Bouqueton... c'est M. Dauberny...

— Quoi!... le misérable qui a...

Je mets un doigt sur ma bouche en lui montrant Ballangier, qui tient alors sa tête dans ses deux mains, et dont il ne faut pas augmenter les angoisses. Balloquet me comprend; mais il ne peut plus tenir en place, il se promène à grands pas dans la chambre, en murmurant :

— Ah! mon Dieu!... mais alors... il faut se hâter... il faut ne pas perdre un instant... Pauvre jeune femme!... oh!... c'est affreux de la savoir avec lui...

Nous comptons les secondes. A chaque instant Ballangier se met à la fenêtre. Enfin, il s'écrie :

— Voilà cette dame... elle revient...

— Tant pis! dit Balloquet, c'est que son mari n'est pas chez lui.

Frédérique entre, se jette sur un siége, haletante, épuisée :

— M. Dauberny n'est pas chez lui, nous dit-elle, cependant il y a passé la nuit...

— Il y a passé la nuit! s'écrie Ballangier.

— Oui... oh! le concierge en est certain, il l'a vu rentrer hier au jour, d'assez bonne heure même, et il est positivement sûr qu'il n'est pas ressorti.

— Notre rencontre l'aura inquiété, dis-je; s'il se rendait où il retient Mignonne, il aura craint d'être observé, suivi, et sera sans doute revenu sur ses pas.

— C'est possible. Mais ce matin il est parti de bonne heure en annonçant qu'il allait passer quelque temps à la campagne et serait peut-être trois semaines absent!... Où le chercher! où le trouver maintenant?

Nous sommes anéantis. Ballangier, en proie au plus grand désespoir, ignore cependant tout ce que Balloquet et moi nous redoutons pour Mignonne, qui, j'en suis certain, ne cédera pas aux désirs de M. Dauberny.

— Depuis longtemps nous gardons le silence, car chacun de nous se creuse l'esprit pour chercher comment on pourrait retrouver les traces de M. Dauberny. Tout à coup Frédérique s'écrie :

— Ah! un espoir!

Nous la regardons tous avec anxiété.

— Pendant ce voyage que M. Dauberny a fait... il y a quelque temps... un de ses amis intimes, M. Faisandé, venait souvent le demander... Un jour... oui, un jour, ce monsieur ne trouva qu'Adèle, et il lui dit : « Si Dauberny revient bientôt, dites-lui donc de se rendre dès son arrivée chez M. Saint-Germain, à Montmartre, une petite maison à gauche sur la place, une porte verte.

— A Montmartre! s'écrie Balloquet, c'est par là qu'il allait hier au soir.

Je me lève, je tends mon bras à Balloquet en lui disant de l'attacher avec un mouchoir, et je m'écrie :

— Venez, messieurs, venez... cette circonstance est un coup du ciel... ne perdons pas une minute... Frédérique, vous ne pouvez pas nous accompagner... mais vous nous reverrez bientôt, et quelque chose me dit que nous ramènerons Mignonne.

Ballangier me saute au cou, m'embrasse. Frédérique attache mon bras en murmurant :

— Vous êtes blessé, et vous allez sortir... lorsqu'il vous fallait du repos...

— Ah! que ma guérison soit plus longue... peu importe... mais que tous ceux que j'aime soient heureux comme moi.

— Vous avez raison, ami... allez... mais songez que je vous attends.

J'ai pris dans mon secrétaire la bague qui vient de la pauvre Annette, c'est en elle que je fonde tout mon espoir. Je presse la main de Frédérique. Nous partons. Nous montons dans la première voiture que nous apercevons et je dis au cocher :

— A Montmartre, sur la place. Menez-nous vite, vous aurez cinq francs par heure.

Le cocher nous mène comme le vent, et cependant le chemin nous semble bien long. Enfin nous sommes arrivés près de la place. Je fais arrêter la voiture, nous descendons tous les trois et nous nous dirigeons vers la gauche.

— Ce doit être là! s'écrie Ballangier en nous montrant une maison d'assez pauvre apparence, et qui n'a qu'une petite porte verte.

— Reste sur la place, dis-je à Ballangier, et ne perds pas de vue la maison. Si quelqu'un sortait, court après. Nous, Balloquet, entrons.

Je frappe à la petite porte verte, elle s'ouvre. Nous entrons dans un couloir au bout duquel est une petite cour. Une espèce de mégère assise dans une niche obscure nous crie :

— Qu'est-ce que vous demandez?...

— M. Saint-Germain.

— Il n'y est pas. Il est reparti ce matin... il ne reviendra pas aujourd'hui.

— Alors M. Bouqueton doit y être, et ce que nous avions à dire à son ami Saint-Germain, c'est la même chose en le disant à M. Bouqueton.

La mégère nous regarde d'un air méfiant, puis murmure :

— Oui, M. Bouqueton y est... depuis ce matin... attendez alors... je vais l'avertir... entrez là... dans la salle basse... je vas lui dire que ce sont des amis de M. Saint-Germain.

— C'est cela même.

Nous entrons dans une pièce au rez-de-chaussée et nous avons soin de nous éloigner de la fenêtre pour qu'on ne puisse pas nous voir du dehors.

Au bout de quelques minutes, nous entendons des pas lourds descendre un escalier; bientôt on s'arrête devant la porte du rez-de-chaussée, et M. Dauberny paraît devant nous.

Il nous regarde quelques instants avec étonnement, mais en m'examinant davantage il se trouble. Cependant il cherche à se remettre, en nous disant :

— Qu'y a-t-il pour votre service, messieurs?

— Nous venons chercher Mignonne Landernoy, une jeune femme

que vous avez fait enlever hier matin à sa sortie du Père-Lachaise.

Dauberny n'est pas maître d'un mouvement subit, mais il affecte un air calme et me répond :

— Je ne sais pas du tout ce que vous voulez me dire, monsieur... Je pense que vous me prenez pour un autre...

— Non... je vous connais fort bien... Rappelez donc vos souvenirs... vous m'avez vu chez vous à Paris... vous êtes monsieur Dauberny... le nom de Bouqueton est celui que vous prenez pour vos aventures galantes ! Vous voyez que je vous connais parfaitement, monsieur.

Le mari de Frédérique me regarde quelques instants, affecte un air railleur et reprend :

— Et vous, vous êtes l'amant de ma femme... celui qui habite avec elle à Fontenay-sous-Bois. Vous voyez que je vous connais aussi.

— Si votre femme a une liaison de cœur, monsieur, votre conduite infâme la rend trop excusable.

— Monsieur !...

— Finissons... Où est Mignonne ? Rendez-nous cette jeune femme, nous ne sortons pas d'ici sans elle...

— Je ne sais ce que vous voulez dire, je vous enjoins de vous retirer.

Au lieu de nous retirer, Balloquet et moi nous nous rapprochons de M. Dauberny, et je mets sous ses yeux ma main où est la bague d'Annette, en lui disant :

— Et ceci... savez-vous ce que cela veut dire ?

A l'aspect de la bague, Dauberny devient verdâtre; il chancelle, il tombe sur une chaise. Balloquet lui saisit le bras en lui disant :

— C'est moi qui ai soigné la malheureuse Annette, celle que tu as assassinée... elle est morte... mais j'ai reçu toutes ses confidences... mais nous connaissons jusqu'aux moindres circonstances de ton crime...

Dauberny ne peut plus parler. De grosses gouttes de sueur coulent de son front; il tire une clef de son sein, nous la présente d'une main tremblante, en balbutiant d'une voix éteinte :

— Au second... Mignonne est... au second.

Je fais signe à Balloquet de rester près de Dauberny. Je monte... je vole au second, je trouve deux portes. Celle qui donne sur le derrière est fermée. Je l'ouvre, j'aperçois Mignonne à genoux, en prière dans un coin de la chambre. Lorsqu'elle entend ouvrir la porte, elle pousse un cri et court vers la fenêtre; mais je l'appelle, elle reconnaît ma voix et tombe sans connaissance sur le plancher. Pauvre fille, la joie tue quelquefois... Je la prends dans mes bras... je l'emporte, l'air lui fera du bien. Nous arrivons dans la cour; elle rouvre les yeux; elle me sourit en s'écriant :

— Vous m'avez donc encore sauvée !

Balloquet nous a entendus, il vient nous rejoindre; je lui dis de conduire Mignonne à la voiture, puis je retourne vers Dauberny, qui est toujours dans la salle basse, aussi pâle, aussi tremblant, et comme un criminel qui attend son arrêt.

— Monsieur, lui dis-je, nous garderons le silence sur votre crime; mais partez, quittez la France, et que votre épouse ne vous revoie jamais.

Il me fait signe qu'il obéira. Je me hâte de rejoindre mes amis.

Ballangier est comme un fou de joie; il prend les mains de Mignonne, il les baise, et je me hâte de dire à la jeune femme que sans Ballangier nous aurions ignoré son enlèvement et que c'est lui qui est son sauveur.

Alors elle tend la main à Ballangier...

— Pauvre garçon !

Mignonne nous apprend que la veille, dans une ruelle déserte, deux hommes, qui sans doute la guettaient, se sont tout à coup jetés sur elle et l'ont portée dans un fiacre qui attendait à quelques pas; pour l'empêcher de crier, un de ces hommes lui fermait la bouche avec un mouchoir; mais dans la voiture cette précaution était devenue inutile, la terreur lui avait ôté l'usage de ses sens.

En revenant à la vie, elle s'était trouvée dans la petite maison de Montmartre; un monsieur que je reconnais pour Faisandé, à la manière dont elle le dépeint, était près d'elle, et cherchait à la rassurer en lui disant :

— Vous verrez ce soir mon ami Bouqueton... vous vous arrangerez avec lui, c'est un bon enfant; il paraît qu'il est amoureux de vous...

Mignonne s'était jetée aux pieds de ce monsieur, en le priant de lui rendre sa liberté. Il s'était contenté de l'enfermer dans une chambre, où l'horrible mégère lui avait apporté de la nourriture. La soirée s'était passée et personne n'était venu. Mignonne n'avait pas fermé l'œil de la nuit; enfin, sur les huit heures du matin, un autre homme qu'elle avait reconnu pour celui qui l'avait insultée dans la rue s'était présenté devant elle, et lui avait annoncé qu'il fallait qu'elle fût sa maîtresse. Mignonne l'avait repoussé avec horreur, il l'avait quittée en lui disant :

— Pleurez, criez, tout sera inutile; il vaut bien mieux prendre votre parti, ce soir nous dînerons ensemble et je coucherai avec vous.

Mignonne, restée seule, s'était promis de mourir plutôt que de céder à cet homme; n'ayant aucune arme, elle avait résolu de sauter par la fenêtre lorsqu'on reviendrait dans la chambre. Puis elle s'était mise en prière... et c'était alors que j'étais arrivé... Il était temps.

Enfin, nous sommes de retour chez moi. Frédérique nous attendait; elle embrasse Mignonne, puis elle veut que je lui conte tout. Je n'ai pas la force de parler; les violentes émotions que je viens d'éprouver ont envenimé ma blessure, je souffre horriblement, je perds connaissance.

Une présentation.

Il paraît que j'ai été huit jours fort malade; ma blessure m'avait donné la fièvre, puis le délire, et ce qui devait n'être rien était devenu grave par suite des événements qui avaient eu lieu après mon duel.

Mais enfin je vais bien, je renais à la santé, au bonheur, car Frédérique est là, près de mon lit, qui épie mon premier regard : des larmes tombent de ses yeux lorsque je lui tends la main.

— Sauvé ! s'écrie-t-elle, sauvé !... Ah ! Balloquet m'avait bien dit qu'il était guéri... mais je n'osais pas le croire.

Je vois deux autres têtes qui s'avancent doucement... c'est Mignonne, c'est Ballangier. Je leur donne la main... Je veux les remercier, mais Frédérique me supplie de ne point parler encore... je peux leur sourire, c'est déjà quelque chose.

Madame Dauberny a appris par Balloquet comment nous sommes parvenus à délivrer Mignonne. Il ne lui a pas caché que M. Bouqueton était l'assassin de la pauvre Annette; Frédérique a fait le serment de ne plus habiter sous le même toit que cet homme. Moi, je ne crois pas qu'il ose jamais reparaître dans le monde.

La santé revient vite quand le cœur est content. Quelques jours plus tard, je me promène sur les boulevards, en m'appuyant sur Frédérique.

— Mon ami, me dit-elle, Balloquet prétend que l'air de la campagne achèvera de vous remettre. Demain, si vous vous sentez assez fort pour supporter le voyage, nous partirons pour Fontenay et nous y passerons le reste de la saison.

— Pour Fontenay, dis-je en la regardant. Mais ne craignez-vous pas d'y rencontrer encore des personnes dont la présence vous cause de l'ennui?...

— Oh ! non... non, dit-elle, en reposant ses beaux yeux dans les miens; je ne crains plus rien, à présent... car je suis sûre de ton amour.

Le lendemain, nous sommes à Fontenay, et Frédérique a voulu absolument y emmener Mignonne avec nous; elle a maintenant beaucoup d'amitié pour elle; il est vrai que Mignonne est beaucoup plus aimable avec Ballangier.

Cette fois Mignonne loge dans le pavillon que j'occupais, et moi je suis sous le même toit que Frédérique; un convalescent a besoin de tant de soins.

Armantine est venue nous voir peu après notre arrivée. Frédérique la reçoit d'une façon infiniment plus aimable, ce qui n'empêche pas que madame Sordeville ne vienne ensuite beaucoup moins; les femmes ont un tact qui leur fait sur-le-champ deviner quand elles ont entièrement perdu la partie.

Je suis allé à Paris, j'ai pris des informations sur Ballangier; elles sont toutes en sa faveur. Je vais le trouver chez son patron, et je l'invite à venir le surlendemain dîner à Fontenay. Il se refuse d'abord à ce qu'il appelle un honneur, mais je ne le quitte qu'après lui avoir fait promettre de venir.

Le pauvre garçon ne demande pas mieux, car je lui ai dit qu'il verrait Mignonne.

J'ai pour le même jour engagé Balloquet à se rendre aussi à la campagne. De retour à Fontenay, je fais part à Frédérique des invitations que je me suis permis de faire sans lui en avoir demandé l'autorisation; elle me ferme la bouche en me disant que je n'ai plus de permission à lui demander. Puis, au bout d'un moment, elle semble réfléchir et me dit :

— Moi aussi, j'ai envie de faire quelques invitations pour ce jour-là... Cela ne vous contrariera pas si j'ai du monde?...

— Au contraire, ce jour-là, cela me fera grand plaisir.

Le lendemain, je vais encore à Paris; j'ai diverses emplettes à faire pour des cadeaux que je médite. En passant dans la rue du Petit-Carreau, un magasin d'éponges frappe mes yeux; je me rappelle Rosette, je m'arrête, on m'appelle... C'est ma jolie brune qui trône dans le comptoir.

— Est-ce que vous avez peur d'entrer dans ma boutique, monsieur? me dit Rosette, qui est toujours aussi vive, aussi agaçante. Vous passiez sans daigner dire bonjour à une ancienne connaissance!...

Et elle se met à chanter :

Eh quoi! vous ne dites rien,
Mon ami, ce n'est pas bien!
Jadis c'était différent,
Souvenez-vous-en!..

— Toujours aussi gaie, Rosette?

— Ma foi, oui; les éponges, ça n'est pas aussi triste que je croyais : et puis, j'ai un mari si bon enfant, je le pétris comme du mastic!...

— Vous êtes heureuse, enfin?

— Oui, monsieur, très-heureuse; est-ce que ça vous vexe?

— Cela me fait grand plaisir, au contraire.

— Et votre belle dame, fait-elle toujours semblant de n'être que votre amie?

— Ma foi, non... Nous sommes mieux que cela, maintenant; nous nous étions trompés tous deux en croyant n'avoir l'un pour l'autre que de l'amitié.

— Laissez donc! je voyais venir ça de loin, moi... C'est une carotte de longueur que cet amour-là...

— Adieu, Rosette.

— Vous me donnerez votre pratique, j'espère... Envoyez-moi donc aussi votre médecin à la rose, avec ou sans gants.

— Je vous enverrai toutes mes connaissances.

— Ah! vous ne savez pas, le dimanche je fais venir mes sept tantes dans ma boutique, et on entre rien que par curiosité; nous faisons beaucoup d'argent ce jour-là.

J'ai quitté Rosette, et je reviens à Fontenay. Je montre à Frédérique tout ce que j'ai acheté pour Mignonne; je veux que demain cette jeune femme ait une toilette qui ajoute encore aux charmes de sa personne, et je veux que ce soit Frédérique qui préside à sa parure. Celle-ci approuve tout ce que j'ai fait, je crois qu'elle devine aussi une partie de ce que je veux faire.

Le jour de réception est venu. Les frères Ramonet et plusieurs personnes du voisinage arrivent avant le dîner. Armantine est du nombre des invités. Tant mieux, j'aurais été bien fâché qu'elle ne fût pas là aujourd'hui. Balloquet ne tarde pas à faire son entrée, puis, notre ancien ami, le baron de Brunzbrack, qui vient me serrer la main bien fort, en me disant :

— Che voudrais plus être fotre ami, mais che étais touchours quand même...

— Et pourquoi ne seriez-vous plus mon ami, monsieur le baron?

— Parce que, en m'enfoyant une lettre de invitation, matame Dauberny elle m'avait prévenu qu'elle aimait fous, mais qu'elle offrait son amitié à moi.

— Eh bien, baron, n'est-ce donc pas quelque chose d'être son ami?

— Ya, ya... C'est égal... che avais raison, quand che soupçonner e fous il y être amoureuse d'elle.

— Vous aviez la seconde vue, baron.

Mignonne paraît enfin, dans une charmante toilette qui lui sied à ravir et qu'elle est toute honteuse de porter. C'est Frédérique qui l'introduit dans le salon, où elle entre en rougissant, quoique madame Dauberny lui dise tout bas :

— Ne tremblez pas, Mignonne, les hommes vous admirent et les femmes vous envient, c'est le plus joli rôle que l'on puisse jouer en société.

Madame Sordeville se mord les lèvres en apercevant Mignonne, c'est un hommage tacite qu'elle lui rend.

On n'attend plus que Ballangier; il arrive, mis sans prétention, mais fort convenablement pour se présenter dans le monde.

La société est alors réunie dans le salon du rez-de-chaussée; je prends Ballangier par la main et je le conduis vers madame Dauberny, en lui disant :

— Veuillez me permettre, madame, de vous présenter mon frère... Chacun laisse éclater sa surprise... excepté Frédérique, qui me dit tout bas : Je le savais.

Mais celui sur qui mes paroles ont produit le plus d'effet, c'est Ballangier; il est resté immobile, tremblant; des pleurs mouillent ses yeux, et il me dit à demi-voix :

— Ah!... Charles... pourquoi dire... il ne fallait pas...

— T'avouer pour mon frère! dis-je en élevant la voix. Ah! crois que ce moment est bien doux pour moi, au contraire... Si pendant longtemps j'ai caché les liens qui nous unissaient, penses-tu donc que ce fût parce que notre position était différente... parce que tu n'étais qu'un ouvrier, enfin, tandis que moi, plus favorisé par la fortune, je voulais être un artiste, un poëte, ou un homme de finances. Non, mon ami; je t'ai défendu de me nommer ton frère lorsque, entraîné par de mauvais sujets, tu vivais au sein de la paresse, de la débauche, de l'ivrognerie... Oui, je rougissais alors d'être le frère d'un vagabond, d'un fainéant. Aujourd'hui que tu es corrigé... aujourd'hui que tu as l'estime de tes camarades, de tes patrons, je suis fier de me dire ton frère, car on doit toujours se glorifier d'être le parent d'un honnête homme, quel que soit le rang qu'il occupe dans la société.

Balloquet vient me serrer la main en me disant :

— C'est très-bien, Rochebrune, ce que vous venez de dire là.

Le baron me complimente aussi, mais je crois qu'il n'a pas compris.

Je reprends, en m'adressant toujours à Frédérique :

— Oui, madame, Ballangier est mon frère... non pas de père, puisque nous portons chacun un nom différent, mais de mère. La mienne était déjà veuve et avait un fils lorsqu'elle épousa M. Rochebrune, mon père.

Et maintenant, dis-je en me tournant vers Mignonne, permettez-moi de vous demander votre main pour mon frère, qui vous aime sincèrement, et qui mettra tous ses soins à vous rendre heureuse.

Mignonne présente timidement sa main à Ballangier, en me disant avec sa douceur habituelle :

— Je serai bien contente d'être votre sœur.

Pendant que tout ceci s'est dit, Armantine a fait une singulière figure; le soir, elle nous quitte de bonne heure. Le lendemain, elle quitte Fontenay.

— Comment donc saviez-vous que Ballangier était mon frère? dis-je à Frédérique lorsque je suis seul avec elle.

— Mon ami, vous avez donc oublié ce jour... aux Champs-Élysées... Ce pauvre garçon était gris, et tandis que je cherchais à le calmer, il m'apprit, sans s'en douter, ce secret que je ne lui demandais pas.

Quelques jours après cette réunion, Frédérique reçoit une lettre qu'elle lit avec une certaine émotion; elle me la donne ensuite en murmurant :

— Tenez, mon ami, vous aviez commencé, la Providence a fait le reste.

La lettre vient de Zurich, en Suisse, elle contient ces mots :

« Madame,

» Monsieur Dauberny, François, voyageant pour son agrément, a trouvé la mort, il y a trois jours, dans le fond d'un de nos glaciers. Cet événement lui est, dit-on, arrivé en voulant courir après une jeune Suissesse qui avait refusé de l'écouter. Les papiers trouvés sur lui nous ont fait savoir qu'il était votre époux. »

— Eh bien, dis-je en prenant la main de Frédérique, rien, désormais, ne pourra me séparer de vous!...

Paris. — Imprimerie Walder, rue de l'Abbaye, 22.

www.ingramcontent.com/pod-product-compliance
Lightning Source LLC
LaVergne TN
LVHW010612110826
845149LV00003B/875

9782012152786